# 나만의 미국주식
# 투자 필살기

기술적 분석을 활용한
나만의 투자 전략 만들기 프로젝트

# 나만의 미국주식 투자 필살기

김영종 지음

"왜 내가 사면 떨어지고, 내가 팔면 오를까?"
기초부터 실전까지 한 권에 담은 투자 지침서!

일에일북

── 프롤로그 ──

# 경제적 자유를
# 꿈꾸다

경제적 자유를 이루고 싶다.

이 책을 펼친 독자도 이 책을 쓰는 나 자신도 갈망하고 있는 공통분모다. 우리는 그 희망을 현실화하는 방법으로 주식 투자를 선택한 사람들이다. 주식 투자 경험이 있다면 상승장에서 수익의 달콤함을 맛봤을 것이고, 하락장에서는 손실의 아픔을 겪었을 것이다.

　시장의 상승과 하락은 모든 시장 참여자에게 동일하게 주어진 조건이다. 하지만 그 속에서 꾸준히 수익을 내는 투자가도 있는가 하면 소위 '깡통'을 차는 사람도 있다. 그 이유는 무엇일까?

개인 투자자는 자기 자산을 혼자 운용하기 때문에 투자 목적과 운용 방식이 제각각인 경우가 많다. 또한 생업과 투자를 병행하므로 투자 환경과 조건도 다양하다. 이 책에서는 개인 투자자가 쉽게 접근할 수 있도록 투자 접근방법과 체계적인 분석법, 그리고 실전 투자에서 바로 활용할 수 있는 여러 노하우를 소개하고자 한다. 이를 통해 자신의 투자 목적에 적합한 방법을 찾고 성공적인 투자에 한 발짝 다가설 수 있었으면 한다.

주식 시장은 참여자가 전문가인지, 비전문가인지 구분하지 않는다. 누구에게든 같은 환경을 제공한다. 그래서 공평하면서도 냉정하다. 개인은 시장을 이길 수 없다고 비유하곤 하지만 모두 평계라고 생각한다. 전문가 집단으로 구성된 거대 자금을 운용하는 운용사 역시 마찬가지로 시장의 참여자일 뿐이다.

상대적으로 전문성이 낮은 개인 투자자가 항상 불리하기만 할까? 아니다. 가령 대형 펀드를 운용하는 사람들은 기간별로 운용 실적을 달성해야 하므로 잦은 매매와 시간적 한계가 있다. 하지만 개인 투자자는 자기 자산을 운용하므로 시간적 측면에서 아주 자유롭다. 단 시간적 한계가 있는 투자금은 예외다. '욕심 많은 돼지는 시장에서 잡아먹힌다'는 말을 명심하자.

개인 투자자는 시간적 여유가 있는 자금과 함께 필살기 하나쯤은 반드시 갖춰야 한다. 주식 시장이라는 넓은 바다에서 고기를 잡으려면 맨손으로 나갈 수 없지 않겠는가? 출항 전 날씨를 확인하기 위해 시장 분석이 필요하고, 어떤 어종이 많은지 파악하기 위해 산업 업황도 분석해야 한다. 어떤 도구를 활용할지 판단하려면 투자 전략도 필요하다. 그리고 흔들리는 마음을 다스리는 투자심리 관리법도 필요하다.

주식 시장은 복잡계다. 수많은 변수가 난무하며 변동성이 높다. 그 속에서 좋은 결과물을 수확하기 위해서는 우리 개인 투자자도 자신만의 투자 필살기 하나쯤은 필요하다. 나 또한 개인 투자자로서 지난 20여 년간 한국 시장과 미국 시장에서 수많은 우여곡절을 경험하며 필살기를 갈고닦았다. 그중 누구나 쉽게 활용할 수 있고 검증된 효과적인 방법을 선별해 담은 것이 바로 『나만의 미국주식 투자 필살기』다.

이 책의 목적은 '나에게 맞는 주식 투자법을 찾고, 투자의 도구를 활용하는 방법을 익히는 것'이다. 투자자 스스로 자신의 성향과 목적, 환경 등을 고려해서 자신에게 적합한 투자 도구를 마련할 수 있도록 짜임새 있게 구성했다. 수많은 도구 중 기술적 분석을 활용해 미국주식에 장기투자할 수 있는 방법을 다뤘다.

흔히 주식 투자는 장기투자가 답이라고 이야기한다. 하지만 실전 투자에서는 성공률이 낮다. 왜냐하면 주식의 큰 가격 변동과 불안감으로 중도 하차하는 경우가 잦기 때문이다. 강한 변동성이 시장을 흔들면 부정적인 뉴스와 예측이 만발하면서 투자심리를 혼란스럽게 만든다. 변동성이 지속되고 반복되면 걱정이 쌓이고 장기투자를 계획했던 투자심리가 무너지기 십상이다.

과거 투자의 명인들도 투자심리의 중요성을 강조한 바 있다. 주식 시장은 본질적으로 높은 변동성에 노출되어 있다. 이러한 높은 변동성에 능동적으로 대응할 수 있는 전략을 갖춘다면 심리에 흔들리지 않고 지혜롭게 내 계좌를 관리할 수 있을 것이다.

이 책은 주식 투자에 대한 개념을 재정리하고, 나에게 맞는 투자 전략을 수립하고, 계획적인 투자 활동을 장기적 측면에서 지속하는 방법을 제시한다. 주식 투자를 시작하려는 초보 투자자부터 체계적인 전략에 목마른 중급 투자자까지 활용할 수 있을 것이다. 사용하기 쉽고 검증된 분석과 전략을 나만의 필살기로 만들어 활용한다면 한 방이 아닌 꾸준한 수익을 추구하는 성공한 투자자가 될 수 있을 것이다.

김영종

## 차례

프롤로그 경제적 자유를 꿈꾸다     4

##  미국주식 투자의 시작

| | |
|---|---|
| 왜 주식 투자인가? | 15 |
| 왜 미국주식인가? | 30 |
| 무엇에 투자할까?: 주식 투자 사분면 | 40 |
| 어떻게 투자할까?: 주식 투자 육하원칙 | 60 |
| 무엇이 필요할까?: 주식 투자의 도구들 | 72 |
| 경제지표, 이것만은 알고 가자 | 95 |

## 주가차트를 내 손안에

| | |
|---|---|
| 왜 차트인가? | **127** |
| 캔들의 생성원리 | **130** |
| 캔들이 달리는 도로, 이동평균선 | **137** |
| 거래량과 캔들 | **147** |
| 투자심리가 담긴 보조지표 | **151** |
| 심화과정 ① 추세 분석 | **158** |
| 심화과정 ② 파동 분석 | **180** |
| 심화과정 ③ 신호 분석 | **190** |
| 추세 전환점을 포착하는 신호 | **210** |

# 3장 실전 매매 기술

| | |
|---|---|
| 매매를 잘하는 방법 | **273** |
| 가장 유리한 위치: 스트라이크존 | **280** |
| 불안할 땐 분할 매매: 피라미드 매매법 | **302** |
| 조정과 반등에 대응하라: 싱글 신호 매매법 | **309** |
| 갭 시작에 대응하라: 터닝포인트 갭 대응법 | **322** |
| 주가 하락에 대응하라: 조정 등급별 대응법 | **327** |
| 바닥을 찾아라: 추세 바닥 대응법 | **342** |
| 무릎과 어깨의 진실: 헤드앤숄더 패턴 | **349** |
| 장기추세 끝자락에선 불꽃놀이를 조심하자 | **356** |

# 4장 나만의 투자 전략 필살기

| | |
|---|---:|
| MA6 전략: 6개월 이동평균선 전략 | **363** |
| 롬버스 전략 | **378** |
| MT 전략: 월간 트레이딩 전략 | **397** |
| 원웨이 전략 | **407** |
| W3 전략: 3 파동 공략법 | **416** |
| 뭉쳐야 뜬다: MACD 패턴 공략법 | **421** |
| 하락장은 이렇게 시작된다 | **428** |
| 이벤트성 하락장의 바닥은 어디일까? | **437** |
| 사람들이 두려워할 때 탐욕스러워져라 | **448** |
| **에필로그** 이 글을 마치며 | **454** |

1장

# 미국주식 투자의 시작

# 왜
# 주식 투자인가?

'나도 주식 투자로 부자가 되고 싶다' '은퇴가 코앞인데 앞으로 뭐하지?' '내 주식 어떻게 하지?' '나도 파이어족이 되고 싶다' '전업주부인데 저도 할 수 있을까요?' '요즘 장사도 안 되는데 주식이라도 해볼까?'

이런 고민을 하는 당신.

"하지 마세요! 치열하고 냉정하게 내 돈을 뺏어가는 쩐(錢)의 전쟁이 일어나는 곳이 주식 시장이니까요."

만약 이 대답을 듣고 두려움, 실망, 호기심, 도전 욕구, 반감이 생긴다면 이 책을 끝까지 읽어보길 바란다. 그 느낌이 어떻게 변하는지 확인할 수 있을 것이다.

주식 투자는 좋은 기회이자 수단이다. 주식 시장은 같은 목적을 가진 사람들이 모여 거래하는 곳이다. '돈'이라는 공통분모 아래 전(錢)쟁터를 방불케 한다. 그래서 꿈과 희망 혹은 호기심만으로 시장에 참가하는 것은 맨몸으로 전투에 뛰어드는 것과 같다. 치열한 전쟁터에서 살아남으려면 나만의 무기와 전략·전술이 있어야 한다.

세계에서 가장 큰 바다인 미국주식 시장에서 살아남아 만선의 꿈을 이루기 위한 강력한 투자의 도구들을 이 책에 담았다. 실전 투자에서 누구나 쉽게 활용할 수 있으며 좋은 성과를 얻을 수 있을 것이다. 좋은 도구일지라도 내 손에 익숙해지도록 연마해야 한다. 지금부터 하나씩 체계적으로 알아보며 나만의 무기로 만들어보자.

유난히 추웠던 겨울 어느 날, 지인과 식사자리가 있었다. 한 지인이 내게 물었다.

"주식 유튜브 채널을 운영하신다고 들었어요. 바쁜 와중에 언제 유튜브까지 하세요?"

"주식 투자를 좋아하거든요. 취미로 유튜브 채널을 운영하고 있어요. 구독하셨죠? 하하!"

"저도 한때 주식 투자를 해봤는데 손실만 봤어요. 부동산은 실물이 있는데, 주식은 없으니깐 잘 모르겠더라고요."

"아, 그러셨군요. 제 생각엔 투자 대상을 바라보는 관점이 달라서 헷갈리신 것 같아요. 가령 부동산 투자에서는 교통 편의, 교육환경, 편의시설, 지역 특성, 주변 시세, 전망 등 투자 대상을 꼼꼼히 살펴보며 그 가치를 판단하잖아요. 그런데 주식 투자에서는 주가만 봐서 그런 것 같아요."

"그렇군요."

"주식 투자 대상은 기업이에요. 따라서 기업의 비즈니스 모델과 실적, 업황, 성장성, 경기, 금리 등을 살펴보며 그 가치를 판단할 수 있어요. 그리고 차트를 보면 주가 시세가 달리 보일 거예요."

## 주가를 결정하는 3가지 요소

가벼운 마음으로 주식 투자 이야기를 시작해보자. 정말 주식은 실물이 없을까? 주식도 과거에는 실물 형태였다. 옛날 영화를 보면 돈은 아닌데 큰 종이묶음을 금고에 보관하는 장면이 나온다. 이것이 바로 '증권'이다. 현대에는 과거 종이로 된 증권을 디지털로 전환해서 숫자로 볼 뿐이다. 검색창에 '세계 최초의 증권'을 입력하면 화폐 비슷하게 생긴 종이증권을 볼 수 있다.

참고로 주식회사라는 용어는 일본 에도시대 상인 조합의 영향을 받아 형성되었다. 그럼 주식은 도대체 언제, 어디서, 왜 생겨난 것일까? 1600년대로 거슬러 올라간다. 당시 유럽에서 인도의 향신료는 귀한 재료로 활용되며 비싸게 거래되었다. 하지만 인도로 가는 바닷길은 포르투갈, 스페인, 영국, 네덜란드 간 충돌이 잦았다. 그래서 향신료를 실은 배를 서로 약탈하기도 했다. 상대적으로 약소국인 네덜란드는 인도 무역에 밀리지 않기 위해 힘을 모아 대규모로 선단을 꾸리기 시작했다. 그렇게 작은 선단들을 모아 만든 회사가 바로 동인도회사다.

동인도회사는 자본금이 부족했다. 그래서 "인도에 가서 후추, 정향, 육두구 등 향신료를 싼값에 들여와 비싸게 팔아 투자금의 몇 배를 되돌려 줄 테니 투자하라"면서 투자자를 모았다. 투자자에겐 투자금에 대한 증서를 종이로 발부했다. 또 투자금을 모은 뒤 사업 성과를 배당으로 나누되 책임은 투자금만큼만 진다는 유한책임제를 시행했다. 만약 사업에 실패하면 투자금만 손실되는 구조였다. 이것이 주식 투자의 기본 프레임이다.

투자자는 기업의 성과를 배당으로 돌려받고, 실패 시 투자금의 손실을 감내하는 구조가 현대의 주식 투자와 같다. 동인도회사는 투자 자본금으로 인도를 향해 떠났다. 그런데 배가 다시 복귀하기도 전에 투자자들은 투자 증서를 미리 누군가에게 팔기 시작했다. 배가 돌아오지 못할 수도 있다는 불안감 때문이다. 배가 떠나기 전 기회를 놓쳤거나 추가로 더 큰 수익을 원하는 사람들이 이 증서를 사들였다. 이런 거래가 늘면서 시장이 필요하게 되었고, 1613년 네덜란드 암스테르담에 증권거래소가 설립된다.

동인도회사가 인도로 떠나기 전 증서를 발행하는 것처럼 주식을 발행하는 부분이 현재의 IPO 시장과 같다. 일정한 자격을 갖춘 기업이 주식 시장에 상장하면서 발행한 주식을 투자자들의 자금으로 받는 것이다. 그뿐만 아니라 유상증자와 같이 상장 이후에도 추가 발행을 통해 외부 자금을 받기도 한다. 이로 인해 전체 발행주식 수 증가로 주가가 영향을 받는다. 이렇게 시장에 풀린 주식을 시장 참여자들은 증권거래소를 통해 거래하기 시작한다.

주식 시장은 거의 매일 열린다. 심지어 전쟁 중에도 대부분 열린다. 하지만 기업의 비즈니스가 매일 극적으로 변하지는 않는다. 마치 인도로 떠난 무역선이 복귀하려면 시일이 걸리는 것처럼 말이다.

그럼 매일 거래되는 주식은 무엇을 기준으로 가격이 정해질까? 간단히 3가지 요인으로 압축하면 경기, 금리, 심리다.

첫째, 경기는 경제 전반적인 매크로 요소와 기업의 펀더멘털(실적)을 말한다. 경기는 늘 호황과 침체를 반복하며 순환한다. 그래서 경기 사이클이라 말한다. 경기는 기업의 실적에 영향을 미치며 기업 비즈니스의 성과(실적)가 주가에 반영되기 때문이다. 따라서 경기는 시장 전체에 영향을 주고, 기업의 펀더멘털은 주가를 결정하는 중요한 요소로 작용한다.

둘째, 금리가 주식 시장에 영향을 주는 이유는 기대수익률 때문이다. 여기서 말하는 금리는 중앙은행의 기준금리와 시장금리를 말한다. 대출금리가 아니다. 금리는 '돈의 가치'를 말하며, 주식은 '현물자산'을 의미한다. 예를 들어 중앙은행에서 기준금리를 인상하면 돈의 가치는 오르고 현물의 가치는 상대적으로 떨어지는 효과가 있다. 또한 금융정책은 방향을 한 번 정하면 연속성을 가진다. 그래서 물가 안정과 고용 안정을 위해 중앙은행에서 금리정책을 결정한다.

금리를 올린다고 무조건 주식 시장이 하락하지는 않는다. 왜냐하면 금리를 인상해도 될 만큼 경기가 좋기 때문이다. 결국 중앙은행에서 목표한 수준까지 금리를 인상하면 이야기가 달라진다. 경기 온도가 내려가고, 투자 기대수익률도 함께 변한다. 이에 따라 주식, 채권, 부동산 시장에서의 돈이 유리한 방향으로 이동한다. 그래서 금리가 일정 수준 상승하면 주식 시장이 하락하게 된다. 금리 인하는 인상과 반대로 생각하면 된다.

셋째, 심리는 시장 참여자들의 투자심리에 따른 주가 변동성을 말한다. 과도한 기대심리와 욕심이 주가의 과도한 상승을 유발하고, 극단의 공포심과 불안심리가 주가의 폭락을 이끈다. 그래서 주가의 상승보다 하락의 속도, 각도가 더 빠르고 가파른 현상이 나타난다.

이제 주식 투자에 대한 좀 더 깊이 있는 이야기로 넘어가보자.

## 주식 투자로 자유를 얻다

경제적 자유를 위한 핵심 과제는 무엇일까? 투자로 크게 한 방 대박을 내야 하는 걸까? 아니다. 경제적 자유는 소득의 지속성과 확장성에 달려 있다. 우리는 일반적으로 돈을 벌기 위해 일한다. 일해서 번 돈은 값지며 소중하다. 하지만 근로소득에는 한계가 있다. 요즘 퇴근 후 부업이나 주말 아르바이트를 병행하는 'N잡러'가 많다고 한다. 살기 팍팍한 세상이다. 쉼 없이 시간과 노력을 쏟아도 하루를 24시간 이상 늘릴 수는 없다. 이 한계를 극복할 방법은 없을까?

지금부터 일을 시간(Time), 양(Quantity), 질(Quality)의 3가지 측면에서 생각해보자. 가령 자동차 부품을 제조하는 중소기업에 종사하는 홍길동 과장이 있다고 가정하자. 홍과장은 납기를 맞추느라 매일 고군분투하고 있다. 소득은 일정한데 고물가와 높은 대출금리로 생활비는 늘 빠듯하다. 영화 〈아바타〉를 보며 '내 아바타가 돈을 벌어왔으면 좋겠다'라는 말도 안 되는 상상을 한다.

'내가 일하는 동안에도 누군가 다른 곳에서 일해 돈을 벌어주면 어떨까?' '밤에 자는 동안 나 대신 일하면 어떨까?' '만약 내가 AI 전문가라면 대기업에 취직해서 고액 연봉을 받을 수 있지 않을까?'

이러한 상상의 나래는 남의 일이 아니다. 혹시 홍과장의 상상 속에 해답이 있지 않을까? 만약 수많은 사람이 나를 위해 대신 일한다면, 또 한국과 시간대가 반대인 미국 기업이 나를 위해 일한다면 극복할 수 있는 문제다. 글로벌 1등 기업이 한국의 평범한 직장인 홍과장을 위해 일한다면 어떨까? 가능한 일일까?

주식 투자의 세계에서는 가능한 일이다. 물론 창업을 고려해볼 수도 있다. 그것도 훌륭한 방법이며 큰 부자가 될 수 있는 길이다. 하지만 이미 유망한 사업에서 자리를 차지한 선두기업이 있다면 소유하는 것이 더 유리하다. 드라마나 영화에 나오는 기업 인수처럼 거창하게 생각할 필요 없다. 주식 1주만 보유해도 그 기업의 주주가 될 수 있다. 1주라고 우습게 여기지 말자. 미국의 주택 건설사 NVR은 2025년 8월 기준 한화로 1천만 원이 넘고, '버크셔 해서웨이 A주(BRKa)'는 10억 원에 달한다.

여기서 기업을 소유한다는 것은 다시 말해 주주인 나를 위해서 일하는 기업을 주식을 통해 소유한다는 것이다. 그래서 주식 투자는 '동업'이라는 표현을 사용

## ○ 투자가를 중심에 둔 현금흐름 사분면

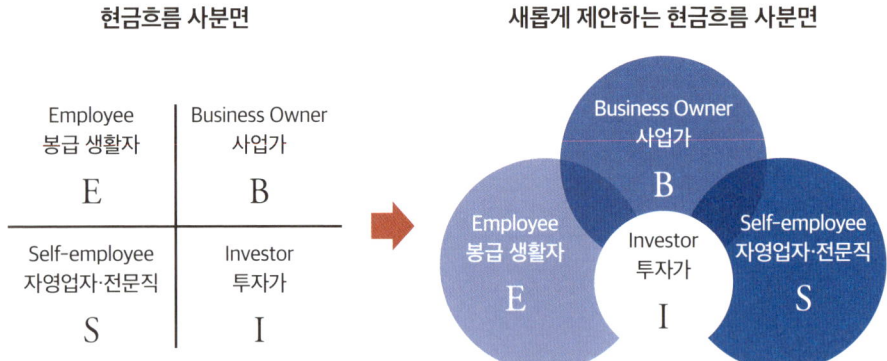

한다. 이것이 바로 주식 투자의 본질이다. 근본적으로 주식은 기업 그 자체이며, 주가는 시장에서 평가받는 기업의 가치다. 자동차에 대해 잘 아는 홍과장이 본업에 종사하면서 자동차 기업 투자를 병행한다면 소득의 확장성을 확보할 수 있다. 즉 돈이 들어오는 물줄기를 확장하는 것이다.

돈이 들어오는 물줄기는 다양한 책에서도 강조하는 부분이다. 특히 로버트 기요사키의 『부자 아빠 가난한 아빠』에서 소개한 현금흐름 사분면을 통해 그 중요성을 엿볼 수 있다. 하지만 나는 기요사키의 현금흐름 사분면을 조금 수정하고 싶다. 투자가(Investor)는 모든 직업군의 교집합이 될 수 있다고 생각한다. 사업소득, 급여소득, 영업소득과 함께 투자소득은 또 하나의 소득원이 될 수 있으며 본업과 병행할 수 있다는 큰 장점이 있다. 그래서 나는 주식 투자를 통한 소득의 확장성이 무엇보다 중요하다고 생각한다.

그럼 소득의 지속성은 어떻게 만들 수 있을까? 일반적으로 주식 투자자는 수익률에 집중하는 경향이 강하다. 증권사나 자산운용사와 같이 제도권에서 고객 자산을 운용할 땐 그럴 수 있지만, 개인 투자자는 수익률에 집착하며 스트레스를 받을 필요가 없다. 다만 꾸준한 수익과 시간에 따라 그 수익이 확장되는 체계를 갖추면 된다.

'꾸준한 수익이 몇 퍼센트를 말하는 거지?'

이런 생각이 들 것이다. 수익에 대한 기준은 제각기 다를 수 있다.

예를 들어 오마하의 현인 워런 버핏(Warren Buffet)은 50년 이상 연평균 20~24%의 수익률을 거둔 것으로 알려져 있다. 1977년부터 마젤란펀드를 13년간 운용하면서 연평균 수익률 29.2%를 기록한 피터 린치(Peter Lynch)도 전설적인 투자가로 존경받는다. 연간 20%대 수익률은 그 자체만으로는 높아 보이지 않지만, 복리의 법칙을 적용하면 엄청난 숫자가 된다. 3년이면 100%의 수익이 나오기 때문이다.

흔히 새로운 종목에 투자할 땐 자신도 모르게 2배의 수익을 기대한다. 그러나 막상 해보면 쉽지 않다. 하지만 관점을 연평균 수익률로 바꾸면 달라진다. 예를 들어 올 한 해 수익이 발생했고, 이를 그대로 내년에도 재투자해서 수익을 달성한다. 이렇게 재투자를 반복할 경우 투자금은 기하급수적으로 확장된다. 즉 재투자와 수익의 지속성으로 복리의 효과를 얻을 수 있고, 수익의 확장까지 동시에 얻을 수 있다. 이것이 바로 수익의 지속성이 중요한 이유다.

## 복리의 마법, 72의 법칙

복리의 마법과 관련된 법칙이 있다. 복리 이율로 원금이 2배 증가하는 기간을 계산하는 공식이다.

$$투자\ 기간 = \frac{72}{연평균\ 수익률(\%)}$$

예를 들어 연평균 수익률 24%를 달성했을 때 원금이 2배가 되는 기간은 얼마일까? 72의 법칙을 이용해 계산하면 3년(72÷24%)이란 답이 나온다. 반대로 원금을 3년 후 2배로 만들고 싶을 때 연평균 수익률은 얼마일까? 24%(72÷3년)라는 답이 답이 나온다.

이 법칙의 또 다른 시사점은 단기적 욕심을 버리자는 것이다. 6개월에 2배 수익은 쉽지 않지만 연간 24% 목표는 충분히 가능한 수준이다. 하지만 이보다 더 중요한 것은 '어떻게 하면 3년 연속 24% 수익률 목표를 달성할 수 있을까?'이다. 어쩌면 1년 100% 수익률 달성보다 3년 연속 연간 24% 수익이 더 까다롭고 어려울 수 있다. 실제 주식 투자를 해보면 느낄 수 있다. 왜냐하면 시장은 산책하러 나간 강아지처럼 움직이기 때문이다. 불확실성이 시장을 늘 괴롭힌다. 따라서 수익의 연속성을 확보하려면 자신만의 투자 전략 시스템을 갖춰야 한다.

"주식은 변동성이 너무 심해서 겁나요."

시장에는 다양한 투자자들이 참여한다. 그들이 바라보는 기업 가치의 평가 기준도 제각각이다. 기업 비즈니스 모델의 장기적 가치를 평가하기도 하고, 중단기적 불확실성을 반영하기도 한다. 통상 시장에서는 향후 12개월 이내 기업 실적을 비롯한 가치 변화를 예측하고 적정주가를 산정한다. 이 가치를 숫자로 표현한 투자 지표가 PER(Price Earning Ratio, Forward P/E)이다. 가령 2024년 9월 20일 엔비디아의 Trailing P/E는 54.46, Foward P/E는 28.53이었다. 이는 향후 12개월 동안 엔비디아의 실적이 2배가량 확대될 것이라는 시장의 예측을 수치로 표현한 것이다. 그뿐만 아니라 시장에는 투자 목적과 방법에 따라 단기적 수익을 위한 매매도 빈번하게 이뤄지므로 주가 변동이 잦다.

이를 잘 설명한 이론이 있다. 앙드레 코스톨라니(André Kostolany)의 강아지 이

○ **강아지 이론**

론이다. 강아지 이론은 기업 가치의 성장과 주가의 변동성을 산책하는 주인과 이를 따르는 강아지에 비유한다. 비즈니스를 성공적으로 성장시킨 기업의 가치는 상승할 수밖에 없으며 그 과정에서 주가는 크고 작은 변동성을 나타내지만, 결국 주가는 기업 가치에 수렴한다.

여기서 투자자는 무엇을 해야 할까? 기업의 성장을 기다려줘야 한다. 왜냐하면 주주는 기업의 주인이기 때문이다. 강아지가 멀어졌다고 주인이 쫓아가기보단 묵묵히 갈 길을 가면 강아지는 어차피 돌아오게 되어 있다. 이것이 강아지와 주가의 공통점이다. 기업의 비즈니스는 그 규모와 산업 특성에 따라 다르지만 짧게는 1~3년, 길게는 10년 이상 투자해야만 구체적인 성과를 얻을 수 있다. 예를 들어 IT 산업은 사이클이 짧고 빠르며, 바이오산업은 신약 개발에 긴 시간이 소요된다. 반면 주가는 매일 변한다.

따라서 투자자는 과도한 레버리지 투자를 지양해야 한다. 가령 시간적 여유가 짧은 대출금, 전세자금, 계약금, 신용 등의 단기자금을 활용하거나, 변동성이 크고 만기가 있는 파생상품(예를 들어 선물옵션)은 많은 주의를 요한다. 왜냐하면 단기 레버리지 자금은 주가 변동성에 취약하기 때문이다. 또한 파생상품 매매는 선수의 영역이다. 파생상품은 실력과 경험을 쌓고 자타공인 선수가 되면 그때 고려해도 늦지 않다. 경험에서 얻은 교훈이다.

나도 과거 초보 투자자 시절엔 많은 실수를 했다. 코스피 시장이 하락장에 들어서며 연이은 손절매가 발생했다. 순식간에 원금의 절반이 없어졌고 본전 생각이 간절했었다. 실수로 미수주문을 넣게 되었는데, 이후 습관처럼 미수주문을 반복하다 결국 깡통계좌가 되었다. 대형 우량주만 거래했음에도 무리한 레버리지 투자가 실패의 원인이었다. 다시 시장에 진입할 땐 이전의 실패를 만회하고자 파생상품 시장에 발을 들였다. 지수 선물옵션, 주식옵션, ELW를 주로 매매했으며 점심시간을 이용했다. 혹시 다이어트를 원한다면 파생상품 거래를 추천한다. 일라이 릴리의 비만치료제를 능가하는 효과를 기대할 수 있다. 농담이다. 그만큼 변동성과 스트레스가 심하다는 의미다.

수익률은 극단적이었다. 수익일 땐 하루 100%를 넘기기도 하고, 손실일 땐 한 번 거래에 반토막이 나는 사례도 있었다. 결국 회사에서의 업무 성과도 주식에서의 투자 성과도 저조할 수밖에 없었다. 직장이나 자영업 등 생업에 종사하는 투자자라면 파생상품 투자는 말리고 싶다. 초단기 변동성에 집중해야 하기 때문이다. 단 헤지(hedge) 목적은 예외다. 파생상품의 탄생 목적부터가 헤지, 즉 중단기 변동성으로부터 보유 주식을 보호하기 위한 수단이기 때문이다.

아무리 좋은 우량주에 투자하더라도 잘못된 매매습관은 결국 투자를 망치게 된다. 따라서 주식은 단순히 사고파는 대상이라는 개념은 버리고 시작하는 것이 좋다. 다시 생각해보자. 강아지가 정신없이 왔다갔다한다고 산책하러 안 나갈 것인가, 아니면 강아지를 잘 데리고 산책을 즐기는 것이 나을까? 참고로 주식을 영문으로 표현할 때 'Shares'라는 단어를 사용한다. 기업의 가치를 공유한다(Share)는 의미 그대로다.

또 다른 사례를 들어보자. 나는 공학을 전공했고 IT기업에 종사하고 있었다. 출근길에 앞서가는 전기차가 눈에 들어왔다. 서울 강남권 도로에서 처음 본 테슬라 모델S 차량이었다. 호기심이 발동해서 조사를 시작했다. 테슬라의 전기차 모델과 자율주행 비즈니스 모델, 자율주행 산업의 현황과 전망, 자율주행 원천기술과 성장 가능성(여기서는 전공인 공학지식이 도움이 되었다), 스페이스 X의 스타링크와 자율주행의 연계성, 테슬라의 파워월, 메가팩 사업, 보링컴퍼니, 테슬라의 실적 추이 등 다방면으로 정보를 수집하고 분석했다.

무릎을 쳤다. "아, 이거구나!" 하고 탄성을 내뱉었다. 모든 비즈니스와 기술이 연결되어 서비스를 제공할 수 있도록 설계되어 있었다. OTA(Over The Air) 기술로 소프트웨어를 배포하는 방식은 이미 스마트폰 업계에서 활용되고 있었는데 이를 자동차에 도입했다는 부분이 놀라웠다. 확장성을 열어놓은 것이다. 할 수만 있다면 이 기업을 갖고 싶다는 욕망이 솟구쳤다. 적자를 지속하던 실적이 영업이익 흑자로 전환된 상태였다. 2019년 말부터 투자를 결정하고 실행에 옮겼다.

도로에 테슬라 자율주행차가 흔히 보일 때까지 투자해야겠다는 생각을 시작으로 현재까지도 투자를 지속하고 있다. 수년간 일론 머스크와 테슬라 임직원이 나를 위해 일하고 있는 셈이다. 또 테슬라는 신규 입사자에게도 스톡옵션을 지급한다고 한다. 전 임직원이 주주이며 자신을 위해 일한다고 볼 수 있다. 그래서인지 악명 높은 업무 강도에도 비즈니스 이벤트 등을 통해 직원들의 열정을 간접적으로 느낄 수 있다.

나는 투자의 본질을 깨닫는 데 1만 시간이나 걸린 것 같다. 퇴근 후 하루 2~3시간씩 분석하고 공부하길 반복하던 어느 날, 머리가 아닌 마음속에서 어떤 울림이 퍼져 나왔다. 우둔한 나는 오랜 시간이 걸렸으나 이 책을 읽는 여러분은 그 시간을 아껴 빠른 성공 투자의 길로 걸어갔으면 한다.

영화 〈바이센테니얼 맨〉〈써로게이트〉에서는 로봇이 일하며 돈을 번다. 2022년 오픈AI의 챗GPT 서비스가 AI 산업혁명에서 트리거 역할을 했다고 해도 과언이 아니다. 2023년부터 생성형 AI 기술과 자율주행 기술을 로보틱스 기술에 적용한 인공지능 로봇 개발이 추진되고 있다. 테슬라는 인공지능 로봇 옵티머스 3세대를 양산하고 자동차 생산공정에 투입할 계획이다. 오픈AI, 엔비디아, 메타, 마이크로소프트, 구글, 테슬라, 애플 등 세계적 기업 중심으로 많은 투자가 진행되면서 AI 산업이 태동기에 진입하고 있다. 우리 홍과장의 꿈이 현실로 다가오고 있는 것이다. 투자의 기회와 함께!

주식 투자에서 중요한 것은 투자의 본질을 이해하고 수익의 지속성과 확장성을 확보하는 것이다.

# 왜
# 미국주식인가?

"왜 미국주식인가요?" "한국 사람이니 한국 기업에 투자하는 것이 옳지 않나요?"

투자는 옳고 그름의 차원이 아니다. 시야를 글로벌로 넓히면 더 많은 기회가 보인다. 혹자는 미국에 투자하면 국부 유출이 아니냐며 우려를 표한다. 그러나 2025년 5월말 기준 국민연금의 해외주식 투자 비중은 35%에 달한다. 국가별 비중은 북미가 70.5%로 가장 크고, 섹터로 보면 IT의 비중이 26.6%로 가장 높다. 종목을 살펴보면 애플, 마이크로소프트, 아마존, 엔비디아 등 익숙한 이름들이 시가총액 상위 종목을 차지하고 있다. 서학개미의 인기 종목 중 하나인 테슬라도 큰 비중으로 투

○ **국민연금 포트폴리오(2025년 5월말 기준)**

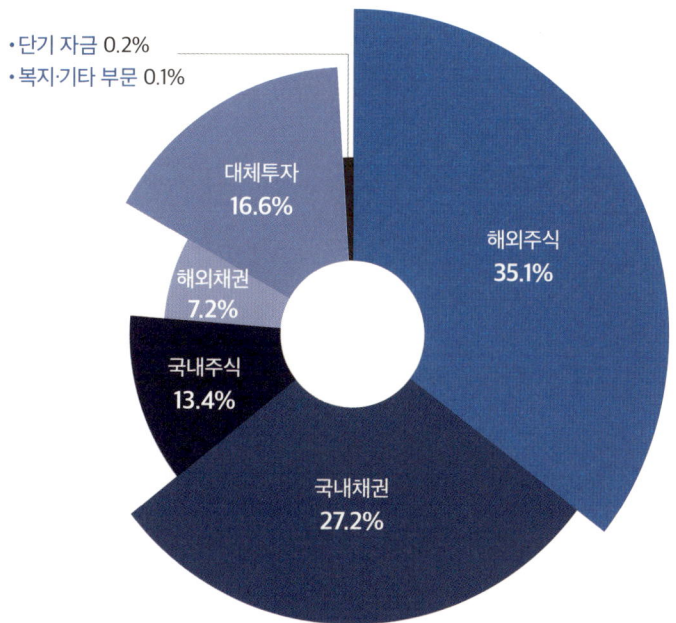

자료: 국민연금

자하고 있다.

　우리 개인 투자자도 미국 기업에 투자해서 그 성과를 국내로 가져오면 된다. 만약 수출기업에 근무한다면 나의 노동력으로 나라 살림에 보탬이 되는 것이고, 개인 투자자로서 미국주식에 투자한다면 투자 수익과 세금으로 국익에 보탬이 되는 것이다.

　'아무래도 한국 기업이 익숙하니깐 더 유리하지 않을까?' 하는 생각이 들지 모른다. 한국 시장은 상대적으로 변동성이 크다. 특히 외국인 자금에 의해 시장이 흔들리는 경우가 많다. 이는 외부 변수와 환율의 영향이 크기 때문이다. 한국에 거주한다고 한국 기업을 더 잘 알까?

LG에너지솔루션은 전기차용 배터리를 테슬라에 납품한다. 연간 판매량과 추이를 예측하려면 테슬라와 현대차, 기아차 등의 전기차 판매량을 함께 분석해야 한다. 결국 국내 내수기업을 제외한 수출기업에 투자하려면 수요처인 해외 기업과 산업을 함께 분석해야만 한다. 예를 들어 2020년 한국 시장에서 LG화학(LG에너지솔루션 기업 분할 이전)과 삼성SDI가 주도주로 등극한 배경에는 테슬라가 있었다. 당시 2차전지 기업의 주가는 매출 영향력보다 테슬라의 주가 변동에 더 민감했다. 그래서 나는 포트폴리오에서 두 종목을 제외하고 테슬라 비중을 더 높였다. 그해 LG화학(159.5%), 삼성SDI(166.1%)는 150% 이상의 상승률을 보였으나 테슬라의 상승률은 743.4%에 달했다.

한국 시장에도 훌륭한 기업이 많이 상장되어 있다. 하지만 외부 변수에 민감하고 변동성이 상대적으로 심하기 때문에 초보 투자자에게 까다로울 수밖에 없다. 경험 있는 중급 투자자라도 수익률이 저조하다면 미국 시장을 권하고 싶다. 한국 시장은 미국의 변동성에 민감하게 반응한다. 어차피 미국 시장을 공부해야 한다면 차라리 미국 시장에 직접 투자하는 편이 유리하지 않겠는가? 또 생업에 종사하는 투자자라면 거래시간 측면에서도 한국 시장은 불리하다. 왜냐하면 바쁜 업무에 주식 거래까지 병행하다 보면 둘 다 놓치는 경우가 많기 때문이다. 아마도 나만 그런 건 아닐 것이다. 그래서 나는 미국주식만 운용하고 있다. 뇌 과학자의 연구 결과에 따르면 인간의 뇌는 한 번에 한 가지 일에만 몰입할 수 있다고 한다.

# 미국주식 시장이
# 우위에 있는 이유

가장 결정적인 이유를 간단히 덧붙이자면 한국보다 미국이 수익을 내기가 더 쉽다. 지금부터 미국주식 시장에 대해 몇 가지 짚어보고 가자.

### 1. 시장의 규모

〈도시어부〉라는 TV 예능 프로그램을 보면 감성돔을 잡기 위해 적절한 물때와 좋은 포인트를 찾아 이동하는 장면이 나온다. 낚시를 처음 접하는 참여자도 좋은 포인트에서 훌륭한 성과를 얻으면 흥분을 감추지 못한다. 특히 뉴질랜드에서는 아주 큰 물고기를 잡는 모습이 나오는데, 뉴질랜드는 일정 크기 이하의 작은 물고기는 법적으로 방생해야 해서 당연히 큰 물고기가 많을 수밖에 없다. 주식 투자자로서 이런 질문을 던져보자.

"주식 투자의 세계에서 대어는 어디에 많을까?"

〈도시어부〉를 따라서 뉴질랜드 주식에 투자해야 할까? 아니다. 좋은 투자 성과는 좋은 물고기, 즉 투자할 만한 좋은 기업이 많은 곳이어야 한다. 그럼 좋은 기업이 많은 곳은 어디일까?

그림에서 보듯이 세계에서 가장 큰 시장은 미국 시장이다. 미국주식 시장 전체 시가총액은 전 세계 시가총액의 절반에 달한다. 또 미국의 산업 비중을 보

## ○ 국가별 전 세계 주식 시가총액 비중

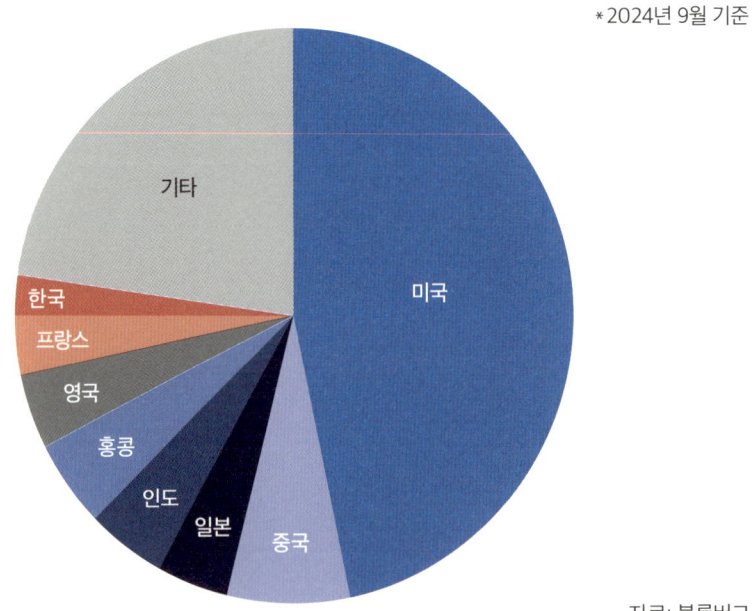

*2024년 9월 기준

자료: 블룸버그

면 기술 산업이 가장 큰 비중을 차지한다. 애플, 마이크로소프트, 엔비디아, 아마존, 메타, 알파벳 등 우리에게 익숙한 기업들이 미국 실리콘밸리에 포진되어 있다. 2025년 7월 15일 기준 시가총액 1위는 엔비디아다. 시가총액은 한화로 5,630조 원에 달한다. 코스피 시가총액의 합계를 훨쩍 웃돈다. 단일 기업의 시가총액이 대한민국 전체 주식보다 크다니 놀라울 수밖에 없다.

이처럼 미국주식 시장에는 각 산업의 독점력이 강한 글로벌 규모의 기업이 많이 포진되어 있다. 미국 경제는 지속적인 성장세를 유지하고 있다. 그 배경에는 훌륭한 미국 기업들이 있다. 오랜 기간 우상향 중인 S&P500지수의 흐름이 이를 증명한다. 따라서 세계 경제에 가장 큰 영향력을 가진 미국 시장에서 더 크고 많은 물고기를 포획할 수 있지 않을까?

## 2. 주주 친화적인 미국 기업의 문화

미국 기업은 주주환원 정책이 경영 철학에 녹아 있다. 대표적인 예로 배당과 주식 매입소각이다.

'구글이 돌아왔다…알파벳, 사상 첫 배당 지급에 주가 12%↑'

〈연합인포맥스〉 2024년 4월 26일 기사 헤드라인이다.

이처럼 배당에 환호하는 이유는 무엇일까? 먼저 기업의 이익이 양호하다는 뜻이며, 투자자는 배당수익을 확보할 수 있을 뿐만 아니라 자사주 매입소각을 통해 주식 가치의 상승도 함께 누릴 수 있기 때문이다.

배당은 알겠는데, 자사주 매입소각은 무엇일까? 기업이 시장에 유통되는 주식을 매수해서 소각시킨다는 의미다. 시가총액은 곧 '주가×발행주식 수'다. 시가총액은 기업의 가치이므로 변동이 없다고 가정했을 때, 매입소각을 통해 주식 수량이 줄어들면 주가는 높아지기 마련이다. 기업이 이익금으로 주식을 매입소각하면 주가가 상승하고 이는 투자자의 수익률 상승으로 이어지므로 자연스럽게 주주환원이 이뤄진다. '증자'와 반대되는 개념으로 이해하면 된다.

성장 과도기에 있는 기업들은 배당보단 재투자에 집중하고, 성숙기의 기업들은 주주를 위한 이익 환원에 집중한다. 예를 들어 테슬라의 비즈니스는 아직 성장 과도기이므로 배당을 하지 않는다. 쌓여 있는 유보금으로 자사주 매입소각 여부를 검토하긴 했으나 공장 증축과 연구·개발 투자가 더 시급하므로 시행되지는 않았다. 기술 중심의 성장 기업은 배당수익률은 낮지만, 자사주 매입소각을 통해 간접적 주주환원을 시행하는 편이다. 그리고 기업의 성장을 위해 많은 투자가 이뤄진다. 반면 맥도날드, 존슨앤드존슨, 코카콜라, 패스널 등과 같은 성숙기에 있는 기업은 배당주로 분류되며 주주환원에 적극적이다.

주식 투자의 본질은 기업 이익의 거버넌스다. 주주 친화적인 미국 기업에 내 돈을 투자하는 편이 낫지 않을까?

## 3. 개인 투자자로서 미국주식 투자

국내주식과 관련해 다음과 같은 내용의 기사를 자주 봤을 것이다.

> '양호한 실적 발표에도 불구하고 주가 선반영으로 하락…'

한국 시장에서 자주 보이는 문구다. 반면 미국 시장에서는 '실적 서프라이즈로 시간 외 10% 급등'이란 뉴스를 자주 접한다. 차이가 뭘까? 미국 기업은 실적 발표 시즌에 우려의 목소리가 들린다. 의도적(?)으로 시장 기대를 낮추는 것이다. 따라서 실적 발표에서는 '서프라이즈'라는 표현이 자주 등장한다. 더욱 중요한 것은 실적 컨퍼런스콜(CEO 또는 CFO의 설명과 질의응답)에서 전망을 함께 발표하는데, 그 내용이 주가의 향방을 결정하는 성향이 강하다. 지난 분기 실적은 이러했고, 향후 실적과 비즈니스는 더 좋아질 것이라는 전망이면 주가는 강한 상승을 보여준다. 반면 전망이 우려스럽다면 실망 매물이 쏟아진다. 즉 시장은 기업에서 바라보는 전망을 그대로 받아들여 주가에 반영한다.

간혹 장기간 상승파동으로 시장의 기대가 너무 높아져 있거나 경기지표의 둔화, 금리 변동 구간에서는 달라지기도 한다. 예를 들어 2024년 8~9월 엔비디아, 브로드컴, 애버크롬비 앤 피치 등이 그러했다. 호실적이었으나 시장 기대가 더 높았고, 실업률 등 둔화하는 경기지표와 금리 인하 폭에 대한 불확실성이 주가에 하락 압력을 가했다.

개인 투자자가 기업 실적을 자세히 분석하고 예측하기란 쉽지 않다. 하지만 다양한 매체를 통해 많은 데이터를 관찰하려는 노력은 필요하다. 나는 월가의 실적 컨센서스를 확인하는 사이트(stockanalysis.com, seekingalpha.com 등)와 테슬라의 실적 발표 자료를 볼 수 있는 사이트(ir.tesla.com)를 즐겨찾기 해두고 자주 방문한다. 직접 확인하고 그 추이를 엑셀 자료로 만들어 분석한다. IR 자료에 모두 나와 있으나 한 번 더 스스로 옮기는 과정에서 공부가 된다.

실적 분석에서 중요한 내용 중 하나는 YOY(Year Of Year) 변화다. 즉 작년 동기 대비 얼마만큼의 성장인지가 중요하다. 또 하나 중요한 것은 추세다. 매출 증감 추세, 영업이익률(OP margin) 추이, 잉여현금흐름(Free Cash Flow) 추이 등을 유심히 바라본다. 왜냐하면 기업 실적과 주가의 장기추세 전환점을 포착하기 위해서다. 실제로 주가의 전환은 실적 전환보다 좀 더 앞선다. 스마트머니가 먼저 움직이기 때문인데, 이는 시세 변화에 대한 기술적 분석법으로 대응할 수 있다. 이 책에서 주로 다루는 내용이므로 우리 개인 투자자도 충분히 스마트머니가 될 수 있다.

참고로 환율 변동에 너무 민감하지 말자. 미국주식은 달러로 직접 투자하므로 환율에 민감할 수 있다. 하지만 환차익에 의한 헤지 효과가 있다. 가령 경기 전망이 불투명하거나 침체로 진입했다고 가정하자. 원달러 환율은 어떻게 될까? 올라간다. 2022년 인플레이션에 의한 금리 인상과 레고랜드 사태로 환율은 1,400원을 넘어섰고, 2008년 글로벌 금융위기 때는 1,500원 이상으로 상승했었다. 즉 경제 상황에 따라 달러 가치는 상승하고, 원화 가치는 하락한다. 당연히 달러를 보유하면 유리하다.

2022년 1년간 수익률을 보면 S&P500의 연간 손실은 -19.4%였던 반면, 원달러 환율은 +6.3% 상승 마감했다. 연초 1,189원에서 출발해 최고 1,444원까지 올라 +21%를 기록하기도 했다. 한국 주식 투자자라면 환율에서 6.3%만큼 손실이

## ○ 원달러 환율 1,400원대 돌파 시기(종가 기준)

상쇄된 것이다. 그래서 환율은 보험과 같은 역할을 한다. 반대로 호경기와 주가 상승으로 환율이 내려가더라도 환율 하락 폭보다 주가 상승 폭이 훨씬 높아 전체 수익률에는 큰 영향을 주지 않는다. 전체 자산을 원화로 보유하는 것보다 일정 비율 달러 자산으로 보유하는 편이 자산관리 측면에서도 유리한 것이다.

**미국주식 시장이 우위에 있는 이유는 시장 규모가 크고, 주주 친화적이기 때문이다.**

# 무엇에 투자할까?: 주식 투자 사분면

## 주식 투자
## 사분면

"어떤 주식에 투자할까요? 대형 우량주에 장기투자하면 되나요?"
"누군가에겐 적합한 방법이지만, 당신에겐 아닐 수도 있습니다."
"왜요? 다들 대형주가 안전하다던데요."

지금부터 그 이유를 알아보기 위해 잠시 나의 과거 이야기를 소환해본다. 첫 주식 투자는 2000년대 초반 내가 다니던 회사의 주식이었다. 사회초년생이었던 나는 주식 자체를 몰랐기에 액면가의 우리사주를 받지 않았다가 뒤늦게 공모가에 일정 수량 배정받아 수년간 보유했다. 그리고 아무것도 모른 채 여유자금 200만 원으로 시작한 첫 주식 매매로 30만 원의 단기 수익을 얻는다. 당시 몸이 좋지 않았던 아내에게 보약을 지어준 기억이 아직도 생생하다.

이후 주식 투자도 괜찮다는 느낌을 받아 아무런 준비 없이 깃털 같은 정보에만 의존하며 서투른 투자를 이어갔다. 한동안 수익을 만끽하며 내가 주식 투자에 소질이 있다는 착각에 빠져들었다. 1년간의 상승장이 마무리되고 다음 해로 넘어갔다. 곧 하락장이 찾아왔고 그간의 수익을 모두 시장에 돌려주게 되었다. 당시엔 하락장인지 구분도 못했다. 시장 분석을 전혀 하지 못했기 때문이다.

연이은 손실로 궁지에 몰리자 투자금 규모를 늘리면 손실 회복이 빠를 것이란 생각에 대출까지 받아 더욱 공격적으로 시장에 달려들었다. 심지어 한 방이 있다는 선물옵션 시장까지 뛰어들었다. 정말 무모한 판단이었다. 시장에 그냥 내 돈을 갖다 바치는 꼴이었다. 결국 투자금이 모두 손실되고서야 폭주를 멈추게 되었다. 안타깝게도 수년간 보유했던 우리사주마저 상장폐지되었다.

누군가 "주식 투자, 어디까지 해봤니?"라고 묻는다면 난 FX 마진 거래를 제외하고 웬만한 개인 투자자가 접근할 수 있는 매매는 다 겪어봤다고 대답할 수 있다. 처음엔 우량주 중심의 장기투자로 시작했으나 점점 단기 매매에 빠져들었고, 결국 선물옵션 시장까지 뛰어들게 되었다. 당시엔 나만 그런 줄 알았는데 몇몇 지인도 이러한 과정을 경험하고 있었다. 주식 공부를 안 한 것도 아니었다. 증권사 리포트와 뉴스, 전문 서적, 강좌 등을 열심히 듣고 배우며 정보를 얻고 매매법을 찾고자 애썼다. 그런데도 결과는 초라했다.

하지만 거기서 주저앉지 않았다. 분명히 내가 원하는 '성공 방정식'이 있을 것이란 막연한 믿음이 있었기 때문이다. 달리 표현하면 오기가 생겼다. 그래서 더 집요하게 파고들었다. 이번엔 방법을 다르게 접근했다. 주식 시장보다 먼저 나 자신에게 투자했다. 퇴근 후 3시간 이상은 기업 실적, 리포트와 뉴스, 전문 서적 등을 보고 또 보며 분석했고 주말에는 투자 전략 연구에 집중했다. 분석은 철저하게, 시장 진입은 보수적으로 접근했다.

다시 처음의 질문으로 돌아가보자. 대형 우량주에 장기투자하면 충분할까? 결론부터 말하자면 그렇지 않다. 투자에는 정답이 없고 사람마다 성향과 상황이 다르기 때문이다. 수많은 시행착오와 좌절을 겪으며 얻은 깨달음에서 탄생한 것이 지금부터 소개할 '주식 투자 사분면'이다.

전문적이고 복잡한 매매기법이나 전략보다 투자자 자신에게 적합한 방식을 찾는 것이 더 중요하다. 주식 투자는 '미인대회'라는 말이 있다. 시장에서 주목받는 주도 종목을 공략하라는 의미인데 틀린 말은 아니다. 하지만 주목받는 유망한 기업에 투자하더라도 내 투자 방식에 따라 결과는 달라질 수 있다.

예를 들어 AI 산업에서 가장 주목받은 엔비디아에 투자한다고 가정해보자. 선택지는 크게 4가지다.

1. 엔비디아 주식을 수년간 보유한다.
2. 엔비디아 주식을 중단기 매매한다.
3. 2배수 ETF(NVDL) 또는 엔비디아 주식 옵션을 단기 매매한다.
4. 배당 포트폴리오를 운용하면서 배당수익률 비중만큼만 엔비디아 주식을 보유한다.

## ○ 주식 투자 사분면

| 트레이딩 사이드 | 투자 사이드 |
|---|---|
| **주식 트레이딩**<br>트레이딩 기준에 따라 비중을 조절하며 매수와 매도를 병행하는 중단기투자<br>(2분면) | **성장주 장기투자**<br>산업 패러다임 변화를 이끄는 선두기업에 장기적으로 투자<br>(1분면) |
| **파생상품 트레이딩**<br>레버리지와 변동성이 큰 선물옵션 등 파생상품을 단기 트레이딩<br>(3분면) | **배당 투자**<br>시세차익이 아닌 지속적인 배당수익을 추구하는 투자<br>(4분면) |

하나의 기업에 투자함에도 결과는 각자 다를 것이다. 투자의 대가들은 이구동성 장기 보유를 권한다. 당연한 이야기다. 하지만 실제로 그대로 따르는 개인 투자자는 드물다. 왜냐하면 각자 투자 성향과 자금의 성격, 투자 목적이 다르기 때문이다. 투자자의 성향과 목적을 바탕으로 주식 투자를 사분면으로 분류한 연유다.

투자를 크게 양면으로 나누면 투자(Investment)와 매매(Trading)로 구분된다. 세분화하면 '성장주 장기투자' '주식 트레이딩' '파생상품 트레이딩' '배당 투자'로 정의할 수 있다. 이렇게 4가지로 분류한 목적은 투자자 자신에게 맞는 방법을 선정하기 위해서다.

주식 시장은 살아있는 생명체와 같다. 왜냐하면 투자자의 심리가 많은 영향을 미치기 때문이다. 따라서 시장의 변화를 매번 쫓아다니는 것보다 나에게 맞는 방법과 전략으로 시장 변화에 맞춰 유연하게 대처하는 편이 유리하다. 지금부터 하나씩 살펴보면서 나에게 적합한 투자 사분면이 무엇인지 생각해보길 바란다.

투자와 매매를 구분하는 기준은 무엇일까? 다양한 답이 나올 텐데 그중 하나를 꼽으라면 시간이다. 왜냐하면 기업 비즈니스의 성과가 실적에 영향을 주며 시가총액에 반영되기 위해서는 상대적으로 긴 기간이 필요하다. 따라서 장기적 성장의 결실을 '투자'라고 정의할 수 있다. 반면 경기, 금리, 기타 외부 요인이나 성장 과정에서의 주가 변동성을 이용한 중단기 시세차익을 '매매'라 정의하고 이를 기준으로 주식 투자를 양분할 수 있다.

투자 사이드(Investment side)에서는 성장주 장기투자와 배당주 투자로 나눈다. 앞서 이야기했듯이 성장 기업은 장기간 투자를 요구하며, 배당주 투자는 시간의 한계를 두지 않는다. 트레이딩 사이드(Trading side)는 매매 대상을 기준으로 세분화한다. 일반 주식현물 매매를 '2사분면'으로 정의하고, 선물옵션과 같은 파생상품 매매를 '3사분면'으로 정의한다. 투자와 매매는 개념적으로 서로 다르지만 목적은 같다. 따라서 옳고 그름도, 좋고 나쁨의 문제도 아니다. 단지 투자자의 선택일 뿐이다. 내가 잘하는 것에 집중하면 된다.

**1사분면: 성장주 장기투자**

우리는 기술 산업의 패러다임 변화 속에 살고 있다. 1990년대 인터넷 혁명을 시작으로 모바일 혁명, AI 혁명 등 기술의 진화는 더욱 가속화되고 있다. 그 속에서 업계를 대표하는 선두기업이 탄생했고 산업을 이끌며 거대 성장을 이뤘다. 이때 부상한 기업들이 우리에게 익숙한 마이크로소프트, 애플, 구글, 아마존, 메타, 노키아, IBM, 시스코, 인텔 등이다.

## ○ 시대별 핵심 산업 변천사와 대표 기업

| 기간 | 핵심 산업 | 주요 특징 및 발전 내용 | 대표 기업 |
|---|---|---|---|
| 1990년대 | 정보통신 | 인터넷과 PC의 대중화 | 마이크로소프트, IBM, 시스코 |
| | 반도체 | 메모리 반도체 및 마이크로프로세서 기술 발전 | 인텔, 삼성전자, AMD |
| | 모바일 통신 | 2G 모바일 통신 상용화 및 휴대전화 확산 | 노키아, 모토로라, 퀄컴 |
| | 자동차 | 자동차 기술 발전과 글로벌 확장 | 도요타, BMW, GM |
| | 미디어 및 엔터테인먼트 | 케이블 TV와 CD의 확산 및 비디오 게임산업 발전 | 닌텐도, 소니, 디즈니 |
| 2000년대 | 인터넷 및 소프트웨어 | 닷컴 붕괴 이후 인터넷 서비스 재편성 | 구글, 페이스북, 야후 |
| | 전자상거래 | 전자상거래의 폭발적 성장 | 아마존, 이베이, 알리바바 |
| | 모바일 통신 | 3G 통신과 스마트폰의 등장 | 애플, 삼성전자, HTC |
| 2010년대 | 스마트폰 | 스마트폰 대중화 | 애플, 삼성전자, 화웨이 |
| | 클라우드 컴퓨팅 | 클라우드 인프라 확산 | 아마존 AWS, 마이크로소프트 Azure, 구글 Cloud |
| | 인공지능 | 인공지능 및 머신러닝 기술 상용화 | 구글 딥마인드, 엔비디아, IBM Watson |
| | 전기차 | 전기차 기술 발전과 대중화 | 테슬라, GM 니오 |
| 2020년대 초반 | 인공지능 | 딥러닝 및 자연어 처리 기술 발전 | 오픈AI, 구글, 엔비디아 |
| | 5G 통신 | 5G 통신망의 상용화 | 퀄컴, 화웨이, 에릭슨 |
| | 전기차 및 자율주행차 | 전기차의 대중화 | 테슬라, 웨이모, 리비안 |
| | 재생에너지 | 신재생에너지 확대 및 에너지 저장 기술 | 넥스트라에너지, 테슬라, 베스타스 |
| 2020년대 중반 | 인공지능 및 자동화 | 산업 전반의 인공지능 및 자동화 기술 적용 | 오픈AI, 보스턴 다이내믹스, 엔비디아 |
| | 헬스케어 및 생명공학 | 유전자 편집 및 맞춤형 의료 기술 발전 | 모더나, 화이자, 바이오엔텍 |
| | 양자컴퓨팅 | 양자컴퓨팅 기술 개발 | IBM, 구글, 리게티컴퓨팅 |
| | 우주 탐사 및 우주 산업화 | 민간 우주 탐사 기업의 성장 | 스페이스X, 블루 오리진, 버진 갤럭틱 |
| | 메타버스 및 가상현실 | 메타버스 플랫폼 확장 | 메타, 로블록스, 엔비디아 |

하지만 시대의 변화에 적응하지 못하고 안주한 기업은 선두자리를 내어주며 몰락하기도 한다. 예를 들어 피처폰 시대를 대표했던 노키아와 모토로라의 몰락, 인터넷 시장의 대장이었던 시스코와 IBM의 추락 등이 대표적이다. 살아남은 기업들은 어떻게 되었을까? 시장을 독식하며 시가총액 상위 자리를 독차지하고 있다.

일반적으로 기술의 변화 사이클은 10년을 본다. 따라서 산업혁명의 선두기업은 10년 이상 긴 성장 이야기를 만들면서 큰 기업이 된다. 이런 기업에 투자 안 할 이유가 없다. 새로운 산업의 성장을 이끄는 선두기업을 초기 태동기부터 투자해서 성장기를 지나 성숙기까지 긴 시계열로 투자하는 것을 성장주 장기투자라 부른다. 월가의 전설적인 펀드매니저 피터 린치가 이야기한 10루타 종목들은 여기서 많이 배출된다. 투자자는 그들의 성장에 동참해야 하며, 산업의 변화와 기업의 행보를 자세히 살펴보며 기회를 포착해야만 한다.

그럼 새로운 산업의 선두기업은 어떻게 찾을 수 있을까? 이 질문의 답을 명쾌하게 설명한 유명한 강연이 있다. 유튜브에서 '시골 의사 박경철 W를 찾아서'라는 키워드로 검색하면 해당 영상을 찾을 수 있다. 2008년 시골 의사 박경철 원장의 아주대학교 강연이다. 오랜 세월이 지났으나 여전히 감명을 주는 명강연이다. 꼭 시청해보길 바란다. 실제 1990년대 모바일 이동통신 산업 초기 투자에 성공한 본인의 사례를 소개하고 있다. 이 강연의 메시지는 새로운 산업이 탄생하고 기존 산업의 패러다임을 바꾸는 혁명이 나타나는 시기에는 누구에게나 투자를 통해 부를 창출할 수 있는 기회가 있다는 것이다. 100% 공감한다.

*"저는 전문기술에 대한 지식이 없어서 이해하기 어려워요."*

공학을 전공한 사람조차도 분야가 다르면 쉽지 않다. 가령 토목이나 건축을 전공한 사람이 통신 네트워크 기술을 이해하기란 쉽지 않다. 반면 나는 IT 하드웨어와 소프트웨어를 전공했으나 투자한 IT 기업의 실적 자료를 볼 때면 머리가 어지럽다. 대다수가 그렇기에 처음부터 부담을 갖진 말자. 나의 신념은 이렇다.

> 모르는 것은 부끄러운 일이 아니다. 알려고 노력하지 않는 것이 부끄러운 일이다.

마음만 먹으면 정보는 어디서든 구할 수 있다. 인터넷 검색, 유튜브 영상, SNS 등은 기본이고 최근에는 오픈AI의 챗GPT 서비스도 많은 도움이 된다.

의학을 전공한 박경철 원장이 CDMA 이동통신 기술을 처음부터 이해하고 투자하진 않았을 것이다. 아주대학교 강연에는 이런 일화가 나온다. 어느 날 박경철 원장은 경영을 전공한 백수 친구와 미래 사회 트렌드에 대한 강연을 듣게 된다. 강사는 칠판에 'WWW' 세 글자를 적고 "멀지 않은 미래에 W의 세상이 옵니다. 이 안에 은행과 증권사가 있을 것이고, 핵무기도 만들고 전쟁도 이걸로 할 겁니다."라고 했다. 당시만 해도 인터넷 세상이 올 것이라 예측하지 못하던 시절이었다.

이후 백수 친구는 자본금 700만 원을 들여 대구에 작은 사무실을 차렸다. 백수 친구는 웹 기반 상용 이메일 서비스 사업을 시작했고, 수년 후 전국의 병원과 관공서에 행정 전산망이 깔리기 시작하면서 인터넷 시대가 열렸다. 시대를 앞서간 백수 친구는 훗날 회사를 600억 원에 골드만삭스에 매각한다. 강연자가 'W의 세상'이 온다고 설파할 때 모두가 무시했지만(심지어 박경철 본인조차도), 그를 알아보고 길을 찾은 백수 친구의 비결은 무엇이었을까? 과감하게 사업을 시작한 원동력은 무엇이었을까?

나는 상상력의 차이라고 생각한다. 기존에 없던 새로운 기술이나 제품이 세상에 나왔을 땐 먼저 호기심을 가져보자. 가능하다면 직접 경험해보는 것이 제일 좋다. 예를 들어 나는 테슬라에 투자하기 전에 인터넷 정보와 유튜브 영상을 보며 기본 조사를 시작했고, 하남 스타필드에 있는 테슬라 매장에서 모델3를 직접 시승해보며 오토파일럿을 경험했다. FSD도 아닌 구버전 오토파일럿 기능이었지만 경험을 통해 자율주행 기술의 가능성과 비즈니스 모델을 이해했다.

2022~2023년 챗GPT 서비스 초기에 대학생이 리포트를 작성하거나 직장인이 보고서를 준비할 때 많이 활용한다는 뉴스를 접했다. 이전에는 가상화폐 채굴에 엔비디아 제품이 활용된다는 기사가 시장의 주목을 받았으나 챗GPT는 전혀 다른 차원의 이야기였다. 왜냐하면 확장성 측면에서 상단이 열려 있었기 때문이다. 직접 서비스를 사용하면서 AI 서비스의 미래 방향성을 짐작할 수 있었다. 특히 엔비디아의 실적 내용 중 데이터센터의 성장에 주목했다. 실적 발표 당시 가이던스에서도 강조된 부분이다. 엔비디아는 실적 성장과 함께 시가총액을 키워나갔다. 2024년 5월 23일 엔비디아는 실적 발표 후 주가가 1천 달러를 돌파했다(주식 분할 전 주가). 2022년 10월 14일 종가 112달러 대비 10배의 수익률이다. 피터 린치가 말한 10루타 종목이다.

"그럼 엔비디아처럼 좋은 주식을 찾아서 그냥 묻어두면 될까요?"

이 질문에는 2가지 문제가 있다. 첫째, 우리가 엔비디아'처럼' 좋은 주식을 찾는 것은 쉬운 일이 아니다. 둘째, 지금 어떤 주식이 좋아 보여도 앞으로도 좋을 것이라는 보장은 없다.

1990년대 후반 인터넷 보급과 함께 미국 시가총액 1위 기업은 제너럴 일렉트릭이었다. 그러나 2001년 닷컴버블과 함께 후순위로 밀려나게 되었다. 이후 고유가 시대에 접어들고, 중국의 고도성장으로 에너지 수요가 크게 늘면서 2006년 엑슨모빌이 시가총액 1위를 차지했다. 그리고 2010년대 IT·모바일 산업의 성장세로 애플에게 1위 자리를 물려준다. 2024년 들어서는 AI 산업의 혁신으로 마이크로소프트, 애플, 엔비디아가 시가총액 1위 자리를 다투고 있다.

10~20년 간격을 두고 시가총액 1위 기업이 바뀌고 있는 것이다. 산업의 빠른 변화 때문이다. 이런 상황에서 주식을 그냥 묻어둘 수 있을까? 가령 서학개미가 가장 많이 들고 있는 테슬라만 해도 2025년 3월 장중 한때 220.66달러까지 하락하며 2020년 9월 이후 최대낙폭을 기록했다. 전 거래일 대비 15% 넘게 급락한 수치로 하루 만에 한화 190조 원가량의 시가총액이 증발한 것이다.

어떤 생각이 드는가? 이러한 변동성은 실제 시장에서 빈번하게 일어나며 투자자를 혼란에 빠뜨린다. 투자 성향에 따라 그 혼란의 정도는 다를 것이다. 그래서 투자 전략이 필요한 것이다. 장기투자를 하더라도 주가 변동성을 헤지하며 때론 강하게, 때론 보수적으로 운용하는 전략이 필요하다. "그래서 어떻게 해야 하지?" 하는 질문의 답을 찾는 것이 이 책의 목적이다. 다양한 방법과 노하우를 통해 자신에게 맞는 전략을 찾아보자.

## 2사분면: 주식 트레이딩

주식은 변동성이 심한 고위험 투자상품이다. 이는 양면의 칼과도 같다. 투자 손실의 위험성이 있지만 이면에는 높은 수익성도 함께 내포하고 있다. 그래서 매력적이다. 잘 다루기만 하면 최고의 투자 대상이 된다. 혹자는 주식 투자가 투기라고 말한다. 맞는 말이면서도 틀린 이야기다. 왜냐하면 주식 자체는 문제가 없다. 그것을 투기의 대상으로 삼는다면 그때부터 투기가 되기 때문이다. 좀 더 넓게 생각하면 사람들이 매매할 수 있는 모든 대상이 투기로 변절될 수 있다.

다시 본론으로 돌아가서, 그렇다면 트레이딩이란 무엇일까? 평범해 보이는 돌에 10달러 가격표를 붙여 판매한다고 가정하자. 지나가던 투자자가 유심히 관찰하며 10달러에 매수한다. 투자자는 이 평범한 돌이 금광석이라는 사실을 알아봤고 이후 금 제련 공장에 가져가 100달러에 매도한다. 제련된 금을 귀금속 상점에서는 150달러에 매수하고, 가공된 금반지를 시장에서 다시 200달러에 매수된다. 주식 투자도 이와 유사하다. 아무도 관심을 두지 않는 기업이지만 성장 가능성이 있다면 이것을 보며 투자하는 것이다. 기업의 가치 성장에는 시간이 필요하다. 그 과정에서의 주가 변동성을 이용한 매매가 이뤄진다. 이를 트레이딩이라 말한다.

주식의 종류에는 기업에서 발행한 주식 현물, S&P500이나 나스닥과 같은 시장지수, 지수·주식·원자재 등을 기초자산으로 만든 파생상품이 있다. 이 중 주식 현물 매매를 2사분면 주식 트레이딩으로 분류한다.

여기서 중요한 사항은 매매 기준이 있어야 한다는 것이다. 아무런 준비 없이 주식 시장에 진입한 개인 투자자는 대부분 자신만의 매매 기준이 없다. 나 역시 처음엔 그랬다. 예를 들어 기업의 실적을 보며 매매를 한다거나, 이동평균선을 보며 기술적으로 매매하는 등 자기만의 기준이 있어야 한다. 또 그 기준은 검증된 것이어야 한다. 품질 보증을 받지 않은 무기는 위험하다. 나는 시세 분석과 투자 전략의 도구로 캔들과 이동평균선을 활용한다. 오랜 기간 시행착오를 거치며 오류를 수정했고 나에게 맞는 방식으로 고도화시켰다. 물론 경기와 금리, 기업의 비즈니스 등 펀더멘털 분석은 기본이다. 여기에 나만의 무기를 곁들이는 것이다.

칼과 방패는 쓰는 사람에 따라 그 가치가 다르다.

차트가 중요한 무기라고 강조하면 혹자는 "차트는 과거의 기록인데 그게 맞나요?"라고 반문한다. 반대로 생각해보자. 만약 차트가 틀린 도구라면 왜 200여 년 전에 만들어진 캔들 차트를 아직까지 많은 사람이 활용하는 걸까? 그것도 전 세계 투자자가 말이다. 그럴 만한 이유가 있지 않을까?

주식 시장은 늘 다양한 변수에 노출되어 있으며 예민하다. 그래서 어떤 구간에서는 주식을 보유한 채 가만히 지켜보는 것이 유리하고, 또 어떤 구간에서는 짧게 대응하는 것이 유리하며, 위험한 구간에서는 방어적인 전략을 펼쳐야 한다. 그래서 단기 매매가 무조건 잘못된 것도 아니며 장기투자가 절대적인 정답도 아니다. 여기서 다음 2가지를 강조하고 싶다.

첫째, 투자자는 자신의 환경과 성향, 목적에 부합하는 최적의 투자 도구를 갖춰야 한다.
둘째, 그 도구를 잘 활용해야 한다.

이를 갖추면 장기투자를 포함해서 일·주·월 단위 중단기 매매도 가능하다. 물론 30분·5분·틱 단위도 활용할 수 있으나 이 책에서는 다루지 않는다. 나는 1사분면과 2사분면을 조합해서 실전 투자에 활용하고 있다. 그래서 계좌도 장기투자 계좌, 트레이딩 계좌, 옵션 계좌로 분리 운용한다.

### 3사분면: 파생상품 트레이딩

한국 개인 투자자의 미국주식 보유 현황을 살펴보면 항상 레버리지 ETF가 상위권에 포함되어 있다. 예를 들어 나스닥100지수를 추종하는 3배수 ETF TQQQ, SQQQ, 테슬라 2배수 ETF TSLL, TSLT, 엔비디아 2배수 ETF NVDL, 필라델피아 반도체지수 3배수 ETF SOXL 등이 대표적이다. 그리고 한국 시장에서 선물옵션 거래를 하던 투자자들이 미국 선물옵션 시장으로 옮겨가는 현상도 증가하고 있다.

이처럼 레버리지 ETF 또는 선물옵션 매매를 파생상품 트레이딩이라고 한다. 파생상품 매매는 선수들의 영역이다. 그만큼 단기 흐름을 정확하게 맞춰야 수익을 볼 수 있는 시장이기 때문이다. 예를 들어 엔비디아 10배 수익이 부럽다고 말하지만 주식옵션 거래에서 방향을 정확하게 맞추면 일주일에도 가능한 수익이다. '오, 솔깃한데?'라는 생각이 스칠 수 있다. 하지만 주가의 방향을 정확히 맞추지 못하면 큰 손실이 발생할 수 있다. 원금이 흔적도 없이 사라질 수 있다.

특히 미국주식 옵션은 '매도' 거래가 제한되어 있다. 즉 옵션 매수만 가능한데 이는 근본적으로 불리한 게임이다. 옵션은 '세타'라는 시간 가치가 포함되어 있으므로 기초자산 가격 변동이 없다고 가정해도 옵션 가격은 하락하도록 설계되어 있다. 따라서 옵션은 확률 측면에서 매도자가 유리하다. 하지만 옵션 매수가 유리한 부분도 있다. 주가 변동이 큰 위치나 이벤트 등이 있을 때는 '옵션 양매수'가 유리하다. 주가가 상승하든 하락하든 한 방향으로 큰 변동이 예상될 때 콜옵션과 풋옵션을 같은 가격과 비중으로 매수하는 것을 옵션 양매수라 한다. 이를 잘 활용하면 단기 수익과 함께 주식 현물의 헤지 효과까지 기대할 수 있다.

만약 옵션 거래 경험이 없는 투자자라면 그냥 흘려듣기 바란다. 마약처럼 빠져들기 쉬우며, 투기적 성향이 강한 시장이므로 많은 준비가 필요하다. 일반적으로 속칭 '깡통계좌'는 파생상품 거래에서 자주 나온다. 나 또한 과거에 쓰라린 경험이 있다. 지금은 꼭 필요한 헤지 목적으로만 활용한다. 원래 선물옵션의 탄생 배경은 투기성 단기 거래가 아니라 주식의 헤지 목적에 있다. 일종의 보험인 셈이다.

이어서 레버리지 ETF 이야기를 해보자. ETF는 펀드의 개념이다. 예를 들어 개별 주식은 어렵고 변동성이 심하다 보니 지수 전체에 장기적으로 투자하고자 QQQ 또는 SPY를 매매한다. 좋은 방법이다. QQQ는 나스닥 시장의 시가총액 상위 종목을 대부분 포함하고 있으며 가격의 변동률은 지수와 같다. 따라서 시장 전체에 투자하는 효과를 가진다. 하지만 더 높은 수익률을 추구하며 2배수 또는 3배수 ETF에 투자하는 경우가 많다. 이들은 기초자산과 선물옵션이 함께 포함되어 있다. 선물옵션은 2~3배 가격 변동을 만들어낼 수 있도록 설계되어 있다. 이 또한 수익률을 극대화하는 좋은 전략이지만 문제는 레버리지 ETF에만 집중적으로 투자한다는 점이다.

가령 3배수 ETF인 TQQQ에 투자한다고 가정하자. 상승추세에서는 3배의 좋은 성과를 안겨준다. 하지만 큰 폭의 조정에서는 3배의 조정 폭으로 부담을 준다. 또한 작은 진폭의 기간 조정에서는 조금씩 가격이 내려간다. 왜냐하면 옵션의 시간 가치 감소 때문이다. 그래도 괜찮다. 상승추세를 유지하는 구간에서는 시간이 해결해준다. 하지만 하락추세로 전환된 구간에서도 TQQQ를 보유한다면 문제는 아주 심각해진다. 앞서 상승추세에서 달성했던 수익이 빠른 속도로 마이너스 전환될 수 있기 때문이다. 만약 하락추세로의 전환을 일시적 조정으로 오인하면 계좌가 3배 속도로 쪼그라들 것이다.

SQQQ, SOXL 등 레버리지 ETF는 모두 같은 조건을 가진다. 따라서 레버리지 ETF는 기초자산 추세의 방향과 같아야 하며, 그 방향은 후술할 투자의 도구들을 활용해서 분석할 수 있다.

### 4사분면: 배당 투자

일반적으로 안정적인 투자 성향 또는 위험회피를 원하는 투자자의 생각은 이렇다.

> '은퇴까지 이제 얼마 남지 않았는데 노후 준비는 어떻게 하지?' '작년에 은퇴해서 퇴직금과 모아둔 자산도 있지만 수입이 없어 고민이네' '나는 위험한 투자는 싫고 안정된 고정 수입이 좋은데 뭐 없을까?' '부동산 임대수익을 원하지만 내 자금으론 턱없이 부족하네'

적금이나 채권은 금리 변동에 따라 수익률이 달라진다. 10년 이상 고금리를 유지하는 상품은 드물다. 특히 금리 인하는 이자소득자에게 아주 불리한 상황이 된다. 따라서 부동산 임대소득과 주식 배당소득을 고려할 수 있다.

부동산 투자와 배당주 투자의 장단점을 비교해보자. 여기서 세금, 유지관리

비용 등 부수적인 요소는 비교 항목에서 제외하겠다. 서울 강남의 상업용 빌딩 임대수익률은 평균 2~6% 정도다. 이 밖에 지역은 경우에 따라 더 높은 수익률을 기대할 수도 있지만, 핵심 입지에서 멀어질수록 공실 위험이나 시세 하락 가능성 또한 커진다. 배당주 투자는 어떨까? 평균 수익률 3~5% 정도로 부동산 임대수익률과 비슷하다. 물론 10% 이상의 배당수익을 기대할 수 있는 주식이나 ETF도 있으나 이 또한 리스크가 함께 높아진다. 부동산 투자는 임대수익과 시세차익 두 마리 토끼를 모두 잡을 수 있지만 투자 규모가 크다는 단점이 있다. 반면 배당주 투자는 규모에서 부담이 없다. 즉 소액으로도 가능하다.

사실 둘 다 수익률만 놓고 보면 고금리 시절 정기적금과 크게 다르지 않다. 하지만 금리는 유동적이므로 장기간 수익률을 보장할 수 없는 반면, 재무구조와 비즈니스 모델이 탄탄한 기업은 매년 배당금을 인상한다. 심지어 경기 침체기에도 배당금을 인상한다. 10년 이상 배당금을 인상하며 지속한 기업을 배당귀족주, 50년 이상 지속한 기업을 배당황제주라 부른다. 배당 투자에 대해 이야기할 때 한 번쯤 들어봤을 것이다.

앞서 네덜란드 동인도회사를 언급할 때, 투자자를 모집하며 사업 성과를 배당으로 분배하겠다고 약속했던 사실을 이야기한 바 있다. 주식 투자 사분면의 배당 투자도 이와 같다. '금리 인하 시기에 배당주 투자가 유리하다'와 같은 시세차익을 위한 전략적인 이야기가 아니다. 기업에서 주주를 대상으로 지급하는 배당이 목적인 투자를 말한다.

배당 투자의 장점 3가지를 정리하면 이렇다.

1. 배당 지속성: 경기 침체기에도 배당금 지급을 유지해서 내 소득이 단절될 걱정이 없다.
2. 배당 성장성: 매년 물가상승률 이상으로 배당금을 인상하는 기업이 많다.
3. 소액 투자도 가능하다.

물론 모든 배당주가 지속성과 성장성을 보장하지는 않는다. 그래서 그것을 보장하는 주식을 배당귀족주, 배당황제주로 분류하는 것이다. 특히 고배당 주식은 때에 따라 배당금이 줄어들거나 지급하지 않는 때도 있다.

배당 투자는 꾸준한 배당수익이 목적이다. 시세차익과는 무관하다. 투자자는 이 점을 간과해선 안 된다. 왜냐하면 배당금은 꾸준히 지급되지만 주가는 등락을 반복하기 때문이다. 따라서 배당 투자는 주식을 장기 보유하며 배당수익만을 추구한다는 목적성이 분명해야 지속할 수 있다.

앞서 이야기했듯이 배당 투자는 시간적 한계를 두지 않는다. 가령 배당주를 매수할 땐 이 주식이 평생 내 생활비를 지급한다는 생각을 가지면 편하다. 배당금은 1주당 지급된다. 보유 수량과 배당금은 비례한다. 따라서 배당 투자자는 주가 하락을 더 좋아한다. 싸게 더 많이 확보할 수 있기 때문이다. 만약 주가 변동에 민감한 투자자라면 배당수익과 시세차익을 비교하며 매도 청산의 유혹에 빠질 수 있다.

미국 기업은 주주 친화적 기업 거버넌스가 기본 경영철학이며 그들의 문화다. 기업의 잉여현금을 배당금으로 지급하거나 자사주 매입소각 등 주주 친화적인 활동을 많이 한다. 그래서 배당주 투자도 미국주식이 더 유리한 부분이 있다. 실제 배당금 입금 문자 메시지를 받으면 금액과 무관하게 기분이 좋다. 일반적으로 미국주식의 배당 주기는 분기당 1회씩, 연간 4번 지급된다. 물론 매월 지급하는 배당

ETF도 있다(주로 리츠 ETF가 많다).

배당 투자의 예시를 살펴보자. 가령 매월 500만 원의 배당금으로 생활하길 원하는 은퇴자가 있다고 가정해보자. 투자금은 사후 상속할 예정이다. 투자금은 얼마나 필요할까? 배당금은 생활비로 활용할 것이므로 꾸준히 지급되어야 한다. 그리고 매년 물가상승률 이상 배당금이 인상되어야 한다.

배당귀족주, 배당황제주 중심으로 안정적으로 기대할 수 있는 배당수익률은 평균 4% 수준이며, 그 수익률은 매년 높아진다. 왜냐하면 배당성장률 때문이다. 세금은 배당소득세 15.4% 원천 징수되고, 종합소득세는 소득 구간에 따라 다르며 일정 구간까지는 외국납부세액공제로 배제된다. 필요한 투자금을 계산하면, 결과적으로 약 17억 5천만 원의 투자금만 있으면 배당주 포트폴리오를 구성해 세후 월평균 약 500만 원의 배당금 수령이 가능하다. 세후 100만 원의 배당금 약 3억 5천만 원의 원금이 필요한 셈이다. 단 미국주식의 배당금은 달러로 입금되므로 환율 변동에 따라 수령액의 오차는 있을 수 있다.

"배당투자가 좋다는 것은 이해했는데 그래서 어떤 배당주에 투자해야 할까요?"

시장에는 다양한 종류의 배당주가 있다. 그중 안정적인 배당 수익을 원하는 투자자는 배당 지속성과 성장성을 담보하는 배당귀족주와 배당황제주가 적합하다. 예를 들면 맥도날드, 패스널, 펩시코, 코카콜라, 존슨앤드존슨, 프록터 앤드 갬블 등이 대표적이다.

2008~2023년 존슨앤드존슨 배당 정보

그중 존슨앤드존슨을 예로 살펴보자. 1887년 설립된 세계적인 종합 제약회사로 화이자와 함께 세계 1~2위를 다투는 대형 기업이다. 존슨앤드존슨의 배당 정보를 보면 매년 배당을 지급했고, 5~10% 배당 성장을 눈으로 확인할 수 있다.

눈여겨봐야 할 부분은 매년 배당금을 인상했다는 것이다. 특히 2008년 글로벌 금융위기에서도, 2020년 코로나19 팬데믹 위기에서도 배당금을 인상하며 꾸준히 지급했다. 그만큼 재무구조가 튼튼하다는 의미로 해석된다. 이와 같은 안정성과 성장성이 주가에 반영되었고, 연간 단위로 보면 존슨앤드존슨의 주가는 아주 긴 세월 우상향했다.

## ○ 배당 포트폴리오 샘플

| 구분 | 티커 | 종목명 | 평균 배당 성장률(%) | 평균 배당 성향(%) | 평균 배당 수익률(%) | 적합성 | 지급 월 |
|---|---|---|---|---|---|---|---|
| 1 | VZ | 버라이즌 커뮤니케이션스 | 2.50 | 128.29 | 4.93 | 상 | 2/5/8/11 |
| 2 | PEP | 펩시코 | 7.62 | 64.55 | 2.85 | 중 | 1/3/6/9 |
| 3 | MCD | 맥도날드 | 8.31 | 59.99 | 2.79 | 상 | 3/6/9/12 |
| 4 | JNJ | 존슨앤드존슨 | 6.57 | 97.22 | 2.87 | 상 | 3/6/9/12 |
| 5 | FAST | 패스널 | 16.36 | 60.21 | 2.17 | 상 | 2/5/8/11 |
| 6 | PG | P&G | 6.90 | 67.61 | 3.08 | 중 | 2/5/8/11 |
| 7 | AVGO | 브로드컴 | 67.77 | 65.37 | 2.39 | 상 | 3/6/9/12 |
| 8 | LMT | 록히드 마틴 | 12.63 | 49.35 | 3.32 | 중 | 3/6/9/12 |

　　배당 포트폴리오 샘플이다. 10년 이상 배당 지속성과 배당 성장성을 증명한 종목들이다. 적어도 우리의 노년을 책임지는 동안은 망할 가능성이 아주 낮다. 특히 매월 생활비를 얻기 위해 배당금 지급 기간이 다른 종목으로 구성했다. 이것은 예시일 뿐이며 이 밖에 훌륭한 배당 기업이 많으니 직접 선별하며 공부해보기 바란다.

> 주식 투자에는 4가지 유형이 있으며 그중 나에게 맞는 유형을 선택하고 집중해야 한다.

# 어떻게 투자할까?: 주식 투자 육하원칙

주식 투자법은 오랜 역사 속에서 다양하게 연구되었다. 하지만 모든 투자법이 누구에게나 정답인 것은 아니다. 왜냐하면 투자자의 성향과 목적이 다르기 때문이다. 일반적으로 개인 투자자에게 가장 쉬운 방법부터 가볍게 살펴보겠다.

봄기운이 완연한 4월, 어느 한적한 카페에서 담소를 나누고 있었다. 사회초년생도 있었고, 주식 투자 경험이 없는 사람도 있었다. "집을 빨리 사고 싶어요." "올해는 결혼하고 싶어요." 등 계획이나 고민 등 소소한 얘기를 나누고 있었다. 나는 어느덧 사회생활 24년 차에 접어들고 있었다. 문득 '내가 저 친구들 나이로 되돌아간다면 어떻게 할까?'라는 생각이 들었다. 나는 어릴 적부터 주식 투자는 하면 안 되는 것으로만 생각했고, 회사에서 직원들 대상으로 액면가에 할당해주는 우리사주조차 처음에는 받지 않았다.

'그때 누구 한 명이라도 주식이란 걸 설명해줬으면 좋았을 텐데.'

그런 생각이 스쳤다. 카페에서 함께 있던 친구들에게 주식 투자의 당위성에 대해 간단히 설명했다. 주식 투자를 실행하는 것은 본인의 결정이지만 그것이 무엇인지 알아야 선택할 수 있기 때문이다.

보통 직장인은 근로소득에 의존하는 편이다. 그러나 경제적 자유를 원한다면 급여 외 소득이 필요하다. 즉 근로소득뿐만 아니라 여러 개의 돈 줄기를 만들어야 한다. 사업소득과 투자소득을 올릴 수 있는 방법은 다양하지만, 그중 가장 쉽게 접근할 수 있는 수단은 단연 주식 투자다. 하지만 접근성이 낮은 만큼 투자금을 잃기도 가장 쉽다. 초고위험 투자 대상이다. 그렇다면 보다 안전한 방법은 없을까? 만일 주식 시장의 흐름, 경제지표, 기업분석 등 전문 지식이나 공부할 시간이 부족한 사람도 접근하기 쉬운 전략이 있다면 어떨까?

## 적립식 투자 전략과 장기추세 투자 전략

내가 추천하는 가장 쉽고 단순한 주식 투자법은 '적립식 투자 전략'이다. 경기는 순환한다. 그 과정에서 주식 시장도 함께 등락을 반복하지만 긴 시계열로 보면 우상향하는 모습을 보인다. 이때 투자 대상은 미국 시장에 상장된 지수 ETF다. 대표적으로 가장 규모가 큰 S&P500지수를 추종하는 SPY, 나스닥100지수를 추종하는 QQQ를 권한다. 왜냐하면 세계에서 가장 큰 시장의 지수를 추종하고, 달러 자산 투자를 통해 환율 헤지 효과를 기대할 수 있고, 안전성과 성장성이 높기 때문이다. 경기순환 사이클 전 구간에 걸쳐 투자하는 전략이므로 투자 기간은 10년 이상으로 설정한다. 투자액으로는 월간 수입의 일정 비율을 할당하고, 급여일 또는 월말에 적금을 넣듯이 매월 해당 ETF를 매수한다.

    이 전략에서 꼭 필요한 요건은 굳은 의지다. 주식 시장의 변동성과 함께 내 마음도 흔들리기 쉽기 때문에 10년을 유지하기란 말처럼 쉽지 않다. 중요한 것은 이처럼 안전한 투자부터 시작해야 한다는 점이다. 만약 '그렇게 해서 언제 부자가 되나?'라는 생각이 든다면 '이것부터 해야 부자가 된다'는 생각으로 바꿔야 한다. 이유는 딱 한 가지다. 나만의 필살기가 정립되기 전에 섣부르게 투자하면 소중한 시드머니를 잃을 가능성이 높기 때문이다.

    그렇다면 결과는 어떨까? 방법이 쉽고 진입장벽이 낮은 만큼 수익률이 낮을까? 궁금하면 직접 확인할 수 있다. 가령 2004년부터 2023년까지 나스닥100 ETF(QQQ)를 매월 종가에 투자했다고 가정해보자. 10년 기준이면 평균 80~90%, 20년 기준이면 200%가 넘는다. 물론 주식 투자 수익률로 크게 만족할 만한 수준은 아니다. 10년에 2배 수익이니 말이다. 하지만 적금 상품이나 펀드에 투자해본 경험이 있다면 무시할 수 없는 수익률이다.

    '에이, 그걸 누가 몰라요?'라고 생각할 수 있다. 그렇다. 유튜브 몇 개만 찾아보면 쉽게 접할 수 있는 내용이다. 하지만 실천하는 사람은 흔치 않다. 왜냐하면

## ○ 적립식 투자 전략 수익률 예시

| 조건 | 기간 | 평균 매수가(달러) | 수익률(%) |
|---|---|---|---|
| • 대상: QQQ(나스닥100 ETF)<br>• 기간: 10~20년<br>• 방법: 월말 종가, 일정 수량 매수 | 2004년 1월~2013년 12월(10년간) | 48.5 | 81 |
| | 2014년 1월~2023년 12월(10년간) | 208 | 97 |
| | 2004년 1월~2023년 12월(20년간) | 128.3 | 219 |

방법을 몰라서가 아니라 실행하기 쉽지 않기 때문이다. 마음속 한편에서 대박을 낼 수 있는 특별한 무언가를 갈망하기 때문일 수도 있다. 그런 욕망이 잘못된 것은 아니다. 오히려 갈증이 주식 투자 공부를 하게 만드는 원동력이 될 수도 있다. 다만 주의할 점은 준비되지 않은 채 높은 수익률을 따라가는 무리한 투자는 지양해야 한다.

따라서 쉬우면서도 안정적인 수익률을 기대할 수 있는 투자부터 시작하는 것이 현명하다. 다양한 매체를 통해 투자 정보를 얻지만 결국 최종 결정은 스스로 내려야 한다. 만약 '언제까지 남의 의견에 의존해야 할까?'라고 생각한다면 이 책을 통해 의미 있는 답을 얻을 수 있을 것이다. 나의 경험과 지식이 조금이라도 도움이 될 수 있었으면 한다. 그런 의미에서 가장 쉬운 투자법 하나를 더 소개하겠다.

바로 '장기추세 투자 전략'이다. 이것은 기술적 분석을 활용한 투자 전략에 해당한다. 이 책을 통해 기술적 분석을 배우겠지만 가장 쉬우면서 효과적인 전략을 먼저 간략히 소개하겠다. 장기추세란 말은 많이 들어봤을 것이다. 장기추세는 어떤 기준으로 판별할 수 있을까? 내 대답은 이렇다.

### 월봉 6개월 이동평균선의 기울기를 기준으로 추세를 판별한다.

투자자마다 각자 기준이 다른 것은 괜찮다. 하지만 기준이 없다면 나름의 기준을 세워야 한다. 장기추세 전략은 추세추종(Trend Following)에 근간을 두고 있다. 추세에는 상승추세와 하락추세가 있다. 추세의 전환은 6가지 신호로 포착한다. 방법은 사용하는 차트 주기를 '월' 단위로 변경하고, 이동평균선 크기는 '6'으로 변경하고, 기울기를 눈으로 확인하면 끝이다. 가장 쉬우면서 가장 중요한 기준이다.

나스닥100지수의 월봉 추세를 분석하고 'QQQ'에만 투자해도 큰 수익을 기대할 수 있다. 왜냐하면 초보 투자자도 혼자 분석해서 쉽게 투자할 수 있는 전략이기 때문이다. 여기서는 핵심만 설명하겠다. 자세한 설명은 추후 기초 단계부터 추세, 파동, 신호, 전략까지 체계적으로 다룰 예정이니 끝까지 읽고 담아간다면 누구든 활용할 수 있을 것이다.

주식 투자 전략은 정말 다양하다. 투자자마다 성향이 다르니 자신에게 맞는 방법을 찾아야 한다. 투자자 중에는 일명 '타짜' 소질을 타고난 사람도 있고 전혀 아닌 사람도 있다. 도박을 포함한 게임의 세계에서는 그런 소질이 유용할 것이다. 하지만 경제와 기업을 기초자산 삼고 있는 주식은 다르다. 물론 주식을 게임처럼 다루는 경우는 예외다.

금융 시장은 경제학, 경영학 및 특정 분야 전문가 등이 운용하는 대규모 자금이 주축을 이루며 움직인다. 그럼 비전문가인 개인 투자자는 승산이 없을까? 아니다. 누누이 강조하지만 개인 투자자는 가장 유리한 무기를 가지고 있다. 바로 '시간'이다. 투자 기간에 제약이 없다는 점이다. 따라서 시간적 제한이 있는 투자금은 지양해야 한다. 예를 들어 신용, 미수, 전세금, 계약금, 결혼자금 등은 종잣돈이라 할 수 없다. 시간적 제한이 없는 투자금을 바탕으로 자신만의 투자 전략을 갖춘다면 승산이 있다. 더불어 주의사항을 언급한다면 '성급함' '조바심'이다.

## 주식 투자 육하원칙

에셋플러스자산운용 강방천 회장은 "훌륭한 기업을 발굴해서 그 기업의 성장과 함께하라"라고 말했다. 개인 투자자에게 좋은 본보기가 되는 훌륭한 조언이다. 그런데 이런 궁금증과 걱정도 생긴다.

> '훌륭한 기업을 어떻게 찾을까?' '그 주식을 언제 매수해서 언제까지 보유해야 할까?' '경기 침체가 오면 어떻게 하지?' '주식 시장이 급락하면 내 주식은 안전할까?'

나는 2008년 한국 건설 중장비 전문기업 에버다임(현 현대에버다임)에 투자하고 있었다. 건설기계 산업 호황으로 2007년에 이어 호실적과 함께 주가 흐름이 좋았다. 연이은 납품 계약 소식을 기다리던 중 에버다임에 큰 투자를 하고 있던 국내 기관 투자자가 더 이상 버티지 못하고 보유물량을 매도한다는 리포트를 접했다. 당연히 주가는 무너졌다. 사유는 미국 주택 가격 하락과 서브프라임 모기지 사태로 인한 경기 침체 우려였다. 이후 주가는 수년간 회복되지 못했다.

이후 업종별 대형 우량주로 포트폴리오를 구성하고 HTS를 삭제하기도 했다. 무조건 오래 보유할 생각이었다. 어느 날 뉴스에서 100년 넘은 미국 기업 리먼 브라더스 파산 소식이 전해졌다. 전 세계 주식 시장이 폭락했다는 기사를 보며 불안감에 휩싸였다. 뉴스에서는 매일 대규모 실업과 경기 침체 내용을 보도했다. 한국 코스피 시장도 큰 충격을 받았고, 나 또한 불안감에 보유한 주식을 모두 매도했다. 2008년 한해 S&P500지수는 약 38%, 한국 코스피지수는 40% 폭락했다. 준비되지 않은 막연한 장기투자는 유지하기 어렵다는 교훈을 얻는 계기였다. 오랜 경험과 다양한 시행착오를 거치며 만든 나만의 2가지 원칙은 이렇다.

- 제1원칙: 좋은 성장 동력을 갖춘 훌륭한 기업을 찾아 장기투자한다.
- 제2원칙: 시장 변동성에 대비한 기술적 대응 전략으로 비중 관리와 헤지를 통해 위험을 관리한다.

다양한 분석법과 실전 투자 전략을 연구하는 과정에서 자연스럽게 만들어진 원칙이다. 그 과정에서의 결과를 책 전반에 걸쳐 소개하고 있으니 나처럼 시행착오를 겪지 않기를 바란다. 주식 투자는 자기 자신과의 외로운 싸움이기 때문이다.

"그럼 훌륭한 기업은 어떻게 발굴할 수 있나요?" "시장 변동성에 적절히 대응할 방법은 무엇인가요?"

좋은 질문이면서 어려운 질문이다. 왜냐하면 다양한 방법이 존재하지만 정해진 답은 없기 때문이다. 다시 말해 투자에 활용할 수 있는 도구와 방법은 무궁무진하다. 이 중 투자자 자신에게 적합한 도구와 전략은 스스로 선택해야 한다.

예를 들어 투자 성향과 목적이 다른 세 사람이 있다고 가정하자.

A는 신중한 성향이며, 장기적으로 큰 자산을 형성하려는 목적을 가졌다. 가령 3~4년 동안 100% 이상의 수익을 기대한다면 주식 투자 사분면 중 1사분면 성장주 장기투자가 적합하다.

B는 공격적인 성향이며, 중단기적 수익을 원한다. 가령 매월 거래를 반복하며 5~10% 수익을 추구한다면 변동성이 높은 종목으로 2사분면 주식 트레이딩 또는 3사분면 파생상품 트레이딩 방식이 적합하다. 당연히 검증된 매매 기술은 필수적이다.

C는 안정 지향적이며, 낮은 수익률이어도 꾸준한 수익을 원한다. 4사분면 배당 투자가 적합하다.

만약 이들이 테슬라 또는 엔비디아 투자를 고려한다면 어떤 차이가 있을까? A는 장기추세를 보며 3년간 보유해서 100% 이상의 수익을 추구할 것이다. B는 단기추세선 기준으로 매매하며 매월 5% 이상의 수익을 쌓고자 할 것이다. C는 이런 종목에 투자하지 않을 것이다. 이처럼 투자자에게도 다양성이 존재한다. 따라서 자신에게 적합한 나만의 도구와 전략을 찾는 것이 우리의 목적이다. 이 책의 1장이 끝날 무렵이면 큰 틀에서 자신의 투자 그릇을 찾을 수 있을 것이다.

지금부터 소개할 투자의 육하원칙을 바탕으로 나에게 맞는 방법을 고민해보자.

## 1. 누가 투자할 것인가?: 운용 주체

직접 투자할 것인가, 간접 투자할 것인가? 직접 투자는 종목 선정부터 매매, 비중 관리, 시장 대응까지 모든 과정을 스스로 실행하는 것이다. 간접 투자는 펀드와 ETF 투자가 있다. 펀드는 은행, 증권사 등에서 판매하고 유입된 자금을 자산운용사에서 모두 일임해서 운용한다. 반면 ETF 상품은 투자자가 직접 매매해야 한다. 일종의 직간접 투자상품이라 말할 수 있다.

ETF 상품은 설계된 내용에 따라 주식, 채권, 선물옵션, 현금 등으로 포트폴리오를 구성해서 자산운용사가 운용한다. ETF 투자자는 직접 투자 과정에서 종목 선정 과정만 뺀 나머지를 수행해야 한다. 주식 투자 경험이 있다면 이미 잘 알고 있을 것이다.

직접 투자할 것인지, 아닌지 고민되는가? 심각하게 고민하지 말자. 왜냐하면 무엇을 선택하든 내가 스스로 분석하고 판단해야 하기 때문이다. 가령 펀드에 가입하더라도 경기 흐름과 업황, 유망한 산업을 먼저 파악하고 펀드를 선택해야 한다. ETF 상품도 마찬가지다. 따라서 기본적 분석은 필수인데, 앞으로 소개하는 다양한 도구를 활용하면 충분히 해낼 수 있는 일이다.

## 2. 언제 투자할 것인가?: 투자 적기

지금이 주식 투자의 적기인가? 이 질문의 답을 구하는 것이다. 개인 투자자뿐만 아니라 모든 투자자의 가장 큰 고민 중 하나일 것이다. 막상 오르면 부담스럽고, 내리면 두렵다. 어떤 이는 경기 침체를 경고하고 누구는 지금이 기회라고 외친다. 다양한 매체의 투자 정보를 참고하되 모든 정보는 직접 확인하고 분석하자. 전문가도 틀릴 수 있으며 모든 투자 책임은 나에게 있기 때문이다. 경기 흐름과 금리의 추이, 환율, 금융 시장의 추세, 기업과 산업의 전망 등 다양한 정보를 수집하고 필요한 도구를 활용하면 직접 분석과 판단을 할 수 있다.

### 3. 어디에 투자할 것인가?: 투자 범위

한국에서도 글로벌 투자가 가능하다. 대부분의 증권사에서 개인 투자자에게도 해외주식 매매시스템을 지원하기 때문이다. 어디에 투자할지 판단은 투자자의 몫이다. 세계 각국의 경기와 환율도 함께 고려해야 한다. 기회의 폭이 넓은 만큼 고민도 많아진다. 초보 투자자라면 미국주식 투자를 먼저 시작하길 권한다. 왜냐하면 상대적으로 강하고, 세계에서 가장 큰 시장이며, 개인 투자자에게 유리하기 때문이다.

### 4. 무엇에 투자할 것인가?: 투자 대상

투자 대상에 대한 고민이다. 혹시 주식 투자 사분면을 보면서 자신에게 맞는 사분면을 정했는가? 아직 갈등하고 있다면 너무 깊이 고민하지 말자. 나에게 맞는 투자 사분면을 하나만 선택해야 하는 것은 아니다. 투자금을 분리해서 운용해도 된다. 일단 경험해보고 추후에 결정해도 늦지 않다.

### 5. 왜 투자하는가?: 투자 이유와 목적

내가 이 주식에 왜 투자하는지 가장 먼저 생각해야 한다. 기업의 우수한 기술력이든, 해당 산업의 밝은 전망이든, 주가 시세의 기술적 신호든 뭐든 상관없다. 중요한 것은 내가 투자하는 목적과 이유가 명확해야 한다는 것이다. 왜냐하면 투자에 대한 명분이 있어야 쉽게 흔들리지 않기 때문이다. 그리고 그 명분이 소멸하면 이를 근거로 투자를 마무리할 수 있다. 한마디로 요약하면 '매수할 땐 그 이유가 분명해야 하고, 그 이유가 사라지면 매도한다'라는 원칙이다. 어렵지 않다.

가령 A, B, C 세 투자자가 2023~2024년 사이 엔비디아에 투자한다고 가정해보자.

A는 AI 산업의 가능성을 보았고, 현재 가장 선두에 있으며 두드러진 실적 향상을 보여주는 엔비디아에 대한 투자를 고려한다. AI 서비스를 위한 대형 플랫폼 기업들의 수요가 증가하고 있다. 따라서 엔비디아의 매출 확대가 예상된다. 그리고 플랫폼 기업들의 수요가 감소하는 시점이 오면 투자를 마무리할 계획이다. 투자를 결정하고 매수를 진행한다. 어느 날 미국 정부에서 중국으로의 제품 판매를 금지한다는 뉴스에 주가는 크게 흔들린다. 주가가 2배 이상 상승했고 고평가 논란도 나오고 있다. 신제품 블랙웰 출시가 지연된다는 뉴스에 주가가 다시 흔들린다. 하지만 엔비디아 제품의 수요는 여전히 강하고 실적 성장도 유효하다. 따라서 A는 투자를 유지한다.

B는 2023년 1월 주가의 장기추세선인 월봉 6개월 이동평균선의 상승 전환 신호를 이유로 매수했다. 그리고 장기추세 마무리 신호에 매도할 계획이다. 2023년 9~10월, 2024년 7~9월 조정이 왔으나 중기추세선과 단기추세선의 조정이므로 흔들리지 않고 여전히 투자를 유지하고 있다.

C는 유튜브와 경제 방송에서 전문가들이 엔비디아를 추천해서 투자를 시작했다. 주가를 보니 정말 꾸준히 오르고 있다. 실적도 좋다고 한다. '그렇게 확실하다면 2배수 ETF가 좋지 않을까?'라는 생각에 엔비디아 2배수 ETF(NVDL)를 매수

한다. 어느 날 악재성 뉴스로 주가가 10% 하락했다. C투자자의 2배 레버리지 ETF는 20%나 하락했다. 실망과 걱정에 잠을 설친다. 다음 날 추가 하락할 때 손절매한다. 며칠 지나지 않아 주가는 다시 회복하지만, 매수버튼을 누르기엔 망설여진다.

여기서 A, B는 기업의 펀더멘털이든, 기술적 신호든 매수와 매도의 이유가 명확했다. 그래서 그 기준에 따라 투자에 성공할 수 있었다. 하지만 C는 쉽게 흔들려 버렸다.

## 6. 어떻게 투자할 것인가?: 투자방법과 전략

주식 투자 사분면에서 나에게 맞는 유형은 무엇일까? 내 투자 성향이 안전형인지 공격형인지, 장기투자형인지 단기투자형인지를 알아야 한다. 그리고 투자 목적이 장기적 목돈 마련인지, 모아놓은 투자금을 불리는 것인지, 노후 대비인지, 생활비 마련인지 등을 정해야 한다. 이에 따라 투자 사분면도 정해질 것이다. 아울러 자금 계획도 세워야 한다. 적립식인지, 목돈 투자인지, 내 자금의 시간적 여유는 얼마나 되는지 등 구체적 계획이 필요하다. 결정할 건 많은데 어디서부터 시작해야 할까?

당장 해답이 나오지 않아도 괜찮다. 지금부터 고민을 시작하면 된다. 앞으로 소개할 이야기를 읽으며 함께 답을 찾아보자.

> 매수할 땐 그 이유가 분명해야 하고, 그 이유가 사라지면 매도한다.

# 무엇이 필요할까?: 주식 투자의 도구들

앞서 우리는 주식 투자의 본질적 정의를 통해 수익의 지속성과 확장성이 중요하다는 사실을 이해했고, 투자의 사분면에 대해 배웠고, 육하원칙을 바탕으로 나에게 맞는 투자방법을 고민해봤다. 지금부터 좀 더 구체적으로 실전 투자를 위한 준비운동에 들어가보자.

    투자의 적기는 언제일까? 경기 회복 시점이나 기업의 이익이 흑자로 돌아서는 시점, 금리가 낮은 환경 등 현금보다 현물의 가치가 상승할 수 있는 조건이 되었을 때가 적기라고 볼 수 있다. 이 조건이 갖춰지기 위해서는 긴 시간 동안 침체기를 겪어야 한다. 그 과정에서 투자심리는 위축되어 있을 것이다. 하지만 투자의 대가들은 이런 흐름을 간파하고 위기 때 도전해서 큰 수익을 이뤄낸다.

그럼 우리 개인 투자자는 어떻게 해야 할까? 그들의 관점과 경험을 직간접적으로 배워 내 것으로 만들어 홀로서기를 할 수 있어야 한다. 그 과정에서 '나만의 투자 도구'가 만들어질 것이다. 그러기 위해 가장 먼저 마음의 문을 열고 받아들여야 한다. 그다음 나에게 맞도록 가공하면 된다. 지금부터 좀 더 구체적인 내용을 살펴보겠다.

## 부정론자는 명성을 얻고 긍정론자는 부를 얻는다

투자의 궁극적인 목적은 수익이다. 그럼 주식 시장에서 가장 큰 수익을 창출하는 사람은 누구일까?

주식 시장에 참여하는 사람은 크게 3가지로 나뉜다. 긍정론자와 부정론자 그리고 욕심 많은 돼지다. 그중 긍정론자가 가장 많은 부를 이룬다. 왜냐하면 경제는 장기적으로 성장하기 때문이다. 경기는 확장과 침체를 반복하며 사이클을 이루지만, 확장은 길게 침체는 짧게 진행되는 특성이 있다. 물론 국가마다 차이는 있으나 미국을 중심으로 이야기하고 있다. 구체적인 데이터는 경제지표 부분에서 다루겠지만, 미국의 경기 확장은 평균 5년 6개월로 길고, 침체는 10개월로 짧다. 따라서 긴 시계열로 보면 경기는 성장하는 것이다.

그 성장 속에서 새로운 글로벌 1등 기업이 탄생하고 투자자에게 큰 기회를 제공한다. 과거 산업혁명이 진행될 때 선두기업을 대상으로 투자했던 사람들은 많은 성공을 거뒀다. 2001년 닷컴버블이 있었지만 살아남은 마이크로소프트, 애플, 엔비디아, 아마존 등은 글로벌 1등 자리를 차지했다. 지난 20년간 해당 기업의 월봉 차트를 보면 이해할 수 있다.

하지만 무작정 긍정론만 펼치면 경기 침체 시기에 크게 당할 수도 있다. 아무리 제4차 산업혁명 시대여도 경제 순환에 따라 침체는 발생할 것이며 주식 시장은 폭락할 것이다. 이때도 긍정적인 관점을 유지할 것인가? 이 질문의 답은 'YES'다. 왜냐하면 유리한 가격에 매수할 수 있기 때문이다. 좋은 기업의 주가가 저평가되는 시기이기 때문이다.

다만 처음부터 비를 다 맞으면 감기에 걸린다. 따라서 균형을 맞춰야 한다. 균형을 맞춘다는 것은 투자 비중 조절과 위험관리를 말한다. 경기 사이클을 이해하고, 주식 시장 추세를 분석해서 투자 비중을 조절하고, 헤지 전략을 활용한 위험관리가 필요하다.

부정론자는 꾸준한 수익보다 한 번의 명성을 얻는 사례가 많다. 그들은 일명 닥터 둠(Dr. Doom)으로 불리는 시장 부정론자들이다. 2008년 글로벌 금융위기를 예측하며 유명해진 뉴욕대학교 누리엘 루비니(Nouriel Roubini) 교수가 대표적이다. 위기 경제학의 대부이며 경기 침체에 대한 많은 견해를 제시하면서 명성을 얻었다. 하지만 큰 투자 수익을 달성했다는 이야기는 없다. 2015년 개봉된 영화〈빅쇼트〉의 실제 주인공인 마이클 버리(Michael Burry)는 2008년 서브프라임 모기지 사태를 예견하고 CDS 투자로 큰 수익을 달성했으나 이후 뚜렷한 성과는 없다. 부정적인 관점에서 투자하면 하락에 베팅해야 하는데 이는 타이밍을 잘 맞춰야 성공할 확률이 높다. 마이클 버리도 적절한 시점을 놓쳐 많은 고생을 했었다. 월가의 전설적인 공매도 투자자 짐 차노스(Jim Chanos)도 2023년에는 40년간 운영해온 헤지펀드를 청산한 바 있다.

긍정론자도 부정론자도 실패하지는 않는다. 하지만 '욕심 많은 돼지'는 시장에서 잡아먹힌다. 여기서 욕심 많은 돼지는 상승 방향이든 하락 방향이든 과도한 욕심을 말한다. 감당하기 어려운 수준의 레버리지를 사용하면 개인 투자자뿐만 아니라 시장 참여자 누구든 실패할 수 있다. 주식을 도박처럼 거래하면 투기가 된다. 주식뿐만 아니라 어떤 투자 대상이라도 투기성으로 거래하면 도박이 되는 것이다.

긍정적인 관점으로 세상을 바라보며 기회를 포착하고, 투자의 균형으로 위험을 관리하며, 과도한 욕심을 지양해야 한다.

## 이동평균선은 훌륭한 요리 재료

유튜브를 보면 간혹 "차트로 매매 타이밍을 보며 단기 매매하는 것은 좋지 않습니다"라는 조언을 들을 수 있다. 여기서 강조하는 메시지는 단기 매매에 대한 주의다. 차트를 활용하는 것 자체가 부정적이라는 말이 아니다. '차트는 과거의 기록인데 쓸모가 있나?' 하는 생각이 드는가? 수많은 경제지표를 비롯해 금리, 원자재, 환율, 주가 등 데이터를 분석할 땐 임계치와 추세가 중요하다. 이 데이터를 분석하기 위한 도구 중 하나가 차트다. 즉 차트는 통계 데이터와 실시간 데이터를 기반으로 한 투자 도구다. 차트 하나에만 전적으로 매달리고 매몰되는 것은 당연히 지양해야 하지만, 그렇다고 차트를 아예 배척해선 안 된다.

가령 부동산 투자를 한다고 가정해보자. 먼저 부동산 시장이 침체기인지 상승기인지 시장 분위기를 판단해야 한다. 또 가격이 오를 만한 지역을 선정하고 아파트 시세 동향을 파악해야 한다. 이를 위해 한국부동산원 통계정보시스템의 시세 그래프도 확인하고, 관심 지역의 중개업소를 방문해 현장의 소리도 듣는다. 최적의 아파트 단지를 선정했으면 좋은 가격에 나온 매물을 찾거나 가격이 내려갈 때까지 기다리기도 한다. 부동산 데이터도 그래프, 즉 차트로 확인하는데 주식 시장의 데이터를 보여주는 차트를 활용하지 않을 이유가 없다.

요즘 요리 경연 TV프로그램이 유행이다. 주식을 요리에 비유한다면 주식 차트에는 어떤 재료들이 있을까? 일반적으로 캔들 차트를 많이 사용한다. 차트는 기본적으로 캔들, 이동평균선, 거래량으로 구성된다. 이 3가지 재료로 만들 수 있는 요리는 무궁무진하다. 셰프(투자자)의 뛰어난 상상력(투자 전략)과 다양한 레시피(매매기법)로 훌륭한 요리(투자 성과)를 만들어낼 수 있다. 궁금하지 않은가? 이 책을 끝까지 읽고 나면 그동안의 갈증을 해소할 수 있을 것이다.

특히 이동평균선은 굉장히 훌륭한 재료다. 누군가 이동평균선의 쓰임새에 대해 묻는다면 난 이렇게 답하겠다.

"이동평균선은 어디에 쓰는 건가요?"
"주가의 추세를 분석하고, 특이점을 포착해서 투자 전략을 구사할 때 자주 활용됩니다. 또한 캔들이라는 친구와 늘 함께 다녀요."
"차트에서 이동평균선의 핵심 역할은 뭔가요?"

"기본적으로 지지와 저항의 역할을 해요. 캔들이 올라오는 것을 방해하기도 하고, 반대로 캔들이 내려올 때 밑에서 받쳐주기도 합니다. 그리고 다른 이동평균선 친구들과 어울리면서 패턴을 만들기도 하고요. 투자자는 그러한 패턴을 보며 매매신호를 발견합니다."

이렇게 활동적인 녀석은 꼭 데려다 써야 한다. 주가의 장단기 추세 흐름, 주가 변곡점 포착, 주가의 파동 분석, 특수패턴을 이용한 매매신호 포착, 주가 바닥과 정점 판별, 직전 고점과 저점 확인 등 다양한 분석이 가능하고 이를 활용해 투자 전략을 만들 수 있기 때문이다.

## 주식 투자는 위험관리부터

투자의 대가 워런 버핏의 원칙은 이렇다.

> 첫째, 절대 돈을 잃지 마라.
> 둘째, 첫 번째 원칙을 잊지 마라.

즉 돈은 버는 것보다 지키는 것이 더 중요하다는 말이다. 주식 투자를 하면서 내 돈을 지키려면 어떻게 해야 할까? 위험을 피해야 한다. 위험을 피하려면 위험이 무엇인지부터 알아야 한다.

대표적인 위험 3가지에 관해 알아보자.

첫째는 주식 시장 전체가 구조적 위험에 빠지는 체계적 위험이다. 악천후 속에서는 아무리 우산을 쓰고 있어도 거센 비바람을 피할 재간이 없다. 이땐 처마 밑이라도 피해 있어야 한다. 비유가 너무 고전적인가? 주식 시장에 예상치 못한 폭우가 쏟아지면 근처 카페라도 들어가서 비를 피해야 한다. 지나가는 소나기가 아니라 큰 태풍과 같은 경기 침체 위험이라면 투자를 잠시 멈추고 주식 시장을 관망하는 것이 유리하다.

둘째는 투자 대상에서 문제가 발생한 비체계적 위험이다. 장거리 투자 여행 중 타고 가던 차에서 문제가 발생한 상황이다. 이땐 투자한 기업의 위험이 해결되길 기다리거나 다른 차로 옮겨 타면 된다. 단편적이며 일시적인 문제라면 그 고비만 넘기면 된다. 하지만 업황이나 기업의 구조적 문제가 발생한 위험이라면 다른 차로 갈아타는 방법을 고민하는 것이 유리하다.

셋째는 투자자 개인의 위험이다. 바로 욕심과 공포다. 속칭 깡통계좌는 과도한 욕심에서 비롯된다. 이 사실은 과거 내 경험으로부터 얻은 교훈이다. 누구나 알면서 당한다. 과욕으로 계좌의 투자금이 모두 사라진 경험이 있는 사람은 공감할 것이다. 투자에 있어서 가장 큰 적은 내 안에 있다.

## 1. 체계적 위험

경기 침체, 전쟁, 재난, 인플레이션, 금리 변화, 환율 급변 등 사회·경제에 심각한 영향을 미치는 요인으로 경제 전체가 타격을 입는 위험을 말한다. 이 중 금리나 환율은 위험에 따른 현상이기도 하다. 당연히 주식 시장도 급락세를 피할 수 없다. 아무리 탄탄한 재무구조와 좋은 비즈니스 모델을 가진 기업이라도 주식 시장 전체가 하락할 땐 동반 하락한다. 마치 시장 전체에 태풍이 닥쳐와 모두 피해를 보는 상황이다. 그중 가장 큰 타격을 주는 위험은 금융시스템의 붕괴다.

## ○ 경기 침체에 따른 S&P500 수익률

| 기간 | 경기 침체 | S&P500 수익률 |
| --- | --- | --- |
| 2020년 | 코로나19 팬데믹 | -34% |
| 2008년 | 글로벌 금융위기 | -57% |
| 2001년 | 닷컴버블 붕괴 | -49% |
| 1990~1991년 | 걸프전과 경기 침체 | -20% |
| 1981~1982년 | 2차 오일쇼크와 스테그플레이션 | -27% |
| 1973~1975년 | 1차 오일쇼크와 스테그플레이션 | -48% |
| 1929~1933년 | 세계 대공황 | -86% |

*수익률 수치는 일부 차이가 있을 수 있음

지난 2008년 글로벌 금융위기와 1997년 IMF 외환위기 때를 떠올리면, 금융시스템의 붕괴가 얼마나 큰 파급 효과를 가지는지 알 수 있다. 물론 월가의 유명한 투자자 피터 린치와 워런 버핏은 주식 시장에 지나치게 신경 쓰지 말라고 조언한다. 맞는 말이다. 결국 시장의 변동성은 지나갈 것이며 위대한 기업은 시장과 무관하게 좋은 성과를 안겨주는 것은 불변의 법칙과도 같다. 그럼 경기지표나 시장 변동에 신경 쓰지 말아야 할까? 과거 경기 침체와 S&P500 하락률을 살펴보며 생각해보자.

　침체 기간이 지나면 시장은 다시 회복되었다. 하지만 그 기간 동안 S&P500의 하락률은 공포 그 자체다. 이는 계좌 수익률에도 영향을 주지만 심리적 스트레스도 아주 심하다. 스스로 자문해보자.

'시장이 폭락할 때 나는 버틸 수 있을까? 과거에 나는 어떻게 했었지?'

　과거 사례를 살펴보면 대부분 침체 기간은 1년 정도였으나 시장 하락률은 무서운 수준이었다. 개별 주식은 더 큰 하락이었을 것이다. 버티기 쉽지 않은 상황일 것이다. 그럼 어떻게 하면 좋을까? 체계적 위험을 피하면 된다. 말이 쉽지 어떻게 피해야 할까? 나는 2가지 방법을 활용한다. 하나는 경제지표를 확인하며 경기 변동을 살피는 것이고, 다른 하나는 시장 시세 변화를 관찰하는 것이다. 뒤에서 경기 변동을 판단하기 위해 살펴봐야 할 경제지표 몇 가지를 소개하도록 하겠다. 그리고 기술적 시세 분석법을 활용해서 시장 변화를 포착하는 방법을 상세히 소개하겠다.

　경제학자나 제도권 전문가들은 뉴스, 유튜브 등 여러 매체를 통해 미국 경제지표 관련 이야기를 자주 한다. 비전공자인 나도 많이 배운다. 다만 듣고 끝내는 것이 아니라 들은 내용을 직접 재확인하고 원리를 공부하며 투자에 활용하기 위한 노력이 필요하다. 경제학을 잘 모르더라도 주식 시장에 직접적인 영향을 주는 내용은 알고 있어야 투자 판단에 도움이 된다.

　이러한 과정 없이 뉴스, 유튜브를 들으면 편협한 의견이나 여과되지 않은 현상을 그대로 받아들여 오판할 수 있다. 그리고 무엇이든 듣고 배운 내용을 직접 확인하고 분석해야 비로소 내 것이 된다.

## 2. 비체계적 위험

체계적 위험이 전체 범주였다면, 비체계적 위험은 투자 대상에만 국한된 위험을 말한다. 가령 전기차의 성장을 기대하며 테슬라에 투자했다고 가정하자. 하지만 2023년 하반기부터 업황이 나빠졌다. 중국의 저가 공세에 경쟁도 치열해졌다. 이 영향으로 테슬라의 영업이익률과 함께 성장률이 낮아지며 주가도 약세를 면치 못했다. 이후 다시 살아났지만 2025년 유럽 시장 판매량 급감과 폭스바겐, BYD 등과의 경쟁 심화, 펀더멘털 악화로 다시 위기에 빠졌다. 성장 과정에서의 성장통이라 생각하면 감내할 수는 있다. 피스커와 같은 기업처럼 경쟁에서 도태되어 파산하지만 않으면 말이다.

비체계적 위험은 포트폴리오 관리를 통해 해결할 수 있다. 위험 요소에 노출된 종목은 비중을 줄이거나 퇴출하고, 성장률 확장 단계인 종목은 비중을 높이는 것이다.

## 3. 레버리지 위험

피터 린치는 말했다.

> "중요한 것은 당신이 옳았느냐 틀렸느냐가 아니라, 옳았을 때 얼마나 돈을 벌고 틀렸을 때 얼마나 돈을 잃느냐입니다."

앞서 가장 큰 위험은 내 안에 있다고 이야기했다. 내 계좌를 망치는 것은 경기 침체도, 공매도 세력도 아닌 바로 내 욕심이다. 가령 2021년 미국주식이 좋다는 이야기에 계좌를 개설한 초보 투자자가 있다고 가정해보자. 반도체 종목 추천이 쏟아졌고 주가는 연일 상승했다. 필라델피아 반도체지수를 추종하는 1배수 ETF(SOXX)를 매수했다. 미국 시장은 처음이어서 10% 수익을 실현하고 다시 오르면 재매수하길 반복했다.

반복된 수익으로 자신감이 올라갔다. 1배수 수익으로는 성에 차질 않아서 3배수 ETF(SOXL)로 갈아탔다. 짜릿함을 느끼며 비중을 더 높였다. 어느덧 해는 2022년으로 넘어갔다. 주가가 갑자기 하락하기 시작했으나 다시 회복할 것이란 믿음에 신경 쓰지 않았다. 왜냐하면 그동안 계속 상승했기 때문이다. 얼마 지나지 않아 계좌 수익률이 급격히 녹아내렸다. 하락 이유는 인플레이션에 의한 금리 인상이었다. 투자자의 계좌 수익률 하락에 기름을 부은 것은 3배수 역레버리지 효과 때문이었다. 주변에서 흔히 보이는 사례다.

만일 투자자가 정반대로 투자했다고 가정해보자. 결과는 어땠을까? 상승추세 구간에서 1배수 ETF 또는 3배수 ETF에 투자하고 추세 마무리까지 보유한다. 2022년 1~2월 장기추세 마무리 신호를 확인하며 모두 청산하고, 이후 하락추세 구간에선 관망하며 마무리 신호를 기다린다. 그랬다면 높은 수익률을 누렸을 것이고 계좌가 녹아내리는 일은 없었을 것이다.

투자자의 욕심은 레버리지로 표현된다. 높은 배수의 ETF나 투자금의 과도한 차입 등이 문제다. 레버리지 ETF 투자가 무조건 나쁘다는 의미가 아니다. 추세 방향과 일치해야 소중한 자산을 지킬 수 있다.

## 주식 투자
## 7단계 과정

혹자는 주식 투자를 두고 이렇게 말한다.

"그냥 그때그때 잘나가는 종목을 매수해서 수익이 났을 때 매도하면 되지 않나요?"

틀린 이야기는 아니다. 하지만 뭔가 허술한 느낌이 든다. 체계적이지 않기 때문일까? 경험이 많지 않은 투자자라면 이런 태도는 지양해야 한다. 투자를 어디서부터 어떻게 준비해야 할지 막막하다면, 주식 투자 7단계 과정을 차근차근 따라가 보길 권한다.

"저는 그냥 소액 투자자인데 그렇게까지 준비해야 하나요?"

액수가 중요한 것이 아니다. 개인 투자자도 자기 자본(펀드)을 운용하는 매니저라고 생각해야 한다. 현재 투자 규모는 그리 중요하지 않다. 머지않아 규모가 커질 것이기 때문이다. 작은 투자금도 소중히 운용해야 한다. 길바닥에 100달러 지폐가 있다. 워런 버핏과 빌 게이츠는 이 돈을 보고 어떤 선택을 할까? 빌 게이츠는 신경 쓰지 않는다. 왜냐하면 그 돈을 고민할 시간에 비즈니스를 생각하면 더 큰 돈을 벌 수 있는 사업가이기 때문이다. 반면 워런 버핏은 1초의 망설임도 없이 그 돈

## ○ 주식 투자 7단계

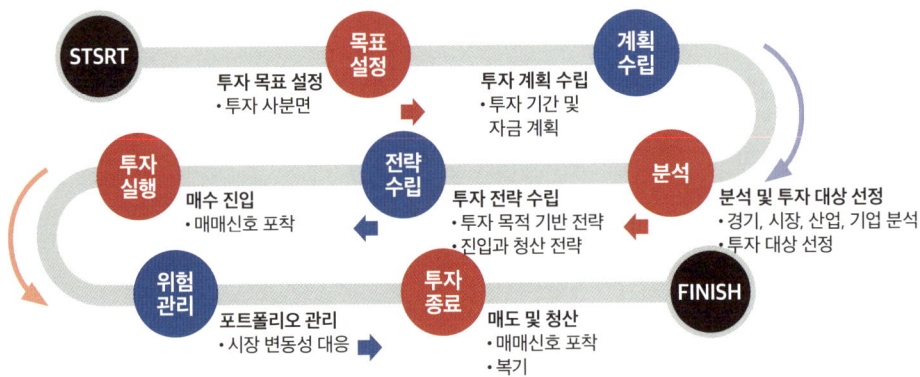

을 줍는다. 왜냐하면 적은 돈이라도 투자하면 큰돈이 된다는 사실을 아는 투자가이기 때문이다.

투자 규모는 상대적일 뿐이다. 중요한 것은 시스템이다. 주식 투자 과정이 체계적이라면 그 시스템 안에 얼마를 투입하든 일정한 수준의 수익을 기대할 수 있다. 가령 1천만 원으로 단기 매매를 하는 개인 투자자에게 갑자기 100억 원의 자본금이 생겼다고 가정해보자. 과연 100억 원을 기존의 방식 그대로 운용할 수 있을까? 반면 금액과 무관하게 체계적인 포트폴리오 운용 전략을 갖춘 투자자는 어떨까? 기존 방식에서 숫자만 바뀔 것이다. 똑똑한 투자자는 이미 체계를 갖추고 자산을 운용한다. 그럼 주식 투자 7단계에 대해 알아보자.

### 1단계. 목표 설정

주식 투자를 하는 목표부터 정하자. 거시적 목표와 미시적 목표로 나눠 생각해볼 수 있다. "왜 주식 투자를 하는가?" 이 질문의 답이 거시적 목표가 된다. 간단히 예를 들어보자.

1. 목돈 마련(고수익·고위험): 종잣돈 운용으로 큰 자산 형성이 목적이다. 이 경우 올해의 주도 종목이나 장기 성장주 중심으로 투자하면 유리하다. 투자 대상은 해마다 변한다.
2. 안정적인 수익(중수익·저위험): 적금보다 나은 꾸준한 수익으로 장기적으로 자산을 형성한다. 상대적으로 변동성이 낮은 지수 ETF 또는 시가총액 상위 종목 중 안정적인 비즈니스 모델을 갖춘 기업군에 투자하면 유리하다(예를 들어 QQQ, SPY, 애플, 마이크로소프트, 버크셔 해서웨이 등이 있다).
3. 은퇴 생활비(저수익·저위험): 고정 수입을 대처할 대안으로 투자 대상을 찾는다. 이 경우 배당 투자가 적합하며, 배당귀족주 또는 배당황제주 중심으로 포트폴리오를 편성한다(예를 들어 SCHD, 패스널, 맥도날드, 록히드 마틴 등).
4. 중단기 수익 창출(중수익·고위험): 중단기 매매를 통한 수익이 목적이다. 트레이딩에 적합한 전략과 매매법을 활용해 변동성이 강한 주도 종목 중심으로 매매한다. 월간 트레이딩 전략, 원웨이 트레이딩 전략, 3 파동 전략, 트렌드 존 공략법 등 이 책에 소개된 매매법과 전략을 활용할 수 있다.

앞서 살펴본 주식 투자 사분면을 통해 자신의 투자 목적과 성향에 맞는 사분면을 선택한다면 거시적 목표를 설정하는 데 도움이 될 것이다.

여기에 "저는 수익률 10%를 목표로 하고 싶어요"와 같이 수익률 또는 수익금 기준으로 목표를 설정한다면, 이는 미시적 목표다. 하지만 시장은 내 목표와 무관하게 움직인다. 예를 들어 10% 수익률을 목표로 설정했는데 주가가 전체적으로 지속 하락한다거나, 반대로 10%를 달성했는데 이후 추가로 50%까지 상승할 수도 있다.

결론적으로 거시적 목표는 내가 중심에 있고, 미시적 목표는 시장을 중심에 둔다.

## 2단계. 계획 수립

목표를 설정했으면 이제 투자 계획을 세워보자. 언제까지 얼마의 자금을 투자할지 결정하는 과정이다.

투자 기간은 투자 목적과 이유에 따라 정한다. 장기투자라는 말은 너무 막연하다. 기간이 정해져 있지 않기 때문이다. 계획은 구체적일수록 좋다. 가령 투자 이유가 AI 반도체의 수요 확산이라면 그 수요가 정체되는 시점까지 투자한다. 수요의 정체는 AI 반도체 기업의 실적에 반영될 것이며 매출성장률이 점차 낮아지는 시점을 포착해야 할 것이다. 따라서 반도체 공급기업과 수요기업의 매분기 실적을 함께 살펴봐야 한다. 엔비디아의 매출성장률과 함께 메타, 마이크로소프트, 아마존, 알파벳, 테슬라 등 수요기업의 실적 발표 내용 중 AI 반도체 투자 부분을 살펴봐야 할 것이다. 그래서 투자 기간은 3개월 단위로 최소 6개월에서 수년으로 잡고 꾸준히 추이를 살피며 업데이트해야 한다.

아울러 주가의 장기추세는 실적 추이보다 선행할 것이다. 따라서 주가의 장기추세선인 월봉 6개월 이동평균선도 함께 봐야 한다. 만약 중단기추세로 투자하고 싶다면 주가의 주기를 기준으로 가늠할 수 있다. 예를 들어 중기추세는 60일선 기준이며 기본 3개월의 기간으로 설정할 수 있다. 왜냐하면 주식 시장의 1개월 평균 거래일은 20일이며, 60일은 약 3개월이기 때문이다. 차트의 이동평균선 원리에 따른 기간 설정법이다. 실제로는 파동 구간에 따라 기간의 편차가 있으므로 이동평균선의 흐름을 분석하며 대응해야 오류가 없다. 구체적인 방법은 이 책의 2장에서 다루고 있다. 즉 투자 기간은 내가 임의로 몇 개월 또는 몇 년으로 정하기보단 목적과 이유를 중심으로 기간을 업데이트하는 것이 유리하다.

투자금 계획은 나를 중심으로 계획한다. 투자금은 고정식, 적립식, 병합형으로 구분할 수 있다.

고정식은 종잣돈으로만 운용하는 것이다. 투자 대상의 범위에 따라 나눠서 운용할 수도 있다. 이를 포트폴리오 운용이라고 한다. 적립식은 월 소득의 일부분을 투자금으로 적립하는 방식이다. 예를 들어 급여소득자가 월급의 10% 또는 100만 원을 주식 계좌에 적립하는 방식으로 접근할 수 있다. 이를 통해 연간 투자원금의 규모를 예상할 수 있을 뿐만 아니라 지속적인 현금 유입으로 저가 매수를 시도할 수 있다. 병합형은 고정식과 적립식을 병행하는 방식이다. 종잣돈으로 포트폴리오를 운용하면서 월 소득의 일부분을 추가 투자할 수 있는 장점이 있다.

이처럼 계획된 투자를 통해 무리한 레버리지를 지양하면서 안정된 투자를 이어갈 수 있도록 스스로 관리할 수 있다.

### 3단계. 분석

분석 과정을 통해 우리는 언제 어디에 투자할지를 결정한다. 즉 투자 대상과 시점을 판단하는 단계다. 가장 큰 범주인 경기 분석부터 시장 분석 → 산업 분석 → 기업 분석 → 주가 분석의 과정으로 진행한다. 다양한 경제지표 분석으로 지금이 투자의 적기인지를 판단해야 한다. 가령 경기 침체로 진입하는 초입에서 무리한 투자를 감행하면 오랜 기간 고생할 수 있다. 반면 침체기에서 회복기로 전환되는 시점은 투자의 적기로 볼 수 있다. 큰 그림을 보기 위해 경기 분석이 밑바탕되어야 한다. 경기선행지수, 실업률, 금리, 물가, 통화량 등 지표의 임계치와 추이를 주기적으로 살펴야 한다. 전미경제연구소(NBER)에서 발표하는 경기 사이클은 수개월 이상 늦는 경향이 있기 때문이다.

다음으로 주식 시장 분석을 통해 중장기추세를 파악해야 한다. S&P500, 나스닥, 다우존스지수는 시장 전체의 평균을 의미하므로 추세 파악에 도움이 된다. 아무리 투자하기 좋은 기업이어도 시장의 큰 흐름을 거슬러 오르진 않는다. 특히 대형주는 더욱 그렇다. 이때 차트를 활용하면 유용하다.

경기와 주식 시장의 흐름이 양호하다면 그 속에서 업황이 좋은 산업군이 있을 것이다. 그 산업이 시장을 이끌고 있다고 해도 과언이 아니다. 이를 알기 위해 다양한 경로를 통해 정보를 수집하고 학습해야 한다. 호황인 산업군에는 선두기업이 있을 것이다. 산업을 주도적으로 이끌며 실적 향상과 함께 높은 성장성을 가진 기업을 발굴해야 한다.

이처럼 모두 하나의 연결고리로 이어진다. 이 분석 과정을 통해 투자하기 좋은 시기와 업종, 기업이 선발된다. 이를 바탕으로 투자 대상을 구체적으로 선정하면 된다.

간단히 예를 들어보자. 단 선물옵션을 제외한 주식과 ETF 범주까지 선정한다.

1. 시장 전체 투자: 지수 ETF(예를 들어 1배수는 QQQ, SPY, 2배수는 QLD, SSO)
2. 업종 투자: 업종 ETF(예를 들어 반도체는 SOXX, SMH, SOXL, 기술주 섹터는 XLK, 리튬 배터리는 LIT, 신재생에너지는 ICLN, 로봇은 ROBO, BOTZ, ROBT, 구리는 COPX, CPER, 바이오는 IBB 등)
3. 기업 투자: 개별 주식과 기업 ETF(예를 들어 엔비디아, 엔비디아 2배 레버리지 ETF(NVDL), 테슬라, 테슬라 2배 레버리지 ETF(TSLL), 애플, 애플 2배 레버리지 ETF(AAPU) 등)

참고로 3배수 ETF는 제외했다. 3배수 ETF는 특히 주의해야 한다. ETF 구성을 살펴보면 그 이유를 알 수 있다. 3배 레버리지를 충족시키기 위해 옵션이 큰 비중을 차지한다. 기초자산 하락 시 3배수로 하락하므로 변동성이 클 뿐만 아니라, 시간이 지남에 따라 시간 가치(옵션의 세타)의 감소로 주가가 추가 하락하기 때문이다. 따라서 3배수 ETF는 변동성이 큰 짧은 구간에서의 단기 매매 외에는 접근하지 않는 것이 좋다. 여러 번 반복해서 언급하고 있다. 그만큼 주의해야 한다. 한국 개인 투자자의 매수 비중 상위에는 늘 3배수 레버리지 ETF 상품이 포함되어 있다. 만약 추세와 반대로 투자했다면 회복하기 힘든 손실을 입게 된다.

투자 대상까지 결정되었으면 주가 시세를 분석해야 한다. 주가 분석의 목적은 현재 주가의 가치(밸류에이션, PER), 추세, 파동, 매매신호의 분석과 포착에 있다. 즉 PER 비교를 통해 현재의 시가총액 가치를 판단하고, 현 주가의 추세가 어디로 향하는지, 파동은 얼마나 진행되었는지, 매매에 적절한 시점은 언제인지 포착하는 것이다. 간략히 살펴보자.

1. PER: 이익 대비 주가의 적정성을 수치로 표현한 투자지표

2. 추세: 차트를 활용해서 주가의 방향을 주기별 추세로 판단, 장기추세(6개월 이동평균선), 중기추세(60일 이동평균선), 단기추세(20일 이동평균선)의 방향

3. 파동: 추세 방향으로 주가가 얼마나 진행되었는지를 판단, 이동평균선의 기본 5개의 파동을 기준으로 분석

4. 신호: 차트에서 캔들과 이동평균선을 활용해서 다양한 매수·매도 신호를 포착하기 위한 패턴 신호

## 4단계. 전략 수립

이제 실전 투자의 단계로 들어간다. 여기서는 투자의 시작과 끝을 결정하는 과정이다. 투자 계획에 따라 장기투자 전략부터 중단기투자 전략까지 결정한다. 또한 투자 비중, 포트폴리오 설계, 리스크 대응 전략도 함께 수립한다. 장기투자 전략은 산업의 업황을 기준으로 수년간 투자 전략을 결정할 수도 있고, 차트를 이용한 장기추세를 기준으로 전략을 수립하는 방법도 있다.

투자 관점에서 이렇게 분류할 수 있으나 실제 주가는 업황 및 기업 실적 성장과 함께 흘러간다. 왜냐하면 업황에 따른 실적 변동이 주가에 반영되기 때문이다. 예를 들어 테슬라는 전기차 시장의 성장을 이끌며 2020년부터 급성장세를 보여줬다. 이러한 실적 성장은 2023년 2분기까지 이어졌으나, 3분기를 기점으로 전기차 시장의 둔화와 함께 기업의 성장률도 하락했다. 이 흐름이 주가의 장기추세에 그대로 반영되었다. 단 2022년은 금리 인상과 CEO 리스크가 더 큰 영향을 주었다. 중단기 주가 흐름은 다양한 외적 변수의 영향력이 크다.

결국 기업과 산업의 펀더멘털 변화, 금리와 주식 시장 전체의 영향이 모두 주

가 시세에 반영된다. 따라서 차트를 활용한 전략이 유용하다. 이 책에서는 '6개월 이동평균선 전략' '롬버스 전략' '월간 트레이딩 전략' '원웨이 트레이딩 전략' '3 파동 전략' '트렌드 존 공략법' 등 장단기 전략을 소개하고 있으니 목적에 따라 활용하기 바란다.

**5단계. 투자 실행**

이제 실전 매매를 실행하는 단계다. 그냥 매수버튼을 클릭하면 끝이다. 하지만 말처럼 쉽지는 않다. 왜냐하면 심리의 영향이 크기 때문이다. 그래서 전문 투자기관에서는 트레이딩 담당자가 따로 있기도 하고, 트레이딩 시스템으로 기계적 매매를 하기도 한다. 그럼 우리 개인 투자자는 어떻게 해야 할까?

개인 투자자는 사전준비가 답이다. 앞서 준비한 세부적인 전략을 기록하고 재점검한 뒤 주문 전에 매매수량까지 미리 정해놓는 것이다. 그리고 전략 수립의 과정에서 결정한 매수신호를 기다린다. 이 기다림이 가장 중요하다. 왜냐하면 심리의 영향이 이때부터 시작되기 때문이다. 주가 조정을 기다리고 있는데 계속 상승한다면 매수 기회를 놓칠까 걱정되고(FOMO 현상), 이동평균선 상승 전환을 기다리고 있는데 지속 하락한다면 불안해진다. 이를 극복하기 위해 분할 매매법과 신호 매매법을 활용하면 된다. 자세한 내용은 매매 기술에 소개되어 있으니 자신에게 맞는 방법을 활용하기 바란다.

결국 주문버튼을 누르는 순간의 갈등을 방지하기 위해서는 계획을 구체화하고 그대로 실행하는 것이 중요하다.

## 6단계. 위험관리

이제 투자 여행이 시작되었다. 그 여정에서 수많은 에피소드가 발생할 것이다. 예를 들어 특정 지역에서의 전쟁으로 하루아침에 국제 정세가 불안해지거나, 국제 유가가 급변동하거나, 원자재 가격 상승, 물가 불안정, 환율 변동, 금리 변화, 대규모 리콜이나 서비스 장애로 인한 주가 급락, 시장의 예상을 뛰어넘는 실적 개선 등 여러 변수가 발생할 것이다. 이에 대비한 대응 전략으로 포트폴리오를 관리해야 한다. 구체적인 방법은 비중 관리와 헤지 전략 2가지다.

첫째, 비중 관리는 주가 조정에 따라 주식 보유량을 조절하는 것이다. 다만 전략에 따라 비중 관리가 없을 수도 있고 잦을 수도 있다. 예를 들어 '6개월 이동평균선 전략'에서는 비중 조절이 없다. 반면 '롬버스 전략'에서는 조정의 등급에 따라 비중 조절을 병행한다. 주가 조정의 종류와 비중에 대한 구체적인 내용은 후술하겠다.

둘째, 헤지 전략이다. 예상하지 못했던 위험 변수가 발생할 수 있다. 일시적인지 장기적 위험인지 초반에는 판단하기 어렵다. 가까운 사례로 코로나19 팬데믹 사태가 있었다. 이때 위험에 대비한 헤지 전략을 활용한다. 즉 내 계좌를 보호하기 위해 인버스 상품을 포트폴리오에 편입하는 것이다. 예를 들어 숏 ETF(PSQ, QID, SQQQ)와 선물 매도, 풋옵션 매수, 콜옵션 매도와 같은 대응법이 있다. 다만 한국 증권사에서는 미국주식 옵션 매도 거래를 지원하지 않는 경우가 많으므로 숏 ETF 상품을 활용하게 될 것이다.

주가 변동성에 대한 포트폴리오 관리는 내 계좌를 보호하는 것이며, 현금도 포트폴리오의 한 부분이라는 생각하면 편하다.

## 7단계. 투자 종료

이제 마지막 결실을 얻는 단계다.

"매수는 기술이고, 매도는 예술이다."

그만큼 매도가 어렵다는 이야기다. '수익이 났는데 매도가 왜 어렵겠어?'라고 생각할지 모른다. 매도 또한 투자심리가 작용하기 때문이다. 여기서는 욕심이 투자자를 흔든다. 특정 기업과 긴 여정을 함께 했기에 정이 들었다. 더 오래 함께하면 보다 좋은 결실을 줄 것만 같다. 하지만 아니다. 아무리 훌륭한 기업이어도 향후 기대되는 높은 성장성을 현재 주가에 어느 정도 반영했다면 기업 가치가 과한 수준에 이른다. 이에 시장은 부담을 느껴 이익 실현을 준비한다. 이때 나타나는 신호가 있다.

펀더멘털 측면에서는 이익성장률의 둔화이며, 기술적 측면에서는 'M의 법칙'이 활용된다. 서로 다른 측면이지만 동반해서 발생하는 경우가 많다. 앞서 투자 계획과 전략 수립 과정에서 결정한 투자 이유와 매매신호를 이때 활용한다. 매수 이유가 소멸하면 매도해야 한다. 그리고 시장에서 매도세가 강하게 출현하기 시작하면 나타나는 패턴이 있는데 이 또한 매매신호에 해당한다. 따라서 매도 조건이 성립하면 매도법에 따라 실행하면 된다. 여기서도 심리적 영향을 배제하기 위해 분할 매도법과 신호 매도법이 준비되어 있다. 매수의 역순으로 이해하면 된다.

마지막으로 복기를 해야 한다. 어떤 일이든 마지막은 리뷰가 필요하다. 철저한 준비와 최선의 과정으로 얻은 결과다. 성과가 좋든 나쁘든 다음을 위해 복기를 해야 발전이 있다. 이는 주식 투자뿐만 아니라 본업에서도 중요한 요소라 생각한다. 이번의 실수나 아쉬움을 보완하면 다음에는 더 좋은 결과를 기대할 수 있기 때문이다.

'나만의 투자 도구'를 만들기 위해 여러 전략과 방법을 마음의 문을 열고 받아들인다.

# 경제지표, 이것만은 알고 가자

'다우지수 1,000p 급락, S&P500은 2022년 이후 최악의 하루, 글로벌 시장 매도세 확산(Dow tumbles 1,000points, S&P500 posts worst day since 2022 in global market sell-off)'

2024년 8월 5일 〈CNBC〉 기사 제목이다. 1987년 10월 19일 블랙먼데이를 연상케 하는 하루였다. 미국의 실업률이 4.3%로 발표되었고, 이를 반영한 '샴의 법칙'에서도 경기 침체 임계치인 0.5%를 넘어서며 우려가 커졌다. 앞서 PPI 지표도 좋지 않았으며, 시장에서는 빅컷(대규모 금리 인하) 또는 긴급 금리 인하의 목소리가 커졌다.

여기에 일본 중앙은행에서 금리를 인상하며 시장의 불안감은 극에 달했다. 일본 니케이225지수는 12.4% 하락했고, 아시아 증시는 폭락했으며, 이어 미국 시장도 급락으로 출발했다. 당시 변동성 지표 VIX는 과거 경제위기 수준까지 치솟았다. 투자심리를 나타내는 공포탐욕지수(Fear & Greed Index)는 극단의 공포심리(Extreme fear)를 나타냈다.

이후 양호한 서비스 PMI 지표와 일본 중앙은행 부총리가 향후 금리 인상 계획을 철회하면서 시장은 안도했고 주식 시장은 반등했다. 언론에서는 '엔 캐리 트레이드 청산'을 원인으로 지목했다.

나는 이러한 의문을 가졌다.

'진짜 위기인가? 너무 이른 것 같은데? 내가 틀렸나?'

내 계산에 따르면 적어도 2025년까지는 상승추세를 이어간 후 2026년에 추이를 지켜봐야 하는 상황이었다. 기업 실적과 GDP 성장률 그리고 정치 사이클까지 고려했다. NBER에 따르면 2020년 6월부터 경기는 호경기로 진입했으며, 이때부터 확장기 평균 67개월을 대입하면 2025년 하반기까지는 양호할 것으로 판단했다. 특히 2026년도는 미국 대통령 임기 2년 차 중간선거가 있으므로 주식 시장은 조정을 보이는 정치 사이클의 영향권에 놓인다. 만약 2024년부터 2025년까지 금리 인하를 단행하면 장단기 금리차가 플러스(+) 전환되어 2026년에는 경기 침체 우려가 커지는 시기가 된다.

물론 이는 모두 가능성의 영역이다. 가능성이 현실이 되면 위험에 대비할 수 있고, 틀리면 다행이다. 주식 투자를 하면서 경제를 모르면 곤란한 상황을 겪게 된다. 바로 2024년 8월과 같은 혼돈의 시기에 그렇다. 뉴스나 전문가 방송을 보면 현상만 전달하거나 각자의 관점에서 의견을 제시한다. 물론 좋은 내용도 많지만 서로 내용이 다르니 혼란스럽다. 스스로 판단할 수 있는 능력을 키우지 않으면 내가 듣고 싶은 내용만 듣게 된다. 거기서 오류가 발생할 수 있다.

아무튼 특정 현상이 나타났으면 분석하고 진위를 판단한 후 대비책을 마련해야 한다. 그래서 주요 지표들을 직접 눈으로 확인하고 해석한 후 그 내용을 운영 중인 유튜브 채널에 공유하고 있다. 당시 노동 시장 부분에서는 정규직과 비정규직 증감을 비교했고, GDP 성장률, 미국 경기선행지수 CLI, 비농업 생산성, 장단기 금리차 추이, 경제위기 최고점 수준까지 도달한 VIX지수, 트렌드 존까지 조정받은 주가지수 등 다양한 지표들을 비교했다. 그리고 달러인덱스와 환율의 변화를 보면서 의구심을 가졌다. 경기 침체 위기라면 환율이 급변해야 하는데 오히려 조용했다. 결론은 단기간(6개월 이내) 침체를 논하기엔 시기상조라 판단했다. 그 판단을 토대로 투자 포트폴리오를 유지했다.

이처럼 투자자 스스로 판단하고 최종 결정을 내려야 한다. 그 누구도 책임져 주지 않는다. "저는 경제학을 잘 모르는데 어떻게 혼자 판단해요?"라고 묻는다면, 나 또한 그렇다. 나도 경제학은 잘 모른다. 하지만 투자에 필요한 부분은 계속 공부한다. 시장에는 경제 이슈가 상존한다. 그때마다 이슈는 다르지만 공통점은 있다. 어렵다 생각지 말고 공부하자. 하나씩 쌓으면 쓸 만한 지식이 된다.

미국주식 시장의 시가총액은 세계 주식 시장의 절반이 넘는다. 어느 나라에 투자하든 미국 시장의 영향을 받을 수밖에 없다. 그래서 미국주식 시장에 영향을 미치는 요소를 항상 예의주시해야 한다. 그럼 그러한 요소에는 무엇이 있을까? 대표적으로 경기, 금리, 심리가 있다.

## 경기 침체는 반복된다

경기는 주기적으로 순환하며 우상향한다. "경기 침체도 있는데 우상향이라고요?" 경기는 단기적으론 상승과 하락을 반복하며 순환하지만, 장기적으론 우상향하며 성장한다. 장기투자가 유리한 이유가 여기에 있다. 경기순환 과정을 잠시 살펴보자.

### ○ 경기순환 메커니즘

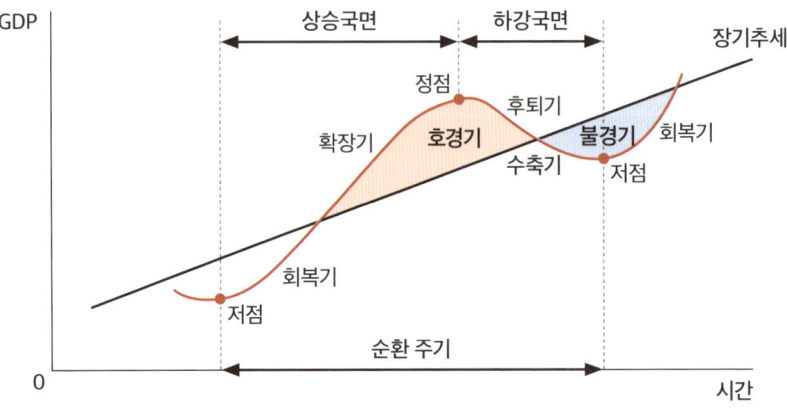

자료: 한국은행

경기는 상승과 하락으로 나뉘며 회복기, 확장기, 후퇴기, 수축기 4단계로 순환한다.

과정을 살펴보면 경기 침체가 마무리될 무렵 저점을 형성하고 회복기로 접어든다. 이땐 대부분 저금리 상황이며 실물경기가 살아나기 시작한다. 물론 주식 시장은 이미 상승추세를 달리고 있다. 통상 주식 시장은 경기 바닥보다 6개월 정도 선행하는 경향이 있다. 시장의 똑똑한 자금들이 발 빠르게 움직이기 때문이다.

이후 호경기로 이어지며 확장기로 접어든다. 기업 실적은 성장을 지속하고 낮은 실업률과 함께 경기는 과열권으로 진입하게 된다. 중앙은행은 경기 과열을 방지하기 위해 금리를 인상하기 시작한다. 다만 2022년은 예외적으로 경기 과열보단 높은 물가를 진정시키기 위한 금리 인상이었다.

결국 뜨거운 경기는 정점을 형성하며 후퇴하기 시작한다. 높은 금리와 함께 기업 실적은 역성장하며 실업률도 높아진다. 팽창하던 경기는 수축하고 불경기로 들어선다. 이때 위기를 촉발할 만한 어떠한 사태가 발생하면 경기는 급속히 냉각된다. 이를 하드 랜딩(Hard Landing)이라 부른다. 시장은 공포에 빠진다.

혹자는 이렇게 묻는다.

"경제지표는 왜 그래프가 많나요? 괜히 복잡하게."

왜냐하면 절대적인 수치보다 추세가 더 중요하기 때문이다. 일시적인 수치 변화는 경기의 큰 흐름을 바꿀 수 없다. 하지만 연속성이 있다면 경기의 전환 가능성이 커진다. 특히 중앙은행의 정책금리는 그 영향력이 크기 때문에 잦은 변동성을 가지면 안 된다. 그래서 쉽게 움직이지 않지만, 한 번 움직이기 시작하면 목표한 수준에 도달할 때까지 연속성을 가진다.

경기는 NBER에서 공표한다. NBER은 1920년에 설립된 미국 경제를 전문적으로 연구하는 비영리 민간조직이다. 저명한 경제학자와 전문가로 구성되어 있으며 다양한 경제지표를 분석해 경기 침체와 호황 등을 결정한다. 단 경제 전반에 걸쳐 지표 변화를 관찰하고 결과를 발표하므로 후행한다는 단점이 있다. 통상 6개월에서 1년 정도 지난 시점에 발표한다. 따라서 이를 주식 투자에 활용하기엔 무리가 있다.

"경기 침체 기간은 얼마나 될까요?"

좋은 질문이다. 경기순환이 주기를 가진다면 평균 기간이 있을 것이다. 이 데이터는 주식 투자에서 충분히 활용할 만하다. NBER 데이터를 기반으로 1900년부터 2024년까지 경기 확장과 침체 기간을 조사했다. 그중 제2차 세계대전이 끝나고 경제적 안정기가 시작되고, 정보통신 산업의 시작과 함께 현대 경제의 초기 단계라 할 수 있는 1950년대부터의 데이터를 활용하겠다.

1950년부터 2020년까지 11차례 경기 침체기가 있었고, 지속 기간은 평균 10개월이었다. S&P500 수익률은 평균 -30%다. 반면 상승기의 지속 기간은 평균 67개월이며, S&P500은 150~200% 이상의 수익률을 보였다. 상승은 길고 높게, 하락은 짧고 얕게 진행되므로 장기추세는 우상향이다. 즉 미국 경기는 침체로 진입하더라도 약 1년만 견디면 회복된다는 결론이다.

## ○ 경기순환 기간 데이터

| 경기 하강 | | | | 경기 상승 | | | |
|---|---|---|---|---|---|---|---|
| 기간 | 개월 | 핵심 이유 | S&P500 수익률 | 기간 | 개월 | 핵심 이유 | S&P500 수익률 |
| 1953.07-1954.05 | 10 | 한국전쟁 종료 후 경제 조정 | -15% | 1949.10-1953.07 | 45 | 전후 경제 성장 | 122% |
| 1957.08-1958.04 | 8 | 통화 긴축, 기업 투자 감소 | -21% | 1954.05-1957.08 | 39 | 소비 증가, 주택 시장 호황 | 103% |
| 1960.04-1961.02 | 10 | 통화 긴축, 투자 감소 | -14% | 1958.04-1960.04 | 24 | 지속적인 소비 증가 | 55% |
| 1969.12-1970.11 | 11 | 베트남전, 통화 긴축, 인플레이션 | -36% | 1961.02-1969.12 | 106 | 케네디-존슨 경제 정책, 기술 혁신 | 122% |
| 1973.11-1975.03 | 16 | 오일 쇼크, 스태그플레이션 | -48% | 1970.11-1973.11 | 36 | 기술 발전, 소비 증가 | 50% |
| 1980.01-1980.07 | 6 | 오일 쇼크, 금리 상승 | -17% | 1975.03-1980.01 | 58 | 경기 부양책, 소비 증가 | 126% |
| 1981.07-1982.11 | 16 | 통화 긴축, 금리 급등 | -27% | 1980.07-1981.07 | 12 | 단기 회복 | 31% |
| 1990.07-1991.03 | 8 | 저축대부조합 위기, 걸프전 | -20% | 1982.11-1990.07 | 92 | 레이건 경제 정책, 금융 시장 발전 | 247% |
| 2001.03-2001.11 | 8 | 닷컴버블 붕괴, 9·11 테러 | -37% | 1991.03-2001.03 | 120 | 정보기술 혁명, 투자 증가 | 302% |
| 2007.12-2009.06 | 18 | 금융위기, 주택 시장 붕괴 | -57% | 2001.11-2007.12 | 73 | 주택 시장 호황, 금융 혁신 | 90% |

*수익률 수치는 일부 차이가 있을 수 있음

## ○ 상승국면과 하강국면

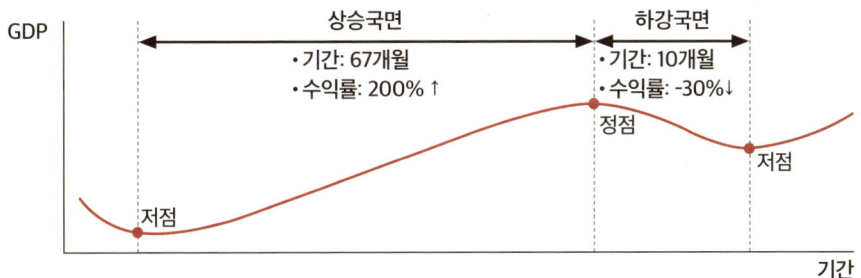

1장. 미국주식 투자의 시작 **101**

1980년대는 정보화 시대가 열리며 정책적인 부분과 함께 현대 경제와 아주 유사한 환경이 조성된 시기다. 이를 기점으로 경기 확장기의 평균을 계산하면 81개월이며, 약 7년이라는 결과가 나온다. 경제구조를 고려하면 1980년부터의 통계가 적합해 보이기도 하지만 샘플 기간이 짧다는 단점이 있다. 여기서 얻은 결론은 미국 경기가 상승하면 평균 5.5~7년은 좋다는 사실이다.

## 경기선행지표
## CLI, LEI

피터 린치는 미래의 경기를 예측하는 일에 대해 이렇게 평가했다.

"당신이 경제를 예측하는 데 13분을 썼다면, 그중 10분은 낭비한 것이다."

미래의 경기를 예측할 수 있으면 큰 부를 얻을 수 있을 것이다. 하지만 현실적으로 100% 맞출 수 없다. 피터 린치의 조언대로 경기 예측에 많은 시간을 허비하진 말자. 다만 현재 경기가 어디로 향하고 있으며 어떤 변화가 있는지 데이터를 기반으로 위험 가능성을 타진하는 데 3분 정도 활용하는 것은 의미가 있지 않을까? 적어도 대비는 할 수 있으니 말이다.

미국의 경기선행지표 중 대표적인 2가지로 CLI(Composite Leading Indicator)와 LEI(United States Leading Economic Index)가 있다.

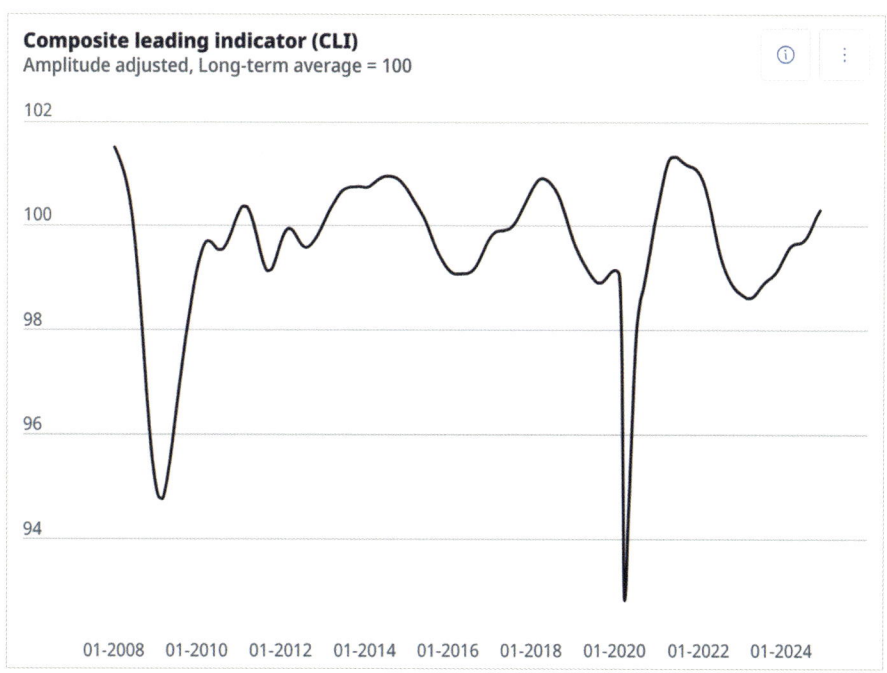

경기선행지표 CLI 추이

OECD에서 제공하는 CLI는 생산, 소비, 투자, 고용, 금융 등 다양한 데이터를 융합해서 향후 수개월 후 경기의 방향성을 예측하는 선행지표다. 이 데이터는 신뢰도가 높아 정부, 중앙은행, 국제기구 등에서 경제 분석에 활용한다. G20 평균부터 국가별 CLI를 조회하고 비교할 수 있는 유용한 데이터 도구다. OECD 사이트(www.oecd.org)를 통해 활용할 수 있다.

LEI는 미국 컨퍼런스보드(www.conference-board.org)에서 매월 발표하며, 미국 경기순환의 정점과 저점을 7개월 정도 선행하는 경기선행지표다. LEI를 구성하는 요소는 제조업 주간 평균 근로시간, 주간 실업보험 청구 건수, 제조업 신규 주

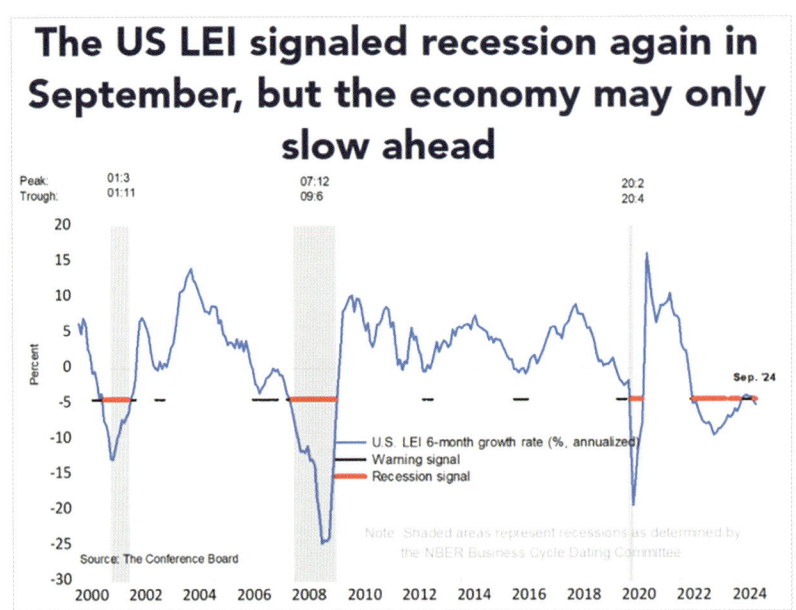

경기선행지표 LEI 추이

문, ISM 신규 주문 지수, 신규 주택 건설 허가, S&P500지수 등을 포함한다. 특히 6개월 성장률 기반의 경기 침체 신호는 주의 깊게 관찰할 필요가 있다.

## 실업률과 샴의 법칙

흔히 미국 경제는 '소비경제'라고 말한다. 소비지출이 경제의 원동력이기 때문이다. 소비지출이 안정적이기 위해서는 소비자의 고용과 소득이 안정적이어야 한다.

## ○ 미국 정규직 고용 vs. S&P500

— 미국 정규직 고용　— S&P500

따라서 경기를 판단하는 여러 지표 중 단연코 최우선은 '고용' 관련 지표다. 그래서 시장은 실업률 또는 신규 실업수당 청구 발표에 민감하다. 만약 실업률 데이터에 이상 흐름이 나타나면 세부적인 내용을 들여다볼 필요가 있다.

고용 형태는 정규직과 비정규직으로 나눌 수 있다. 안정된 고용 상태와 소득은 정규직이 더 유리하다. S&P500지수와 비교해보면 정규직 고용 추이와 같은 흐름을 보여준다.

미국 경제에 고용이 중요하다면 경기 침체기 때 실업률은 어땠을까? NBER과 FRED 데이터를 기반으로 1950년부터 2020년까지 경기 침체 시작 시점에서의 실업률을 비교해본 결과, 평균 4.7%였다. 실업률의 임계치보다는 그 추이가 더 중요하다. 연속성을 가진 실업률 상승이 경기 침체와 맞물려 악순환하기 때문이다. 시작은 평균 4.7%였으나 역사적으로 실업률이 상승하다 5% 임계치를 넘어서

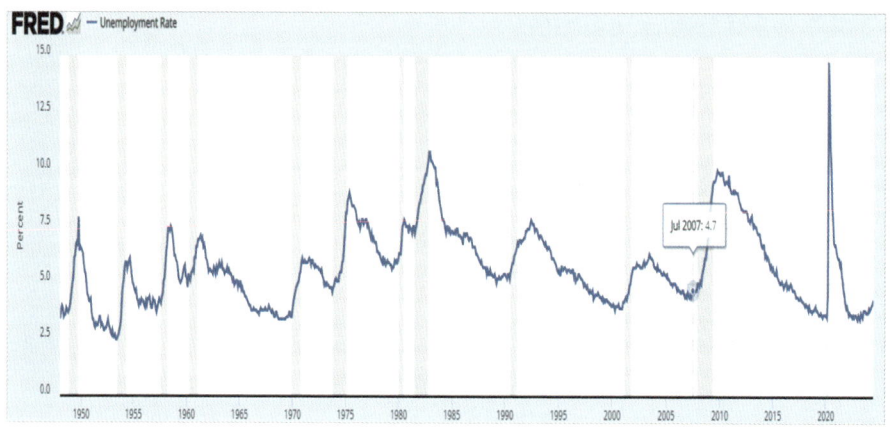

FRED 미국 실업률 추이

면서 위험을 알렸고, 경기 침체로 진입하면서 실업률은 7%를 넘어 가속화되었다. 참고로 그래프에 보이는 회색 세로선이 경기 침체 구간이다.

또 하나 주목할 지표는 샴 리세션 지표(Sahm rule recession indicator)다. FRED

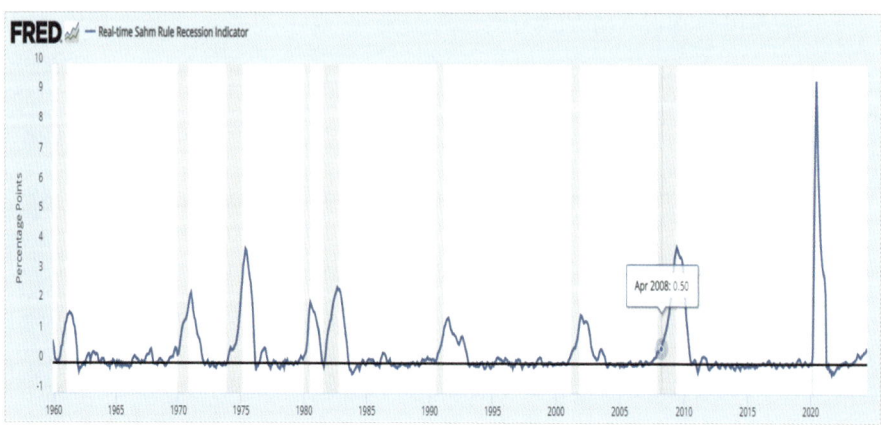

FRED 샴 리세션 지표 추이

에서 제공하며 실시간 데이터를 반영한다. 이는 실업률의 최근 3개월 이동평균이 직전 12개월 최저점 대비 0.5% 이상 상승할 때 경기 침체의 초기 신호로 활용된다. 조사한 자료에 따르면 경기 침체가 시작되는 시점에서 1~2개월 후 샴 리세션 지표는 0.5%를 넘어섰다. 지표만 보면 임계치인 0.5%가 중요해 보이지만 이 또한 추이가 더 중요하다고 본다.

## 비농업 생산성

이번에는 비농업 생산성을 알아보자. 비농업 생산성은 시간당 상품과 서비스의 생산량을 의미한다. 가령 대량 생산체계에서 시간당 생산량이 지난 분기 대비 증가했다면 기업에서 일을 효율적으로 잘하고 있다는 의미로 해석할 수 있다. 같은 비용으로 더 많이 생산했기에 원가 절감의 효과로 수익성도 높아진다. 이는 양호한 기업 실적으로 이어지며 주가에 긍정적인 영향을 준다. 아울러 경제활동 참가율도 함께 고려할 수 있다. 경제활동 참가율이 높으면서 비농업 생산성 향상까지 동반되면 기업뿐만 아니라 경제 전반이 긍정적일 수밖에 없다. 여기까지가 기존 지론이었다. 하지만 앞으로 계속 같은 맥락으로 해석해야 할까?

이 질문을 던지는 이유는 바로 제4차 산업혁명에 있다. 인공지능과 휴머노이드 로봇 기술의 발전이 가속화되며 상용화에 더 가까워졌다. 특히 인공지능의 진화 속도는 과거와 다른 양상을 보인다. 과거 인터넷과 모바일 혁명에는 사람(개발

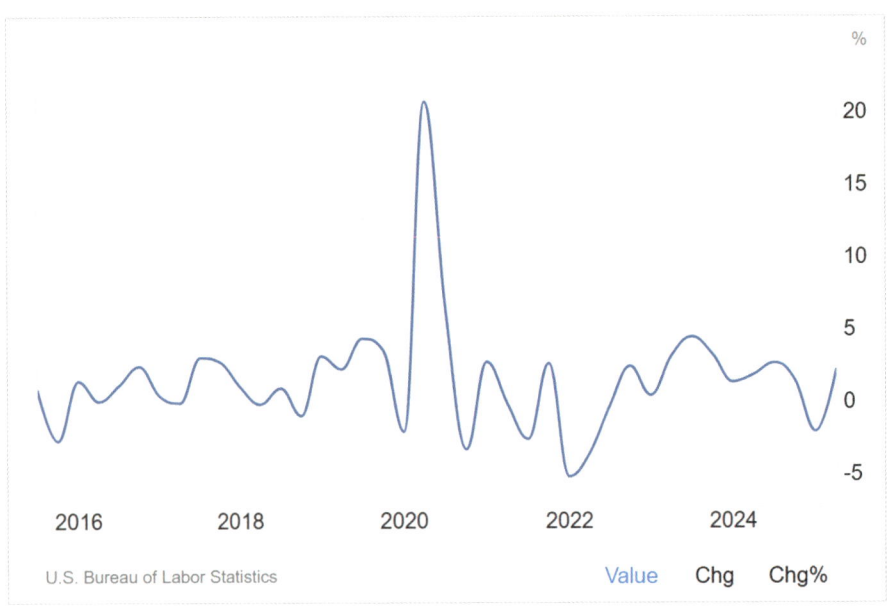

미국 비농업 생산성 추이

자)의 숨은 노력이 깔려 있었다. 이는 채용과 직결되며 실업률 감소를 통해 고용의 안정으로 나타났다. 하지만 인공지능은 대규모 개발자를 필요로 하지 않는다.

2024년 두바이에서 열린 세계정부정상회의(WGS)에서 엔비디아 CEO 젠슨 황은 "더 이상 아이들에게 코딩을 가르칠 필요가 없다. 생물, 교육, 제조, 농업과 같은 각 분야의 전문지식이 더 중요하다"라고 말했다. 이 짧은 말이 전하는 메시지는 향후 AI 대중화 시대에서의 직업관과 연계된다. 가령 챗GPT에게 원하는 기능과 입출력 데이터를 나열한 뒤 파이썬 샘플 코드를 생성하라고 요청하면 바로 답해준다. C#, C++, 자바 등 다른 코딩언어도 예외는 아니다.

최근 자동차 생산라인에는 다양한 로봇이 공정 과정을 담당하고 있다. 이 밖에 공정은 사람이 담당하는데 이 또한 휴머노이드 로봇으로 대체될 예정이다. 10명이 할 일을 5명이 할 수 있다면, 더 나아가 10명이 할 일을 1명이 할 수 있다면 어떻게 될까? 기업은 고용을 줄이고 인공지능 서비스와 로봇의 도입을 확대할 것이다. 왜냐하면 비용 측면에서 훨씬 효율적이기 때문이다.

원가 절감과 생산성 향상은 매출과 영업이익률의 확장으로 나타날 것이다. 유관 기업들의 계획으론 2030년까지 이러한 현상이 점차 확대될 것으로 예상된다. 따라서 투자자는 기술의 진화와 산업의 변화에 따른 경제지표의 재해석이 필요한 시점이 다가오고 있다.

## GDP와
## 경기 침체

미국 경제는 1900년부터 2020년까지 23번의 경기 침체가 있었지만 모두 극복하며 성장하고 있다. 미국 GDP 그래프를 보면 한눈에 알 수 있다.

일반적으로 GDP 성장률이 3분기 연속 마이너스(-) 성장이 진행되면 경기 침체로 본다. 예를 들어 2025년 1분기 미국 상무부는 미국의 GDP 성장률이 전 분기 대비 마이너스를 보였다고 발표했다. GDP 분기별 성장률이 마이너스를 기록한 것은 2022년 1분기 -1.0% 이후 3년 만이다. 이에 대해 경제 전문가들은 관세 인상 전에 수입품을 서둘러 들여오려는 움직임에 의한 일환이라고 논평한 바 있다.

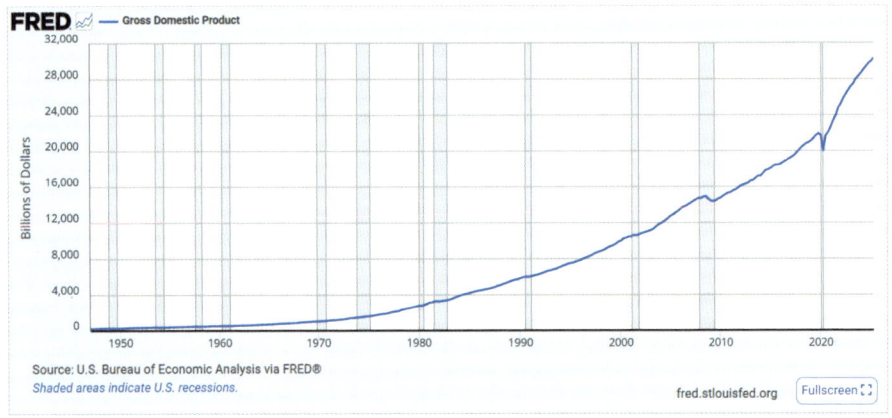

미국 GDP 추이

# 인플레이션 지표
## CPI, PCE

2022년 한 해 주식 시장을 괴롭혔던 요인은 급격한 금리 인상이었다. 금리를 올린 이유는 높은 물가 때문이었다. 주식 투자를 안 했던 사람도 '인플레이션'이란 말은 들어봤을 것이다. 40년 만에 찾아온 인플레이션이라며 걱정을 많이 했다. 그럼 40년 전에 무슨 일이 있었던 걸까? 1973년 1차 오일쇼크에 이어 1980년 2차 오일쇼크로 인해 급격한 인플레이션의 고충을 겪었다. 미 연준은 물가 안정을 위해 금리를 약 20%까지 인상하며 물가 전쟁을 펼쳤다. 이후 안정을 찾으며 2020년까지 저금리·저물가의 시대가 이어졌다. 하지만 코로나19 팬데믹을 기점으로 2021년부터 오르던 물가는 2022년 정점을 찍는다.

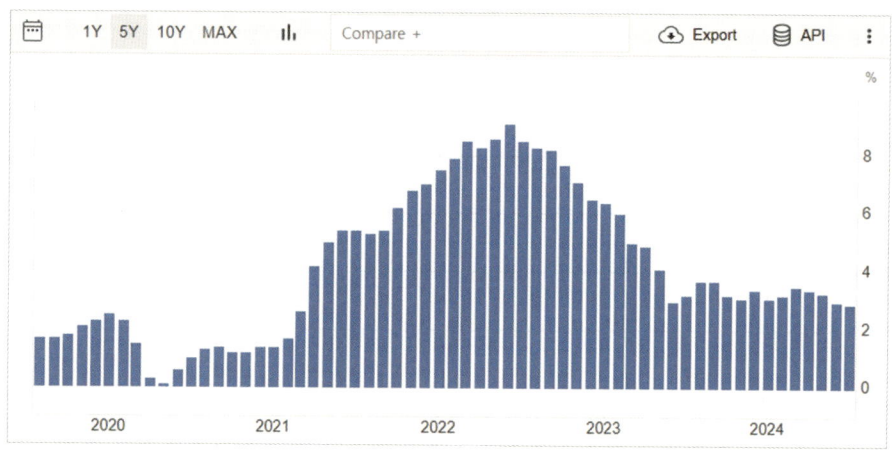

미국 CPI 추이

시장에서의 관심은 매월 발표되는 CPI와 PCE로 쏠렸다. 미 연준이 두 지표가 목표하는 수준까지 내려와야 금리 인하가 가능하다고 공언했기 때문이다. CPI와 PCE가 도대체 무엇일까?

소비자물가지수(CPI; Consumer Price Index)는 일정 기간 소비자 구매 상품과 서비스의 가격 변동을 측정하는 지표다. 대표적인 인플레이션 지표로 상품과 서비스는 식품, 의류, 주택, 의료, 교통 등 정말 다양하다. 이 모든 가격 변동을 포함한 지수를 '헤드라인 CPI(Headline CPI)'라고 부른다. 특히 가격 변동이 큰 상품은 식품과 에너지다. 변동성이 큰 항목은 통계 추이를 살펴볼 때 방해가 된다. 그래서 이를 제외한 지표를 '핵심 소비자물가지수(Core CPI)'라고 부른다.

CPI지수는 물가 상승(인플레이션) 또는 하락(디플레이션)의 수준과 추이를 판단한다. 이를 토대로 금리, 임금, 기타 경제 정책에 활용한다. 예를 들어 코로나19 영향으로 공급망 이슈가 발생했을 때 반도체 가격이 상승했고, 자동차 생산 차질로 인해 중고차 가격이 상승했다. 또 주택 가격 상승으로 임대료가 오르고, 노동 시장 불균형으로 임금이 상승하고, 원자재 가격이 상승하는 등 꼬리에 꼬리를 물고 인플레이션이 발생한다. 이는 결국 급격한 금리 인상으로 이어졌다. 2022년 경기는 양호했으나 금리 인상의 영향으로 주식 시장은 1년간 힘든 시간을 보냈다.

개인소비지출(PCE; Personal Consumption Expenditure)은 미국 내 소비되는 대부분의 상품과 서비스를 포함한다. CPI보다 더 광범위하다. 특이점은 연속적인 소비 변화를 반영하도록 설계되어 가격의 실제적인 변동을 CPI보다 잘 나타낸다는 것이다. CPI는 소비자의 생활비 추이를 나타내며, PCE는 경제 전반적인 가격 추이를 판단하는 지표로 활용된다. 따라서 미 연준에서는 PCE를 더 중점적으로 관찰한다.

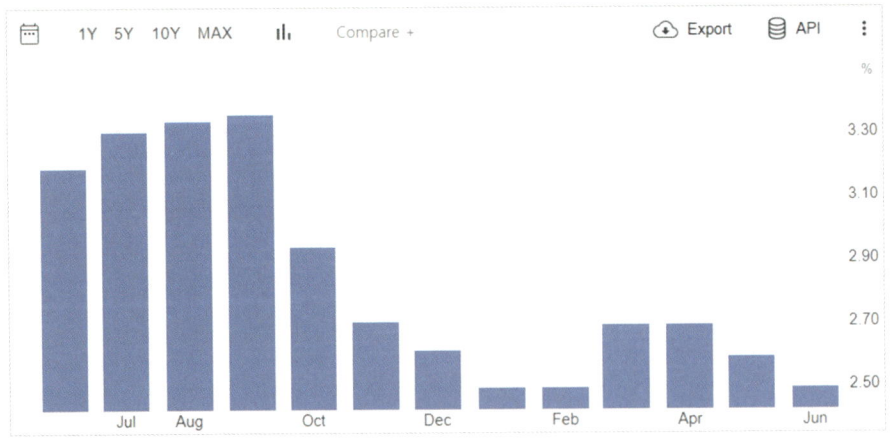

미국 PCE 추이

상세한 내용은 정책 결정자들의 몫이지만, 우리 투자자는 추이만 살펴봐도 도움이 된다. 더 좋은 정보는 현지 분위기일 것이다. 미국 교민들은 경기를 직접 피부로 느낄 수 있을 것이며, 한국 투자자는 지인이나 SNS, 유튜브를 활용하는 방법으로 체감할 수 있을 것이다. 때론 통계 데이터보다 간접적인 정보나 현실적인 정보가 더 유용할 수 있다.

## 금리와 주식 시장

금리는 경제 전반에 미치는 영향력이 크다. 그래서 주식 시장은 금리 변화에 민감하다. 2020년 3월과 5월 코로나19 팬데믹으로 인한 경기 침체를 방어하고자 미 연준은 큰 폭의 금리 인하를 단행했다. 그 결과 주식 시장은 이듬해까지 큰 폭의 상승을 이어갔다. 2022년 미 연준은 인플레이션을 진정시키기 위해 과감한 금리 인상 기조를 이어갔다. 이로 인해 주식 시장은 힘든 한 해를 보냈다. 한동안 시장에서는 '금리 인상=주식 하락' '금리 인하=주식 상승'이라는 말이 마치 공식처럼 떠돌았다. 과연 그럴까?

우선 '금리'가 무엇인지 알아야 한다. 금리란 과연 무엇을 말하는 것일까? 적금이나 대출받을 때의 이자율일까? 아니다. 이자율은 시중은행의 상품금리를 말한다. 주식 시장과는 무관하다. '미 연준에서 금리를 25bp 인하했다' '한국은행에서 금리를 동결했다'와 같은 뉴스를 본 적 있을 것이다. 여기서 말하는 금리가 바로

'기준금리'다. 기준금리는 주식 시장과 관련이 깊다.

가령 자동차를 빌린다고 가정하자. 저가 소형차는 렌트비가 저렴하고, 고가 스포츠카는 비싸다. 여기서 차를 '돈'이라고 생각해보자. 비싼 돈을 빌리면 높은 금리의 이자를 내야 한다. 왜 그럴까? 빌리는 대상의 가치가 다르기 때문이다.

즉 금리란 돈의 가치를 말한다. 금리를 올린다는 말은 돈의 가치를 올린다는 말과 같다. 각국 중앙은행은 자국의 통화정책을 책임지는 독립기관이며 기준금리를 결정하고 발표한다. 이는 시중은행의 예금과 대출금리에도 영향을 미친다. 따라서 경제 전반의 파급력이 큰 기준금리의 방향을 자주 바꾸지는 않는다. 하지만 한 번 방향을 정하면 연속성을 갖는다. 그만한 배경과 목표가 있기 때문이다.

미국은 기준금리를 0.25%(25bp) 단위로 구간을 설정해서 발표한다. 예를 들어 미 연준은 2024년 9월 18일 기준금리를 5.25~5.5%에서 4.75~5.0%로 기존 대비 0.5%(50bp) 인하했다. 이후 11월, 12월 연이어 기준금리를 인하하고, 2025년 들어서는 상반기 내내 4.25~4.50%로 연속 동결했다. 미국은 기본 단위인 25bp의 변화를 베이비스텝, 두 배인 50bp는 빅스텝, 75bp는 자이언트스텝으로 부른다.

미 연준은 통상 25bp 단위의 베이비스텝으로 천천히 금리 정책을 조율하지만, 2022년 9월과 같이 위기 상황에서는 자이언트스텝을 단행한다. 미 연준의 목표는 물가 안정과 고용 안정이다. 이를 위해 '금리'라는 수단을 이용하는 것이다. 미 연준이 요리사라면, 경기라는 냄비에 고용과 물가라는 재료를 넣어 맛있는 요리를 준비한다고 생각하면 된다. 냄비(경기)를 데우기 위해 불을 지피고(금리 인하), 어느 순간 냄비(경기)가 과열되어 위험해지면 다급히 불을 줄인다(금리 인상). 요리사(미 연준)는 적정 온도(적정 금리)를 유지하며 재료(고용, 물가)를 맛있게 요리한다.

결국 우리의 관심은 금리와 주가의 관계다. 세간의 평가대로 금리를 내리면 주가가 오르는 것일까? 장기적으로는 맞는 말이고, 단기적으로는 틀린 말이다. '금리 인상=주식 하락' '금리 인하=주식 상승'과 같이 금리와 주가의 관계를 이분법으로 정의할 수 없기 때문이다. 그 이유는 금리 인하의 이유와 금리 수준에 있다. 역사적 사례를 살펴보자.

1990년대로 거슬러 올라가보자. 1989년부터 미 연준은 경기 둔화 징후를 감지하고 있었다. 선제적 조치로 1990년 7월 기준금리 인하를 단행했으나 8월 걸프전 발발과 함께 유가 상승, 소비 위축, 고용 악화로 경기는 침체에 빠져들었다. 또 저축대부조합 위기까지 겹치며 침체는 가속화되었다. 이에 미 연준은 1992년 9월까지 기준금리를 8.0%에서 3.0%까지 지속 인하했다. 이 기간 S&P500지수는 약 20% 하락했다. 10개월간 침체의 늪에 빠져들던 미국 경기는 저금리 효과로 1991년 3월부터 회복기에 접어든다. 물론 주식 시장은 이보다 이른 1월부터 상승 추세로 전환되어 2000년 3월까지 슈퍼사이클에 진입한다.

1998년 러시아의 모라토리엄 선언으로 LTCM이 파산하는 사태가 발생했다. 미 연준은 위기 확산을 방지하고자 금리 인하를 단행한다. 주식 시장은 일시적 조정 후 금리 인하 효과를 업고 닷컴버블을 형성하게 된다. 결국 2000년 3월을 고점으로 거품이 붕괴하며 나스닥 시장은 하락하기 시작했다. 침체 조짐을 감지한 미 연준은 2001년 1월부터 금리 인하를 시작했고, 그해 9·11 사태까지 겹치자 추가로 금리를 인하했다. 하지만 S&P지수는 37%의 하락을 보였다. 이후 2003년 6월까지 금리 인하를 지속해 1.0% 수준에 도달했다. 이 조치를 통해 닷컴버블 붕괴로 인한 침체는 2001년 11월에 마침표를 찍고 회복하기 시작했다.

2007년엔 미국 부동산 시장의 거품으로 서브프라임 모기지 담보증권 부실 위험이 커지고 있었다. 여러 투자은행이 파산과 위험에 노출되기 시작하며 위기를 불러오고 있었다. 미 연준은 그해 9월부터 선제적으로 금리를 내리기 시작했다. 하지만 부실 규모가 너무나 막대했기에 불을 끄기엔 역부족이었다. 초대형 은행의 파산과 금융과 자동차 업계 등에서 위기가 확산되며 대량 실업자를 양산했다. 하루하루가 살얼음판이었다. 당시 점심시간만 되면 문제가 터져서 '도시락 폭탄'이라는 유행어가 있었다. GM 파산 신청, AIG 구제금융 등 대형 뉴스가 이어졌다. 결국 미 연준은 2007년 9월부터 2008년 12월까지 5.25%였던 금리를 0.25%까지 내렸다. 이 기간 S&P500지수는 무려 57% 폭락했다. 결국 금리는 제로금리 수준이 되었고, 이듬해 2009년 3월부터 주식 시장은 회복하기 시작했다.

2019년 연말 코로나19 확산 조짐이 나타나기 시작했다. 당시 주식 시장은 변동성을 보였으나 추세적 하락은 아니었다. 바이러스의 영향력과 확산력에 대한 의심과 걱정이 팽배해졌다. 미 연준은 일단 대응하지 않았다. 하지만 세계보건기구의 팬데믹 선언이 방아쇠 역할을 했다. 주식 시장은 급격히 반응하며 빠르게 하강했다. 모두 예측할 수 없는 불확실성에 시장을 떠나기 바빴다. 2개월간 S&P500지수는 무려 34% 하락했다. 미 연준은 앞서 경험한 저금리의 효력을 기대하며 금리 인하와 함께 양적완화(QE; Quantitative Easing)를 함께 추진했다. 효과는 매우 빠르고 강했다. 덕분에 침체 기간도 아주 짧았다.

지금까지 살펴본 역사의 시사점은 무엇일까? 위기 발생부터 해소까지의 과정을 순서대로 요약하면 다음과 같다.

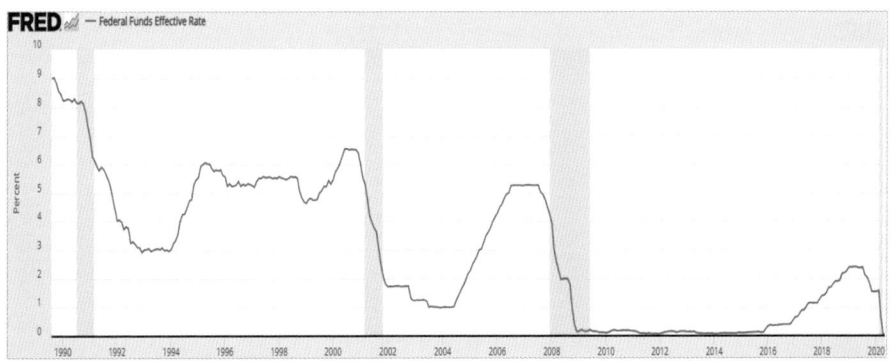

미국 기준금리 변화와 경제 침체기

특정 사태 발생 → 주식 시장 변동성 확대 → 위기 확산 및 금리 인하 → 주식 시장 추세 하락 전환 → 경기 침체 및 추가 금리 인하 → 위기의 정점 통과 → 주식 시장 바닥 → 경기 바닥 → 위기 해소

주식 시장과 금리는 반비례 관계에 있다는 명제는 장기적 관점에서는 성립하지만, 기준금리가 막 변화한 시점과 그 과정에서는 성립되지 않는다. 예를 들어 위기 확산을 방지하기 위해 100bp 금리 인하를 발표한다면 주식 시장은 위기 확산에 더 주목하며 하락 압력을 받을 것이다. 금리 인하의 효과보다 경기 침체의 힘이 더 크기 때문이다. 금리 인하를 지속한 결과 저금리 수준이 되면 비로소 효과가 나타나기 시작한다.

2008년과 2020년에는 저금리에 양적완화까지 가미해 위기를 방어한 효과가 주식 시장 급등으로 나타났다. 차트를 통해 1990년부터 2020년까지의 경기 침체와 금리 변화, 그에 따른 나스닥지수 변화를 볼 수 있다.

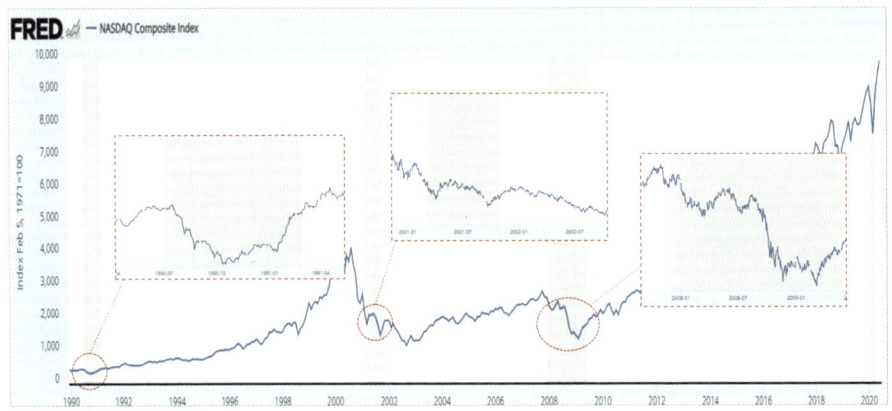
나스닥지수 변화와 경기 침체기

　이번에는 반대의 상황을 생각해 보자. 뜨거워진 냄비(경기)를 식히기 위해 불을 조절(금리 인상)하면 냄비가 바로 식을까? 그렇지 않다. 여전히 냄비(경기)는 뜨겁다. 그래서 주식 시장은 상승세를 이어가는 것이다. 가까운 사례로는 2016년을 떠올릴 수 있다. 2008년 금융위기를 계기로 제로금리 수준이었던 금리를 2016년부터 정상화하기 시작했다. 초기엔 시장의 변동성이 있었으나 이내 시장은 안정을 찾으며 상승을 이어갔다. 이유는 뜨거운 경기에 있었다. 미 연준은 경기지표를 확인하며 금리 인상을 버틸 수 있다고 믿었다. 과거 다른 사례에서도 상황은 비슷했다. 제로금리 수준이 아니었음에도 금리 인상과 함께 주식 시장은 상승을 이어갔다.

　그럼 2022년엔 경기가 좋았는데 왜 금리 인상으로 시장이 하락했을까? 냄비(경기)는 뜨거웠으나 재료(물가)에 불이 붙은 상황이었다. 가스불을 줄인다고(완만한 금리 인상) 해결될 문제가 아니었다. 재료가 타는 것(높은 물가상승률)을 막기 위해

## ○ 미국 기준금리 vs. S&P500

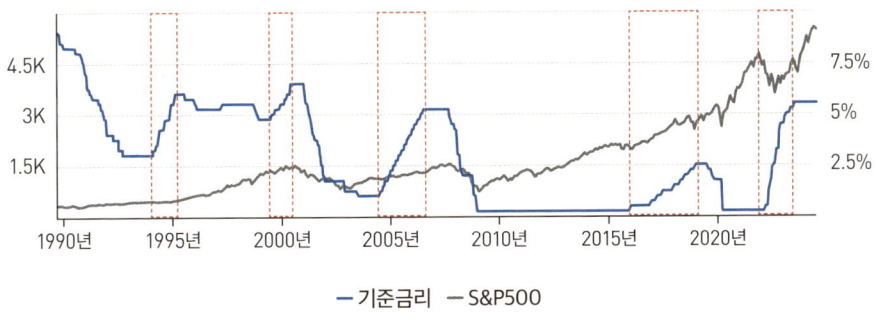

— 기준금리  — S&P500

찬물(큰 폭의 금리 인상)을 부어야 하는 급박한 상황이었다. 주식 시장이 버틸 수 없는 상황이었다. 주식 시장은 금리 인상의 속도와 폭에 민감하다. 경기 과열을 진정시키기 위한 완만한 금리 인상은 주식 시장에 영향을 미치지 않는 반면, 인플레이션을 방어하기 위한 큰 진폭의 금리 인상은 시장 하락을 초래한다. 2022년 한 해 S&P500 수익률은 최저 -19.4%였으나, 금리 인상 마무리 시점인 2023년 7월엔 하락을 모두 만회했다.

## 유동성과 주식 시장

2020년 시장에 유동성이 풍부해지면서 세계 주식 시장이 코로나19 팬데믹 충격을 흡수했고 활황이 이어졌다. 여기서 유동성이 풍부하다는 말을 다르게 표현하면 시중에 돈이 많이 풀렸다는 의미다. 그럼 이를 어디서 확인할 수 있을까?

정보 확인에 앞서 먼저 위기가 찾아올 때마다 유동성이 커지는 원인을 알아보자. 하나는 금리 인하고, 다른 하나는 미 연준에서 실질적인 유동성을 공급하기 위해 실시하는 양적완화(QE; Quantitative Easing)다. 참고로 양적완화는 미국 중앙은행에서 국채, 회사채, 주택저당증권 등을 직접 사들이면서 시중에 통화를 공급하는 방안이다. 2008년 글로벌 금융위기 당시 시행되어 시장 회복에 큰 역할을 했었고, 2020년 코로나19 팬데믹 사태에서도 마찬가지였다.

그럼 반대로 시중의 유동성을 축소하는 방안도 있을 것이다. 하나는 금리 인상이며, 다른 하나는 양적긴축(QT; Quantitative Tightening)이다. 양적긴축의 다른 표현은 테이퍼링(Tapering)이다. 돈이 나오는 수도꼭지를 잠근다는 의미로 사용된다.

이처럼 시중에 유동성 공급을 결정하고 시행하는 것은 모두 미국 중앙은행인 연방준비제도(FED)다. 가령 금리를 내리면 연준의 자금이 시중은행으로 더 많이 공급될 것이고, 양적완화를 통해 채권을 사들이면 연준의 자금이 시장으로 흘러갈 것이다. 그 과정에서 당연히 연준의 자산에 큰 변화가 생기지 않을까? 실제 돈의 흐름을 파악할 수 있는 데이터가 있다. 일반적으로는 M2 통화량을 본다. M2 통화량이란 미국 경제활동에 활용되는 통화량을 측정한 지표다. 즉시 사용할 수 있는 현금이나 예금계좌, 10만 달러 미만의 예금증서(CD) 등을 포함한다. 이는 기업이나 가계에서 실제 사용되는 통화량을 포괄적으로 반영한다.

M2 통화량을 통해 앞서 얘기한 연준의 통화정책 효과를 관찰할 수 있다. 따라서 연준의 통화정책 변화와 함께 M2 통화량 데이터를 관찰해야 한다. 이제

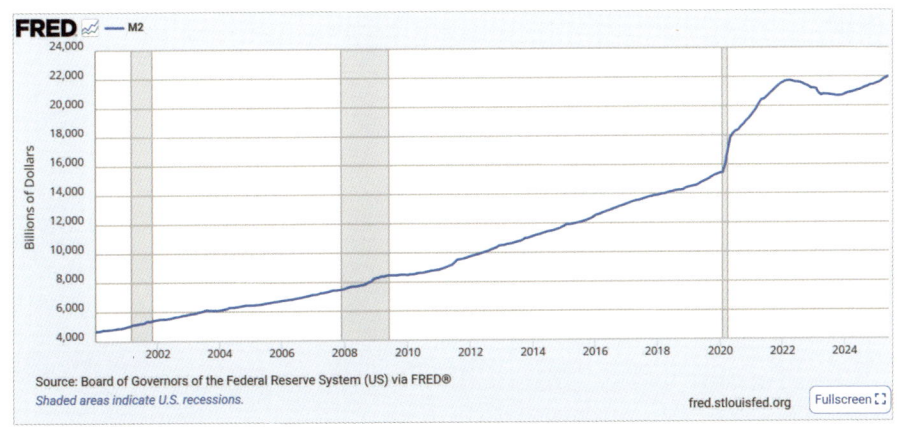

미국 M2 통화량 추이

이러한 정보를 어디서 확인할 수 있는지 알아보자. 신뢰할 수 있는 사이트로는 FRED(fred.stlouisfed.org)와 트레이딩 이코노믹스(tradingeconomics.com)가 있다. FRED는 경기 침체기와 시계열 조절이 가능한 장점이 있지만 한글 지원이 안 되는 단점이 있다. 트레이딩 이코노믹스는 다양한 지표를 쉽게 찾을 수 있는 메뉴 구성과 함께 한글을 지원한다.

또 하나 살펴봐야 할 것이 미 연준의 대차대조표다. 2008년과 2020년 경기 침체에 대응하기 위해 자산 규모가 확장되는 모습을 확인할 수 있다. 즉 시중에 유동성 공급을 위해 사들이 채권 등으로 미 연준의 자산 규모가 커진 모습이다. 2022년부터는 금리 인상과 양적긴축을 통해 자산 규모를 줄여 시장 유동성을 흡수하고 있다. 시중의 돈이 어떻게 변하는지는 M2 통화량 그래프를 함께 보면 알 수 있다.

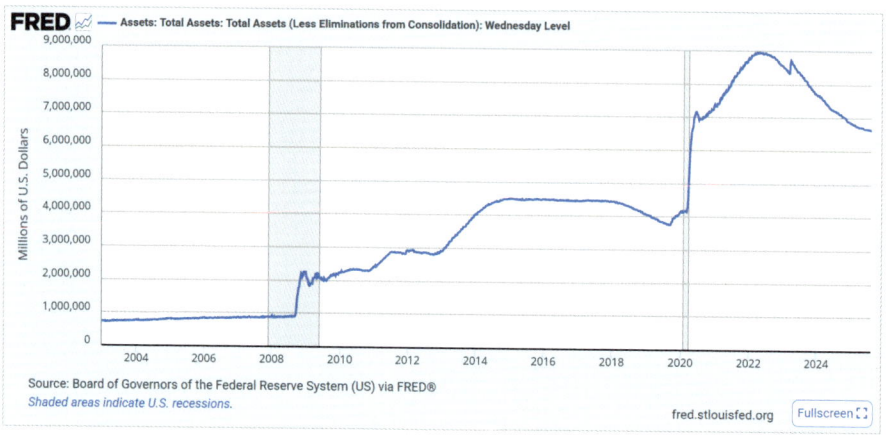

미 연준 대차대조표 추이

이런 정보를 뉴스와 전문가 방송 등을 통해 습득해도 좋으나, 직접 데이터를 찾고 확인하며 분석한다면 성장에 더 큰 도움이 될 것이다.

**경제지표는 주가의 마중물이다.**

# 2장

# 주가차트를 내 손안에

# 왜
# 차트인가?

## 기술적 분석이
## 필요한 이유

안정적인 투자를 위해 업계 1위 기업을 선별해서 투자했다. 이름만 들어도 누구나 아는 기업이다. 전망도 좋고 훌륭한 기술력도 갖추고 있어서 장기투자를 계획하고 매수한다. 하지만 얼마 지나지 않아 주가 하락이 시작된다. 연속으로 내림세를 보이자 마음이 불편해진다. 이어 뉴스에서 좋지 않은 실적 발표 내용을 접하게 된다. 나쁜 전망이 쏟아지며 주가 하락은 가속화된다.

　　많은 개인 투자자가 경험해본 상황이다. 기업의 실적과 업황 등을 예측할 수 있는 정보와 전문성이 상대적으로 부족한 개인 투자자는 어떻게 해야 할까? 기관 투자자 등 전문가 집단은 경기 흐름과 기업 실적 변화를 미리 포착하고 포트폴리오 관리에 들어간다. 그러한 과정에서 시세의 변화가 나타나는데, 이를 포착하는 것이 기술적 분석이다. 기술적 분석은 과거와 현재, 그리고 미래 예측을 반영한 주가 흐름을 포착하는 분석 과정이다.

혹자는 기술적 분석을 믿기 어렵다고 말한다. 주식 시장은 복잡계다. 경기 흐름, 금리 수준, 물가, 정치 상황, 산업 현황, 기술 발전, 원자재, 무역, 현금흐름, 기업 실적, 투자심리 등 수많은 요소가 복합적으로 영향을 미친다. 그래서 하나의 기준과 지표로 미래를 예측하고 정답을 찾기란 불가능에 가깝다. 하지만 역설적으로 생각해보면 복잡하므로 수없이 많은 답이 존재할 수 있다. 그중 하나의 답만 찾아도 성공할 수 있다. 즉 내가 잘 사용할 수 있는 분석 도구와 투자 전략을 갖춘다면 그 안에서 길을 찾을 수 있다.

기술적 분석은 투자에 활용할 수 있는 훌륭한 도구다. 잘 다듬어서 사용한다면 좋은 도구가 될 수 있다. 왜냐하면 데이터에 근간을 두기 때문이다. 주식 거래를 위한 프로그램에는 스마트폰에서 활용 가능한 MTS(Mobile Trading System)나 PC에서 활용 가능한 HTS(Home Trading System), 증권사 사이트에서 바로 매매할 수 있는 웹 트레이딩 등이 있다. 다양한 환경이 제공되고 있으며 그 기능도 각기 다르다. 여러 환경에서 제공하는 차트와 보조지표를 통해 과학적이면서도 논리적인 분석과 응용 전략을 구사할 수 있다.

혹자는 차트가 과거의 데이터라고 이야기한다. 우리는 학창 시절 역사를 배웠다. 한국사뿐만 아니라 세계사까지도 배웠다. 지나간 역사를 왜 공부했던 걸까? 과거일 뿐인데 말이다. 과거에서 드러난 사실과 그 원인을 바탕으로 더 나은 현재와 미래를 만들기 위해서다. 기술적 분석도 마찬가지다. 단순히 지난 과거의 흔적이 아니다. 데이터를 기반으로 과거와 현재의 주가 위치와 방향을 분석하고 이를 토대로 미래를 예측하며 현재의 대응 전략을 세울 수 있다.

투자의 세계에서 100%는 없다. 상승률이 100%라면 누가 팔겠는가? 거래 자체가 성립되지 않는다. 저마다 각기 다른 도구와 데이터를 근거로 높은 확률과 가치를 판단하는 것이다. 따라서 이동평균선과 캔들의 원리를 알면 추세 흐름이 보이고, 그 속에서 매매신호를 포착하는 것이 기술적 분석과 대응 전략의 핵심이다.

주식 차트에는 주요지표와 보조지표가 있다. 주요지표로는 이동평균선(MA; Moving Average), 캔들(Candlestick), 거래량(Volume)이 있고, 보조지표로는 RSI, 스토캐스틱(Stochastic), 투자심리선, MACD, OBV, 볼린저밴드, 일목균형표 등이 있다. 여기서는 주요지표를 중심으로 추세 분석과 신호를 포착하는 방법을 알아본다. 간단하면서도 강력하다. 한눈에 읽을 수 있기 때문이다.

이미 알고 있는 내용이 포함되어 있어도 처음부터 채워간다는 느낌으로 하나하나 담아가길 바란다. 10개 중 1개라도 몰랐던 내용이 있다면 이 책을 읽은 보람을 찾을 수 있을 것이다.

**기술적 분석은 투자에 활용할 수 있는 훌륭한 도구다.**

# 캔들의 생성원리

우리가 흔히 사용하는 주식 차트는 일본식 캔들 차트다. 캔들 차트는 누가 처음으로 만들었을까? 약 250년 전 '혼마'라는 일본사람이 고안했다. 1700년대 막부시대 사람으로 쌀의 가격 변동을 시가, 종가, 고가, 저가로 구분해 막대로 그린 것이 캔들의 시초였다. 이것이 캔들의 기원이며 1970년대 미국 시장에 알려지면서 캔들 차트로 진화했다. 캔들을 만든 혼마는 이를 '사케다 5법'으로 발전시켜 큰 부를 이뤘다고 한다.

사케다 5법은 5가지 패턴(삼산, 삼천, 삼병, 삼공, 삼법)으로 구성되어 있으며, 아주 오래전 고안된 투자 전략이지만 현재까지 활용되는 기법으로 유명하다. 사케다 5법 중 우리가 알아야 할 것은 '삼병'이다. 삼병은 적삼병과 흑삼병으로 나뉜다.

## ○ 적삼병과 흑삼병

| 적삼병 | 흑삼병 |
|---|---|
| • 양봉 캔들 3개가 연속 발생<br>• 고점을 돌파하면서 형성되는 패턴<br>• 하락추세를 멈추고 적삼병 발생 시 상승추세 전환 예고 | • 음봉 캔들 3개가 연속 발생<br>• 저점을 붕괴하면서 형성되는 패턴<br>• 상승추세를 멈추고 흑삼병 발생 시 하락추세 전환 예고 |

3개의 '병(캔들)'이 나열된 모습으로 추세 전환을 예측할 때 사용한다. 적삼병은 고점을 돌파하면서 형성되는 패턴이고, 흑삼병은 저점을 붕괴하면서 형성되는 패턴이다.

지금부터 캔들과 친구가 되어보자. 캔들의 생성원리를 이해하고 활용하는 방법을 알면 캔들이 무엇을 말하는지 들릴 것이다. 캔들 차트에 설정된 특정 주기(일·주·월·연·분·틱)에 따라 시가, 종가, 고가, 저가를 나타내는 막대 모양을 캔들이라고 한다. 마치 촛대와 유사한 모양이다.

그리고 캔들의 모양에 따라 장대 캔들, 샛별형, 망치형, 십자형 등 다양한 특수 캔들이 있다. 대부분 일반화되어 증권 관련 전문 자격증 시험에도 출제된다. 하지만 실전에서 유용하게 활용하기에는 아쉬움이 있다. 따라서 우리는 캔들의 생성원리와 추세, 매매신호 등 실전 투자에서 유용하게 활용할 수 있는 방법을 중심으로 알아보겠다.

참고로 차트에서 주기는 기간을 의미한다. 예를 들어 '일'은 하루 단위의 주기로 하루에 캔들 하나씩 그려지는 일봉 차트를 말한다. '틱' 차트는 기간이 아니라 거래 단위로 캔들을 생성한다. 예를 들어 '틱 100'으로 설정하면 100개의 거래를 묶어 하나의 캔들을 그린다. 주로 당일의 흐름을 분석할 때 30분 차트와 함께 활용한다.

## 캔들이 생성되는 과정과 시세 흐름

미국주식 시장은 한국 시간 기준으로 야간에 거래된다. 더불어 서머타임 제도가 운영된다. 매년 3월 두 번째 일요일부터 11월 첫 번째 일요일까지는 서머타임 기간으로 1시간 일찍 시장이 열린다. 한국 기준으로 미국주식 거래시간은 다음과 같다.

- 서머타임 기간(3~11월): 22:30~05:00
- 일반(11~3월): 23:30~06:00

밤새 일어난 미국주식 시장의 변동성은 일봉 캔들을 보면 가늠할 수 있다. 물론 보다 자세한 흐름은 분봉을 살펴보면 되지만 캔들의 생성원리를 알면 한눈에 파악할 수 있다.

또한 주봉, 월봉 캔들도 같은 원리로 생성되므로 도움이 된다. 캔들의 생성 과정을 보면서 원리를 깨우치자. 먼저 '시가'를 중심으로 하락하며 음봉 캔들을 생성

○ **캔들의 생성 과정**

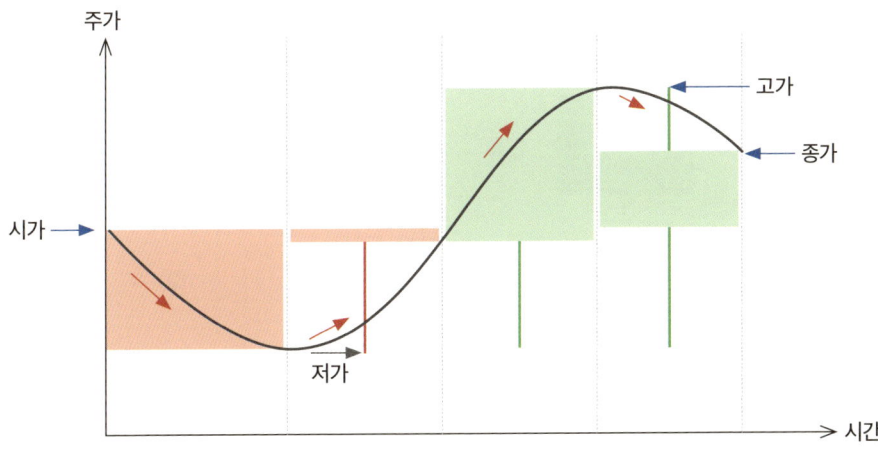

하고 있다. 다시 상승하며 '저가'를 만들었고, '시가'를 넘어서며 양봉으로 전환되었다. 다시 하락하면서 '고가'를 형성한 뒤 '종가'에서 마무리되었다. 종가는 시가보다 높은 위치에서 끝났으므로 양봉 캔들이 생성되었다. 만약 종가가 시가보다 아래 위치에서 끝나면 음봉 캔들이다.

이처럼 주가가 흐르면서 고가와 저가를 형성하고 그 흔적을 선으로 남긴다. 이를 '윗꼬리' '아랫꼬리'라고 부른다. 그리고 시가와 종가 사이를 '몸통'이라 부른다. 차트 주기가 일봉이면 하루 중 흐름이고, 주봉이면 주중, 월봉이면 당월 주가의 흐름이 캔들로 생성된다.

캔들을 보면 색도 있고, 길이에도 차이가 있는데 무슨 의미일까? 캔들의 색은 시세의 방향을 알려주고, 길이는 강약을 말해준다. 한국의 차트 프로그램에서

## ○ 캔들 상세 정보

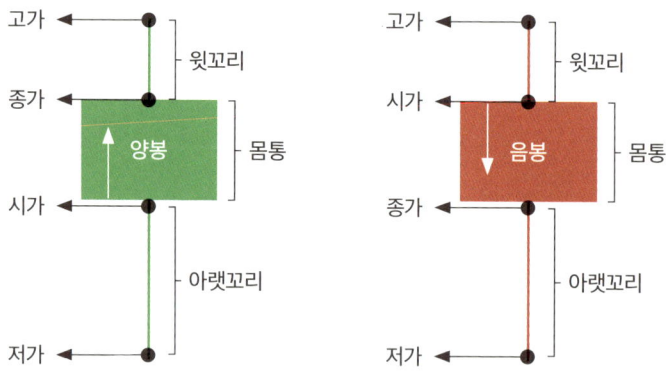

는 양봉과 상승을 붉은색, 음봉과 하락을 파란색으로 표현한다. 미국에서는 양봉과 상승을 녹색, 음봉과 하락을 붉은색으로 많이 표현한다. 거래하는 프로그램에서 설정을 바꿀 수 있으니 보기 편한 방법을 사용하면 된다. 중요한 것은 그것이 내포한 의미를 빨리 포착하고 활용하는 것이다.

지금부터 그 의미를 자세히 알아보자.

# 캔들의
# 색과 길이

도로에서 좌회전할 때는 신호등의 좌회전 신호를 따른다. 횡단보도를 건널 때는 녹색신호를 준수한다. 신호를 지키지 않으면 사고 위험이 커진다. 주식 시장의 흐름에도 신호등이 있다면 어떨까? 사고 위험을 줄일 수 있지 않을까? 바로 캔들의 색이 신호등 역할을 한다.

예를 들어 이번 달 주식을 매수하는 것이 유리한지 궁금하다면 무엇을 봐야 할까? 이번 달 월봉 캔들 신호등을 보면 된다. 양봉 캔들이면 매수가 유리하다. 왜냐하면 월초 시가보다 높은 가격임에도 매수세가 강하기 때문이다. 오늘 매수해서 오늘 수익을 내고 싶다면 아침 시가보다 높아지는 양봉 캔들을 공략하면 유리하다. 이는 기본적인 매매법 기준으로 이야기한 것으로, 눌림목 매매 또는 아랫꼬리 공략법 등 응용 전략에 따라 기준은 달라진다. 더불어 이동평균선의 기울기도 함께 고려된다면 신뢰성은 더욱 높아진다.

공을 높이 던져본 경험이 있을 것이다. 던진 공은 처음에는 힘차게 올라가다가 정점에서 서서히 약해지고 포물선을 그리며 내려온다. 캔들도 이와 유사하게 흐른다.

상승추세를 시작할 땐 롱캔들과 함께 힘차게 올라가기 시작한다. 이후 점점 약해지면서 캔들의 길이가 짧아지며 정점을 형성한다. 이처럼 캔들의 길이는 시세의 강약을 의미한다. 롱캔들은 추세의 시작과 마무리 변곡점에서 먼저 등장하고, 추세가 탄력을 받으면 더 자주 얼굴을 보여준다. 상승추세에는 장대양봉, 하락추세에서는 장대음봉 캔들이 연속적으로 자주 나타난다. 캔들의 긴 윗꼬리나 아랫꼬리는 곧 추세가 변한다는 힌트를 미리 알려주기도 한다. 이동평균선이 하락 중 아랫꼬리가 긴 캔들이 형성되면 바닥에 근접했다는 의미로 해석할 수 있다. 이 현상은 매수하기 좋은 가격대에 진입했다고 판단한 투자자가 강한 매수주문을 시작하기 때문에 나타난다. 반대로 상승 중 윗꼬리가 긴 캔들이 발생하는 것은 정점에 가

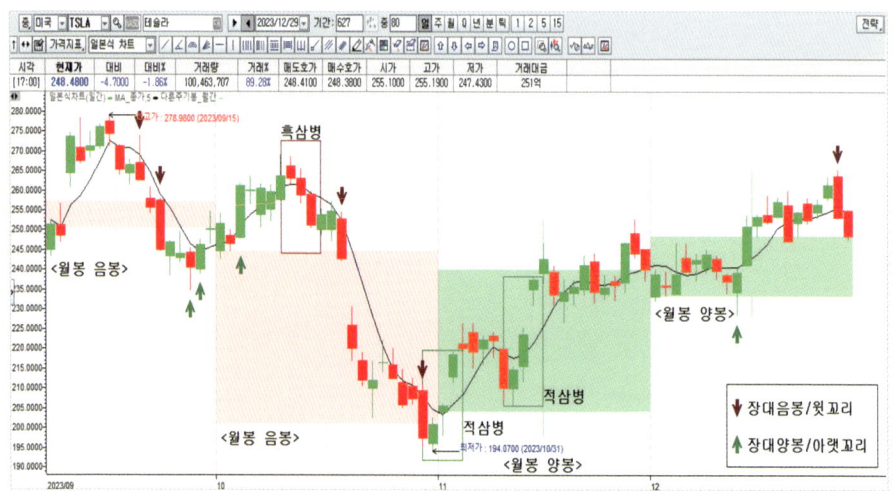

캔들 길이 예시(테슬라 일봉 차트)

까웠다고 판단한 투자자의 매도주문이 쏟아지기 시작했다는 증거다. 이처럼 추세의 끝자락에서 나타나는 특징으로 추세 변화를 예감할 수 있다. 아울러 큰 거래량이 동반된다면 신뢰성은 더 높아진다.

캔들을 통해 추세 변화를 예감할 수 있다.

# 캔들이 달리는 도로, 이동평균선

캔들이라는 자동차는 '이동평균선'이라는 도로를 따라 달린다. 휴가철 고속도로에 정체된 차량의 행렬은 멀리서 보면 연속된 선으로 보인다. 마치 주식 차트와 닮아 있다. 차량은 캔들, 연속된 행렬은 이동평균선에 비유할 수 있다. 이동평균선 (Moving Average)은 'MA'로 표현한다. 예를 들어 일봉 차트에서 5일 이동평균선은 '5MA'라고 표현한다. 5일 기준이므로 캔들 5개의 종가를 평균값으로 계산한 다음, 평균값을 하나의 점으로 찍는다. 이런 방식으로 캔들을 계속 이동하면서 평균값을 점으로 찍고, 선으로 연결하면 이동평균선이 그려진다. 우리가 흔히 사용하는 캔들 차트 소프트웨어의 프로그래밍 방식이다. 이 원리는 차트를 분석할 때 활용할 수 있으니 기억해두자.

캔들은 이동평균선을 따라 움직인다는 사실을 새겨두자. 이동평균선의 상승 추세에서는 캔들이 이동평균선 위에서 달리고, 하락추세에서는 이동평균선 아래에서 캔들이 움직인다. 그럼 캔들이 이동평균선 위로 올라타거나, 아래로 내려앉기 시작하는 첫 순간이 있을 것이다. 이 순간이 중요하다. 왜냐하면 이것을 캔들 신호로 활용할 수 있기 때문이다. 바로 'BO캔들 신호'다.

예를 들어 5일 이동평균선에 대한 캔들 신호를 '5BO캔들 신호'라 표현한다. 이는 이동평균선 추세의 변곡점 신호로 활용하며 보다 자세한 내용은 캔들 신호 부분에서 다루겠다.

이동평균선은 HTS·MTS에서 자동으로 계산하고 그려지는데 왜 원리까지 알아야 할까? 원리를 이해하면 이동평균선의 방향이 바뀌는 변곡점을 예측할 수 있기 때문이다. 지금부터 변곡점을 예측하는 방법에 대해 알아보자.

## 이동평균선의 추세 전환점

2022년과 같이 1년 내내 하락장일 때면 언제 어디서 바닥을 찍을지가 모두의 관심사가 된다. 내가 운영하는 유튜브 채널의 댓글도 대부분 그런 내용이었다. 영화 〈빽 투 더 퓨쳐〉에 흥미로운 장면이 있다. 미래의 내가 타임머신을 타고 과거의 나에게 스포츠 게임 결과지를 전달하는 장면이 나온다. 이후 미래로 돌아오니 나는 부자가 되어 있다. 미래의 '나'에게 도움을 받지 않는 이상 미래의 주가를 100% 맞

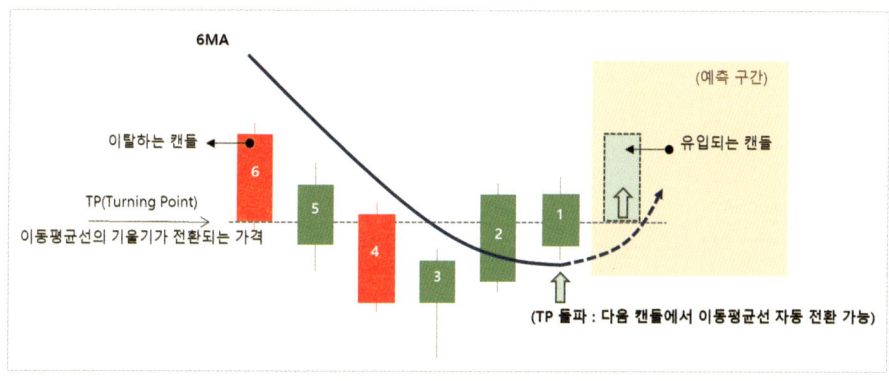

이동평균선 추세 전환점 예측 1

출 수 없다. 하지만 이동평균선의 생성원리를 이해한다면 추세의 전환 시점을 예측할 수 있다.

정말 그게 가능할까? 이동평균선은 크기만큼의 캔들 수를 묶어 종가 평균을 선으로 표현한다. 캔들 묶음에서 새로운 캔들이 유입되면 이탈하는 캔들도 있다. 이때 하락하던 이동평균선의 기울기가 상승 전환되려면 어떤 조건이 필요할까? 그렇다. 이탈하는 캔들의 종가보다 새로 유입되는 캔들의 값이 더 커야 한다. 왜냐하면 전체 평균값이 높아지려면 빠져나가는 값보다 더 큰 값이 들어와야 하기 때문이다. 그래서 이탈하는 캔들의 종가를 TP(Turning Point)값이라고 부른다.

여기서 예측은 어떻게 해야 할까? 위 그림에서 1번 캔들의 종가가 TP 값(이탈하는 6번 캔들의 종가)을 미리 돌파한 상태다. 1번 캔들 위치에서 이동평균선이 상승 전환되지는 않았지만 새로 유입되는 다음 캔들에서는 자동으로 전환된다는 것을 미리 알 수 있다. 공격적인 투자자라면 1번 캔들 종가에서 미리 매수하고, 보수적

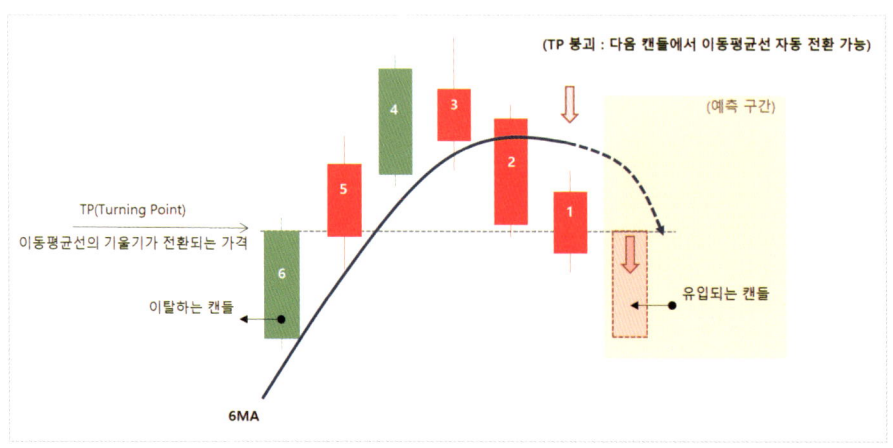

이동평균선 추세 전환점 예측 2

인 투자자라면 유입되는 캔들의 위치와 색을 확인한 뒤 매수하면 된다.

이동평균선의 하락 전환도 같은 원리로 예측할 수 있다. 위 그림에서 1번 캔들의 종가는 이미 TP(6번 캔들의 종가)를 붕괴했으므로, 다음 유입되는 캔들에서 추세선이 하락으로 전환된다는 것을 짐작할 수 있다. 이땐 1번 캔들 종가에 매도하거나, 새로 유입된 캔들을 확인 후 매도하는 방법이 있다. 불확실한 조건에서는 예측보다 확인 후 대응하는 방법이 안전하다. 예측은 얼마든지 틀릴 수 있으므로 조건이 불확실하다면 무리할 필요가 없다.

실제 사례를 살펴보자. 먼저 테슬라 장기추세 하락 전환 과정을 살펴보자. 장기추세선은 월봉 6MA 기준이다. 새로 유입되는 캔들의 TP는 371.33달러다. 2022년 3월 1번 캔들의 종가(359.19달러)에서 이미 TP 가격(371.33달러)을 붕괴했다. 이동평균선 위에서 마감되었으나 다음 유입 캔들에서는 이동평균선이 하락 전

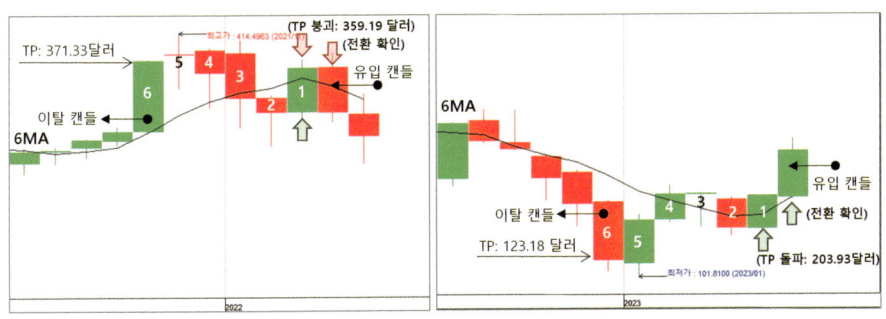

장기추세 하락(좌, 2021년 6월~2022년 5월), 상승(우, 2022년 7월~2023년 6월) 전환 사례(테슬라 월봉 차트)

환될 가능성이 크다는 것을 예측할 수 있다. 이때는 대응계획을 미리 세워둬야 한다. 유입 캔들이 음봉이면 즉시 매도로 대응하겠다는 계획을 염두에 두고 주가 위치와 캔들 색을 확인하고 계획대로 실행하면 된다.

우측 그림은 하락추세를 마무리하고 상승 전환되는 시점을 포착한 테슬라 월봉 차트다. 2023년 5월 월봉 캔들의 종가는 2022년 12월 종가인 123.18달러를 넘어섰다. 이것은 TP 돌파를 의미하며 6월 유입 캔들에서 장기추세가 자동으로 상승 전환될 것을 예고하고 있다. 유입 캔들은 TP 위에서 양봉으로 상승하며 장기추세 전환을 확인시켜줬다.

이것이 캔들의 이동에 따른 이동평균선의 생성원리를 이용해서 추세 전환 시점을 예측하고 대응하는 방법이다. 모든 크기의 이동평균선과 모든 주기에서 활용할 수 있다. 특히 월봉에서는 장기추세 전환을 예측할 수 있으므로 실전 투자에서 아주 유용하다.

# 이동평균선 활용하기

### 1. 월봉 차트는 곧 강물의 흐름

월봉 캔들은 이번 달 시세의 방향을 알려주는 신호등으로 활용된다. 일봉 차트와 결합해서 다양한 투자 전략과 매매신호에 활용할 수 있다. 월봉 이동평균선 중 6MA는 장기추세 분석에 활용한다. 긴 시계열의 추세이므로 투자의 방향을 결정하는 핵심 요소다. 그리고 장기추세 전환점을 포착해서 가장 유리한 가격에 진입하고 청산하는 기준으로도 활용할 수 있다. 초보 투자자도 월봉 차트만 잘 활용하면 좋은 성과를 기대할 수 있다.

### 2. 일봉 차트로 패턴과 매매신호를 포착

실전 투자에서 주요 차트로 활용한다. 5·20·60·120·240MA를 모두 활용한다. 월봉 캔들과 함께 일봉 이동평균선 배열 및 기울기를 조합해서 패턴과 매매신호를 포착한다. 중단기 추세를 분석하고 매매 포인트를 선정할 때 아주 유용하다.

### 3. 주봉 차트는 일봉 차트의 지도

복잡한 일봉 차트를 긴 시계열로 축소해서 한눈에 파악하고 싶을 때가 있다. 마치 지도를 이용하듯 일봉의 축소판으로 활용할 수 있다. 주간 단위의 시세 흐름은 주봉 캔들이 결정한다. 따라서 주간 단위로 매매할 때 기준으로 활용하면 유리하다.

## 4. 분봉은 디테일

일봉 차트를 현미경으로 확대해서 보고 싶을 때 활용한다. 일봉 차트를 30분 단위로 분해한 30분봉 차트를 가장 많이 사용한다. 이는 5일선과 20일선의 흐름을 자세히 분석할 때와 당일 매매 포인트를 포착할 때 많이 활용된다. 30분봉 차트를 더 자세히 분해한 5분봉 차트도 있다.

## 5. 틱 차트는 초단기 매매용

틱 차트는 주기가 아니라 거래 단위로 생성된다. 따라서 다른 주기의 확대가 아니며 초단기 매매에 주로 활용된다. 데이 트레이딩에 활용되는 차트다. 거래량이 많은 주식 또는 선물옵션과 같은 파생상품 매매에 유용하다.

## 6. 연봉 차트는 올해의 수익률을 결정

연봉 차트에서 캔들의 색에 따라 올해의 투자 방향을 결정한다. 연초 양봉이면 올 한 해는 수익 가능성이 크고, 음봉이면 연중 반등을 보여주더라도 저항을 받을 수 있다.

## 보기 쉬운 차트 설정

지금부터 차트 설정을 조정해보자. 보기 쉬운 형태로 설정을 살짝 바꿔보는 것이

## ○ 주기별 이동평균선 색 구분

| 주기 | 이동평균선(MA) | | | | | | |
|---|---|---|---|---|---|---|---|
| 일봉 | 5 | 20 | 60 | 120 | 240 | 480 | - |
| 주봉 | - | 4 | 13 | 26 | 52 | - | - |
| 월봉 | - | - | - | 6 | 12 | 24 | 72 |

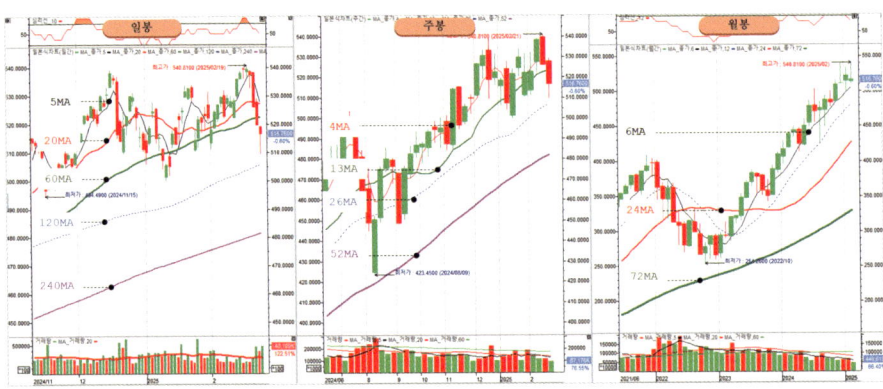

차트별 이동평균선 색 구분

다. 일봉 차트에서 5MA는 5일 이동평균선 또는 5일선이라고 부르며 5일간 주가 평균을 뜻한다. 보통 일주일은 5거래일이므로 주식 시장의 한 달은 20거래일이다. 따라서 20일선은 한 달 평균 주가를 말하며, 주봉의 4MA와 동급이다.

일봉 차트 기준 60일 이동평균선은 60일 평균 주가의 흐름을, 120일선은 6개월, 240일선은 1년, 480일선은 2년 평균 주가의 흐름을 의미한다. 1년은 52주이므로 절반인 6개월은 26주, 그것의 절반으로 13MA를 설정한다.

이동평균선 크기를 주기와 함께 고려해서 동급으로 간주할 수 있는 이동평균선을 표로 정리했다. 동급의 이동평균선은 같은 색으로 표시하면 구분하기 쉽다.

선의 굵기는 이동평균선 크기가 클수록 두껍게 설정하면 구분이 용이하다.

이렇게 설정한 이동평균선에서 꼭 봐야 할 3가지는 배열, 기울기, 패턴이다. 복잡해 보일 수도 있지만 익숙해지면 3초 이내에 분석을 끝낼 수 있게 된다. 보고 또 보면서 반복 숙달하면 어느 순간 3초의 고수가 되어 있을 것이다.

## 1. 배열

차트를 가만히 바라보면 이동평균선들이 마치 실타래처럼 엉켜 있는 것이 보인다. 그것이 배열이다. 이동평균선의 배열을 분석할 땐 2개 이상을 조합해서 사용한다. 왜냐하면 크고 작은 이동평균선이 서로 지지 역할과 저항 역할을 하기 때문이다. 배열에는 정배열과 역배열이 있다.

정배열은 작은 이동평균선이 위, 큰 이동평균선이 아래에 있는 안정된 배열을 말한다. 모든 이동평균선이 정배열 상태면 완전한 상승추세를 의미하며 강한 시세가 분출된다. 그래서 상승추세 구간에서는 안정적으로 상승할 수 있다. 역배열은 정배열의 반대로 불안정한 배치다. 큰 이동평균선이 위에서 내려오며 막고 있으므로 상대적으로 작은 이동평균선이 올라가더라도 부딪히는 것이다. 상승추세 구간에서 일부 이동평균선의 역배열은 일시적으로 약한 흐름을 보여주며, 하락추세 구간에서 일부 이동평균선의 정배열은 단기적 반등을 보여준다.

## 2. 기울기

이동평균선의 기울기는 '추세'다. 기울기가 가파르면 추세의 강도 또한 강하다. 단순하고 쉬운 이야기다. 하지만 실전 투자에서 놓치는 경우가 많다. 상식선에서 바라보면 이해하기 쉽다. 작은 이동평균선이 내려가더라도 큰 이동평균선이 올라오고 있으면 밑에서 받쳐준다. 반대의 경우도 마찬가지다.

## 3. 패턴

패턴은 '매매신호'다. 이동평균선은 배열과 기울기를 바탕으로 특이한 패턴을 만들어낸다. 패턴 신호는 어떤 근거로 만들어졌을까? 하나는 데이터 통계이며, 다른 하나는 심리적 요소다. 캔들 차트의 창시자 혼마의 '사케다 전법'에서도 투자심리의 영향에 대해 강조하고 있다.

참고로 정배열 상승추세에는 매수 포지션이, 역배열 하락추세에는 매도 포지션이 유리하다. 일봉 차트에서 이동평균선 5·20·60MA 정배열 상승추세에서는 매수 포지션으로만 운용하는 것이 가장 안전하고 유리하다. 즉 일반 개별주를 매수하고, QQQ·TQQQ·SPY 등 강세(Bullish) 방향으로 설계된 ETF나 선물·콜옵션 등을 매수하는 식으로 상승 방향의 매수 포지션을 운용하는 것이다. 반대로 60·20·5MA 역배열 하락추세에서는 매도 포지션만 운용하는 것이 유리하다. 즉 일반 개별주를 매도하고, PSQ·QID·SQQQ 등 숏(Short) ETF를 매수하거나 선물 매도, 풋옵션 매수 등으로 하락 방향으로 매매하는 것이다.

**캔들은 이동평균선을 따라 움직이며 이동평균선의 3요소는 배열, 기울기, 패턴이다.**

# 거래량과 캔들

'서울 아파트 거래량 뚝….' 'OO종목 실적 발표와 함께 거래량이 폭발하며 주가 급등….'

이런 뉴스 제목을 많이 봤을 것이다. 부동산이든 주식이든 거래량에 관심이 많은 이유는 거래량이 가격의 향방에 매우 큰 영향을 미치는 요인이기 때문이다. 캔들 차트에서도 주요지표 3가지 중 하나가 바로 거래량이다. 거래량이 증가했다는 것은 매도자와 매수자 간 손바뀜이 많았다는 의미고, 거래량이 감소했다는 것은 그만큼 시장에서 소외되고 있다는 뜻이다.

그럼 거래량을 어떻게 활용하면 좋을까? 일반적으로 역시계 차트에서 주가와 거래량의 관계를 분석하지만 실전에서 활용하기엔 불편하고 복잡하다. 그래서 간단히 눈으로 보면서 쉽게 분석하기 위해 캔들과 거래량을 함께 활용한다. 간략히 요약하면 다음과 같다.

- 상승추세: 양봉 캔들&큰 거래량, 음봉 캔들&작은 거래량
- 하락추세: 음봉 캔들&큰 거래량, 양봉 캔들&작은 거래량

## 거래량과 캔들의 관계

평소와 다르게 갑자기 거래량이 많이 발생하는 날이 있다. 차트에서 보면 길게 솟은 거래량 바(Bar)로 확인할 수 있다. 어떤 변화가 발생했다는 증거이기도 하다. 그 변화라는 것은 특정 이벤트의 발생 혹은 시세의 변화를 의미한다. 호재성 뉴스인 경우도 있고, 예상을 벗어난 실적 발표, 경제지표 발표 등의 영향일 수도 있다.

특히 주가 시세 변화를 나타내는 매매신호가 발생했을 때 신호의 신뢰성을 높여주는 상대적 거래량 변화에 주목할 필요가 있다. 양봉의 캔들 신호가 발생했을 때 큰 거래량을 동반한다면 이 신호의 신뢰도는 아주 높아진다. 또 상승 시세 중 음봉의 조정 과정에서 거래량이 작으면 자연스러운 조정으로 간주해도 무방하다. 이는 시세 변화를 포착한 많은 투자자의 매수세가 강하게 들어오는 것이고, 이후 조정에서는 단기 이익 실현을 위한 소량의 매물이 나오는 것으로 해석하면 된다.

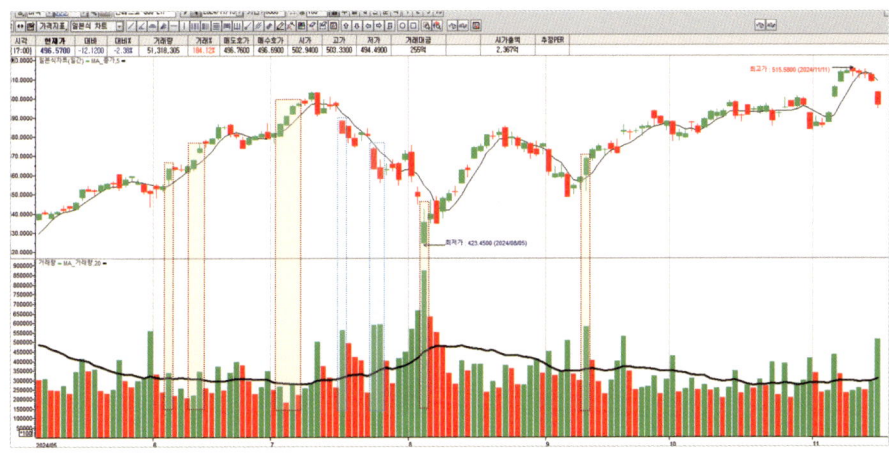

QQQ 일봉 차트(2024년 5~11월)

반대로 하락 시세 전환을 알리는 장대음봉 캔들 신호가 큰 거래량을 동반한다면 그 신호의 신뢰성은 아주 높아진다. 이어서 반등의 양봉이 나올 때 거래량이 작다면 일시적 반등이므로 매도의 기회로 활용하면 유리하다.

예를 들어 QQQ 일봉 차트에서 5일선을 기준으로 캔들과 거래량을 살펴보자. 2024년 6월 5일 하락하던 5일선 위로 캔들이 탑승했고, 양봉을 형성하며 직전 거래량을 초과하는 흐름을 보였다. 다음 거래일은 음봉이었으나 거래량이 작은 모습이다. 이후 다시 양봉과 함께 거래량이 증가하는 주가 상승 흐름을 보인다.

2024년 7월 17일, 상승하던 5일 이동평균선이 주춤하더니 5일선 아래로 캔들이 내려앉으면서 음봉이 발생했다. 동시에 큰 거래량을 동반한 모습이다. 이를 기점으로 하락 방향으로 전환했다. 7월 22일과 23일은 반등을 시도했으나 거래량이 받쳐주지 못하면서 단순 반등에 그쳤다. 이후 다시 큰 거래량을 동반한 음봉 캔들로 시세는 하락을 이어갔다.

　이처럼 시세는 상승과 하락을 반복하며 캔들과 함께 이동평균선 추세 전환 신호를 만들어낸다. 이때 큰 거래량이 동반되면서 그 신뢰성을 더욱 높여준다.

**큰 거래량은 추세 전환 신호의 신뢰성을 더욱 높여준다.**

# 투자심리가 담긴 보조지표

앞서 주가를 결정하는 3대 요소가 경기, 금리, 심리라고 이야기했다. 그중 세 번째 심리에 관해 알아보자.

> "투자심리는 사람 마음인데 그게 주가와 무슨 상관인가요? 그리고 그걸 어떻게 알 수 있나요?"

맞는 말이다. 가령 뉴욕증권거래소에서 테슬라 주식을 매도하는 그 누군가의 심리를 어떻게 알겠는가? 내 마음도 내가 모르는데 말이다. 그런데 역으로 생각해 보자. 예를 들어 옆자리에서 일하는 직장 동료가 엔비디아 투자로 2배 수익이 났다며 점심을 산다. 오랜만에 연락이 온 친구도 엔비디아 투자로 50% 수익이라며 투자를 권한다. 유튜브에서 '엔비디아'를 검색하니 매수 추천 영상뿐이다. 마침 적금 만기로 계좌에 현금이 들어와 있다. 다음 날 이 사람의 주식 계좌에 엔비디아 주식이 담겨 있을 확률이 매우 높다. 이런 사람이 수백만 명을 넘어서 수억 명이라면 주가는 어떻게 될까?

바로 '군중심리'가 이러한 '쏠림 현상'을 유발한다. 그리고 이러한 현상이 매일 또는 매월 반복된다면 어떤 흔적이나 특징이 있지 않을까? 시세 흐름에서 나타나는 특징을 모아 투자심리를 파악하는 보조지표가 있다. 이를 활용하면 숨어 있는 투자심리를 보다 객관적으로 파악할 수 있다. 단 보조지표이므로 매매의 기준으로 활용하기에는 불완전하다. 캔들과 이동평균선의 추세와 신호를 분석할 때 보조지표 역할로 활용하기 바란다.

## 투자심리선이란 무엇인가?

투자심리선(Investor Sentiment Index)이란 특정 기간 동안의 상승 기간을 백분율(%)로 환산한 보조지표다. 쉽게 말해 기간의 과매도와 과매수를 구분할 수 있는 보조지표다. 예를 들어 '2024년 7월 10일 테슬라가 10일 연속 상승하고 있습니다'라는 뉴스가 나왔다고 가정해보자. 실제 같은 기간 주가는 약 40%가량 상승했다. 이쯤이면 누구든 과열이라 생각한다. 그런데 언제부터 과열로 봐야 하는 걸까? 이때 보조지표 중 투자심리선을 활용한다.

계산하는 공식은 다음과 같다.

$$투자심리선(\%) = \frac{상승\ 기간}{전체\ 기간} \times 100$$

가령 월봉 주기에서 12개월(1년) 중 9개월 상승하고, 3개월은 하락했다고 가정하자. 투자심리선은 75%(9÷12)가 된다. 전체 기간의 약 2/3는 상승한 것이다. 따라서 9개월 이상 상승, 즉 투자심리선이 75% 이상이면 과열(과매수) 구간으로 판단한다. 역으로 3개월 상승하고, 9개월 동안 긴 하락이 이어졌다면 투자심리선은 25%밖에 되지 않는다. 그래서 투자심리선 25% 이하는 침체(과매도) 구간으로 판단하면 무리가 없다.

일봉에서는 어떻게 판단할까? 전체 기간은 10거래일을 기준으로 한다. 이 중 2/3에 해당하는 7거래일 이상 상승이면 과열로 본다. 즉 10거래일 중 7일 상승이면 투자심리선 70%이며, 3일 상승이면 투자심리선 30%다. 따라서 일봉에서는 투자심리도 70% 이상을 과열(과매수), 30% 이하를 침체(과매도)로 판단한다.

이걸 일일이 계산해야 할까? 당연히 그럴 필요 없다. HTS·MTS에서 자동으로 계산해준다. 설정만 바꿔주면 된다. 예를 들어 키움증권은 지표 범례 또는 지표선을 더블클릭하면 나오는 '지표 설정' 창에서 적용 가능하다. 증권사마다 설정법이 상이하므로 방법을 숙지하고 각자 이용하는 증권사 프로그램에서 설정을 변경해주자.

기본적으로 투자심리선은 배경이라고 생각해도 된다. 그 배경에서 꽃이 피어

## ○ HTS·MTS에서 투자심리선 설정

| 주기 | 기간 설정 | 과열·과매수 | 침체·과매도 |
|---|---|---|---|
| 일봉 | 10일 | 70% | 30% |
| 월봉 | 12개월 | 75% | 25% |

나면 사냥에 나선다. 특히 월봉의 투자심리가 25% 이하 과매도 구간에 진입했다면 장기추세의 바닥 구간에 진입한 것으로 생각하자. 공포의 손절매를 절호의 대박 찬스로 역발상하는 것이다. 왜냐하면 곧 반등 신호가 나올 것이기 때문이다. 반대로 장기간 상승하며 과매수권역에 진입하면 신규 매수는 자제한다. 이처럼 투자심리선은 매매신호를 위한 보조 역할을 한다. 즉 과매도 구간에서는 매수신호를, 과매수 구간에서는 매도신호를 기다려야 한다.

그럼 과매수 상태에서 벗어나면 어떻게 해야 할까? 가령 긴 상승으로 과매수 구간에 진입한 뒤 조정에 들어갔다고 가정하자. 일정 기간 조정이 진행되면 투자심리도는 과열에서 벗어나게 된다. 이때 이동평균선을 잘 살펴봐야 한다. 왜냐하면 매도신호가 발생할 수 있기 때문이다. 반대의 경우도 마찬가지다. 긴 하락으로 과매도 구간에 진입한 뒤 등락을 반복하며 투자심리도가 과매도에서 벗어났다고 가정하자. 이때 이동평균선에서 매수신호가 발생하는 경우가 많다. 단 시점이 정확히 일치하지는 않는다.

다시 강조하지만 투자심리선은 보조 역할이며, 캔들과 이동평균선 신호를 중심에 두고 봐야 한다.

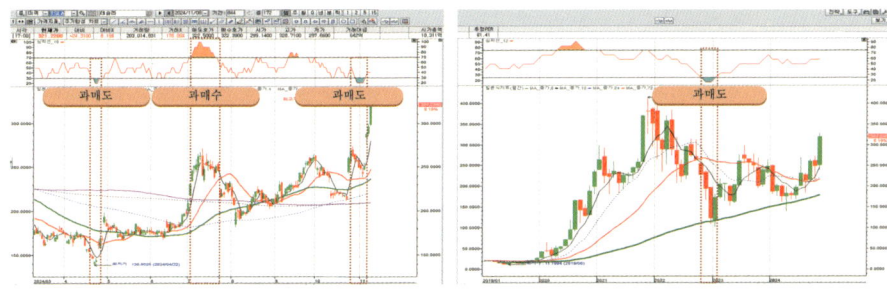

테슬라 일봉 차트(좌), 월봉 차트(우) 과매수, 과매도 구간

　실제 사례를 하나 살펴보자. 왼쪽은 테슬라 일봉 차트다. 투자심리선 과매도 구간(2024년 4월 18~25일)에서 20일선 마지막 5 파동을 마무리하며 매수를 알리는 흐름이 나타났다. 이후로 과매수 구간 흐름에서 벗어나며 5M 매도신호를 동반했다(2024년 7월 1~23일). 이러한 흐름은 모두 분기 실적의 실망과 향후 비전에 대한 기대가 혼재되어 만들어진 것이다. 실제로 실적 성장률 감소로 1분기를 바닥으로 회복되기 시작했다. 2024년 10월 29일부터 다시 과매도 구간에 진입했으나, 11월 6일 이를 벗어나며 5N 매수신호가 동시에 발생했다. 물론 미 대선의 결과가 테슬라 주가에 영향을 미친 것이지만, 투자심리도와 매매신호가 이를 반영하며 기술적 분석의 신뢰를 증명해주고 있다. 5M, 5N 신호와 5 파동에 대한 설명은 신호와 파동 이야기에서 구체적으로 후술하겠다.

　오른쪽 테슬라 월봉 차트에서도 같은 원리가 적용된다. 2022년은 금리 인상과 여러 내외부 악재로 끝 모를 추락을 이어갔다. 100달러 붕괴를 우려하는 목소리가 커질 무렵, 차트를 보면 절호의 매수 기회가 보인다. 2022년 10월부터 과매도 구간으로 진입했다. 또 12월에는 장기 이동평균선 72MA까지 접근했다. 공포심으로 도망갈 시점이 아니라 분할매수를 준비해야 할 시점이었다. 근거는 투자심리도 과매도, 장기 이동평균선 접근, 기업의 비즈니스 모델과 실적 유지 등이다.

2023년 1~2월 과매도에서 벗어나며 일봉에서 단계별 매수신호가 나오고 있다. 본격 매수신호는 5월이었다. 이와 같은 상황은 앞으로도 되풀이될 수밖에 없다. 인간의 본성이 쉽게 바뀌지 않기 때문이다. 설령 인공지능이 주식 시장을 주도하는 시대가 오더라도 사정은 달라지지 않을 것이다. AI가 학습하는 데이터 속에는 결국 인간의 심리와 행동 패턴이 녹아 있기 때문이다.

요약하면 장기간 상승 요인이 주가에 반영되어 과매수 구간에 진입하면 이익실현 물량이 나올 수 있고, 장기간 악재가 주가에 반영되어 과매도권에 진입하면 저가 매수주문이 들어올 수 있다. 이때 매매신호를 활용하면 성공률은 더욱 높아진다. 심리에 흔들리지 말고 신호에 반응하자.

## 공포탐욕지수, VIX지수

다음은 시장의 투자심리 파악에 활용 가능한 공포탐욕지수다. 시장의 단기적인 주요지표를 참조해서 산정한 지수를 기반으로 '극심한 공포(Extreme Fear, 0~25) → 공포(Fear, 25~50) → 중립(Neutral, 50) → 탐욕(Greed, 50~75) → 극심한 탐욕(Extreme Greed, 75~100)'으로 구분한다. 〈CNN〉에서 개발한 지수로 CNN비즈니스 사이트(edition.cnn.com/markets/fear-and-greed)를 통해 제공된다. 인터넷 검색창에 '공포탐욕지수'로 검색해도 된다.

참조하는 지표로는 주식 거래량, 수익률 격차, 옵션 시장의 수급, 주가 변동성, 시장 모멘텀 등이 있다. 주식 시장이 연속 하락하거나 상승세를 보일 때 참고할 만한 지수다. 특히 불확실성에 의한 연속 하락일 경우 많은 참고가 된다.

VIX지수는 변동성을 나타내지만, 그 속에는 불안한 투자심리가 녹아 있어 함께 참조하면 좋다. VIX는 시카고옵션거래소에서 S&P500지수 옵션의 내재 변동성을 기반으로 개발되었다. 따라서 단기 변동성을 잘 나타낸다. 옵션은 주가 변동성에 따라 프리미엄이 크게 형성되므로 VIX지수가 크면 그만큼 단기적 시장 변동성이 심하다는 의미다.

VIX는 트레이딩 이코노믹스(tradingeconomics.com)에서 확인할 수 있다. 흔히 시장에 불안을 초래할 수 있는 이슈가 발생하면 30 이상으로 치솟으며 시장 참여자들의 불안심리를 나타낸다. 수치가 30 이상이라면 시장은 이미 하락추세로 진입했을 것이다. 이때는 보유한 주식 비중을 줄이고, 인버스 ETF를 매수하는 등 헤지 전략을 준비해야 한다. 반등을 기다리지 말고 즉시 조치하는 것이 유리하다.

VIX는 이보다 작은 단기 불확실성에는 20~30 수준을 보여주며, 안정적인 시장 흐름에서는 20 이하를 나타낸다. VIX지수를 기초로 한 ETF 상품도 있는데, 변동성이 심한 단기 상품이므로 주의를 요한다.

**투자심리선, 공포탐욕지수, VIX지수를 통해 투자심리를 엿볼 수 있다.**

# 심화과정 ①
# 추세 분석

## 언제 매수하고
## 언제 매도해야 할까?

누군가 언제 매수하고 언제 매도해야 할지 모르겠다며 고민을 털어놓으면, 전문가는 대개 "매매 타이밍은 신경 쓰지 마세요"라고 말한다. 하지만 투자자의 고민은 여전히 풀리지 않는다. 전문가가 어떤 조언을 하든 최종 판단은 결국 투자자의 몫이다. 따라서 스스로 결정하기 위해서는 분석 과정이 선행되어야 한다. 여기서 말하는 분석은 주가 시세의 분석을 의미한다.

　　장기투자는 긴 시계열 관점에서 매매 타이밍에 덜 민감할 수 있다. 가령 전기차로의 패러다임 전환을 믿고 전기차 기업에 대한 투자를 결정했다면 시장 성숙기까지, 적어도 2030년 이후까지는 투자해야 한다. 그래서 투자를 결심한 2022년 9월 매수했다고 가정하자. 고점 가격 400달러에서 일부 조정을 받았고, 실적 추이도 양호한 흐름으로 보였다. '앞으로 5년 이상은 장기투자할 거니깐 괜찮을 거야'라는 생각을 가진다. 하지만 주가는 300달러에서 100달러까지 추락하며 온갖 악재성 뉴스가 쏟아진다.

이 투자자는 과연 평정심을 유지할 수 있을까? 정말 매매 시점이 중요하지 않을까? 수많은 이가 공개적으로는 멋있어(?) 보이기 위해 교과서적인 말을 한다. 하지만 마이너스 수익률 계좌를 보며 스트레스에서 자유로운 투자자는 드물다. 그래서 기술적 분석이 필요하다.

## ○ 기술적 분석 3단계

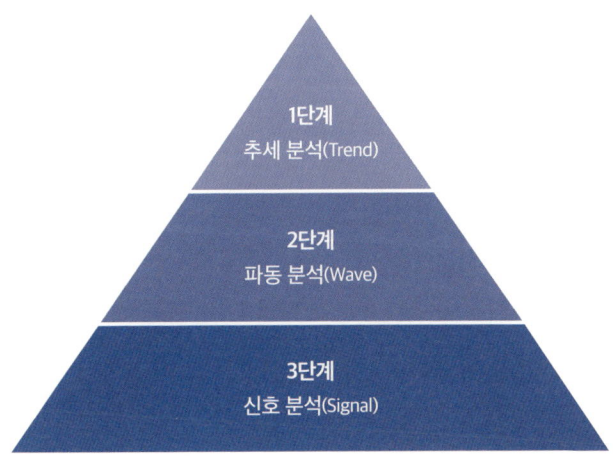

## ○ 추세 사이클과 추세 전환 신호

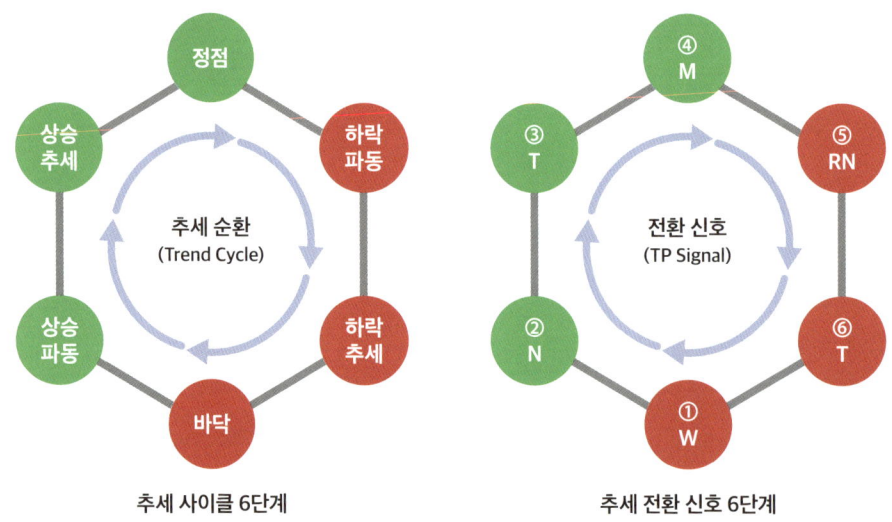

추세 사이클 6단계　　추세 전환 신호 6단계

　1597년(선조 30년) 이순신 장군께서 명량대첩에서 명량해협을 선점하고 울돌목의 물때를 이용했듯이, 전투에서 유리한 구간과 시점을 선정하는 전략과 전술을 주식 투자에 접목해야 한다. 앞으로 풀어갈 이야기를 한 장의 그림에 담았다. 이 과정을 통해 주가의 흐름과 위치, 그리고 매매 시점을 포착하는 기술적 방법에 대해 알아보겠다.

　기술적 분석 과정은 '추세 분석 → 파동 분석 → 신호 분석' 3단계 과정을 거친다. 그리고 주가의 추세는 바닥 단계부터 상승과 정점을 지나 하락 단계까지 6단계 과정으로 순환된다. 각 단계의 전환 시점은 신호를 활용해서 포착할 수 있다.

　첫 단계에서는 주가의 추세를 먼저 분석한다. 장기·중기·단기추세선이 어느 방향인지 분석한다. 2단계에서는 상승과 하락을 반복하며 움직이는 파동을 분석한다. 주가의 움직임이 얼마나 진행되었는지를 파악하는 것이다. 3단계는 추세의 방향 전환 시점을 신호로 포착한다. 신호 분석에서는 W, M, N의 3가지 법칙을 활용하겠다. 이러한 3단계 분석 과정은 앞서 배운 캔들과 이동평균선을 조합해서 활용한다. 지금부터 단계별 분석 과정을 살펴보자.

## 추세 사이클 6단계

추세 사이클은 6단계의 과정을 거친다. 바닥 구간부터 상승을 거쳐 정점에 이르고, 다시 하락을 거쳐 바닥으로 순환한다.

주가의 하락추세는 바닥 구간에서 캔들과 이동평균선 신호를 만들면서 멈춘다. 하지만 바닥이라고 바로 상승으로 전환하지는 않는다. 많은 투자자가 여기서 실수와 혼선을 경험한다. 상승추세로 전환하려면 추세 전환 신호가 동반되어야 한다. 이 신호를 기점으로 상승파동이 시작된다. 상승추세를 달리던 주가는 정점에 가까워지면서 상승 여력이 감소하기 시작한다. 주가는 이를 반영하듯 캔들의 길이가 짧아지는 모습을 흔히 목격할 수 있다. 이때 상승추세를 마무리하는 신호가 발생하면 이를 정점이라 말할 수 있다. 흔히 '꼭지 쳤다'라고 표현하기도 한다.

바닥 구간에서와 마찬가지로 정점에 이르렀다고 즉시 하락추세로 이어지는 것은 아니다. 매수와 매도의 격한 힘겨루기가 벌어진다. 아직 상승 여력이 남아 있다는 주장과 끝났다는 의견이 상충한다. 즉 불확실성이 커진 것이다. 주식 시장은 불확실성을 매우 싫어하므로 주가는 등락을 반복하며 혼조 구간을 형성한다. 결국 전망이 악화하면서 매도의 힘이 강해진다. 이때 하락추세로 전환하는 신호와 함께 추세는 전환된다. 이후 하락파동도 함께 시작한다. 이렇게 하락파동을 이어가며 추락하던 주가가 바닥을 찾는 과정을 거치면서 추세는 반복된 사이클을 만들어간다.

2020년 주식 투자를 처음 접한 A씨는 좋은 수익으로 기뻐했다. 주식 생각만 하면 가슴이 뛰고 설렜다. 유튜브, 경제 뉴스, 전문 서적 등 다양한 매체를 통해 정보도 수집하고 주식 공부에 열중했다. 하지만 어느 시점부터 수익이 나빠지기 시작했다. 한국 시장은 2021년 7월부터, 미국시장은 2022년 1월부터 조정이 시작되었기 때문이다. 이때부터는 손실이 발생하고 손절매도 잦아졌다.

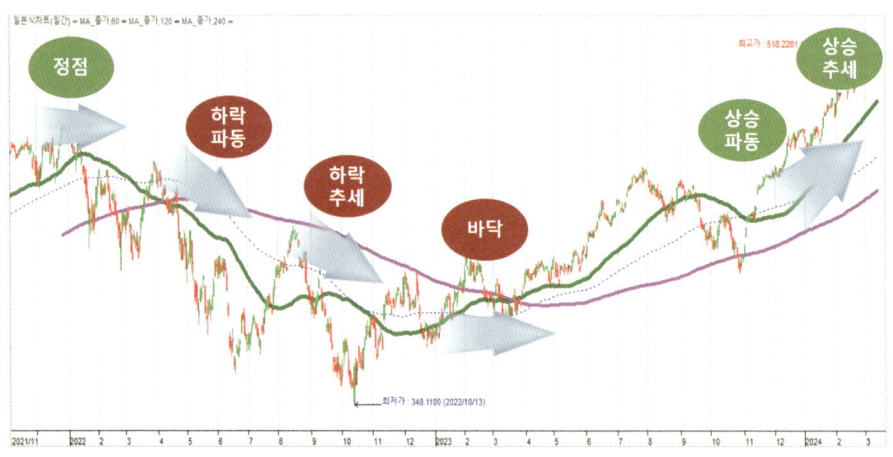

SPY 일봉 차트(2021년 11월~2024년 3월)

'괜찮겠지? 이전에도 이렇게 빠졌다가 다시 회복했으니까.'

하지만 시장은 불안한 흐름을 이어간다. 보유한 종목들의 주가가 많이 하락했다. 현금을 더 마련해서 추가 매수를 한다. 매수하자마자 주가가 급락하기 시작한다. 반등을 기다려보지만 좀처럼 기회를 주지 않는다. 연말이 되어 계좌를 보니 그 동안 내가 뭘 했는지 모르겠다. 허탈한 기분이 든다. 주식 시장의 상승과 하락 사이클을 처음 경험한 어느 초보 투자자의 이야기다.

이런 생각이 든다. 그럼 주식 시장이 좋을 때만 골라 투자한다면 성공할 수 있지 않을까? 그렇다. 아주 좋은 방법이다. 이를 추세추종(Trend Following)의 법칙이라고 한다. 2020~2021년은 상승장으로 투자하기 좋은 환경이었다. 2022년은 하락장이므로 투자를 쉬는 것이 유리했다. 그럼 시장이 좋고 나쁨은 어떻게 판단할까? 방금 상승장, 하락장이라 표현했다. 이를 다른 용어로 '추세(Trend)'라고 말한다. 즉 시장 추세를 보며 투자 여부를 판단하면 대부분 맞다. 이 추세라는 것은 시장뿐만 아니라 개별 종목에도 적용된다.

실제로 추세라는 용어만 놓고 보면 추상적이다. 가령 '나스닥 시장이 3년째 상승추세에 놓여 있습니다'라는 뉴스를 보면 '3년 동안 계속 오르고 있나?' 하는 생각이 든다. 만약 주식 투자를 하고 있거나 투자를 고려하고 있다면 이 뉴스만으로 투자를 결정할 수 있을까? 반대로 '미국 시장이 2개월 연속으로 조정을 이어가고 있습니다'라는 뉴스를 보면 어떤 결정을 내릴 수 있을까? 이런 모호한 정보를 기준으로 투자 의사결정을 내린다면 실패할 확률이 높다. 하지만 추세에 대한 명확한 기준을 정의한다면 의사결정 또한 명확해질 것이며, 성공 확률도 높아질 것이다.

추세의 개념

    이 책에서 소개할 다양한 분석법과 신호, 전략 중 가장 중요한 것 하나만 뽑으라면 역시 추세다. 단순하지만 강력한 기준이다. 추세가 왜 기본 중의 기본일까? 현재 주가 시세의 방향과 힘을 파악할 수 있기 때문이다.

    추세를 알면 적어도 하락추세에서 레버리지 ETF를 매수하는 실수는 피할 수 있다. 가령 흐르는 강물을 따라 배를 타고 간다고 가정하자. 강물의 흐름과 같은 방향으로 노를 젓는 것이 유리할까, 아니면 반대 방향으로 가는 것이 유리할까? 여기서 강물의 흐름은 주가 추세고 내가 탄 배는 투자의 방향이다. 결론은 추세와 같은 방향으로의 투자가 유리하다.

    그럼 추세는 누가 만들까? 바로 돈이다. 전 세계의 똑똑하고 거대한 자금이 유망한 투자 대상을 찾아 움직이며 추세를 만든다. 일반 개인 투자자가 아무리 자금이 많아도 그 흐름을 만들 순 없다. 그래서 그 흐름을 타고 가야만 한다.

추세와 반대로 투자한 사례를 살펴보자. 2020~2021년까지는 반도체 업종의 상승이 두드러졌다. 필라델피아 반도체지수를 보면 알 수 있다. 당시 많은 투자자가 반도체 ETF에 투자했다. 그리고 레버리지 상품 중 SOXL(필라델피아 반도체지수 3배수 레버리지 ETF) 투자도 많았다. 2021년까지 상승추세 구간에서 좋은 수익률을 안겨주었다. 왜냐하면 추세와 같은 방향이었기 때문이다. 문제는 2022년에 발생했다. 미 연준의 가파른 금리 인상 여파로 성장주 중 유독 반도체 업종의 하락이 심했다. 추세의 변화를 읽지 못한 투자자는 손실을 피할 수 없었다.

추세는 3개의 구간으로 구분한다. 상승과 하락 그리고 혼조 구간이다. 유의할

○ **추세의 분류**

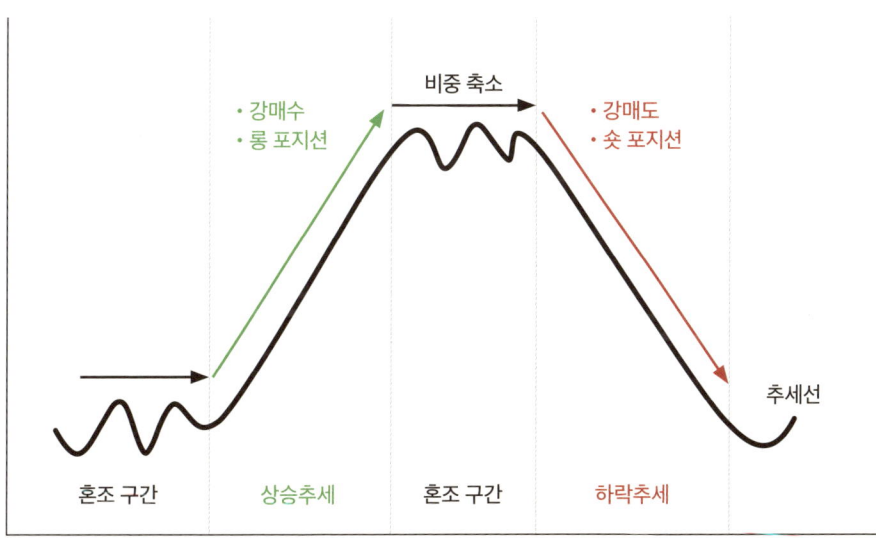

구간은 '혼조 구간'이다. 왜냐하면 상승과 하락의 변동성이 강하며 뚜렷한 방향성이 없기 때문이다. 자칫 실수할 수도 있다. 혼조 구간은 추세의 방향 전환 과정에서 흔히 나타나며 헷갈리기 쉽다. 고점의 혼조 구간에서 매수해서 고생하는 때도 종종 있다. 그럼 혼조 구간에서 실수하지 않는 방법은 없을까? 있다. 매매신호를 활용하는 방법이다. 상세한 내용은 신호 분석에서 후술하겠다.

추세추종의 법칙에서 다음의 3가지는 꼭 명심하자. 내 계좌를 지키는 원칙이다.

1. 추세와 같은 방향으로 투자한다.
2. 추세 구간에서만 레버리지 상품 투자를 고려한다.
3. 혼조 구간에서는 무리하지 않는다.

참고로 레버리지 ETF 상품은 반드시 추세와 같은 방향으로만 매매해야 한다. 또 되도록 3배수 레버리지 ETF 상품 투자는 지양하는 것이 좋다. 왜냐하면 변동성이 너무 크고, 투자 기간이 길수록 가격 변동은 3배수에 미치지 못하기 때문이다. 예를 들어 필라델피아 반도체지수에서 2022년 형성된 바닥과 2020년 형성된 바닥의 가격을 비교하면 2022년의 바닥이 높았다. SOXX(1배수)는 이를 그대로 반영했으나, SOXL(3배수)은 2022년에도 2020년도 바닥 가격까지 하락했다. 또 2024년 고점은 2021년 고점보다 높았으나 SOXL은 이번에도 2021년 고점을 돌파하지 못했다. 왜 그런 걸까?

2배수 이상의 레버리지 ETF에는 파생상품이 포함되어 있다. 그리고 기초자산 하루 변동폭의 2배수(또는 3배수)라고 해당 ETF 설명서에 기재되어 있다. 파생상품의 시간 가치 하락과 함께 변동성이 반영되어 주가의 위치가 기초자산의 위치를 따라가지 못한 것이다. 따라서 레버리지 ETF에 투자할 땐 반드시 추세와 같은 방향으로 투자해야 한다.

## 캔들 추세와
## 이동평균선 추세

추세 판별에는 앞서 배운 캔들과 이동평균선을 활용할 수 있다. 따라서 추세의 종류에는 캔들 추세와 이동평균선 추세가 있다. 먼저 캔들 추세를 알아보자.

### 1. 캔들 추세

캔들 추세는 차트에서 캔들의 위치 변화를 서로 비교해서 추세를 판별하는 방법이다. 캔들은 차트의 주요지표 중 최소 단위이면서 가장 빠른 흐름을 보인다. 그리고 이동평균선 추세와 함께 분석하면 추세 판별의 신뢰를 높일 수 있다. 캔들 추세는 고점과 저점의 변화, 캔들 색의 조합으로 판별한다.

　　만약 양봉 또는 음봉 캔들이 연속으로 형성되어 있으면 각각 모아서 통합 캔들로 취급한다. 각 양봉 캔들의 저점을 서로 연결해서 그 방향을 살펴보자. 그리고 양봉 캔들의 고점도 서로 연결해서 방향을 살펴보자. 각 연결선이 상승 방향을 향하고 있다면 상승추세 캔들이다. 즉 저점과 고점이 함께 높아지는 양봉 캔들을 '상

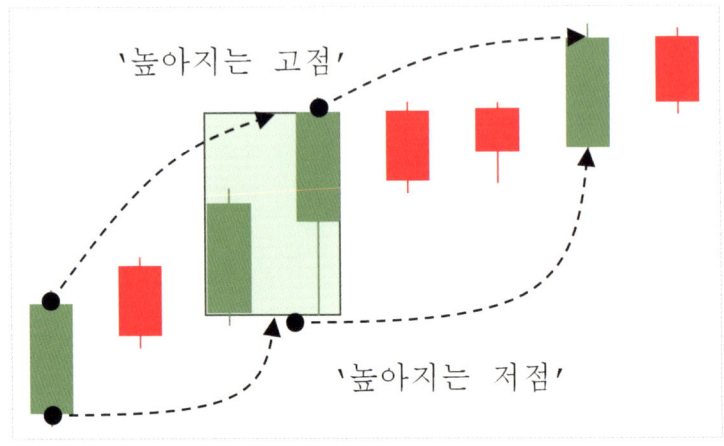

상승추세 캔들

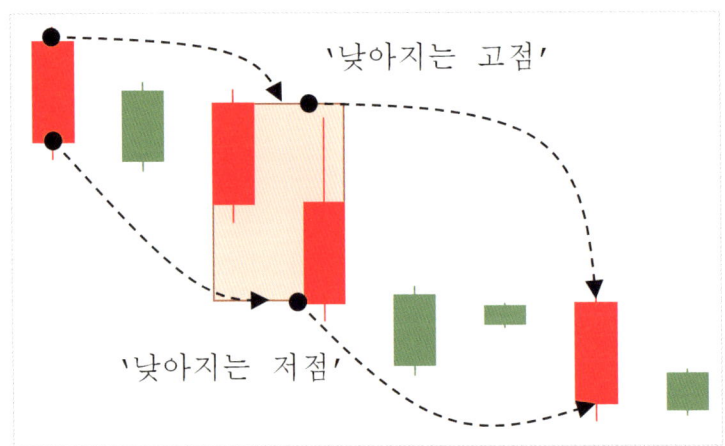

하락추세 캔들

승추세 캔들'이라고 한다.

　월봉 차트의 경우 이번 달 캔들은 아직 고점 여부를 알 수가 없다. 이때는 어떻게 판단해야 할까? 이 경우 저점이 높아졌다면 상승추세로 본다. 즉 높아지는 저점이 우선이다. 이전 캔들의 저가보다 높은 가격에도 매수하려는 주문이 많아 양봉으로 상승하는 것이기 때문이다. 이러한 매수세가 이전 고점을 돌파하며 강한 상승 흐름을 만들어간다.

이번에는 음봉 캔들을 같은 방법으로 저점과 고점을 각각 선으로 연결하고 그 방향을 살펴보자. 고점과 저점이 낮아지는가? 고점과 저점이 낮아지는 음봉 캔들을 '하락추세 캔들'이라고 한다. 이 또한 판단하기 애매할 땐 낮아지는 고점이 우선이다. 이전 캔들의 고가보다 낮은 가격임에도 불구하고 매도하려는 투자자가 더 많아 음봉으로 하락한 것이다. 그만큼 불안하다는 의미다.

상승추세에서도 일시적 하락으로 윗꼬리가 발생하고, 하락추세에서도 일시적 반등으로 아랫꼬리가 형성된다. 추세를 판단할 땐 일시적 흐름은 무시해도 좋다. 따라서 캔들 몸통의 고점과 저점의 변화를 분석하는 것이 우선시된다. 이는 모든 주기의 캔들에 적용할 수 있다. 특히 월봉에 활용하면 장기추세를 파악하는 데 유용하다.

여기서 이런 질문이 있을 수 있다. "상승추세에서 캔들의 저점이 같아지는 경우는 어떻게 판단하나요?" 이는 캔들 추세의 변화를 예고한다. 잠시 쉬어가는 흐름일 수도 있고, 추세가 전환되는 과정일 수도 있다. 이땐 캔들 신호를 활용하면 된다. 캔들 신호는 캔들 길이와 패턴에 따라 브레이크 캔들, M 캔들 또는 W 캔들 신호로 나타난다. 상세한 내용은 캔들 신호 부분에서 후술하겠다.

## 2. 이동평균선 추세

"최근 주식 시장 분위기가 아주 좋아" 하는 표현을 쓸 땐 하루이틀 가격 흐름을 보며 이야기하진 않는다. 일정 기간 가격 상승이 있었을 것이다. 1개월 중 2~3주 상승했으면 일부 사람이, 3개월 정도 올랐다면 보다 많은 사람이, 6개월 이상 상승 중이면 대다수가 공감할 것이다. 이것을 가격 추세라고 부를 수 있다. 즉 추세 판별에는 일정 기간이 필요하며, 평균 가격이 움직인다는 조건이 필요하다. 이러한 조건을 데이터 기준으로 구분할 수 있으면 좋지 않을까? 캔들 차트의 그래프를 활용해보자.

캔들의 종가 평균값을 그래프로 표현하면 이동평균선이 그려진다. 이동평균선의 기울기는 평균값의 흐름이 되는 것이다. 일봉 캔들은 하루에 하나씩 생성된다. 이를 20개 평균값으로 계산하면 20일선이 그려지고, 60개 평균값이면 60일선이 그려진다. 월봉 캔들은 한 달에 하나씩이며 6개월 평균값은 6MA로 표현한다. 이로써 20일, 60일, 6개월의 기간과 평균 가격 흐름이 준비되었다. 따라서 이동평균선 기울기를 활용해서 추세를 판별할 수 있다. 이동평균선의 크기에 따라 장기·중기·단기추세로 구분할 수 있다. 장기추세선은 월봉 차트의 6개월 이동평균선을 활용하며, 일봉 차트에서는 240일 이동평균선을 활용한다.

원리를 알아보자. 주식 시장에서 한 달 평균 거래일은 20일이다. 따라서 단기적으로 이번 달 추세는 20일선의 흐름으로 판단할 수 있다. 20MA 기울기를 '단기추세'로 판단하면 적합하다. 기업의 실적은 보통 분기를 기준으로 발표한다. 즉 3개월 주기로 실적 발표를 한다. GDP를 포함한 주요 경제지표도 분기를 기준으로 발표하는 경우가 많다. 3개월이면 60거래일이다. 따라서 '중기추세'는 일봉의

## ○ 3가지 이동평균선의 추세

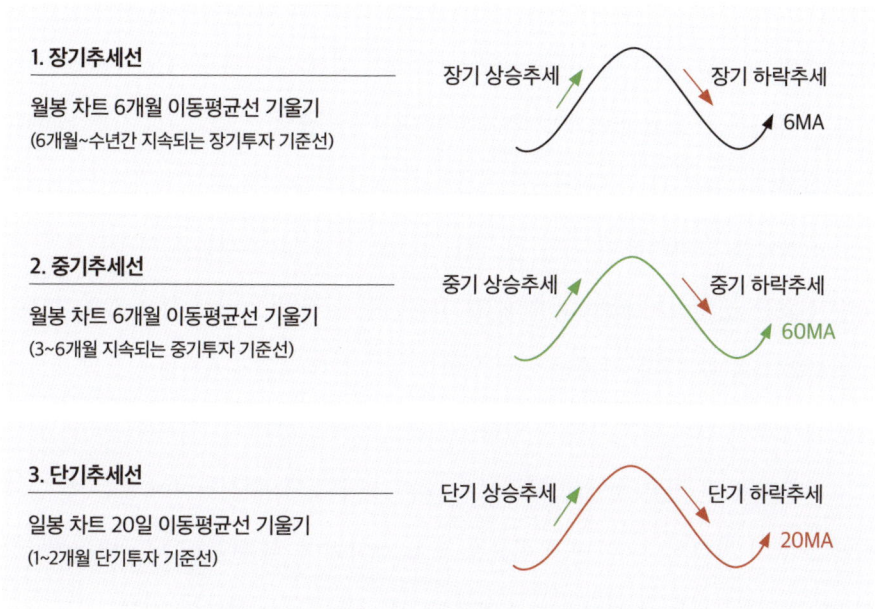

60일선(60MA) 기울기로 판단한다. 중기의 2배인 120일은 6개월이다. 주요 경기 흐름 및 기업 실적은 1년 중 반기에 집중되는 경향이 있다. 경기 흐름이 변화하는 시점에는 종합주가지수의 6개월 이동평균선 기울기도 변한다. 또한 기업의 실적 추이가 변하는 시점에도 해당 기업의 월봉 6MA 기울기가 변한다. 그래서 업계에선 120일 이동평균선을 경기선이라고도 부른다. 따라서 '장기추세'는 월봉의 6개월 이동평균선 기울기로 판단한다.

경기지표는 여전히 좋지 않은 상황에서도 주식 시장은 상승추세로 전환되는 경우가 있다. 최악의 기업 실적이 발표되었는데 주가는 상승추세로 돌아서는 때도 있다. 단기도 아닌 장기추세가 상승 방향으로 전환될 때는 당황스럽다. 왜일까? 왜냐하면 전 세계의 똑똑한 스마트머니가 향후 1~2분기 이내 경기가 좋아지고, 기업 실적이 개선될 것을 예측하고 미리 선점하기 위해 시장에 들어오기 때문이다. 이때 나타나는 현상이 있다. 장기추세선인 월봉 6개월 이동평균선이 상승 방향으로 전환된다.

초기에는 경기지표와 기업 실적이 여전히 좋지 않기 때문에 사람들은 추세 상승 신호를 신뢰하지 않는다. 현재 경기와 기업 실적만 보면서 상승장·하락장을 정의하면 늦을 수 있다. 하지만 이제 우리도 장기추세선 월봉 6개월 이동평균선을 활용해서 추세 변화를 포착할 수 있다.

가장 중요한 것은 추세에 역행하지 않는 것이다. 추세를 알아야 하는 첫 번째 이유는 투자 방향이다. 두 번째 이유는 투자 강약이다. 예를 들어 나스닥100지수의 장기추세가 상승 방향이라고 가정하자. 즉 나스닥100 월봉의 6개월 이동평균선의 기울기가 상승 방향이다. 이때 어떤 ETF에 투자해야 할까? 보기는 이렇다.

① QQQ
② TQQQ
③ SQQQ
④ QID

정답은 ①, ②다.
1배수 ETF인 QQQ(①)는 추세와 같은 방향이므로 적합하다. 3배수 ETF인

TQQQ(②) 역시 추세와 같은 방향이므로 적합하다. 하지만 SQQQ(③)는 추세와 반대 방향이므로 부적합하다. 3배수이기 때문에 계좌가 녹을 수 있다. QID(④) 역시 추세와 반대 방향이므로 부적합하지만 헤지 목적으로는 적합하다. 여기서 헤지는 장기투자 목적으로 보유한 주식의 수익률 하락을 방어하는 것을 말한다.

추세와 같은 방향일 경우 레버리지가 높은 투자 대상도 투자자 성향에 따라 포트폴리오에 담을 수 있다. 하지만 반대 방향일 경우 주종목으로 투자하는 것은 잘못된 선택이다. 특히 레버리지 비율이 높은 경우 위험할 수 있다. 내 계좌에서 잘못된 투자 선택으로 판단되는 대상이 있다면 즉시 바로잡을 것을 권한다. 왜냐하면 추세의 속성에 의해 기회를 놓칠 수 있기 때문이다. 누구나 실수는 할 수 있다. 다만 실수를 인정할 줄 알아야 승자가 될 수 있다.

그럼 하루 중 매매에 유리한 시간은 언제일까? 한국 기준으로 미국 시장은 야간에 열린다. 밤새 대응하기엔 무리가 있다. 장 초반 1~2시간 자정을 넘기며 대응할지, 아니면 장 후반 새벽시간을 활용할지 고민일 수 있다. 만약 장 후반 새벽시간에 깨어 있기 힘들다면 종가 주문을 활용해도 좋다.

상황에 따라 매매 시간을 바꿀 수도 있다. 그 기준은 캔들 추세다. 월봉과 일봉을 조합하면 모두 16가지 경우의 수가 나오며 각각의 시점이 다르고 복잡하다. 따라서 간소화해서 보면 다음과 같다.

1. 상승추세: 장 초반 매수 대응, 특히 마이너스(-) 가격 조정은 좋은 매수 기회
2. 하락추세: 장 초반 매도 대응, 특히 플러스(+) 가격 반등은 좋은 매도 기회
3. 그 외 상황: 장 후반 또는 종가 매매 대응

원리를 살펴보자. 상승추세에선 주로 시장 초반 단기이익 실현을 위한 매도주문이 출현하면서 시가 대비 내려가는 흐름이 자주 나타난다. 하지만 상승추세에서는 조정을 기다리는 매수 대기자가 더 많아서 이러한 매도물량을 빨리 소화하고 상승세를 이어가는 경우가 많다. 그래서 장 초반 매수가 유리하다. 반면 하락추세에선 '이제 바닥이지 않을까?'라고 생각하는 매수주문이 장 초반 자주 등장한다. 하지만 하락추세는 매도 우위의 속성을 가져 이내 시초가 아래로 밀려 내려가는 경우가 잦다. 반등을 기다렸던 매도주문이 쏟아지는 상황이 전개된다.

## 추세의 속성

추세의 속성은 다음과 같이 간단하다.

1. 상승추세: 상승은 길고 강하며 조정은 짧다.
2. 하락추세: 하락은 길고 빠르며 반등은 짧다.

이것이 추세의 속성이다. 기간과 강약 측면에서 바라본 것으로 실전 투자에서 중요하게 작용한다. 왜냐하면 투자심리에 영향을 주기 때문이다. 상승추세 초입 단계에서 잘 매수했다고 가정하자. 계좌 수익률이 회복되면서 지쳐 있던 투자심리가 안정을 되찾게 된다. 하지만 마음속 한편에선 여전히 불안감이 남아 있다. 왜냐하면 상승 전환 이전에 길고 지루한 하락추세가 이어졌기 때문이다.

어느 순간 잘 오르던 주가가 조정받기 시작한다. 이때 불안했던 심리가 나를 괴롭힌다. 만약 레버리지 배율이 높은 ETF 또는 변동성이 심한 주식을 보유하고 있다면 불안감은 배가 된다. 불안감은 계획되지 않은 매매를 부추긴다. 조정이 지나간 후 상승추세로 복귀했을 때 다시 매수하기란 더 어렵다. 다시 조정을 기다려보지만 틈을 주지 않고 강한 상승세를 길게 이어간다. 너무나 아쉬운 상황이며 실전 투자에서 자주 발생한다.

반대의 경우도 마찬가지다. 하락추세로 전환되는 신호를 놓쳤다고 가정하자. 반등이 오면 보유 비중을 줄이겠다고 생각했다. 첫 조정 후 기다리던 반등이 왔다. 하지만 반등세가 제법 강하다. '좀 더 기다려볼까?' 어차피 지금까지 잘 달려왔으니 괜찮을지도 모른다는 생각에 머뭇거리게 된다. 주가 시세는 짧은 반등을 마무리하고 빠르게 하락하기 시작한다. 절호의 기회를 놓쳐버린 상황이다.

장기추세의 경우 방향 전환 초기에는 천천히 움직인다. 조정과 반등도 자주 발생한다. 왜냐하면 방향 전환 이전의 추세에서 익숙해져 있던 불안과 기대가 잔존하고 있기 때문이다. 확신과 기준이 없는 투자자들은 이 과정에서 많이 탈락한다. 상승이든 하락이든 추세 구간에 탑승했으면 그 방향대로 끌고 가야 한다. 추세 추종을 기억하는가?

추세 중후반으로 접어들면 그 강도와 속도에 탄력이 붙는다. 이 정도 올랐으니 이제 이익을 실현해도 될 것 같단 생각에 매도했지만, 주가는 더 빠르게 오른다. 반대로 이만큼 하락했으니 이제 바닥 근처에 왔다는 느낌에 매수를 시작한다. 하지만 여기서부터 지하실로 내려가는 경우도 비일비재하다.

○ **추세의 속성**

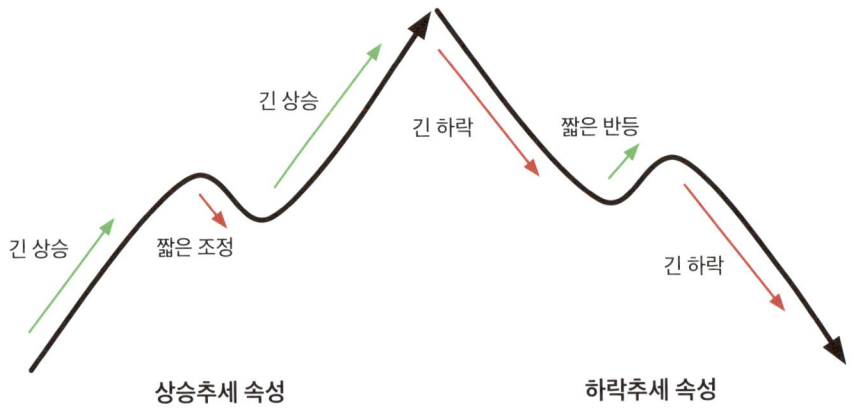

- 상승추세: 상승은 길고 강하며, 조정은 짧고 약함
- 하락추세: 하락은 길고 강하며, 반등은 짧고 약함

이렇듯 추세의 속성은 투자자의 심리를 흔드는 장난꾸러기지만, 잘 이해하고 있으면 최고의 수익률을 선물하는 산타클로스가 되기도 한다. 추세의 속성을 바탕으로 매매신호를 트리거로 활용하면 훌륭한 투자 전략을 구현할 수 있다.

# 추세의 방향과 힘,
# 트렌드 존

생존체험 관련 다큐멘터리를 본 적이 있다. 앞에 놓인 강을 건너야 하는 상황이다.

그런데 물살이 강하고 강폭 또한 넓다. 뗏목을 만들어 건너기엔 너무 위험하다. 이를 주가 추세에 비유하면 강물이 흐르는 방향은 추세의 방향, 물살과 강폭은 추세의 힘에 해당한다. 강폭이 넓을수록 건너기 힘들 듯이 추세가 강하면 방향을 바꾸기 쉽지 않다.

이제 강을 차트로 옮겨오자. 일봉 주기, 120일선과 240일선을 본다. 2개의 이동평균선 배열과 기울기는 추세 방향이며, 이격은 추세의 강도다. 120일선과 240일선이 정배열 상승 기울기면 추세 상승이다. 반대로 역배열 하락 기울기면 추세 하락이다. 이격이 넓을수록 강한 추세이며 좁을수록 약한 추세다. 이제부터 120일선과 240일선의 배열·기울기·이격을 트렌드 존(Trend Zone)이라 부르겠다. 이 추세는 장기추세에 해당한다.

그럼 트렌드 존을 어떻게 활용해야 할까? 당연히 매매에 활용해야 한다. 2가지 경우가 대표적이다. 첫째는 큰 틀에서 나의 포트폴리오를 설계할 때 활용한다. 가령 S&P500지수의 일봉 차트에서 트렌드 존이 하락추세면 현물 주식보단 숏 포지션 비중을 높여 시장 하락에 유리한 구조를 만들어야 한다. 둘째는 추세 흐름에

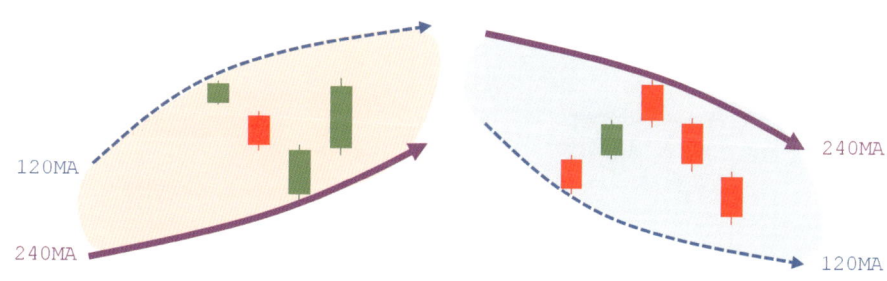

상승 트렌드 존(좌), 하락 트렌드 존(우)

서 중간 조정 또는 반등에 대응하는 기회로 활용한다. 원리는 추세 상승은 뜨거운 물, 추세 하락은 찬물이다. 예를 들어 강한 주도 종목을 놓쳐 아쉬운 상황이라 가정하자. 그땐 트렌드 존으로 진입하는 조정을 기다린 후 진입하는 전략이 좋다. 반대로 추세하락 전환 시 미처 줄이지 못한 보유 주식을 매도하는 기회로 활용할 수 있다.

실제 사례를 살펴보자. 테슬라 일봉 차트 기준으로 2022년 8~9월 사이 주가는 트렌드 존으로 진입했고 추세는 하락이었다. 보유 비중을 줄일 절호의 기회가 왔다. 2023년 3~4월 트렌드 존에서 조정받는 모습도 같은 맥락이다. 단 2023년 5~6월은 강한 매수신호 발생으로 추세를 돌려놓았다. 이 예시를 잘 기억해두길 바란다. 추세 하락의 트렌드 존이지만 보다 강한 매수신호와 월봉 추세 전환 신호가 동반되었으므로 신호에 따라야 한다. 추세가 전환될 때는 반복된 조정 또는 반등이 120일선과 240일선의 이격을 줄여준다. 즉 추세의 힘이 약해지는 모습이 트

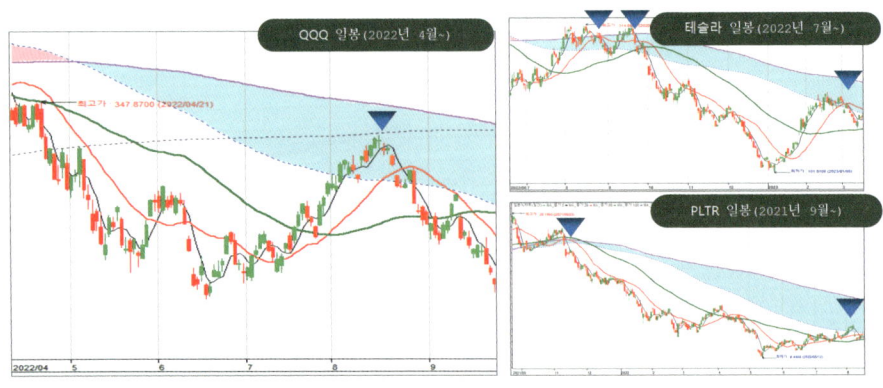

하락 트렌드 존 예시

렌드 존 이격으로 나타나는 것이다. 좁아진 강폭은 건너기 쉽다.

대부분 상승 트렌드 존에서 매수는 잘한다. 하지만 하락 트렌드 존에서 대응해야 하는 사례가 많으므로 이를 잘 활용하면 큰 도움이 될 것이다.

**추세를 이해하면 매매의 방향성을 알 수 있다.**

# 심화과정 ②
# 파동 분석

## 시세는 파동으로 움직인다

파동(Wave)이란 단어에서 무엇이 떠오르는가? 주가 파동, 물결 파동, 집값 파동, 물가 파동 등 다양한 단어가 떠오를 것이다. 자연현상과 가격 파동의 공통점은 일정 주기로 반복한다는 점이고, 차이점은 불규칙한 진폭에 있다. 왜냐하면 가격에는 인간의 심리가 가미되기 때문이다.

사람의 심리에는 유사성이 있다. 따라서 가격 파동에서는 일정한 패턴이 발생한다. 이 패턴을 수학적으로 해석한 이론이 '엘리엇 파동이론'이다. 엘리엇 파동이

론은 1930년대 당시 다우존스지수를 대상으로 과거 75년간의 데이터를 피보나치수열로 해석한 결과, 반복되는 특이점을 찾아낸 이론이다.

엘리엇 파동이 큰 흐름을 수치로 해석한 이론이라면, 이 책에서 소개하는 파동은 캔들과 이동평균선의 흐름을 활용한 파동으로 주가 흐름을 재해석한 것이다. 따라서 실전 투자에서 보다 유용하게 활용할 수 있을 것이다.

## 추세선과 파동선

주가는 상승과 하락을 반복한다. 추세의 속성에 의해 상승추세에서는 긴 상승과 짧은 조정을, 하락추세에서는 긴 하락과 짧은 반등을 반복한다. 이러한 반복 흐름을 주가의 파동이라 부른다. 앞으로 소개할 매매기법과 투자 전략에서 추세와 파동이 많이 활용될 것이다.

파동에는 '이동평균선 파동' '캔들 파동'이 있다.

### 1. 이동평균선 파동

이동평균선 파동은 서로 다른 크기의 이동평균선 2개를 조합해서 분석한다. 이 중 큰 이동평균선을 추세선(Trend line), 작은 이동평균선을 파동선(Wave line)이라 부른다. 추세선은 추세를 판단하기 위한 이동평균선이며 기준선 역할을 한다. 파동선은 추세선을 타고 움직이면서 파동을 만드는 이동평균선이다. 추세 크기별 추세선과 파동선의 조합은 아래와 같다.

　예를 들어 단기추세 상승파동을 살펴보자. 단기추세선 20일선이 상승 방향으로 추세를 유지할 때, 파동선 5일선은 상승과 조정을 반복하며 파동을 만들어간다. 부가적으로 단기 파동 예상 기간은 1개월 흐름으로 가늠할 수 있다. 왜냐하면 20일선은 1개월 평균 주가의 흐름이기 때문이다. 물론 기본원리에 따른 예상 기간일 뿐이고 실제로는 시장 변수와 중기추세 구간에 따라 다양하므로 참고만 하기 바란다.

　중·장기추세 파동도 같은 원리로 해석하면 된다. 중기추세 60일선 파동은 60일선이 한 방향의 추세를 유지할 때 20일선이 파동을 만들며 움직인다. 장기추세 240일선 파동은 60일선이 파동을 만든다. 60일선은 3개월 평균이므로 중기추

## ○ 추세선과 파동선의 조합

| 주기 | 장기추세 | | 중기추세 | | 단기추세 | |
|---|---|---|---|---|---|---|
| | 추세선 | 파동선 | 추세선 | 파동선 | 추세선 | 파동선 |
| 일봉 | 240일선 | 60일선 | 60일선 | 20일선 | 20일선 | 5일선 |

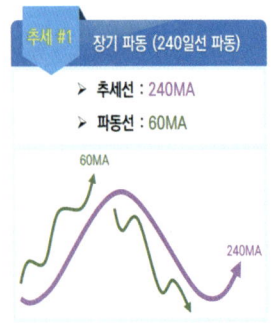
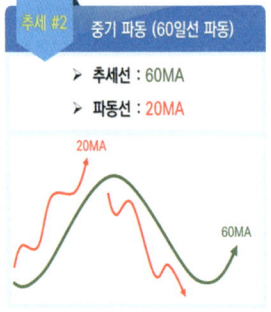
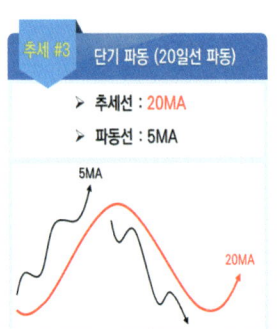

세로 분류했으나, 240일선 파동은 1년 이상의 메가 웨이브(MEGA Wave)라고 부를 만큼 큰 파동이다. 이 파동이 한 번 시작되면 보통 2년 이상 추세가 유지되는 경우가 많다. 다른 건 놓쳐도 240일선 메가 웨이브는 절대 놓치면 안 된다.

그리고 하락추세 파동도 원리와 기준은 같다. 상승의 반대로만 해석하면 된다. 파동의 기간은 주기에 따라 예측할 수 있지만 절대적이지는 않다. 따라서 파동의 마무리를 알리는 추세 전환 신호를 트리거로 활용해야 하며 그 이전에는 추세대로 따라가는 것이 정석이다.

그럼 월봉에서 6개월 이동평균선을 기준 추세선으로 설정한다면, 파동선은 무엇을 봐야 할까? 6개월 이동평균선은 월봉 차트에서 가장 작은 이동평균선이므로 파동선으로 조합할 작은 이동평균선이 없다. 일봉의 5일선도 같은 입장이다. 이 땐 캔들과 조합해서 캔들 파동을 살펴본다.

## 2. 캔들 파동

캔들 파동은 주기별 가장 작은 이동평균선과 캔들을 조합해서 파동을 분석하는 방법이다.

방법부터 살펴보자. 양봉 캔들의 고점에서 음봉 캔들의 저점을 선으로 연결한다. 만약 같은 색의 캔들이 연속으로 형성된 경우라면 이들을 묶어 하나로 간주하고 연결한다. 이렇게 서로 다른 색의 캔들을 연결하면 지그재그 움직이는 하나의 선이 생긴다. 이를 캔들 파동선이라고 한다.

캔들 파동선의 원리는 캔들 추세와 같다. 상승추세에서는 양봉 캔들이 고점을 돌파하며 고점과 저점이 높아지고, 음봉 캔들은 저점을 지키며 얕은 조정만 만든다.

하락추세에서는 음봉 캔들이 저점을 붕괴하며 고점과 저점이 낮아지고, 양봉 캔들은 고점 아래에서 약한 반등만 형성할 뿐이다. 물론 일봉 캔들은 분봉으로, 월봉 캔들은 일봉으로 분해할 수도 있다. 하지만 캔들 파동은 캔들 자체의 흐름을 분석하는 것이 더 정확하고 편리하다. 월봉 6개월 이동평균선, 일봉 5일 이동평균선에 적용 가능하다.

    이동평균선 파동과 캔들 파동은 이후 소개하는 신호 분석에서도 함께 활용되므로 새겨두자.

캔들 파동선 예시

# 파동의
# 시작과 끝

추세는 한 방향을 향하고 파동은 상승과 하락을 반복하며 추세를 따라간다. 마치 주인(추세)을 따라 산책하는 강아지(파동)와 같다. 그럼 파동의 시작과 끝은 어디일까? 앞서 파동 분석은 파동선과 추세선의 조합을 이용한다고 했다. 추세선이 방향을 전환할 땐 시작과 끝을 알리는 신호가 발생한다. 이 신호를 만드는 것이 파동선의 역할이다. 그럼 신호에 대해 이해해야 하는데 먼저 2가지 신호를 살펴보겠다. 나머지 상세한 설명은 신호 분석 부분에서 후술하겠다.

### 1. 상승파동

상승파동을 살펴보자. 상승파동의 시작은 'N' 신호다. 즉 하락하던 추세선을 기준으로 파동선이 N자형 패턴을 만들며 상승파동을 시작한다. 캔들 파동에서는 이동평균선에 대해 캔들이 N자형 패턴을 만든다. N 신호는 추세선을 먼저 돌파한 뒤 눌림목 조정으로 이어지는데 이때 중요한 것은 추세선에서의 지지다. 상승파동이 시작되면 일반적으로 5 파동 과정이 진행된다. 상승파동의 끝은 파동선 M 신호 또는 5 파동 마무리 단계에서 끝난다. M 신호는 파동선이 M자형 패턴을 형성하며 상승추세를 마무리하는 신호다.

즉 직전 고점이 저항 역할을 하며 더 이상의 상승을 허락하지 않으므로 파동이 마무리되는 원리다. 간혹 M 신호를 동반하지 않고 5 파동을 마무리하고 추세가 끝나는 경우도 있다. 이는 5 파동이 진행되면서 시장이 기대하는 밸류에이션이 주

## ○ 상승파동의 시작과 끝

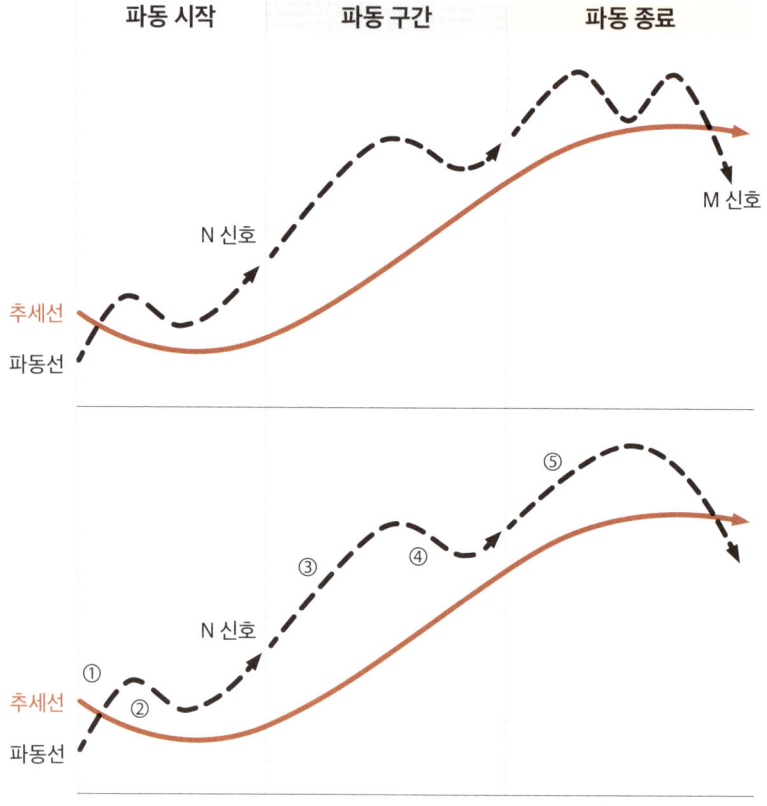

가에 반영되었다고 판단하기 때문에 파동을 마무리하는 경우가 많다. 시장에서 자주 발생하는 유형은 다음과 같다.

- 파동선 5 파동 마무리 → 추세선 붕괴 → 추세선 하락 전환
- 파동선 3 파동 또는 9 파동 → 파동선 M 신호 발생 → 추세선 붕괴 → 추세선 하락 전환

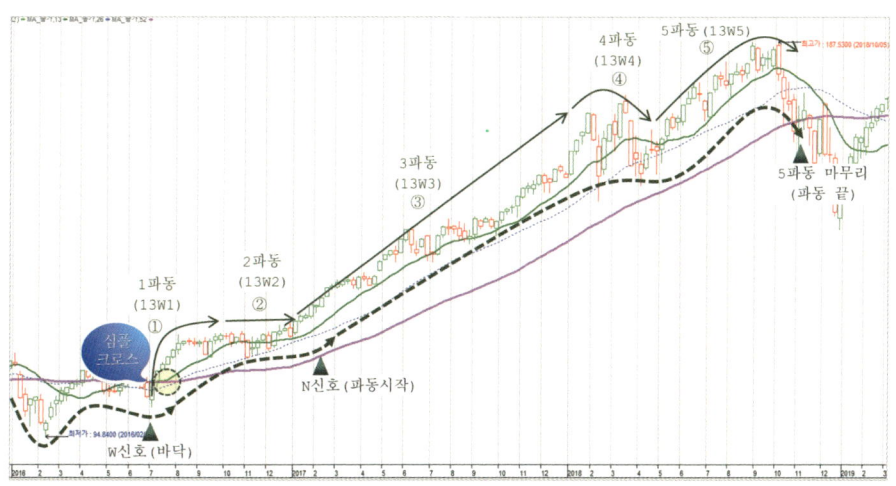

QQQ 주봉 차트(2016~2019년), 상승파동 예시

## 2. 하락파동

하락파동은 상승과 반대로 생각하면 된다. 왜냐하면 같은 원리를 적용하기 때문이다. 파동선이 'RN' 신호를 형성하면 하락파동이 시작된다. RN(Reverse N) 신호는 추세선 아래에서 거꾸로 된 N자형 패턴 신호를 말한다.

캔들 파동에선 캔들 파동선을 활용하면 쉽게 분석할 수 있다. RN 신호에서 중요한 부분은 추세선의 저항이다. 반등을 시도했으나 추세선이 이를 허락하지 않는 것이다. 이 과정에서 일시적 돌파는 있을 수 있다. 하지만 추세선 저항을 이기지 못하고 다시 내려가면 하락파동이 시작된다. 이후 하락파동에 브레이크를 밟는 것은 W 신호 또는 5 파동이다. 시장에서 우려하는 악재가 주가에 충분히 반영되어 특정 가격 이하에서는 더 이상 매도하지 않기 때문이다. 시장에 자주 발생하는 유형은 다음과 같다.

## ○ 하락파동의 시작과 끝

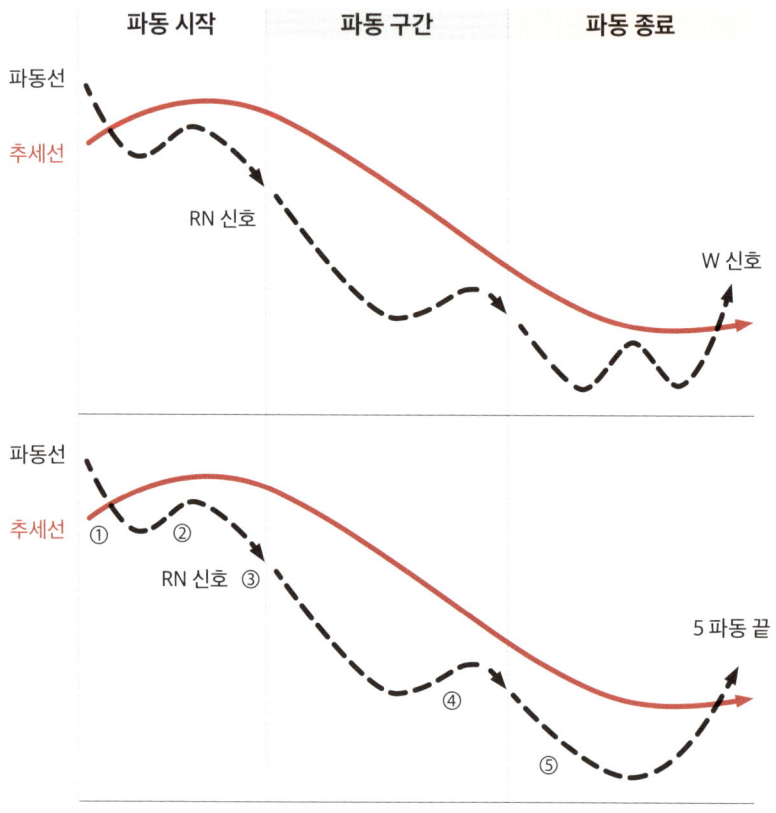

- 파동선 5파동 마무리 → 추세선 돌파 → 추세선 상승 전환
- 파동선 3파동 → 파동선 W신호 발생 → 추세선 돌파 → 추세선 상승 전환

하락파동은 일반적으로 5파동을 넘기지 않는 경향이 있다. 왜냐하면 하락 요인이 주가에 빠르게 반영되기 때문이다.

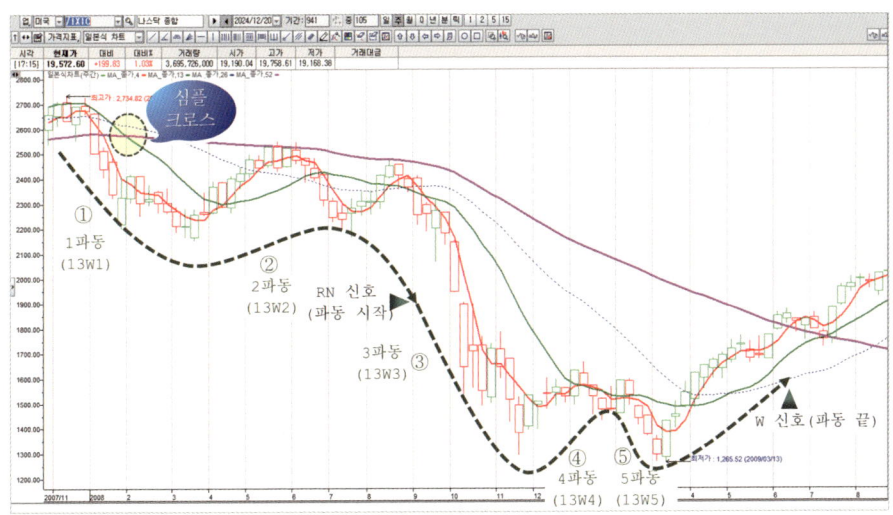

나스닥지수 주봉 차트(2008~2011년), 하락파동 예시

참고로 파동은 이동평균선 크기와 파동을 의미하는 W(Wave), 파동 카운트를 붙여 표기한다. 예를 들어 60일선 3파동은 60W3, 20일선 2파동은 20W2, 5일선 5파동은 5W5와 같이 표기한다. 또한 마지막 5파동은 LW(Last Wave)로도 표현한다. 60일선 마지막 5파동은 60LW 또는 60W5와 같이 표현하면 편하다. 또 일반적으로 파동은 5파동으로 진행되지만, 파동 카운트보다 매매신호가 더 우선시된다. 왜냐하면 파동 수는 절대적이지 않기 때문이다. 때론 3파동에서 멈추기도 하고, 때론 9파동까지 연장하는 사례도 많다.

파동 분석으로 추세의 진행 상황과 주가의 위치를 해석할 수 있다.

# 심화과정 ③
# 신호 분석

도로에 신호등이 없다고 상상해보자. 아마 수많은 교통사고가 발생할 것이다. 복잡한 주식 시장에서 신호등도 없이 운전한다면 어떻게 될까? 직진만 할 수도 없는 노릇이다. 도로에서 자동차를 운전하듯이 주식 시세의 신호등을 보면서 위험할 땐 감속하고, 때론 우회전도 하면서 내 계좌를 잘 운용해야 한다.

주식 투자의 신호등은 추세 전환을 포착하는 매매신호를 말한다. 추세의 전환과 파동을 이어가는 단계에서 신호를 객관화하고 투자 전략에 활용하면 투자심리에 따라 흔들리지 않는 계획적인 투자가 가능해진다. 상승뿐만 아니라 하락추세 구간에서도 활용할 수 있으므로 주가 사이클 전체를 대응할 수 있는 장점이 있다. 든든하지 않은가?

추세는 캔들과 이동평균선으로 분석하므로 매매신호 또한 '캔들 신호'와 '이동평균선 신호'로 나뉜다. 캔들 신호는 차트 주기에서 가장 작은 이동평균선의 추세 전환점을 포착하기 위한 목적으로 활용한다. 이동평균선 신호는 큰 추세선의 전환점을 작은 파동선으로 포착하기 위해 활용한다. 하락추세에서 바닥을 형성하고 상승추세로 전환한 후 정점을 찍고 다시 하락추세로 전환하는 전체 주가 사이클은 6단계며, 단계별 전환점을 포착하기 위한 신호도 6가지가 있다.

앞서 주가의 추세와 파동까지 분석했다. 다음은 매수 단계인데 이때 고민에 빠진다. '어디서 매수하지?' 하는 고민이다. 전설적인 투자자 워런 버핏은 "아무리 좋은 주식도 좋은 가격에 매수해야 한다"라고 말했다. 내가 좋은 주식을 발견했을 때 주가가 이미 오른 상태라면 어떻게 해야 할까? 또 반대로 보유한 주식의 매도 시점을 찾는 것도 고민이다.

이 고민의 답을 단순한 원리로 찾아보자. 가령 지하철 개통 소식에 해당 지역의 부동산 가격이 들썩인다. 교통환경 개선을 이유로 부동산 가치 상승에 대한 기대가 커졌기 때문이다. 그럼 언제 매각해야 할까? 지하철 개통 이후다. 왜냐하면 투자 이유가 사라졌기 때문이다. 자동차 산업을 들여다보면 기존 내연기관 자동차 시장이 배터리 전기차 시장으로 전환되고 있으므로 전기차 기업에 투자한다. 기존 산업의 패러다임 전환에서는 선두기업에 투자하는 것이 가장 유리하다. 그러다 전기차가 보편화된 시점, 즉 S곡선의 정점에서 매도한다.

향후 기대되는 호재가 있는 특정 기업을 매수했다고 가정하자. 이후 그 호재가 뉴스로 나온다면 매수했던 이유가 소멸했으니 이 역시 매도 이유가 성립된다. 그래서 뉴스에 팔라는 말이 틀린 이야기가 아니다. 요약하면 투자 전략 측면에서의 매도 원칙은 매수 이유가 소멸하는 시점에 매도하는 것이다.

하지만 무언가 석연찮다. 아날로그 방식이기 때문이다. 보다 실질적인, 진보한 디지털 방식은 무엇일까? 바로 신호를 이용하는 것이다.

가장 간단하면서 강력한 장기추세선 월봉 6개월 이동평균선 신호를 활용하는 방법을 먼저 소개한다. 특정 기업의 실적이 회복될 무렵 주가는 장기추세선인 월봉 6개월 이동평균선이 상승추세로 전환된다. 이 원리를 이용해서 6개월 이동평균선의 상승 신호 6TP에서 매수하고 상승추세 마무리 신호에는 매도한다. 왜냐하면 매수 이유가 소멸했기 때문이다. 아날로그 방식이든, 디지털 방식이든 다 좋다. 핵심은 매수할 땐 이유가 명확해야 하며 그 이유가 소멸하면 매도한다는 기본 원칙을 가져가는 것이다. 그럼 시장 변동성에 뇌동매매하지 않고 냉철하게 대응할 수 있게 된다.

주식 거래를 할 때는 매수 이유를 먼저 기록해야 한다. 그 이유가 유효한지 계속 점검하면서 투자를 이어가면 된다. 아날로그 방식의 전략은 매매 시점이 뚜렷하지 않다는 단점이 있다. 비즈니스 모델이 완성되는 시점이나 실적이 적자로 전환되는 시점과 주가의 추세 전환 시점이 일치하지 않는다. 왜냐하면 주가는 미리 움직이는 속성이 있기 때문이다.

그럼 주가의 바닥과 정점을 포착하는 방법은 무엇일까? 펀더멘털을 기본 전제로 투자 전략을 세우고, 매매 전략은 디지털 방식으로 접근하는 것이다. 하나씩 알아보자.

# 주가 흐름에 영향을 미치는 3요소

주가 시세의 변화는 경기의 변화, 금리의 변화, 기업 실적의 변화, 산업의 변화, 투자심리의 변화 등 다양한 변수에 의해 움직인다. 지표나 실적 등은 숫자로 표현할 수 있으나 투자심리는 모호하다. 그래서 보조지표를 활용하는 방법을 알아봤었다. 하지만 더 구체적이고 직관적인 도구는 없을까?

그래서 탄생한 것이 주가 패턴을 응용한 매매신호다. 시장에 영향을 미치는 경기, 금리, 심리는 항상 반복된다. 그래서 주가에서 나타나는 변화 패턴도 반복된다. 즉 패턴 신호는 시세 흐름의 원리를 바탕으로 시장에서 자주 나타나는 유형을 정립한 것이다. 그럼 시세 흐름의 원리는 무엇일까? 핵심은 '돌파와 지지' 그리고 '붕괴와 저항'이다. 가령 하락하던 주가가 특정 가격대에 도달하면 더 이상 하락하지 않고 지지를 받는다. 지속 상승하던 주가가 1천 달러를 눈앞에 두고 무너졌다. 왜일까? 이 부분을 고민해봐야 한다.

주가 흐름에 영향을 미치는 3대 요소는 '이동평균선' '직전 고점과 저점' '라운드 넘버'다. 하나씩 살펴보자.

## 1. 이동평균선

작은 이동평균선이 반대 방향의 큰 이동평균선을 만나면 저항 또는 지지의 영향을 받는다. 단 작은 이동평균선의 매매신호는 예외다. 예를 들어 5일선이 4일간 조정을 이어가고 있다. 현재 주가는 상승추세의 20일 이동평균선, 즉 추세선에 근접

## ○ 이동평균선 저항

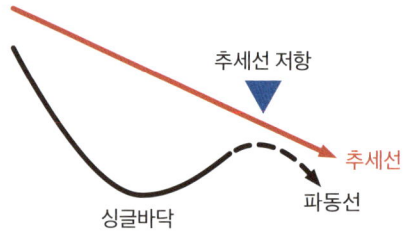

## ○ 이동평균선 지지

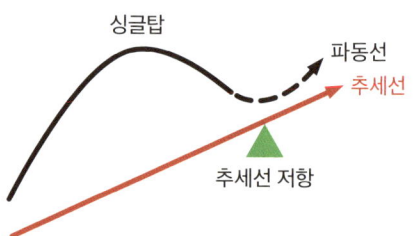

했다. 이때 조정받던 주가는 대부분 다시 상승으로 돌아선다. 왜냐하면 20일선이 상승추세이기 때문이다. 이를 기술적으로 표현하면 '5일선 싱글탑 조정 중 상승추세선 20일선에서 지지받고 다시 상승 전환'했다고 말할 수 있다. 반대로 하락 중인 추세선 20MA와 싱글바닥 반등인 5MA가 만난다면 추세선 방향에 따라 다시 하락으로 전환된다.

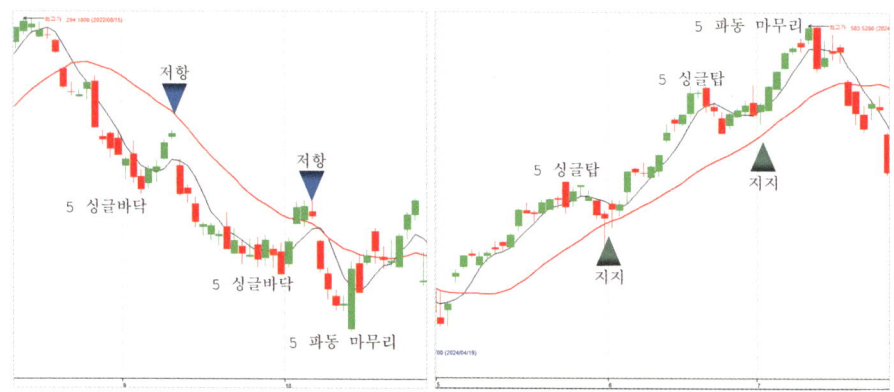

마이크로소프트 일봉 차트(좌, 2022년 8~10월), QQQ 일봉 차트(우, 2024년 5~7월)

사례를 살펴보자. 2022년 8~10월, 마이크로소프트 일봉 차트에서 5일선 싱글바닥 반등 시 20일선에서의 저항을 찾아볼 수 있다. 단 10월 반등은 5일선 5 파동 마무리 구간이므로 20일선을 돌파하는 모습을 보여준다. 2024년 5~7월, QQQ 일봉 차트에서 5일선 싱글탑 조정 시 20일선에서 지지하는 모습이 나타난다. 단 5일선 5 파동 마무리 구간에서는 20일선을 붕괴하는 흐름이 나타났다. 또한 5일선과 20일선 관계뿐만 아니라 다른 크기의 이동평균선에서도 같은 원리와 현상이 적용된다. 그리고 주봉, 월봉 주기에서도 같다.

## 2. 직전 고점과 저점

2가지 가정을 해보자. 첫째, 지난 달 이맘때 큰 폭의 주가 하락으로 투자자는 걱정에 빠져있다. 다행히 주가는 급반등하며 제자리로 돌아왔다. 투자자는 어떤 생각이 들까? 둘째, 바닥을 찍고 큰 폭으로 상승하던 주가가 다시 급락하며 바닥까지 내려왔다. 투자자는 어떤 행동을 할까?

이 2가지 상황에서 주목할 점은 매매가 많이 일어난다는 사실이다. 일반적으로 첫 번째 가정에서는 직전 고점에서 매도가 몰리면서 저항이 발생하고, 두 번째 가정에서는 직전 저점에서 매수가 몰리며 지지하는 현상이 발생한다. 또한 심플크로스(Simple Cross)까지 동반된다면 이 현상의 신뢰도는 더욱 높아진다.

여기서 심플크로스란 무엇일까? '장기 이동평균선에서 골든크로스가 발생했으므로 앞으로 큰 상승이 기대됩니다'라고 하는 애널리스트의 전망을 들었다. 이 말은 50%는 맞고 50%는 틀렸다. 왜냐하면 골든크로스 발생 이후의 움직임에 따라 상승추세로의 연결이 결정되기 때문이다. 이 부분에 대한 설명이 부족하다. 파

## ○ 직전 고점 및 직전 저점

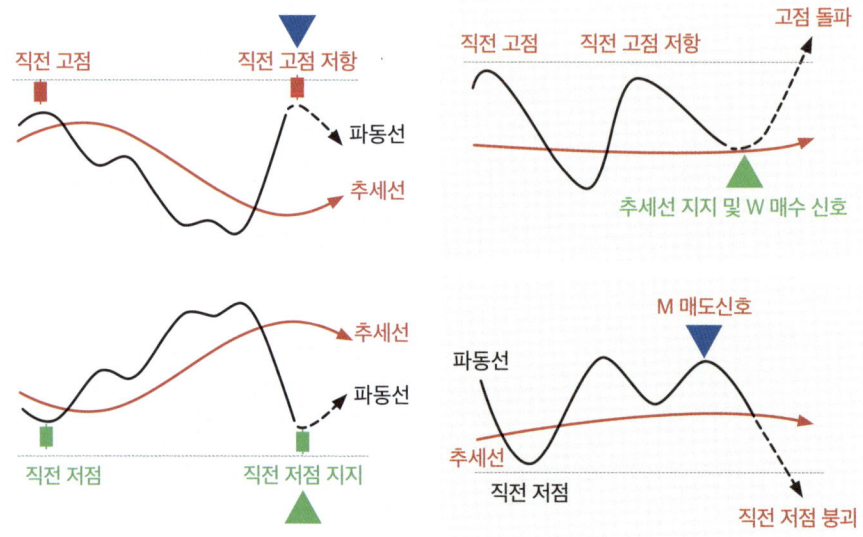

동선이 추세선을 상향으로 돌파하는 현상을 골든크로스라 하며, 하향 붕괴하는 현상을 데드크로스라 한다. 이처럼 단순히(Simple) 돌파 또는 붕괴만 진행된 흐름이므로 이를 통칭해서 심플크로스라고 부른다. 파동선의 크기를 가미해서 5일선과 20일선 사이엔 5SC, 20일선과 60일선 간엔 20SC라 표현한다. 심플크로스가 발생하면 직전 고점에서는 저항, 직전 저점에서는 지지하는 흐름이 자주 발생한다. 그래서 시세에 영향을 미치는 요소가 된다.

그럼 골든크로스 발생 이후 어떤 흐름이 있어야 상승추세로 연결될까? 추세선의 지지 확인 후 고점 돌파로 이어진다. 즉 골든크로스 후 직전 고점의 저항으로 다시 조정이 진행되더라도 추세선의 지지를 확인하고 재상승과 고점 돌파의 과정으로 진행된다면 비로소 상승추세로 전환되며 파동이 시작되는 것이다. 반대의 경우도 같은 원리를 적용한다.

## 3. 라운드 넘버

라운드 넘버(Round Number)란 심리적 가격선을 의미한다. 2023년은 엔비디아에게 있어 최고의 한 해였다. 2022년 10월 14일 약 100달러 부근에서 바닥을 확인한 후 2023년 연초부터 신나게 상승을 이어갔다. 그런데 7월 500달러 목전에서 움츠리기 시작했다. 2024년 3월에는 1천 달러 돌파를 기대했으나 5월까지 숨 고르기를 이어갔다. 물론 5월 하순에는 돌파하며 상승세를 이어갔다(지금 언급한 가격은 1/10 주식분할 이전 주가다).

당시 엔비디아가 500달러, 1천 달러 앞에서 머뭇거린 이유는 무엇일까? 기업 가치 때문일까, 실적 변화 때문일까? 아니다. 투자자의 심리 때문이다. 사람이 느끼는 상징적 숫자를 라운드 넘버라고 한다. 주가가 상징적 가격에 도달하면 고점일 수도 있다는 불안감, 이익 실현의 욕구, 가격에 대한 부담으로 매수주문을 주저하는 등 많은 투자자가 심리적 압박을 느낀다. 그래서 주가 흐름에 변화가 생긴다.

하락에서도 마찬가지다. 주식을 보유한 투자자는 공포감에 휩싸이지만, 매수를 기다리던 투자자는 절호의 기회라는 생각을 가질 수 있다. 가령 300달러 전후를 오가던 주가가 100달러 부근으로 내려오면 매수 욕구를 참기 힘들다. 주가뿐만 아니라 일상에서도 흔히 나타난다. 예를 들어 '10분만 기다려요' '100분 토론' '100일간 여행' '2시부터 회의합시다' '줄넘기 100회' 등 다양하다. 흔히 쇼핑몰에서 파는 물품 가격이 3만 9,900원인 이유도 여기에 있다. 이를 라운드 넘버 효과라고 한다.

엔비디아 주봉 차트(2023년 7월~2024년 5월)

테슬라 주봉 차트(2022년 7월~2023년 7월)

주식 시장에서는 더욱 예민하게 움직인다. 예를 들어 엔비디아는 2024년 3월 8일 974달러에서 단기 고점을 형성했다. 1천 달러에서의 저항을 예측한 매도

주문이 나온 것이다. 반대의 사례로는 테슬라가 2023년 1월 6일 장중 101달러를 찍고 반등했다. 당시 100달러 붕괴를 예측하는 사람들도 많았으나 라운드 넘버 효과를 아는 선수들은 100달러 부근에서 매수했다. 이 밖에 TSMC, 아마존, 애플 등 수많은 주가 흐름에서 라운드 넘버를 발견할 수 있다.

그럼 라운드 넘버 가격에 근접하면 주식을 팔아야 할까? 주가가 라운드 넘버 가격에 도달했을 때 이것만 보며 매매할 수는 없다. 매매신호를 함께 고려해야 한다. 가령 총으로 사격할 때 목표물이 사정권 내 들어오면 조준 사격을 한다. 여기서 라운드 넘버는 사정권에 속하고, 조준 사격은 매매신호에 해당한다. 그래서 앞으로 소개하는 매매신호를 잘 활용하면 주식 투자의 명사수가 될 수 있다.

## 패턴 신호 3대 법칙

추세 전환 신호를 분석하는 과정에 공통으로 적용되는 법칙이 있다. 바로 'W' 'N' 'M'의 법칙이다. 캔들과 이동평균선 신호 분석에 자주 활용되고 반복되는 3가지를 법칙으로 정립했다.

### 1. W의 법칙

'W'의 법칙은 진짜 바닥을 확인하고 추세선을 돌파하는 것이다. 이를 위해 한 번이 아닌 두 번의 바닥을 확인해야 하고, 추세선 돌파를 위해 직전 고점을 돌파해야 한

## ○ W의 법칙

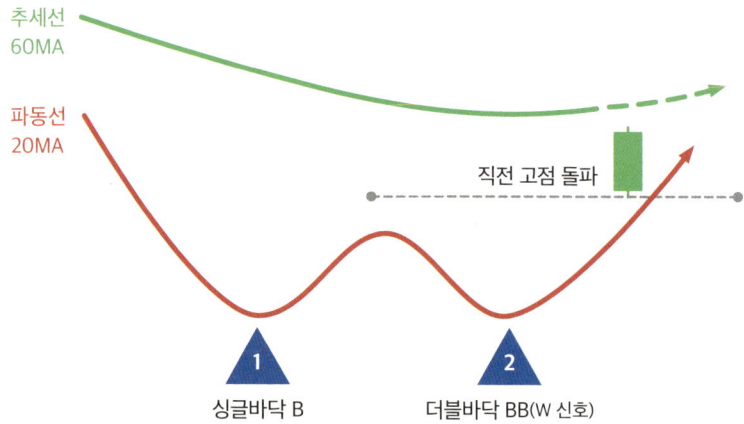

다. 주식 시장은 언제나 불확실성에 민감하다.

첫 번째 바닥 가격을 형성하면서 하락추세는 멈췄으나 시장은 여전히 신뢰하지 않는다. 그래서 1차 반등 시 매도물량이 출회하는 이유이기도 하다. 하지만 저점 가격을 지켜내면서 다시 강한 매수세가 들어오면 2차 바닥이 형성되고 투자자들은 드디어 주가 바닥을 믿기 시작한다. 바닥이 한 번이 아닌 두 번인 이유다.

두 번의 저점 가격을 확인하는 과정에서 W자형 패턴을 형성하며 이를 W 신호라 부른다. 1차 저점은 가짜 신호이며 싱글바닥 B(Bottom)라 부르고, 2차 저점은 진짜 신호이며 더블바닥 BB(Bottom&Bottom)라 부른다.

이동평균선 신호에서는 그 크기를 가미해서 표현한다. 예를 들어 일봉의 5일 이동평균선 W 신호를 5W 또는 5BB, 20일선은 20W 또는 20BB, 60일선은 60W 또는 60BB로 표현한다. 그리고 신호의 완성은 고점 돌파다. 여기서 고점이란 W자

엔비디아 일봉 차트(2023년 10~11월), W의 법칙 사례

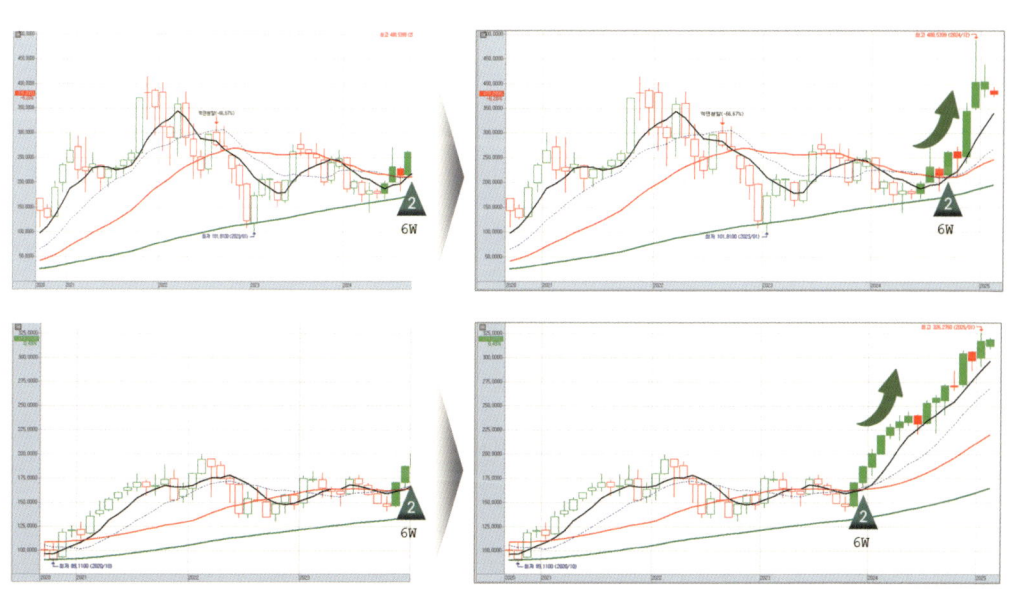

테슬라 월봉 차트(위, 2024~2025년), 아메리칸 익스프레스 월봉 차트(아래, 2023~2025년)

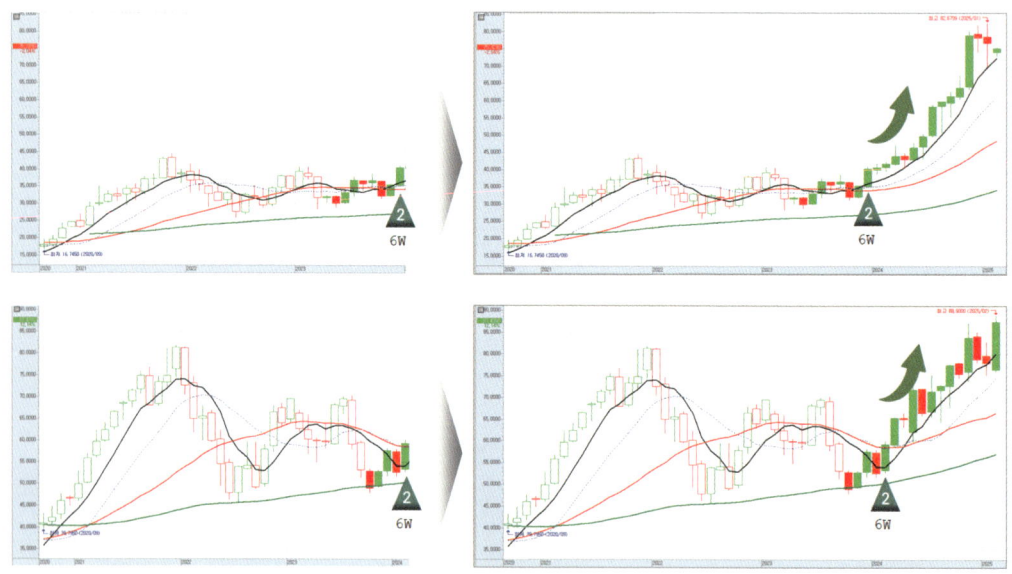

JEF 월봉 차트(위, 2023~2025년), JCI 월봉 차트(아래, 2023~2025년)

형 바닥을 형성하는 과정에서 생긴 직전 고점 가격을 말한다. 만약 고점 돌파에 실패하면 W 신호는 무효다. W 신호는 각 추세선의 바닥 지점을 알리는 신호로써 장기 추세는 큰 흐름의 진짜 바닥을 형성하고, 중·단기 추세선은 상승 중 중간 조정의 바닥을 알리는 신호로 활용된다. 적용되는 주기는 일봉, 주봉, 월봉, 분봉까지 모두 활용할 수 있다. 그중 월봉 W 신호는 장기추세의 바닥이므로 큰 상승을 기대할 수 있다.

## 2. N의 법칙

W 신호로 바닥 가격이 확인되었다고 무조건 상승추세로 돌아서지는 않는다. 왜냐하면 긴 횡보 장세도 있기 때문이다. 상승파동의 출발은 추세선을 중심으로 파동

## ◯ N의 법칙

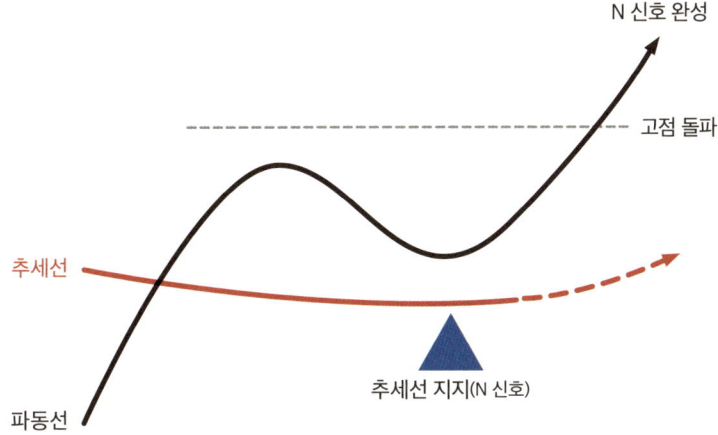

선이 '돌파 → 지지 → 재상승'하는 과정을 거쳐야 한다. 이 과정에서 파동선은 N자형 패턴을 형성하는데 이를 N 신호라고 부른다.

원리는 하락추세 구간에서 상승을 방해하던(저항) 추세선이 N 신호 과정을 거치며 하락을 지지하는 역할로 바뀌는 것이다. 아래에서 받쳐주는 든든한 추세선을 믿고 파동선은 강한 상승을 시작한다. 이 현상도 투자심리에 근간을 둔다. 기본 과정은 W 신호 발생 후 N 신호가 나타나는 것이 순서지만, 때론 W 신호를 생략하고 N 신호로 바로 넘어가기도 한다. 왜냐하면 1차 저점 확인 후 매수세가 급하고 강하게 들어온 후 추세선 위에서 2차 저점을 형성하기 때문이다.

이동평균선 N 신호는 그 크기를 가미해서 5N, 20N, 60N 등으로 표현한다. 이동평균선 크기가 클수록 파동 기간과 강도가 강한 속성을 가진다. N 신호의 완성은 고점 돌파다. W 신호와 같이 신호의 생성 과정에서의 고점을 돌파하면 완성

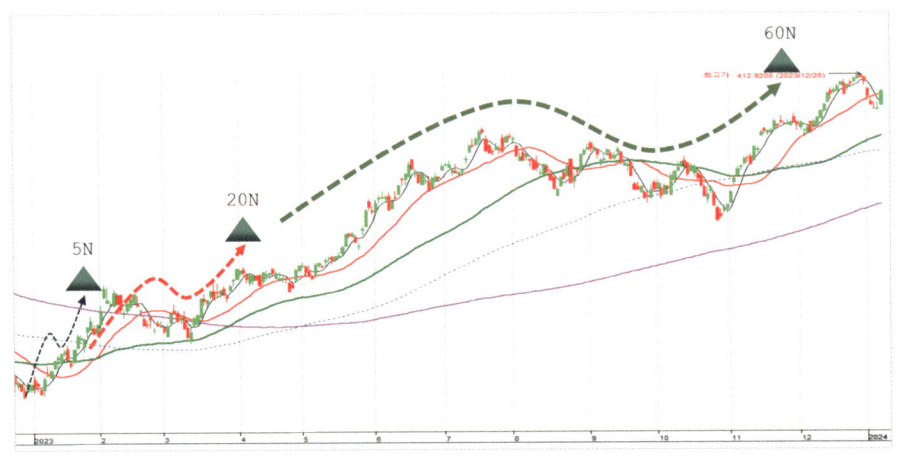

QQQ 일봉 차트(2023~2024년), N의 법칙 사례

이다. 하지만 돌파에 실패하면 N 신호는 무효다.

### 3. M의 법칙

'잘 오르던 주가가 갑자기 왜 하락하지?' '팔고 나서 더 오르면 어떡하지?' 투자 경험이 있다면 대부분 겪어본 고민이다. 월가의 애널리스트는 PER, PSR, 매출총이익률, 영업이익률, 금리 등 다양한 잣대로 목표가격 PT(Price Target)를 산정한다. 하지만 주가가 이를 넘기면 PT를 높이거나 고평가 논쟁이 시작된다. 주가는 기본 가치로만 형성되지 않는다. 투자심리가 가미되기 때문이다.

그럼 주가의 정점은 어떻게 판단해야 할까? '끝날 때까지는 끝난 게 아니다'라는 말을 적용해보자. 어떤 생각이 드는가? '끝점이 어떤 모습일까?'라는 궁금증이 생길 것이다. 이 해답을 M의 법칙에서 찾아보자.

## ○ M의 법칙

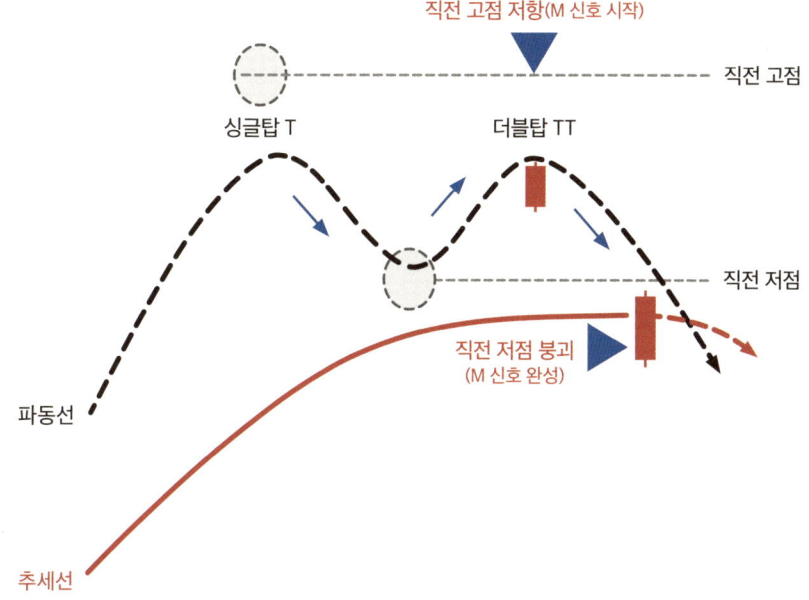

시장은 의심이 많다. W의 법칙에서 살펴봤듯이 두 번의 바닥이 확인되어야만 신뢰를 얻을 수 있다. 정점도 마찬가지다. 두 번의 정점이 확인되어야만 투자자는 추가 상승의 한계를 직감한다. 역설적으로 생각하면 한 번의 정점, 즉 싱글탑 조정은 매수의 기회지 매도가 아니다. 왜냐하면 주가의 정점이 확인되지 않아 기다렸던 매수세가 들어오기 때문이다. 추세는 싱글탑으로 끝나지 않는다. 앞으로 자주 언급되는 원리이므로 새겨두자.

싱글탑 조정 이후 다시 상승하던 주가가 직전 고점을 넘기지 못하면 투자자는 '저기가 벽이구나'라는 생각을 가지게 된다. 이때 실망과 위험회피를 위한 매도세가 이어지며 두 번째 정점인 더블탑이 형성된다. 이땐 기다렸다는 듯이 악재성 뉴스가 출현한다. 악재 때문에 더블탑이 발생했을 수도 있고 아닐 수도 있다. 만약 평소 거래량을 넘어서며 매물이 쏟아진다면 신호의 신뢰성이 더 높아진다. 이 과정을 M의 법칙이라고 한다. 간략히 요약하면 다음과 같다.

싱글탑 조정 → 재상승 → 직전 고점 돌파 실패 → 더블탑 형성 → 저점 붕괴

1차 조정을 싱글탑 T(Top)라 부르고 매수 기회로 활용한다. 고점 돌파에 실패한 2차 하락을 더블탑 TT(Top&Top)라 부르고 매도신호로 간주한다. 왜냐하면 주가 고점이 확인되었기 때문이다. 이 과정을 거치면서 파동선의 M자형 패턴이 형성된다. 그래서 M의 법칙이라 부른다.

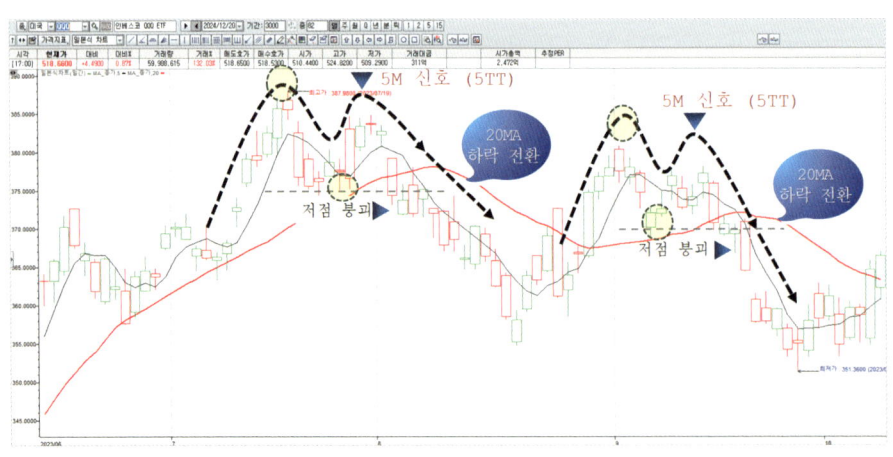

QQQ 일봉 차트(2023년 6~11월), M의 법칙 사례

표기법은 이동평균선의 크기를 가미해서 5일선에서는 5M 신호(또는 5TT), 20일선에서는 20M 신호(또는 20TT)라고 표현한다. 특히 일봉 60M 신호(또는 60TT)는 장기추세를 마무리하는 신호로 반드시 매도로 대응해야 한다. 만약 보유 주식의 매도를 원하지 않을 때는 평가손실을 방어하기 위한 헤지를 추가해야 한다.

신호의 완성은 저점 붕괴다. 여기서 저점이란 M 패턴을 형성하는 과정에서 발생한 저점 가격을 의미한다. 만약 저점을 붕괴하지 않고 재상승을 이어가면 M 신호는 무효다.

M의 법칙 핵심을 정리해보자. 파동선 M 신호는 추세선의 방향을 전환한다. 가령 일봉 5일선 M 신호는 추세선 20일선의 방향을 전환하고, 20M 신호는 60일

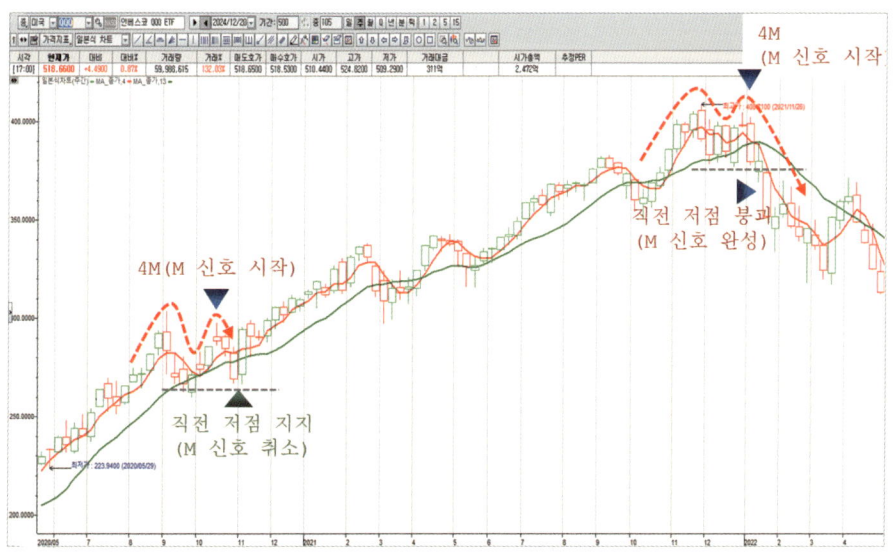

QQQ 주봉 차트(2020년 5월~2022년 4월)

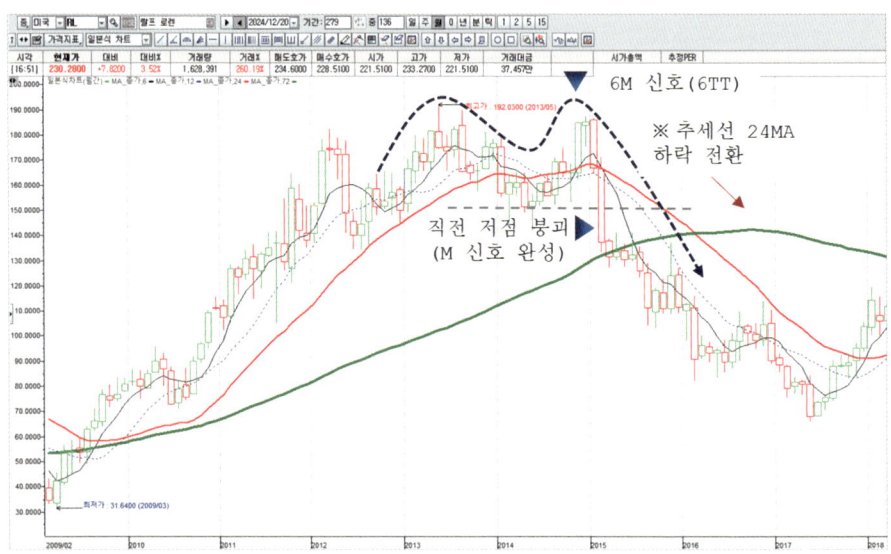

랄프 로렌 월봉 차트(2013~2015년)

선, 60M 신호는 240일선의 방향을 전환할 수 있다. 단 파동선의 직전 저점 아래로 내려가는 M 신호의 완성 과정이 필요하다. 만약 저점을 지지하며 재상승한다면 M 신호는 취소된다. 일봉 60일선의 60M 신호에는 반드시 대응해야 한다. 왜냐하면 큰 변동성을 동반하며 장기간 상승해온 추세를 멈추는 역할을 하기 때문이다.

그럼 매매신호는 어떻게 찾아야 할까? 가령 A기업의 성장 가능성과 실적을 파악했고 투자를 결정했다고 가정하자. 다음은 무엇을 봐야 할까? 주가를 확인하고 싶을 것이다. 그럼 현재 주가를 보면서 내가 몇 주를 살 수 있는지 확인하면 답이 나올까? 의미 없다. 투자자인 내가 아니라 투자 대상인 A기업을 봐야 한다. 기업의 시가총액을 확인하며 시장에서의 위치와 경쟁 기업과의 상대적 우위를 가늠하고, PER을 시장 또는 경쟁사와 비교하며 업계 대비 얼마나 저평가인지, 향후 12개월 포워드 PER을 보며 시장에서 예상하는 EPS 성장의 기대치 등을 본다. 그리고 주가의 현재 위치와 추세, 파동을 분석한 뒤 매매신호를 찾아야 한다.

매매신호는 추세의 전환점에서 나타나는 패턴을 찾는 작업이다. 가령 악화하던 실적이 개선되는 시점이 되면 장기추세선이 하락에서 상승으로 전환된다. 왜냐하면 시장의 대규모 자금이 실적 개선을 기대하며 신규로 진입하기 때문이다. 이 과정에서 주가의 캔들과 이동평균선이 특이한 패턴을 만들며 신호를 형성한다. 투자자는 매매 시점과 비중 조절 등 투자 전략 운용에 매매신호를 활용할 수 있다.

지금까지 살펴본 내용을 기반으로 이제 매매신호 이야기로 넘어가보자.

**패턴 신호 3대 법칙은 매매신호의 필살기다.**

# 추세 전환점을 포착하는 신호

지금부터 패턴 신호 3대 법칙을 실전 투자에서 활용하는 방법을 알아보겠다. 추세의 전환점을 찾는 신호에 관한 것이다.

추세는 바닥부터 정점을 지나 총 6단계 사이클로 순환한다. '바닥 → 상승파동 → 상승추세 → 정점 → 하락파동 → 하락추세'로 이어지며, 각 단계마다 신호를 발생하고 이를 캔들과 이동평균선을 활용해서 포착할 수 있다.

캔들 신호와 이동평균선 신호로 구분해서 각각 알아보자.

# 신호 이야기 1:
## 캔들 신호

캔들 신호는 추세선인 이동평균선의 방향 전환을 미리 알려주는 신호다. 주로 각 주기의 가장 작은 추세선인 일봉 5MA, 주봉 4MA, 월봉 6MA와 캔들을 조합한다. 왜냐하면 캔들이 가장 앞서 움직이기 때문이다. 특히 월봉에서의 활용도가 아주 높다. 장기추세선 월봉 6MA의 전환점을 미리 알 수 있기 때문이다.

지금 추세선이 하락추세에 있다고 가정하자. 주기는 일봉, 주봉, 월봉 모두 해당한다. 추세선이 하락을 멈추는 단계부터, 바닥을 확인하고 상승추세로 전환한 뒤 정점을 찍고, 이후 다시 하락추세로 진입하는 순환 사이클을 캔들 신호로 포착하는 과정을 순서대로 알아보자.

**0단계: 추세 하락에 제동을 거는 브레이크 캔들**

일봉 차트에서 하락하던 5일선, 또는 월봉 주기에서 6개월 이동평균선이 상승으로 전환되는 시점의 캔들을 보자. 양봉 캔들이 보이는가? 주가의 바닥은 언제나 양봉 캔들로 시작된다는 사실을 확인할 수 있다. 특징은 직전 음봉 캔들의 몸통을 완전히 감싸는 양봉 캔들이라는 점이다. 이를 '상승 장악형 캔들(Bullish engulfing candle)'이라 부른다. 이 책에서는 '브레이크 캔들(Break Candle)'이라 부르겠다.

브레이크 캔들의 등장부터 주가 흐름을 유심히 관찰해야 한다. 낚시로 보면 입질이 온 것이다. 주로 3가지 유형이 나타난다. 유형 1은 기본형, 유형 2는 음봉 캔들의 고점을 확실히 넘어간 돌파형, 유형 3은 통합 캔들형이다. 공통점은 낮아지

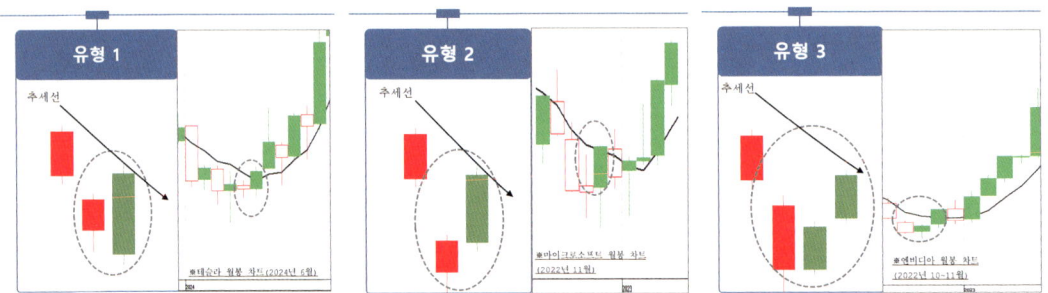

(하락에 제동을 거는) 브레이크 캔들 3가지 유형

## ○ 통합 양봉과 통합 음봉

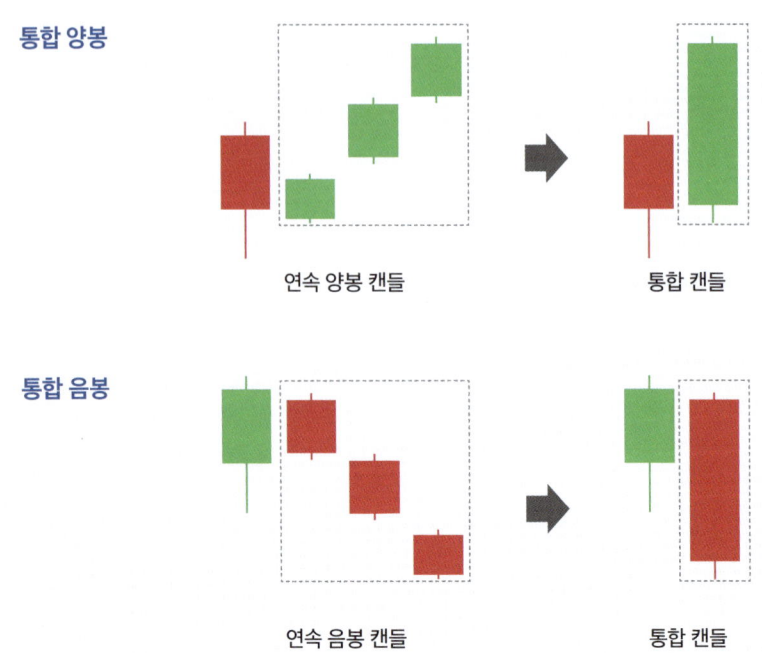

던 음봉 캔들의 고점을 높여주는 첫 양봉 캔들이라는 점이다. 이것이 브레이크 캔들의 원리다. 완전히 바닥을 확인한 것은 아니지만 하락추세 흐름을 멈추는 역할이므로 중요한 신호라 할 수 있다.

특히 유형 3처럼 연속으로 형성된 캔들을 모은 통합 캔들에 의한 브레이크 신호도 자주 출현하므로 유용하다. 이처럼 브레이크 캔들은 하락추세를 일단 멈추는 선행 신호 역할을 한다.

### 1단계: 바닥 신호 W캔들

하락추세에 브레이크가 걸렸다면 이제 완전히 멈추는 단계가 필요하다. W의 법칙에 따라 두 번의 바닥 가격을 확인해야 한다. 이것을 W캔들 신호라고 한다. 하락추세선 아래에서 캔들이 두 번의 저점을 확인하고 W자형 패턴을 만들었다. 주로 2가지 유형이 있는데 유형 1은 저점 가격이 같은 캔들이고, 유형 2는 두 번째 저점 BB가 좀 더 높은 유형이 있다. 진짜 바닥 BB가 확인되었으면 다음은 직전 고점 돌파만 남았다. 여기서 말하는 직전 고점은 W자형 패턴을 형성하는 과정에서의 직

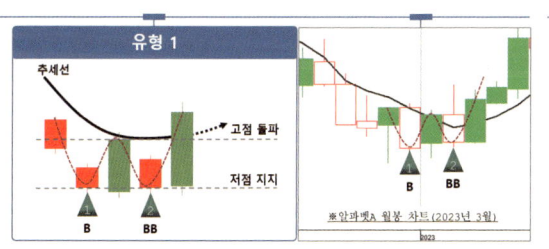 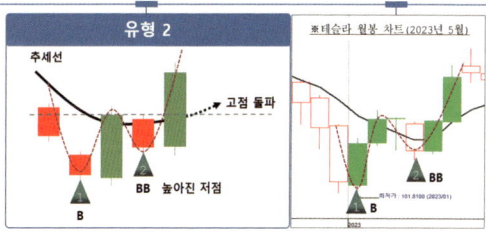

W캔들 2가지 유형

전 양봉 캔들의 고점이다. 이때 비로소 W캔들 신호가 완성된다. 이제 주가의 바닥이 확인되었으니 추세선은 완만한 기울기로 바뀌며 하락추세를 마무리한다.

## 2단계: 상승파동의 시작을 알리는 N캔들

추세 하락을 멈추고 바닥까지 확인되었다. 다음은 상승추세로의 전환이 기다리고 있는데, 이때 활용되는 것은 N의 법칙이다. 먼저 추세선 아래에만 머물던 캔들이 드디어 이동평균선을 돌파하며 위로 올라선다. 이어서 조정을 받으며 추세선의 지지를 확인한 뒤 재상승하면서 N자형 패턴을 형성한다. 이를 N캔들 신호라고 한다. 요약하면 캔들이 추세선을 '돌파 → 지지 → 재상승'의 과정을 거친다. 추세선은 이를 기점으로 드디어 상승 방향으로 추세를 전환한다. 상승추세로의 전환 과정은 '브레이크 캔들 → W캔들 → N캔들'이 기본이지만 때론 강한 시세를 동반하며 바로 N캔들 신호를 발생하기도 한다. 왜냐하면 주가 하락을 부추겼던 악재가 소멸했거나 호재 등으로 급한 매수세가 들어오기 때문이다. 이때 강한 시세는 롱캔들을 동반하는 경우가 많다. 여기서 롱캔들은 흔히 말하는 장대양봉이다.

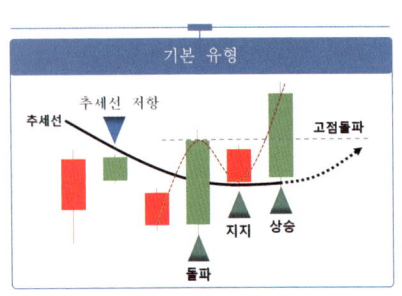

N캔들 기본 유형

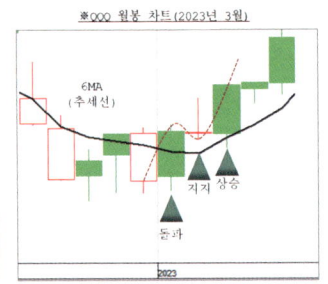

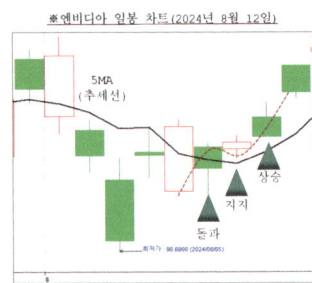

### 3단계: 중간 진입을 위한 터보캔들

이제 본격 상승추세 구간으로 진입했다. 여기서부터는 대응 전략을 구사한다. 투자자의 운용 전략에 따라 다양한 방법이 있을 것이다. 가령 상승추세 끝까지 그냥 보유하거나 조정을 이용해서 투자 비중을 늘리는 방법이 있다. 여기서 눌림목 조정을 이용한 중간 진입 신호를 알아보자. 단순하지만 활용도가 높은 신호다. 초기 추세 전환 신호를 놓쳐서 중간 신규 진입을 고려할 때, 충분한 비중을 담지 못해 추가 매수를 고민할 때, 이익 실현 후 저가 재매수 시점을 노릴 때 유용한 신호는 바로 터보캔들(Turbo Candle) 신호다.

캔들은 추세선을 중심으로 저점을 계속 높여가며 파동을 그린다. 이처럼 저점이 높아지면서 직전 고점을 돌파하는 캔들을 터보캔들이라고 한다. 터보캔들 신호를 포착하기 위한 조건은 직전 고점을 돌파한 후 마이너스(-) 조정에 진입해야만 한다. 왜냐하면 싱글탑 캔들은 추세선의 방향을 바꿀 수 없는 속성을 가지기 때문이다. 즉 이탈하는 캔들 가격이 낮아 추세선의 기울기가 유지된다. 여기서 마이너스 조정 캔들을 '눌림목 조정 캔들'이라고 한다. 이 눌림목 조정을 이용한 진입 신호를 '터보캔들 신호'라 한다. 차트의 주기에 따라 장기 또는 중단기 전략에 활용할 수 있다.

만약 고점 돌파에 실패하면 어떻게 될까? 해답은 브레이크 캔들과 M캔들 신호에서 찾을 수 있다. 상승추세 구간에서 터보캔들에 고장이 났다. 바로 고점 돌파에 실패한 것이다. 갑자기 긴 음봉 캔들이 출현하며 신나게 상승하던 주가의 흐름에 이상 신호가 나타났다. 즉 직전 양봉 캔들을 완전히 감싸는 음봉의 롱캔들이 나타난 것이다. 이 또한 같은 이름으로 브레이크 캔들 신호라 한다. 다른 이름으로는

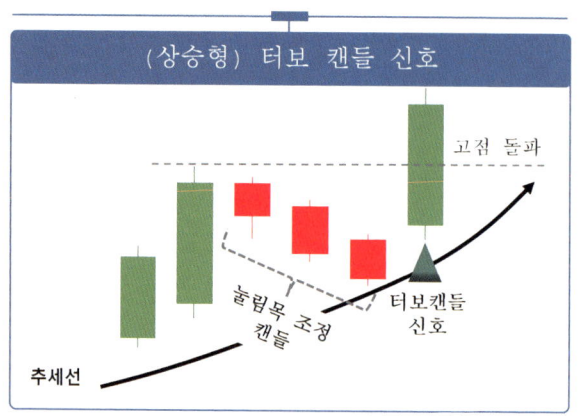

(상승) 터보캔들 신호

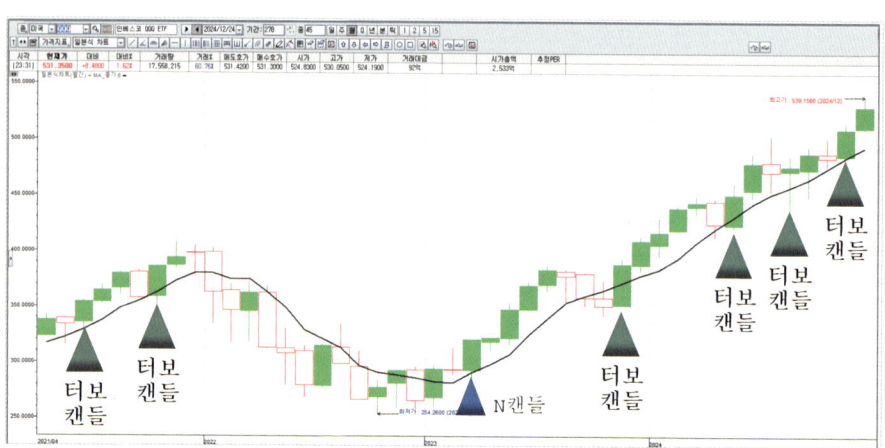

QQQ 월봉 차트(2023~2024년), 터보캔들 신호 사례

'하락 장악형 캔들(Bearish engulfing candle)'이라고도 부른다.

상승추세에 제동을 거는 브레이크 캔들에도 마찬가지로 3가지 유형이 있다.

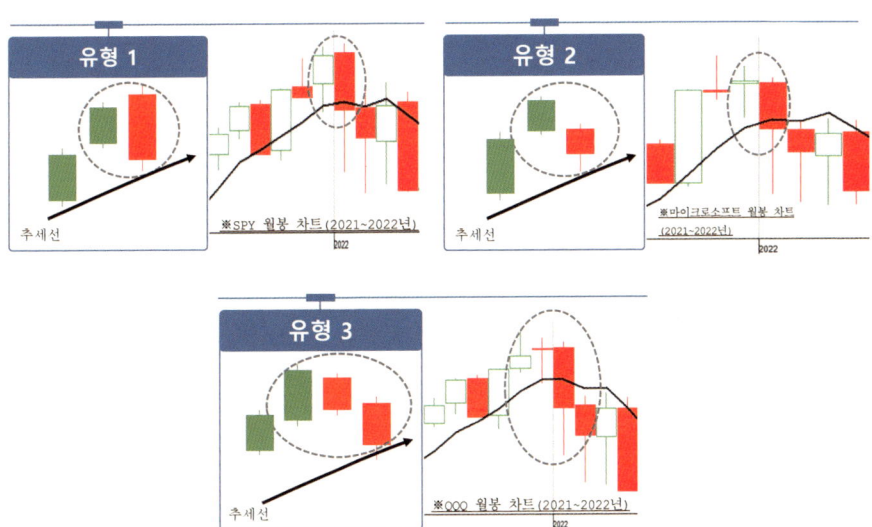

(상승추세에 제동을 거는) 브레이크 캔들 3가지 유형

유형 1은 기본이고, 유형 2는 직전 양봉 캔들의 저점을 완전히 붕괴한 경우이며, 유형 3은 통합 음봉 캔들이 직전 양봉을 완전히 장악해버린 형태다. 음봉 캔들의 패턴도 중요하지만 거래량도 함께 살펴보는 것이 좋다. 브레이크 캔들에 힘을 실어주는 것이 거래량이다. 보통 직전 거래량 대비 100~150% 증가하는 경우가 많으며 200% 이상일 경우 확신을 가져도 좋다. 브레이크 캔들이 추세를 완전히 무너뜨리지는 않지만 일단 멈추는 첫 단추이므로 유심히 살펴봐야 한다. 상승을 마무리하는 신호로 이어지는 경우가 많기 때문이다. 그럼 상승을 마무리하는 신호는 무엇일까?

## 4단계: 상승파동을 마무리하는 M캔들

1차 고점과 같은 위치에서 2차 고점을 형성하거나, 1차 고점보다 낮은 위치에서 2차 고점을 형성하면서 만들어지는 M자형 캔들 패턴을 'M캔들 신호'라고 한다. M자형 패턴 형성 과정에서의 직전 저점을 붕괴하면 신호의 완성이고, 지지하면 신호는 취소된다.

　이제 상승을 마무리할 시점이다. 가장 중요한 부분이라 말할 수 있다. 왜냐하면 매수보다 매도가 어렵기 때문이다. 실전 투자에서 늘 고민하는 부분이다. 특히 상승추세의 중간 단계에 진입하면 '여기가 정점이 아닐까?'라는 의심이 항상 생긴다. 그래서 신호를 활용하는 것이다. W캔들 신호와 비교하면 정반대의 원리다. 첫 매수신호가 W캔들 신호였으므로, 첫 매도신호는 M캔들 신호다. 단순하지만 강력한 원칙이다.

　신호의 완성은 저점 붕괴다. 만약 저점을 붕괴하지 않으면 M신호는 무효다.

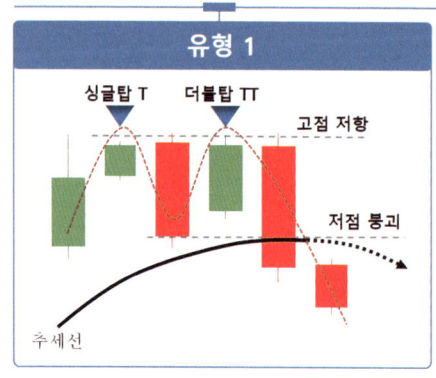 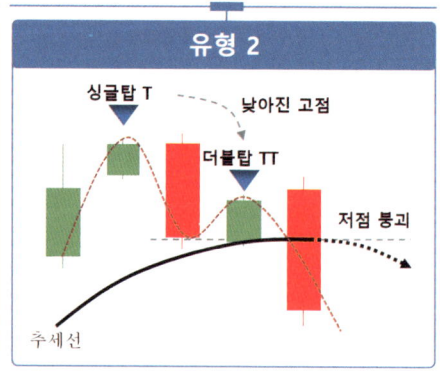

M캔들 2가지 유형

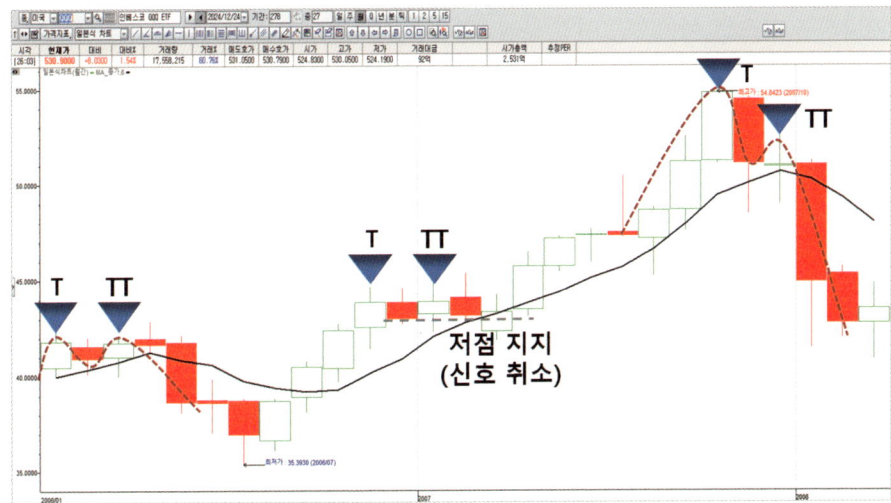

QQQ 월봉 차트(2006~2008년), M캔들 사례

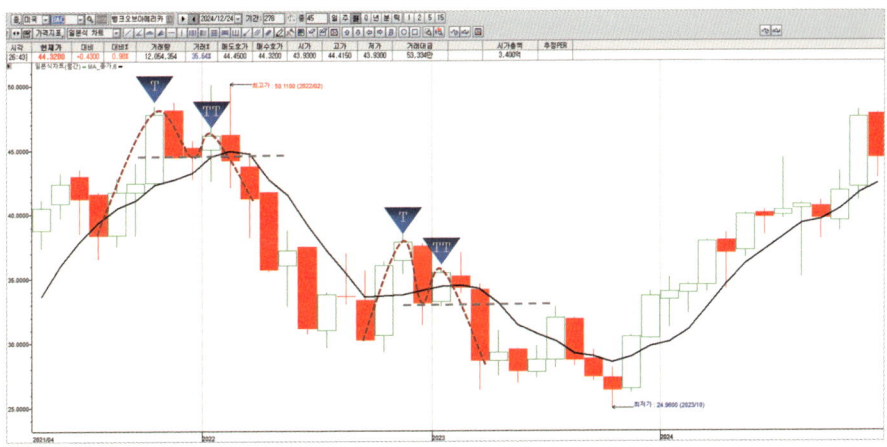

뱅크오브아메리카 월봉 차트(2021~2024년), M캔들 사례

왜냐하면 옆으로 쉬어가는 기간 조정 또는 상승을 이어가는 W신호로 전환될 수도 있기 때문이다. 이는 캔들보다 이동평균선 신호에서 자주 나타난다. 상세한 내용은 이동평균선 신호에서 살펴보자.

월봉 차트 사례를 보여주고 있는데, 그럼 다른 주기에서는 M캔들 신호가 없

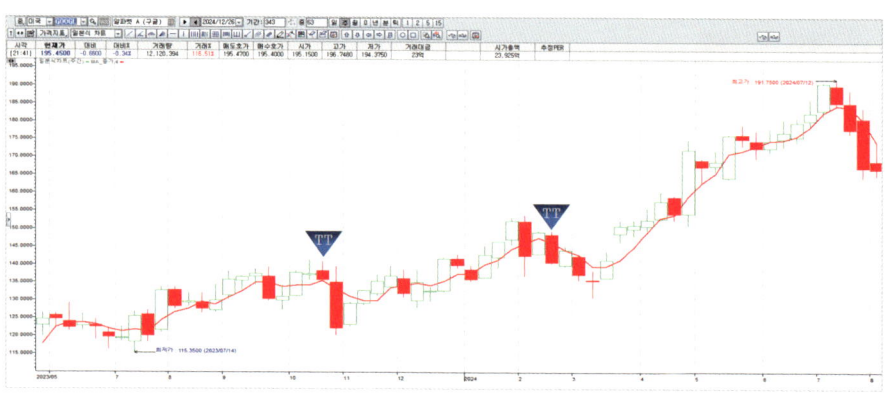

알파벳A 주봉 차트(2023년 7월~2024년 8월), M캔들 사례

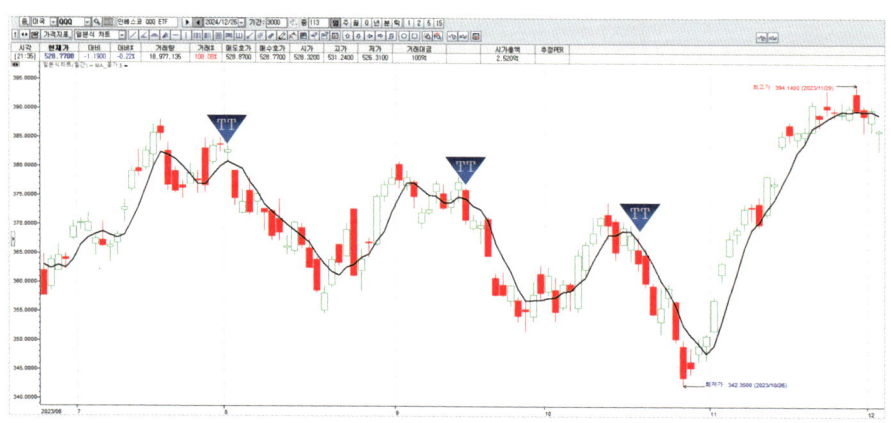

QQQ 일봉 차트(2023년 7~11월), M캔들 사례

을까? 당연히 있다. 여기서 소개하는 내용은 일봉, 주봉, 월봉 모든 주기에 적용할 수 있다. 단 주기에 따라 추세선의 크기가 다르므로 신호의 강도 또한 다르다. 가령 5일선은 그 크기가 가장 작으므로 캔들의 변동성이 크다. 상대적으로 캔들의 M신호보다 이동평균선의 신호가 더 신뢰가 높고 강하다.

예를 들어 QQQ 일봉 차트를 보면 M캔들과 이동평균선의 M 신호가 동시에 형성된 사례가 보인다. 따라서 캔들 신호와 이동평균선 신호를 함께 분석하면 더욱 효율적인 분석이 가능하다. 이동평균선 M 신호에 대한 설명은 후술하겠다. 또한 M캔들 신호의 신뢰도 및 강도를 주기별로 비교하면 '월봉〉주봉〉일봉'의 순으로 나열할 수 있다.

### 5단계: 하락파동의 시작점 RN캔들

M캔들 신호에서 저점 붕괴까지 진행되었다. 이제부터 추락하는 것일까? 아직 마지막 기회는 있다. 하락추세로 전환하기 위해서 파동신호가 필요하다. 이 과정에서 반등이 동반되기 때문이다. 캔들이 추세선을 '붕괴 → (반등 후) 저항 → 하락' 3단계 과정이 있다. 이 과정에서 'N'자의 반대되는 패턴을 형성하는데 이를 'RN'캔들 신호라고 한다. 원리는 지금까지 지지 역할을 하던 추세선이 저항의 역할로 바뀌면서 방향을 전환하기 때문이다. 이 과정에서의 반등을 잘 이용하면 주식 비중을 적절히 조절할 수 있다.

대부분의 주기에서 자주 나타나는 신호이므로 유용하게 활용할 수 있다. 특히 일봉 주기에서는 M캔들 신호보다 RN캔들 신호가 더 자주 나타나기도 한다. 그만큼 변동성이 짧고 빠르게 반영되는 속성이 있다. 만약 장기추세선인 월봉 6개월

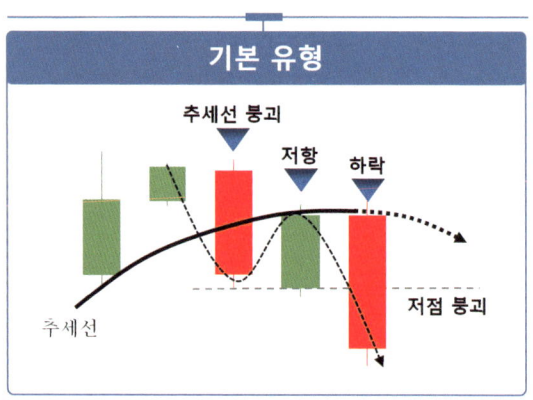

RN캔들 기본 유형

이동평균선을 기준으로 운용한다면 RN캔들 신호엔 더욱 적극적인 대응이 필요하다. 왜냐하면 앞으로 길고 지루한 장기추세 하락이 기다리고 있기 때문이다. RN캔들 신호의 완성은 저점 붕괴다. 이를 통해 이탈하는 캔들의 가격이 높아 추세선의 기울기는 자연스럽게 하락으로 방향 전환을 하는 원리를 이용한 신호다. 하락추세

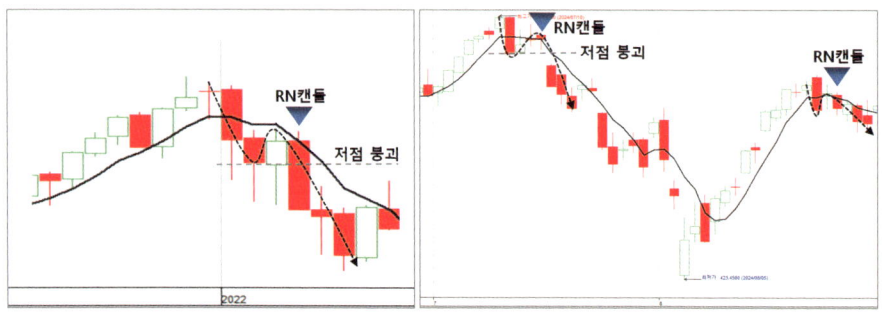

QQQ 월봉 차트(좌, 2022년 3월), 일봉 차트(우, 2024년 7~8월), RN캔들 사례

의 시작을 알리는 신호이므로 절대 놓쳐선 안 된다.

**6단계: 하락추세 구간에서의 대응, 터보캔들**

이제 본격적인 하락추세 구간에 진입했다. 하락 구간에서도 파동으로 움직이며 터보캔들 신호를 발생한다. 앞서 살펴본 상승 구간에서의 터보캔들 신호와 같은 맥락이다. 방향만 반대일 뿐이다. 하락추세 구간에서 주가는 긴 하락과 짧은 반등을 반복한다. 긴 하락 과정에서 캔들은 저점 가격을 붕괴할 때 터보 신호를 발생한다.

신호의 활용법은 가령 미처 정리하지 못한 주식이 있으면 반등 기회를 이용해 비중을 조절하거나, 숏 ETF와 같은 하락추세 상품의 매수 기회로 활용할 수 있다. 일반적으로 시장은 하락 구간에서 시간적 여유를 넉넉히 주지 않는다. 그래서 반등을 잘 활용해야 한다. 터보캔들 신호는 확인용이며, 대응은 조금 빠르게 행동하는 것이 유리하다. 다만 주의해야 할 사항은 저점 붕괴를 관찰해야 한다. 터보 신

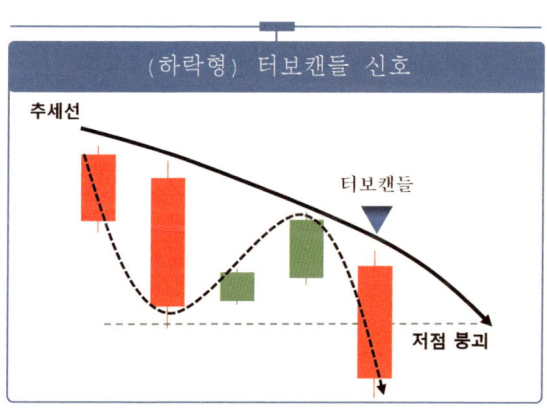

(하락형) 터보캔들 신호

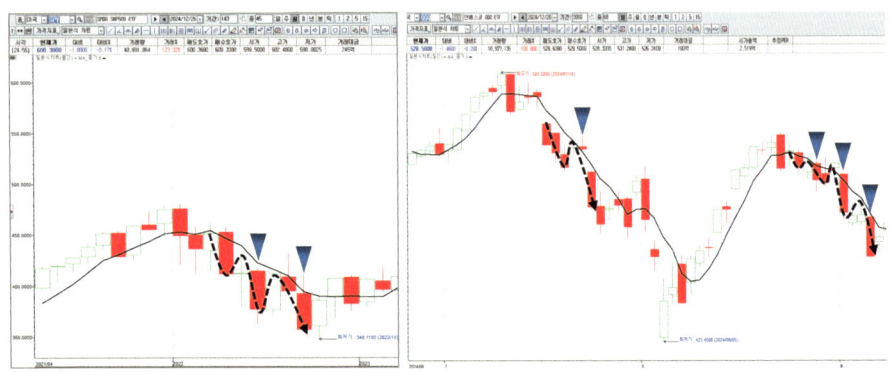

SPY 월봉 차트(좌, 2022년), QQQ 일봉 차트(2024년 7~8월), 터보캔들 사례

호의 완성은 저점 붕괴인데, 만약 붕괴하지 않고 지지한다면 시세 변화를 의심해 봐야 한다. '혹시 여기서 멈추고 W 신호로 가려고 하는가?' 하는 의심이 필요하다.

　패턴 모양은 RN캔들 신호와 유사하지만, 출발점이 아닌 하락 구간에서의 신호라는 점이 다르다.

## BO캔들: 캔들은 이동평균선을 타고 추세 여행을 한다

'캔들'이라는 여행객이 멀리 '추세 여행'을 떠나려 한다. 타고 갈 이동 수단이 필요하다. 바로 이동평균선이다. 마치 사람이 해외여행을 떠나기 위해 비행기에 탑승하는 것과 같다. 캔들이 이동평균선에 탑승하는 신호를 BO(Boarding)캔들 신호라 부른다.

　가령 아래로 향하던 이동평균선에 탑승하기 위해서 캔들은 W자를 그리며 뛰어야 한다. 그리고 N자 모양으로 발돋움을 하며 추세선을 위로 끌고 간다. 반대로 위로 향하던 이동평균선에서 내리기 위해서는 M자를 그리며 아래로 내려와야 한

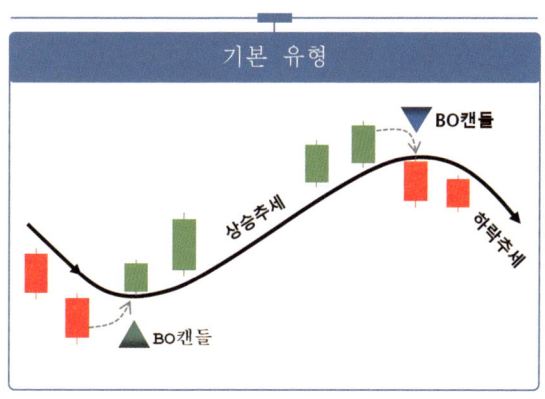

BO캔들 기본 유형

다. 그리고 RN 패턴을 그리며 추세선을 아래 방향으로 끌고 내려가기 시작한다. 여기서 주의할 사항은 캔들의 몸통이 완전히 탑승해야 한다는 점이다. 한쪽 다리만 걸치고 갈 수는 없다.

  차트를 보면 당연한 흐름으로 보이는데 신호로 분류하는 이유는 무엇일까? 왜냐하면 시세의 변화 추이를 객관적 신호로 포착하기 위해서다. 사례에서 보듯이 BO캔들 신호 후 추세가 바뀌는 일도 있지만, 그렇지 않은 때도 있다. 왜냐하면 BO캔들 신호 하나만으로는 추세의 방향을 바꾸진 못하기 때문이다. 만일 추세선 기울기가 강하다면 BO캔들은 추세선을 따라 움직일 수도 있다. 또는 파동이나 다른 신호가 더 우선시된다면 BO캔들은 순위에서 밀릴 수 있다. 그래서 BO캔들 신호는 이동평균선 신호와 함께 활용될 때 그 위력을 발휘하는 사례가 많다. 대표적으로 이동평균선의 W 신호와 함께 BO캔들 신호가 발생하면 그 신뢰성은 아주 높아진다. 가장 많이 활용되며 상세한 내용은 이동평균선 신호 부분에서 다룬다.

SPY 월봉 차트(좌, 2021~2023년), QQQ 월봉 차트(우, 2007~2009년), BO캔들 사례

    캔들의 색은 BO캔들 신호에서 고려하지 않는다. 가령 하락하던 이동평균선이 상승 전환할 때 이동평균선 위에서 시작한 캔들이 음봉을 형성해도 BO캔들로 간주한다. 왜냐하면 캔들의 몸통이 이동평균선 위에서 생성되었기 때문이다. 물론 반대의 경우도 같다. 표기는 이동평균선 크기를 가미해서 어미에 'BO'를 붙여서 표현하면 편리하다. 예를 들어 5일선 BO캔들은 5BO, 6개월 이동평균선의 BO캔들은 6BO 등으로 표현한다.

    사례를 보면 추세선과 겹치는 캔들도 BO캔들이라고 표시했는데 그 이유는 롱캔들이 발생했기 때문이다. 롱캔들은 많은 거래량을 동반하면서 강한 흐름을 보인다. 특히 이동평균선을 강하게 돌파 또는 붕괴하면 추세선의 방향을 전환할 수 있다. 가령 어느 날 악재성 뉴스로 롱캔들이 5일선을 강하게 붕괴했다면 한동안 5일선을 회복하기 어렵다. 금리 인상으로 이번 달 월봉에서 롱캔들이 형성되며 6개월 이동평균선을 붕괴하면 장기추세가 꺾일 수도 있다.

    그렇다면 롱캔들이면 무조건 BO캔들로 봐야 할까? 캔들의 길이로 판별하면

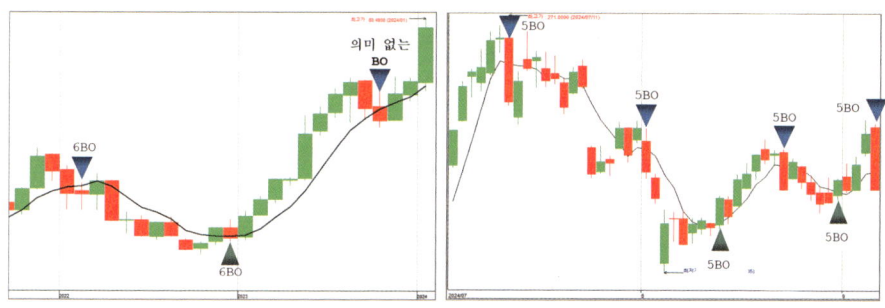

엔비디아 월봉 차트(2022~2023년), 테슬라 일봉 차트(2024년 7~8월), BO캔들 사례

된다. 캔들의 길이가 이동평균선을 기준으로 70% 이상 넘어갔다면 BO캔들 신호로 간주하면 된다. 캔들의 길이는 시세의 힘이라고 했다. 롱캔들이 형성되면서 추세의 방향을 전환할 만큼 강한 거래가 일어났기 때문이다. 이런 경우 거래량도 직전 대비 100% 이상 증가한다. 거래량 증가는 추세 전환의 신뢰성을 높여준다.

기준이 70% 이상인 이유는 무엇일까? 60%는 안 되는 걸까? 원리를 다시 한

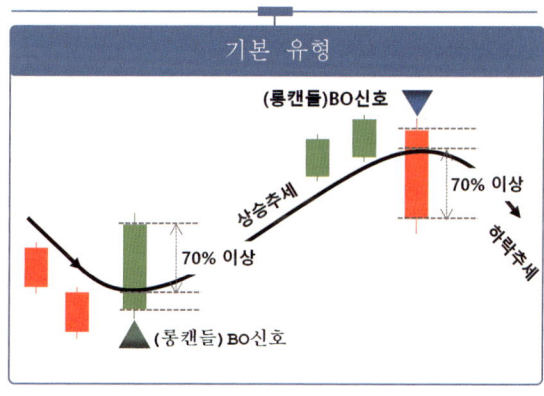

롱캔들 BO 신호 기본 유형

번 생각해보자. 기존 추세의 반대 방향으로 강한 거래가 일어나면서 추세가 전환된다고 했다. 추세선인 이동평균선의 방향을 함께 바꾸는 역할을 한다. 캔들이 이동평균선을 강하게 방향 전환 시키려면 시작부터 마감까지 2/3 이상의 힘이 필요하다고 이해하면 된다. 60%라고 의미가 없는 것은 아니지만, 70%는 되어야 신호의 신뢰가 높다고 이해하면 된다.

월봉 차트의 6BO캔들 신호는 장기추세의 전환점이다. 추세선 크기가 클수록 BO캔들 신호의 신뢰도가 높아진다. 특히 장기추세 전환은 전체 흐름을 바꾸는 역할을 한다. 장기추세선은 월봉 6MA이므로 6BO캔들 신호는 놓치면 안 된다. 그리고 단기추세선은 일봉의 20MA이므로 20BO 신호는 강한 매매신호로 자주 활용한다. 앞으로 자주 이용되는 신호이므로 꼭 기억해놓으면 계좌를 살찌우는 데 도움이 될 것이다.

중기추세선 일봉 60BO는 없을까? 당연히 있다. 다만 중기추세선 일봉 60MA

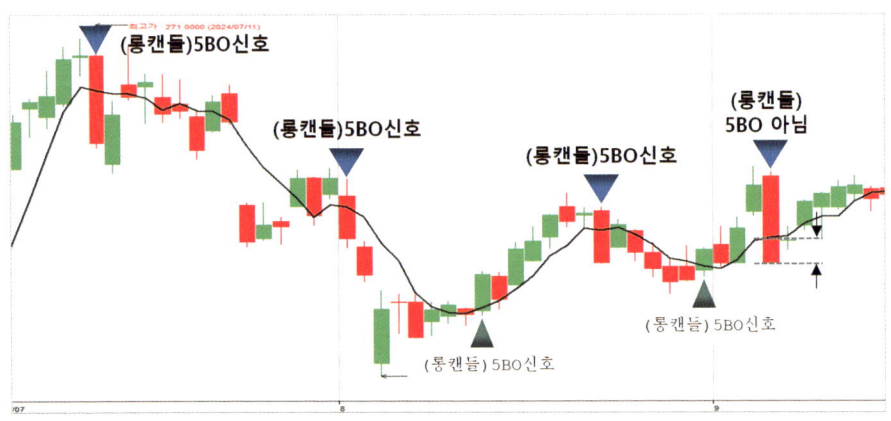

테슬라 일봉 차트(2024년 8~9월), 롱캔들 BO 신호 사례

는 그 크기가 크다. 따라서 60BO 신호를 매매 시점으로 활용하기엔 진입 시점이 느리다는 단점이 있다. 따라서 이동평균선 신호를 활용하는 것이 더 유리하다.

지금까지 주가 순환 사이클에서 캔들 신호를 살펴봤다. 다음은 이동평균선 신호에 대해 알아보자. 이동평균선 신호에는 더 풍부한 내용이 있으므로 하나하나 잘 익혀서 실전 투자에 도움이 되었으면 한다.

## 신호 이야기 2: 이동평균선 신호

캔들 신호는 서막에 불과했다. 하나의 추세선과 캔들의 관계에서 한 걸음 더 나아가 이동평균선 간 조합을 통해 단기·중기·장기추세의 전환을 포착하는 신호를 살펴보자.

총 6단계의 전환 신호는 파동선에서 형성된다. 이를 활용하면 추세 흐름의 큰 맥락을 이해하고 다양한 전략에 활용할 수 있는 밑거름이 된다. 그동안 복잡하게만 보였던 이동평균선들의 규칙이 눈에 보이기 시작할 것이다. 이동평균선 신호는 추세선과 파동선의 기본 조합을 이용한다. 파동 분석에서 살펴본 표에서 주·월봉을 추가했다.

추세선은 한 방향으로 길게 진행한다. 반면 파동선은 등락을 반복하면서 추세선보다 먼저 움직이고 추세선의 방향 전환점에서 특이한 패턴을 만들어낸다. 이 패턴을 이동평균선 신호라 부른다.

## ○ 추세선과 파동선의 조합

| 주기 | 장기추세 | | 중기추세 | | 단기추세 | |
|---|---|---|---|---|---|---|
| | 추세선 | 파동선 | 추세선 | 파동선 | 추세선 | 파동선 |
| 일봉 | 240일선 | 60일선 | 60일선 | 20일선 | 20일선 | 5일선 |
| 주봉 | 52주선 | 13주선 | 13주선 | 4주선 | - | - |
| 월봉 | 6개월선 | - | - | - | - | - |

**1단계: 진짜 바닥 확인, W 신호**

동트기 전 새벽이 가장 어두운 법, 모두 절망과 두려움에 시장을 떠날 때 희망의 신호가 나온다. 하지만 하락추세에 익숙해지며 부정적 시각에 물든 투자자는 이 신호를 좀처럼 받아들이지 못한다. 그래서 명확한 기준으로 희망의 신호를 눈으로 확인하는 것이 필요하다. 상승 반전을 위한 첫 단추를 어디서 찾을 수 있을까? 이동평균선에서 W 신호를 찾아보자. 신호에는 기본형과 복합형이 있다.

먼저 첫 번째, 기본형이다. 큰 이동평균선인 추세선은 무겁다. 가던 방향을 유지하려는 경향이 강하다. 그래서 작은 파동선이 한 번 툭 건드리는 것은 효과가 없다. 하지만 두 번째 충격에서는 추세선이 흔들린다. 바로 W의 법칙이 적용된다. 추세선과 짝을 이룬 파동선의 더블바닥 BB는 추세선 하락을 멈출 수 있다. 왜냐하면 특정 가격대에서는 매도주문보다 저가 매수주문이 더 많이 들어오면서 바닥을 형성하고, 다수의 투자자는 이 흐름을 보며 매도를 멈추기 때문이다.

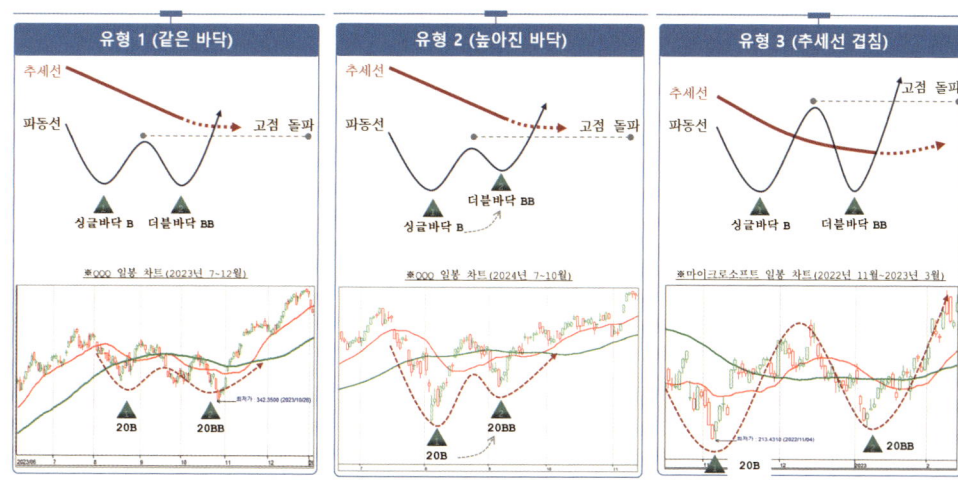

W 신호 3가지 유형

W 신호의 기본형에는 3가지 유형이 있다.

먼저 유형 1이다. 파동선의 1차 바닥 지점(싱글바닥) B와 2차 바닥(더블바닥) BB의 가격이 같다. 간혹 싱글바닥 B의 가격과 더블바닥 BB의 가격 간 ±1% 이격이 있는 경우가 있는데, 이는 이동평균선 크기에 따라 유연하게 판단하면 된다. 일종의 허용오차라 보면 된다. 왜냐하면 수치 연산이 아닌 패턴 신호이기 때문이다. 즉 바닥 가격이 비슷한 W자형 패턴 신호다.

가령 단기추세선 20일선과 파동선 5일선이 하락추세에 있다. 어느 날 5일선이 하락을 멈추고 두 번의 바닥 가격을 확인하며 W 신호를 형성했다. 파동선 크기를 가미해서 '5W 신호' 또는 '5BB 신호'라 부른다. 이로써 시장에서 바닥 가격은 확인되었다. 하지만 안심하기엔 이르다. 왜냐하면 신호의 완성은 고점 돌파이기 때문이다. 여기서 고점은 파동선이 W 신호를 형성하는 과정에서 생긴 직전 고점을 의미한다. 고점을 돌파하면 주가는 상승파동을 위한 다음 단계로 이동할 수 있다. 같은 원리를 바탕으로 중기추세선과 장기추세선도 살펴보자.

중기추세선은 일봉 60일선이며 힘이 더 강하다. 그래서 이를 움직일 만한 힘을 가진 20일선이 파트너가 된다. 파동선 20일선은 W자를 형성하면서 추세선 60일선의 하락을 멈춰 세운다. 이를 '20W' 또는 '20BB' 신호라 부른다. 20W 신호를 통해 중기추세선 60일선이 하락을 멈추는 것은 의미가 크다. 왜냐하면 투자자의 불안을 잠재울 만한 좋은 상승 흐름을 보여줄 것이기 때문이다. 특히 지수에서 20W 신호가 발생하면 절대 놓치지 말자. 주가지수는 시장 전체에 영향력이 있기 때문이다.

시장의 선두 종목이 주가지수를 이끌고 이어서 후발주자들이 따라가는 시장 분위기가 형성된다. 20W 신호가 나왔으니 다음은 60W 신호가 남았다. 이 또한 같은 원리이며 60일선에서 W 신호가 나오면 장기추세선 240일선이 상승추세로 전환된다. 눈치 빠른 독자라면 이상한 점을 찾았을 것이다. 20W 신호까지는 추세선을 멈춘다고 했는데 이번에는 장기추세선을 상승 전환한다고 표현했다. 왜일까? 실제 60W 신호가 나오면 240일선은 상승 방향으로 전환하는 경우가 대부분이다. 이유는 월봉에 숨어 있다. 60일선은 3개월 평균값이다. W 신호를 형성하기 위해 적어도 6개월 정도의 시간을 소모한다. 그 과정에서 월봉 6개월선이 상승으로 전환되기 때문이다.

테슬라 월봉 차트와 일봉 차트를 함께 살펴보자. 월봉 차트를 보면 2023년 1월부터 5월까지 W캔들 신호가 나왔고, 6월 고점을 돌파하며 장기추세선이 상승으로 전환했다. N캔들은 생략되고 추세선이 상승 전환된 사례다. 다음은 같은 기

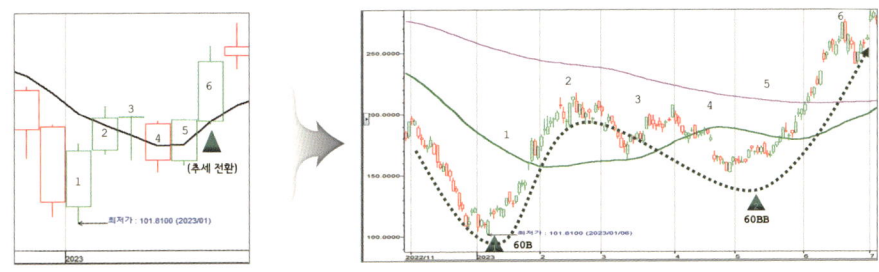

테슬라 월봉 차트(좌, 2023년 1~6월), 테슬라 일봉 차트(우, 2023년 1~6월), W 신호 사례

간 일봉 차트를 살펴보자. 추세선 240일선, 파동선 60일선의 조합이다. 2023년 1월 6일 113달러에서 싱글바닥 60B를 형성했고, 2023년 4월 26일 160달러에서 더블바닥 60BB를 형성했다. 이후 5월은 직전 고점 200달러에 도달했고, 6월 돌파하는 모습을 보여준다. 여기서 시사하는 바는 W 신호의 영향력은 파동선의 크기에 비례한다는 사실이다.

이번에는 W 신호의 기본형 중 두 번째 유형을 알아보자. 유형 2는 싱글바닥 B보다 더블바닥 BB의 가격이 더 높은 유형을 말한다. 마치 한쪽 엉덩이를 비스듬히 들고 앉은 형상이다. 실제 그런 자세는 허리 건강에 좋지 않지만, 주식 시세 흐름에는 더 유리하다. 왜냐하면 주가 하락을 이끌었던 불안한 요소보다 향후 개선 기대감이 더 큰 힘을 얻어 높은 가격임에도 불구하고 저가 매수주문이 서둘러 들어오기 때문이다. 실제 이런 상황에 놓이면 매수버튼 앞에서 망설이게 된다. 왜냐하면 앞서 싱글바닥 B 가격보다 높기 때문이다. 하지만 신호는 있는 그대로 인정하고 계획대로 행동해야 한다.

앞서 살펴본 유형 1과 2는 추세선 아래에서 패턴을 형성했으나, 유형 3은 파동선이 추세선과 교차하면서 W 패턴을 만들어낸다. 이는 남아 있는 불확실성과 향후 개선에 대한 기대가 상충하면서 자주 나타난다. 여기서 싱글바닥 B와 더블바닥 BB의 이격보다 고점 돌파가 더 중요하다. 왜냐하면 상반된 투자의견으로 변동성이 큰 상황에서 고점을 돌파하면 상승으로 진행할 것이고, 고점 돌파에 실패하면 횡보하는 기간 조정으로 진입하기 때문이다.

유형 3의 실제 사례를 살펴보자. 마이크로소프트 일봉 차트에서 2022년 11월 3일 214달러에서 싱글바닥 20B, 2023년 1월 5일 222달러에서 더블바닥 20BB를 확인했다. 20일선 패턴만 보면 20W 신호다. 그리고 20일선이 중기추세선 60일선과 교차하고 있다.

W 신호의 내용을 요약해보자. 파동선이 추세선 아래 또는 교차지점에서 W자형 패턴을 형성하면 이를 W 신호라 한다. 단기추세선 20일선을 멈추는 것은 파동선 5W 신호고, 중기추세선 60일선을 멈추기 위해서는 20W 신호가 필요하다. 장기추세선 240일선의 상승 전환은 60W 신호를 기다리면 된다.

이로써 하락추세의 마무리 과정이 완료되었다. 그리고 월봉의 24MA를 상승 전환하는 6W 신호는 거대한 물결을 만든다. 2023~2024년까지 애플을 살펴보면 특이한 유형을 발견할 수 있다. 먼저 일봉 차트를 보면 장기추세선 240MA와 파동선 60MA의 조합에서 60W 신호가 240MA 위에서 형성되었다. 왜 이런 패턴이 형성되었을까? 원인은 월봉 차트에서 찾을 수 있다. 2023~2024년까지 장기추세가 횡보였기 때문이다. 드물지만 좋은 사례이므로 새겨두자.

패턴 신호에 대해 이해했다면 이제 매수 포인트를 찾을 차례다. 실제 어디에서 매수해야 할까? 해답은 BO캔들 신호에 있다. BO캔들 신호에 진입하면 된다.

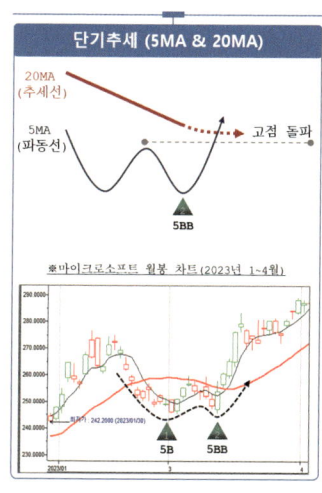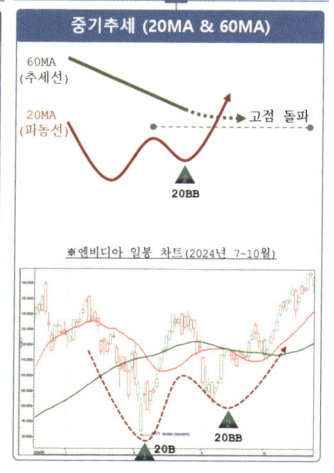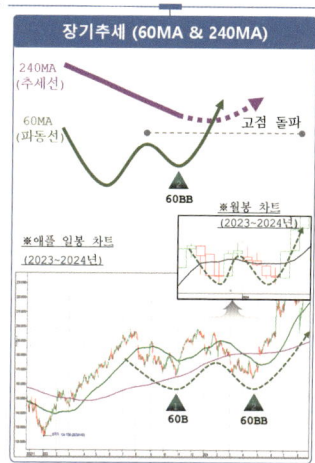

추세별 W 신호

매수 포인트는 2가지다.

첫째는 W 신호가 발생할 때 파동선에 올라타는 BO캔들 신호에 진입하는 것이다. 이는 확인된 저점 진입으로 매력적인 매수 포인트이다. 하지만 오류가 발생할 가능성도 함께 존재한다. 왜냐하면 W 신호가 미완성이기 때문이다. 고점을 돌파하기 전에는 여러 변수가 존재한다. 가령 저점과 고점 사이를 반복하며 횡보하는 박스권 흐름을 이어가거나, 저점을 다시 붕괴하는 WM 스위칭이 일어날 수 있기 때문이다. WM 스위칭에 대한 상세 설명은 후술하겠다. 이 변수들을 염두에 두고 진입 여부와 비중을 결정해야 한다. 특히 일봉 5W 신호는 변동성이 강하므로 주의할 필요가 있다. 그래서 변동성에 대한 대안으로 두 번째 매수 포인트가 준비되어 있다.

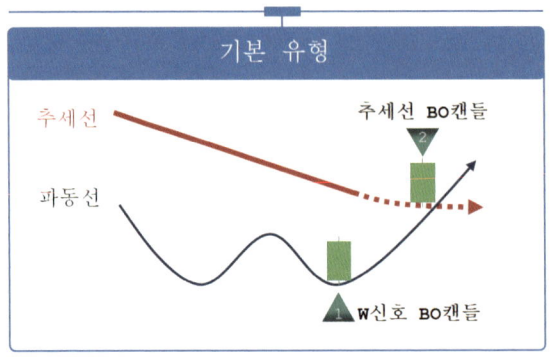

W 신호 매수 포인트

둘째는 W 신호를 확인한 후 추세선의 BO캔들 신호에 진입하는 것이다. 가령 5W 신호가 발생했다. 하지만 5일선의 변동성이 불안해 매수 진입이 망설여진다. 이땐 추세선 20일선의 BO캔들 신호에 매수 진입하면 안전하다. BO캔들은 하락하던 추세선에 탑승하는 신호라고 했다. 5W 신호로 바닥 가격은 확인되었으니 20BO 신호는 더욱 신뢰할 수 있다. 이 매수법을 '5W 20BO 신호 매수'라고 부른다. 실제 시장에서 자주 발생하는 신호이며 활용도가 높다. 단 조금 높은 가격에 진입한다는 단점이 있다. 자신의 성향에 따라 신호의 신뢰도와 위험도 사이에서 매수 진입을 결정하면 된다.

요약하면 파동선 W 신호의 BO캔들에 매수할 경우 확인된 저점 가격에 매수할 수 있단 장점이 있지만 미완성 신호에 따른 불확실성이 존재한다. 추세선 BO캔들에서 매수할 경우 안전한 위치에서 매수 진입이 가능하지만 바닥 대비 높은 가격이라는 단점이 있다.

같은 원리로 20일선 20W 신호와 60BO캔들을 결합한 '20W 60BO 신호 매수', 60W 신호와 240BO캔들을 결합한 형태도 가능하다. 다만 추세선 크기가 클수록 파동선 W 신호와 추세선 BO캔들 사이 이격이 크다는 단점이 있다. 이를 극복하는 방법은 자신의 성향에 따라 매수 비중을 조절해서 분할매수하는 것이다.

## ○ 신호 매수 비중

| 신호 | 매수 비중(α:β) | |
|---|---|---|
| | 보수적 성향 | 적극적 성향 |
| 5W:20BO | 10:90 | 70:30 |
| 20W:60BO | 50:50 | 50:50 |
| 60W:240BO | 50:50 | 90:10 |

- 파동선 W 신호 비중(%): 추세선 BO캔들 신호 비중(%)=(α):(β)

'W' 신호는 진짜 바닥을 포착하는 신호라고 이야기했다. 주가 바닥이라 이야기하면 무엇이 상상되는가? 아마 대부분 큰 추세의 최저가를 떠올릴 것이다. 그렇다. 우리는 지금 그것에 대해 이야기하고 있다. 하지만 추세 상승 구간의 중간 지점에는 바닥이 없을까?

예를 들어 테슬라는 2020년 연간 700% 이상의 수익률을 기록했으나 9~11월 중순까지는 단기추세선 20일선의 하락 구간이 있었다. 엔비디아는 2023년 한해 230%의 상승추세 구간이었으나 9~10월까지는 중기추세 하락 구간이었다. 이를 흔히 기간 조정 또는 단기 조정이라고도 표현한다.

W 신호의 기본형은 하나의 추세선을 기준으로 파동선의 W 신호를 찾아내는 것이다. 여기에 추세선보다 큰 이동평균선을 추가하면 어떨까? 즉 기본형에 더 큰 추세선을 추가해서 큰 흐름을 분석하는 방법을 W 신호의 복합형이라 한다. 예를 들어 단기추세선 20일선에 60일선을 추가하면 20일선의 추세 전환에 힘을 더할 수 있다. 밑에서 받쳐주는 큰 형님(60일선)이 있으니 믿고 올라가는 것과 같다.

2023년 8~10월 엔비디아는 고평가 논란으로 조정이 진행되었다. 하지만 장기추세선 240일선이 아래에서 든든하게 받쳐주며 아직 끝이 아니라고 말하고 있었다. 20일선은 이를 믿고 W 신호를 만들며 조정을 마무리했고, N 신호와 함께 다음 단계로 달려갔다. 주가의 향방은 시장이 말해준다. 시장에서 형성되는 주가 시세의 방향이 가장 정확하고 중요하다. 투자자는 이를 따라야만 한다.

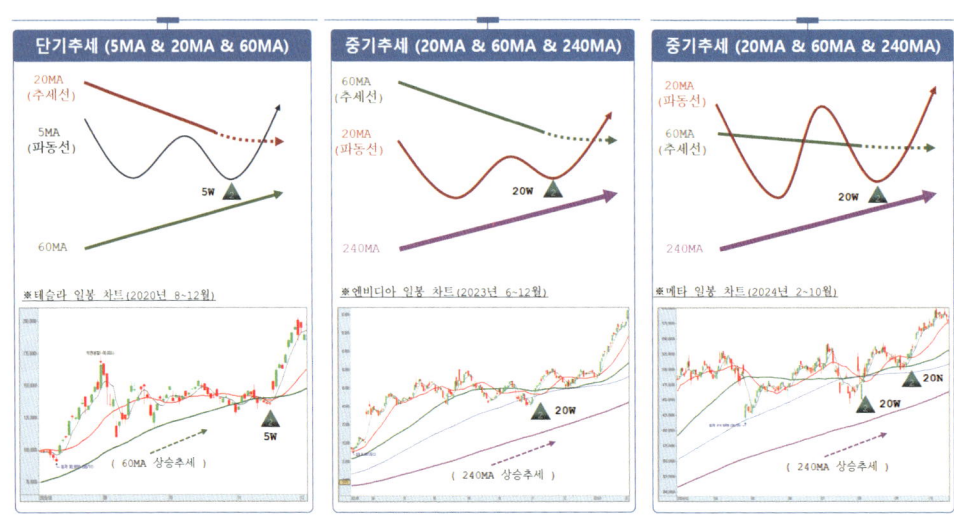

추세별 복합형 W 신호

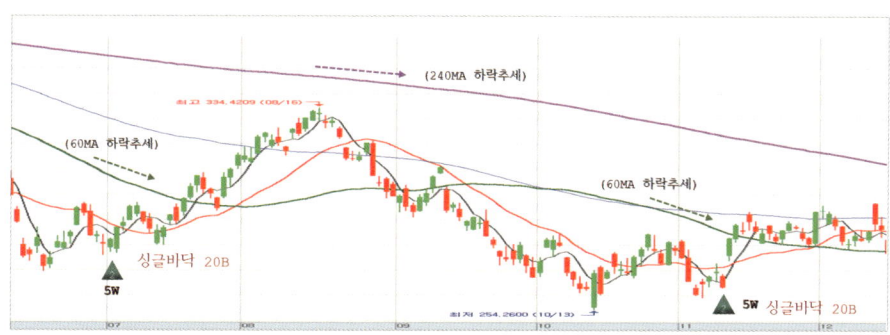

QQQ 일봉 차트(2022년 5~12월)

이동평균선 여러 개를 조합해서 신호를 분석하다 보니 차트가 너무 복잡해 보일 수 있다. 복잡하지만 반드시 필요한 일이다. W 신호의 신뢰도와 강도를 분석하기 위해서다. 가령 5W 신호가 완성되어 20일선이 추세상승으로 쭉 뻗어가기를 기대하고 있는 순간, 20일선이 하락으로 다시 무너지는 경우가 있다. 이때 60일선과 20일선의 관계를 보니 60일선 하락추세 구간에서 20일선의 싱글바닥 반등일 뿐이었다. 따라서 큰 흐름을 먼저 분석한 후 그 속에서 신호를 판별하고 활용하는 것이 효과적이다.

**2단계: 본격 상승파동의 시작, N 신호**

드디어 N의 세계에 온 것을 축하한다. 알파벳 N은 번개와 비슷한 모양이다. 그만큼 N 신호는 강하고 빠른 속성이 있다. 왜냐하면 파동선이 무겁고 힘 빠진 추세선을 상향으로 끌고 가야 하기 때문이다. 지금까지 추세선은 반등하는 주가를 억누르며 내려오다가 파동선의 W 신호로 하락을 멈췄다.

하지만 아직 상승추세로의 전환은 시기상조다. 그러던 어느 날 추세선의 모습이 달라졌다. 주가 하락을 하단에서 방어하며 위로 강한 상승을 이어간다. 그날이 바로 N 신호가 발생한 날이다. 만약 W 신호를 놓쳐 바닥에서 진입하지 못했더라도 실망하지 말자. 우리에겐 N 신호가 있다. N 신호에는 기본형과 특수형이 있다. 하나씩 알아보자.

먼저 기본형이다. N 신호란 파동선이 추세선 위에서 N자형 패턴을 형성하는 것을 말한다. 먼저 과정과 원리를 알아보자. 파동선이 추세선을 강하게 상승 돌파한다. 이때 시장에서는 "바닥을 찍고 추세 상승으로 전환되었다"라는 이야기를 한다. 하지만 우리는 아직 한 가지 과정이 더 남았다는 것을 알아야 한다. 바로 마지막 조정을 통해 추세선의 지지를 확인하는 과정이다.

만약 지지하지 못하고 추세선을 다시 붕괴하는 데드크로스가 발생한다면 처음부터 다시 시작되어야 한다. 추세선의 지지를 받은 파동선이 다시 상승한다면 N자형 패턴이 만들어진다. 그리고 신호의 마지막 관문은 '직전 고점 돌파'다. 여기서 직전 고점은 N자형 패턴을 만드는 과정에 형성된 직전 고점 가격을 말한다. 고점까지 돌파하면 신호는 완성되며 주가는 드디어 상승파동을 시작한다.

N 신호 형성 과정은 '1단계 돌파 → 2단계 지지 → 3단계 N 상승'으로 정리할 수 있다. 표현방법은 파동선의 크기를 가미해서 표현한다. 예를 들어 파동선 5일선이 추세선 20일선을 기준으로 N 신호를 형성했다면 5N 신호라 표현한다. 같은 방식으로 20N, 60N 등으로 표현하면 된다. 그중 최고는 60N 신호다. 왜냐하면 장기 추세선 240일선의 상승파동이 시작되었기 때문이다. 60N 신호는 절대 놓쳐서는 안 되는 대박 신호임을 명심하자. 바닥을 보면 많이 오른 느낌이지만 앞으로의 상

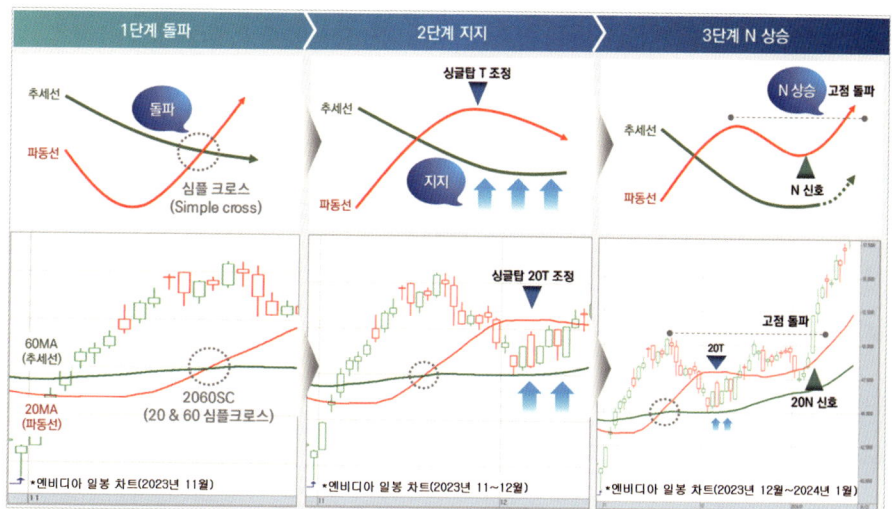

N 신호 3단계 형성 과정

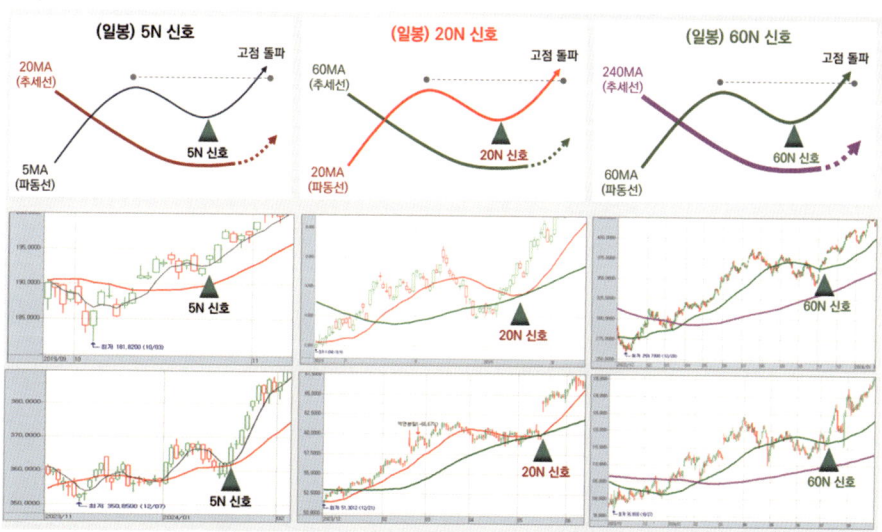

추세 크기별 N 신호 유형과 사례

승을 보게 된다면 이제 시작이라는 사실을 알게 될 것이다. 추세 크기별 다양한 사례를 살펴보자.

다음으로 특수형 N 신호가 있다. 간혹 어떤 일을 추진할 때 급하면 중간 과정의 일부를 생략하기도 한다. 시간이 부족하거나 목표를 빨리 달성해야 하기 때문이다. 주식 시장도 마찬가지다. 정상적인 흐름의 일부 과정을 생략하고 시세가 급하게 움직일 때가 있다. 그때 나타나는 현상이 N 신호에도 있다. 시장에서 자주 나타나는 2가지(20N240 특수형, 5N60 특수형)를 특수형으로 분류해서 소개한다. 특수형의 핵심은 기본형의 파동선보다 작은 크기의 이동평균선이 먼저 N 신호를 동반하며 추세선의 방향을 전환한다는 점이다.

먼저 첫 번째, 20N240 특수형이 있다. 기본형에서 추세선 240일선은 파동선 60일선과 파트너가 된다. 하지만 지금 뭔가 급한 상황이다. 그래서 60일선 대신 발 빠른 20일선이 파동선 역할을 한다. 즉 20일선과 240일선의 조합이다. 여기서 배열에 따라 2가지 유형으로 나뉜다. 하나는 240일선을 기준으로 20일선이 위에서 20N 신호를 형성하는 것이고, 다른 하나는 아래에서 20N 신호를 만들기도 한다. 특히 아래에서 20N 신호를 형성하면 헷갈리는 경우가 많다. 시장에서 힘겨루기가 이뤄지면서 애매한 위치를 만드는 것이다.

아래에 60일선이 받쳐주고 있다면 "그럼 60일선에 대해 20N 신호 아닌가요?"라고 물을 수 있다. 맞다. 그렇게 봐도 무방하다. 하지만 20일선이 240일선과 더 가까운 위치에서 상호 영향을 주고 있으므로 특수형으로 분류한 것이다. 핵심은 60일선이 240일선에 대해 N 신호를 먼저 형성하는 것이 정석인데, 20N 신호가 우선하는 형태를 20N240 특수형이라 부른다. 그럼 60N 신호는 생략될까? 아

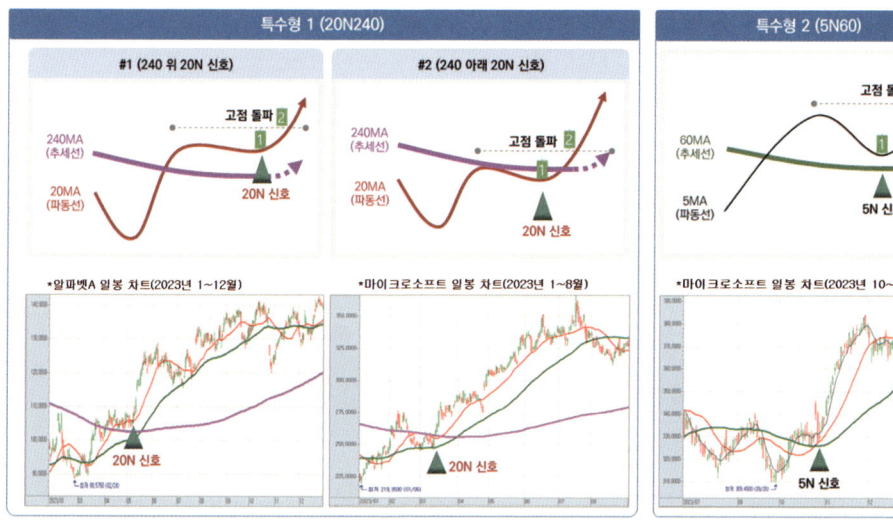

2가지 특수형 N 신호

니다. 20N 신호를 기점으로 한참 상승한 후 60N 과정이 진행된다. 60N 신호만 기다리다가 좋은 매수 포인트를 놓칠 수 있다. 특수형 1에서의 매수 포인트는 20BO 캔들에서 1번, 고점 돌파하면 2번으로 두 번에 걸쳐 진입하는 것이다.

두 번째로 5N60 특수형이 있다. 60일선에 대해 5N 신호가 형성되는 것을 말한다. 알다시피 기본형은 추세선 60일선에 대해 파동선 20N 신호가 정석인데, 여기서도 뭔가 급한 일이 생긴 것이다. 그래서 5일선이 5N 신호를 보내며 먼저 달려가는 것이다. 물론 20N 신호도 발생한다. 다만 한참 상승한 후 20N 신호가 나온다. 중요한 매수 포인트는 5N의 5BO캔들에 1번, 고점 돌파에 2번으로 분할 진입하면 좋다.

특정 종목의 시세가 바닥에서 급등하면 "와우!" 하는 감탄사가 나온다. "저때 잡아야 했는데…." 하는 후회도 든다. 주식 투자 경험이 있는 투자자라면 누구나 공감하는 말이다. 하지만 급등 전엔 변동성에 의한 혼조를 보며 매수를 망설이게 된다. 급등 후엔 부담스러워 망설인다. 도대체 어떻게 해야 할까? 그래서 시장에서 자주 나타나는 급등 신호를 모아 '와우식스 패턴(WOW 6 Pattern) 신호'가 탄생했다.

긴 상승 흐름의 출발점에선 강한 에너지가 필요하다. 그럼 어디서 힘을 얻을 수 있을까? 추세선과 파동선의 힘을 뭉치면 된다. 지금까지 설명한 내용에서는 추세선의 방향을 바꾸는 데 무게중심을 두었다. 만약 추세선이 상승 전환할 때 W 패턴이나 N 패턴을 만든다면 어떻게 될까? 무거운 추세선이 패턴 신호를 만들면 힘이 생긴다. 따라서 급등 시세를 만드는 와우식스 패턴은 추세선과 파동선이 동시

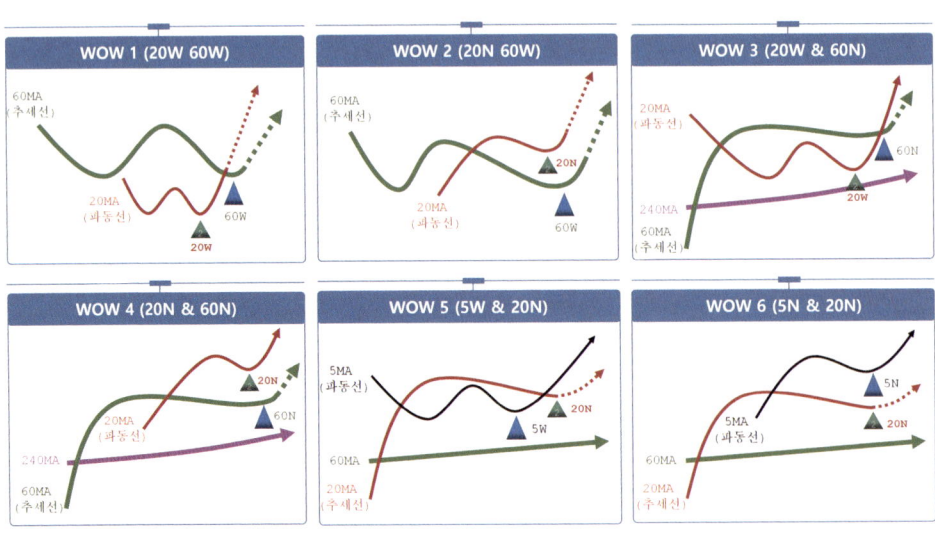

유형별 와우식스 패턴

에 W 또는 N 신호를 형성하는 유형이다. 동시에 발생한 신호는 그 힘이 배가되어 강력한 시세 분출을 만들어낸다.

60일선과 20일선이 큰 추세 변화를 만들고, 20일선과 5일선이 이를 마무리하는 과정까지 나열하면 WOW 1번부터 WOW 6번까지 6가지 유형의 신호가 만들어진다. 지금부터 급등 열차를 타고 달려보자.

추세를 만들어가는 과정은 복잡하고 다양하다. 그 속에서 크고 작은 신호들이 복합적으로 형성된다. 실제 사례들을 살펴보면 이해된다.

테슬라 사례를 살펴보자. 2020년 최고의 성과를 안겨준 주식 중 하나였다. 바닥을 확인하는 과정은 2019년부터 실적 개선을 배경으로 진행되었고, 앞서 배운 신호 중 20N 신호가 60W 신호를 동반하며 WOW 2 패턴으로 진짜 바닥을 확인했다. 아울러 N 신호의 특수형인 20N240 신호로 이어졌다. 무언가 급했다는 이야기다. 그 무언가가 바로 실적 개선과 향후 성장성에 대한 기대였다.

2020년 초 코로나19 팬데믹이 덮쳤으나 추세는 WOW 4번 패턴을 만들며 이를 극복했다. 물론 금리 인하를 비롯한 양적완화가 시장에 양분을 제공한 덕분

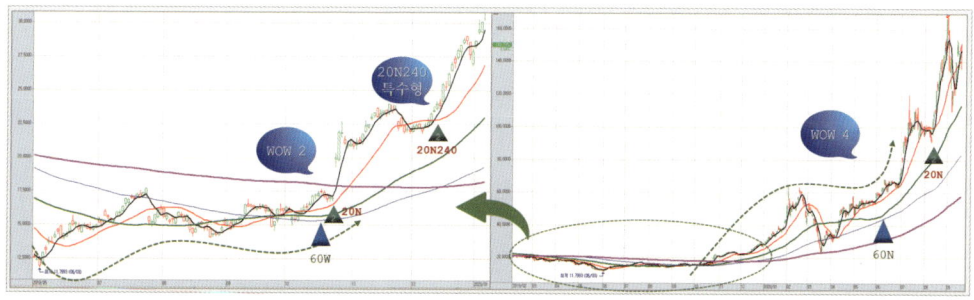

테슬라 일봉 차트(좌, 2019년 5월~2020년 1월), 일봉 차트(우, 2019년 5월~2020년 9월), 와우식스 패턴 사례

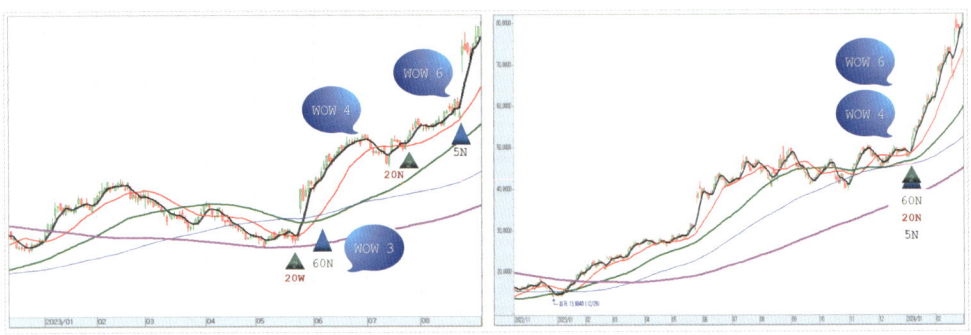

애버크롬비 일봉 차트(좌, 2023년 1~8월), 엔비디아 일봉 차트(우, 2023년 1월~2024년 2월), 와우식스 패턴 사례

이기도 하다. 이후 시장을 주도했던 엔비디아를 비롯한 빅테크 종목을 기억할 것이다.

이 밖에 소리 소문 없이 조용히 강했던 애버크롬비와 같은 종목도 있다. 패션 의류 기업이지만 실적 성장을 배경으로 WOW 3 패턴을 기점으로 강한 흐름을 보여줬다. 따라서 지금 우리가 배우는 추세와 파동 그리고 신호들은 시장 지수와 기업의 주가뿐만 아니라 원자재, ETF, 선물 등 다양한 투자 대상에 활용할 수 있다.

**3단계: 상승추세 구간에서의 대응, 터보 신호**

기대수익률이나 손절매 기준이 있을 것이다. 가령 10% 수익이면 만족한다거나 10% 손실이면 손절매를 하는 것이다. 하지만 매도 후 후회하는 경우가 종종 있다. 바로 내가 매도한 주식이 더 오르는 경우다. 다시 매수해야 하는데 손이 잘 나가지 않는다. 그래서 주식 투자는 자신과의 싸움이라고 이야기한다. 가령 유망한 기업을 발굴했다. 주가 시세를 확인해 보니 이미 파동이 진행 중이다. '조금만 더 빨리

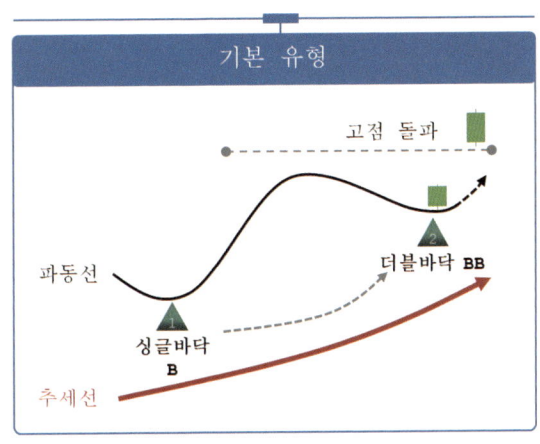

상승추세 터보 신호 기본 유형

발견했더라면….' 하는 마음이 든다. 아쉽지만 아직 기회는 있다. 바로 터보 신호를 활용해서 중간 진입하는 방법이다. 즉 이미 상승 중인 주식의 매수 시점을 포착할 때 터보 신호를 활용한다.

정의부터 살펴보자. 주가는 상승추세 구간에서도 조정과 재상승을 반복한다. 그런데 조정이 왔을 때 추세의 끝인지 아닌지를 구분해야 한다. 판단의 기준은 추세의 속성에서 찾을 수 있다. 상승추세 구간에서 캔들과 파동선 모두 저점과 고점을 높여가는 속성이 있다. 그리고 추세선은 파동선 싱글탑 조정으로 끝나지 않는다는 사실을 기억하자. 이 2가지 원리를 활용한다.

싱글탑 T 조정을 받은 파동선이 직전 저점 B보다 높은 BB에서 재상승하는 것을 터보 신호라 부른다. 자동차의 터보엔진은 터빈으로 출력을 높여 같은 배기량이어도 성능이 훨씬 높다. 자동차를 좋아하는 사람이면 말만 들어도 가슴이 뛴다. 주가의 터보 신호도 가슴 뛰는 강한 시세를 분출한다.

표현방법은 '터보+파동선 크기'를 사용하면 편하다. 예를 들어 파동선이 5일선이면 터보 5, 20일선은 터보 20으로 표현한다. 터보 신호는 추세 과정에서 공통으로 나타나므로 활용도가 높다. 터보 신호의 완성은 직전 고점 돌파다. 중요한 것은 매수 포인트인데 신호를 이용한 매수와 가격 범위 내에서 분할매수하는 방법이 있다.

요약하면 파동선 터보 신호에서 BO캔들에 진입하거나, 고점 돌파를 확인하고 안전하게 진입하는 방법, 그리고 추세선 가격까지 분할매수하는 피라미드 매수법이 있다. 상세한 설명은 후술하겠다. 주의할 점은 직전 고점 돌파에 실패한 경우다. 만약 고점 돌파에 실패하면 M 신호를 만들며 추세의 끝을 알린다.

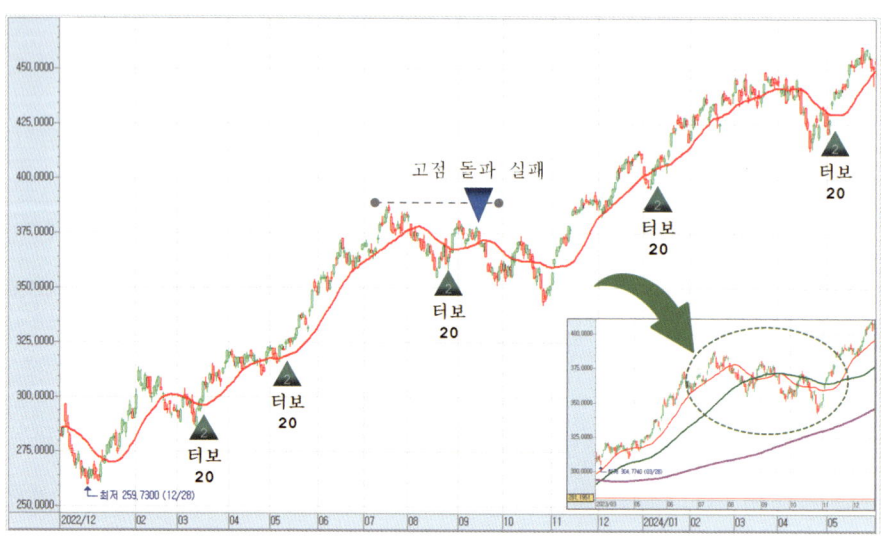

QQQ 일봉 차트(2023년 1월~2024년 5월), 상승추세 터보 신호 사례

QQQ 일봉 차트를 보자. 20일선을 중심으로 터보 20 신호만 추종한 사례다. 고점 돌파 후 싱글탑 20T 조정 후에는 대부분 재상승으로 이어지는 모습을 볼 수 있다. 이것이 터보 신호의 원리다. 단 파동선의 마지막 5 파동(20LW)은 주의해야 한다. 왜냐하면 고점 돌파에 실패하며 조정으로 이어질 수 있기 때문이다. 반드시 5 파동 구간이 아니어도 고점 돌파에 실패한 경우는 더블탑 TT 신호로 인해 추세선 조정으로 이어진다는 점을 명심해야 한다.

실제로 2023년 8~10월 조정 구간인데, 60일선을 보면 정배열 추세 상승 중

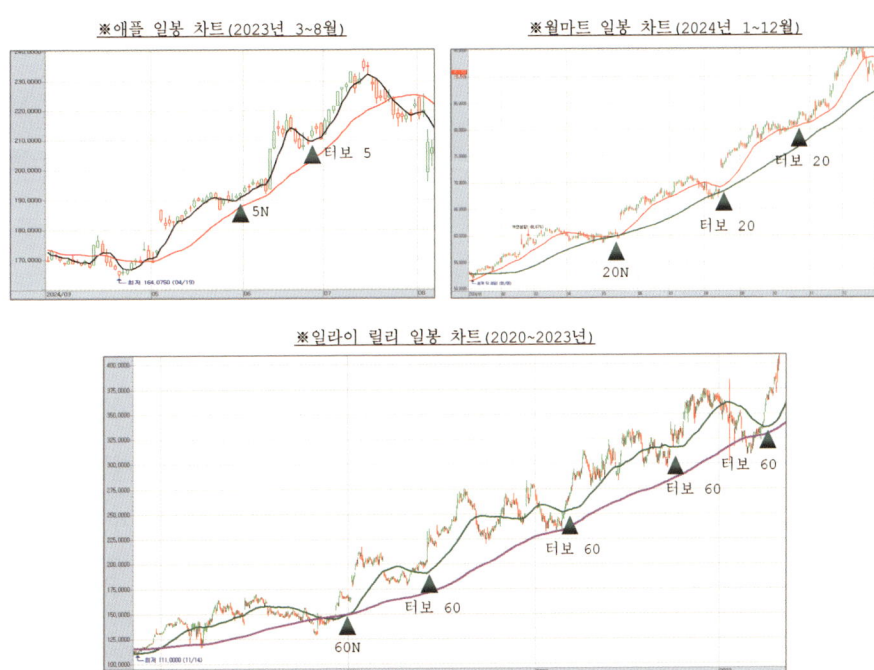

터보 5, 터보 20, 터보 60의 사례

싱글탑 60T 조정이므로 추세의 끝이 아닌 일시적 조정으로 보인다. 잠시 HTS를 실행해서 QQQ의 일봉에서 해당 기간의 흐름을 직접 확인해보는 시간을 가져보길 바란다.

5일선의 터보 5, 20일선의 터보 20, 60일선의 터보 60의 실제 사례를 살펴보자. 파동의 시작점은 N 신호이므로 터보 신호와 구분된다.

매수는 잘하는데 매도를 못해서 고민인 투자자가 많다. 어렵다고 손 놓고 있을 수는 없는 노릇이다. 해결법을 찾아야 한다. 요즘 주목받는 종목을 매수했다고 가정하자. 어느 정도 수익이 나서 이익 실현을 했다. 그런데 매도한 주식이 더 많이 상승하면 심리적으로 불편해진다. '괜히 팔았네' '조금만 더 기다릴 걸' 등등 후회를 하다 더 높은 가격에서 재매수한다. 이렇게 따라잡는 과정을 반복하다 보면 언젠가 고점에 매수하게 된다. 실수라고 느껴지는 순간 '장기투자로 가져가야지'라고 스스로 정당화한다. 이는 잘못된 습관이다. 시작 단계부터 장기투자 전략을 계획한 것이 아니라 속칭 물렸기에 장기투자로 전환한 것이다.

또한 역사이클의 늪에 빠지는 사례도 많다. 이는 손절매를 반복하는 경우다. 억울하다. 나름 열심히 주식 매매를 했는데 투자금은 줄고 남는 것은 스트레스뿐이니 말이다. 앞으로 성공 투자 경험을 쌓으면서 여유롭게 투자하는 모습을 상상하며, 정형화된 기술로 최적의 매도 신호를 포착하는 방법을 알아보겠다.

내가 팔지 못했던 경험의 공통점은 무엇일까? 바로 명확한 매도 기준이 없다는 것이다. 그럼 매도 기준은 어떻게 찾아야 할까? 해답은 M 신호에 있다.

### 4단계: 상승파동을 마무리하는 신호, M 신호

너무 빠른 매도는 심리적 혼란을 가져오고 늦은 매도는 수익의 아쉬움을 남긴다. 그럼 적절한 매도 시점은 언제일까? 바로 매수의 이유가 소멸한 시점이다. 기업의 실적 성장을 근거로 투자를 시작했다면 장기추세선의 상승에 편승한 것이다. 그럼 매수 이유가 소멸하는 시점은 당연히 장기추세선의 상승 마무리일 것이다. 앞서 장기추세선 6개월 이동평균선의 정점을 M캔들 신호로 포착했었다. 이번엔 일봉 차트의 60일선 M 신호에서 정점을 찾아보자.

만약 내 투자 성향이 그보다 짧은 수개월에 적합하다면 60일선을 기준으로 추세를 따라가면 된다. 20일선, 5일선에서도 같은 원리를 적용한다. 단순하고 명확하지 않은가? 그럼 M 신호는 무엇인지 하나씩 살펴보자. M 신호는 기본형과 복합형으로 나뉜다.

첫 번째, 기본형이다. 먼저 M 신호의 원리부터 알아보자. 잠시 앞서 살펴본 W 신호를 떠올려보자. 두 차례에 걸쳐 일정 가격을 지켜내며 진짜 바닥이 확인되었으므로 자신 있게 매수 포지션으로 진입할 수 있다. 이 원리를 반대로 생각하면 답이 보인다. 가령 잘 오르던 주가가 특정 가격에 부딪혀 1차 조정을 받았다고 가정하자. 추세의 속성에 따라 반등이 따라왔으나 저항받은 가격을 넘어서지 못하고 2차 조정으로 이어졌다. 어떤 생각이 떠오를까?

'저기가 고점인가 보다' 하는 생각이 먼저 스칠 것이다. 내가 그랬다면 남들도 같은 생각일 것이다. 먼저 팔고 싶지 않을까? 두 번의 고점이 확인되었으니 이익 실현 욕구가 매도심리를 더욱 자극한다. 그렇게 매물이 시장에 쏟아지면 주가는 본격 조정으로 들어간다. 이 현상을 추세선과 파동선을 대입해서 풀어보면 다음과 같다.

파동선 1차 고점 형성 후 조정 → 반등했으나 고점 돌파 실패 후 2차 고점 형성 → 매물이 쌓이며 직전 저점 붕괴 → 추세선 아래로 내려가는 BO캔들 → 추세선 하락 전환

이 과정에서 파동선은 M자형 패턴을 만들어낸다. 이처럼 두 번의 고점을 형성하며 파동의 마무리를 알리는 신호를 M 신호라 부른다. 단 파동선 5 파동 구간에서의 1차 조정은 2차 고점을 형성하지 않고 바로 추세선 아래로 내려갈 수도 있다. 혹은 5 파동 마무리 후 M 패턴을 만들기도 한다. 딱 정해진 것은 없다. 왜냐하면 조정의 배경과 강도에 따라 다변하기 때문이다. 따라서 2가지 가능성을 모두 열어놓고 유연하게 대응해야 한다.

M 신호의 기본형은 다시 3가지 유형으로 나뉘며 시장에서 자주 나타난다. 고점이 같은 가격이면 유형 1, 두 번째 고점이 첫 번째보다 낮으면 유형 2, 파동선이 추세선과 두 번 교차하면서 저점을 붕괴하면 유형 3이다. 여기서 저점은 M자형 패

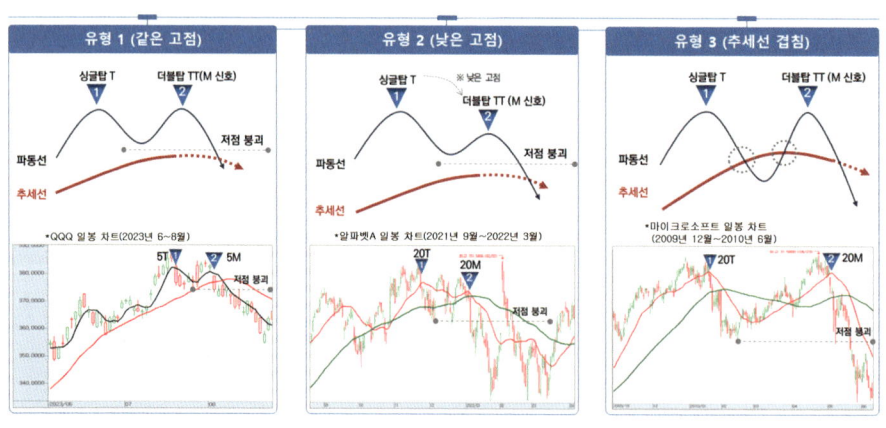

M 신호 3가지 유형

턴을 형성하는 과정에서의 직전 저점 가격을 말한다. W 신호의 반대로만 생각하면 이해하기 쉽다. 왜냐하면 매수 이유가 W 신호였기 때문에 M 신호가 매도인 것이다.

추세별 M 신호도 W 신호와 유사하게 분류한다. 일봉 5일선의 M 신호는 5M 신호로 표현하고 단기추세선 20일선의 추세에 영향을 미친다. 중기추세선 60일선은 파동선 20M 신호와 운명을 함께 하고, 장기추세선 240일선은 60M 신호로 긴 상승 여정을 마무리한다.

그럼 매도는 어디서 해야 할까? 첫 매수 시점은 언제였는지 되돌아보자. W 신호였다. 그렇다면 당연히 첫 매도 시점은 M 신호라는 답이 나올 것이다. 매도 포인트도 2가지로 나뉜다.

첫 번째 매도 포인트는 파동선 M 신호의 BO캔들(①)이며, 가장 높은 가격에서 매도할 수 있다. 하지만 오류 가능성도 있다. 왜냐하면 아직 저점을 붕괴하지 않

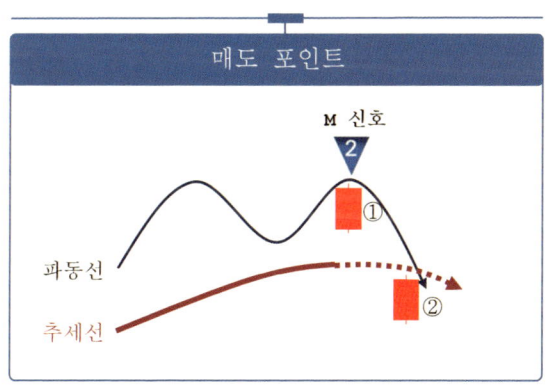

M 신호 매도 포인트

은 미완성 신호이므로 변수가 있을 수 있기 때문이다. 가장 많이 나타나는 변수는 MW 스위칭 신호다. MW 스위칭에 대한 자세한 설명은 후술하겠다. 두 번째는 M 신호 발생 후 추세선 아래로 내려가는 BO캔들 신호(②)다. 캔들이 추세선 위에서 뛰어 놀다가 아래로 내려오면 나의 투자 방향도 함께 바뀌야 한다.

이번에는 복합형 M 신호에 대해 알아보자. 아이를 등에 업고 큰 짐을 이고 내리막길을 걸어가는 엄마를 상상해보자. 아슬아슬 위험해 보인다. 만약 파동선을 등에 업은 추세선이 길을 걸어가는데 큰 짐을 이고 있다면 어떻게 될까? 이 또한 위험할 수밖에 없다. 즉 M 신호가 형성되었는데 상단에 더 큰 이동평균선이 역배열 상태로 누르고 있다면 시세는 급락의 위험에 처한다. 가령 추세선 20일선에 대해 5M 신호가 형성되었다고 가정하자. 그런데 20일선보다 더 큰 60일선이 상단에서 누르고 있다면 이는 급락할 가능성이 큰 상황이다. 이를 M 신호 복합형이라고 한다.

그런데 왜 위험할까? 핵심 원인은 역배열에 있다. M 신호의 추세선과 이보다

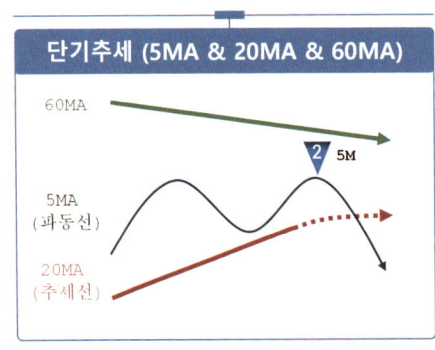 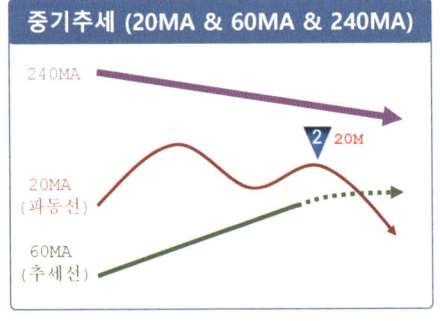

복합형 M 신호 2가지 유형

더 큰 이동평균선이 역배열이기 때문인데, 역배열로 바뀌는 과정에서 쌓인 매물이 영향을 미친다. 가령 60일선과 20일선이 역배열을 만드는 과정에서 20M 신호가 형성되면서 매물이 쌓였을 것이며, 저점 붕괴로 이어지며 더 많은 매물이 쌓였을 것이다. 고점은 이미 시장에서 확인된 상황이므로 반등을 이용한 매도물량이 쏟아지는 현상이 출현한다.

만일 성격이 급하고 단기투자 성향에 가깝다면 어떤 신호에 주목해야 할까? 3가지 체크리스트를 점검하자. 첫째, 주기별 자신의 성향에 맞는 추세선을 정한다. 둘째, 파동선의 마지막 5 파동 신호를 점검한다. 셋째, 파동선 M 신호를 확인한다. 만일 자신이 장기투자 성향이라 판단된다면 장기추세선 240일선 또는 월봉 6개월 이동평균선을 기준으로 한다. 이때 매도신호는 60일선의 M 신호를 따르면 된다. 수개월 주기의 중기투자 성향이라면 중기추세선 60일선을 기준으로 20M 신호, 단기투자 성향은 추세선 20일선 기준으로 5M 신호에 대응하는 것이 적합하다.

**5단계: 하락파동의 시작점, RN 신호**

잘 오르던 주가가 M 신호로 상승이 멈췄다. M 신호의 크기에 따라 단기 또는 중장기 정점이 나왔다. 가령 어떠한 이유로 M 신호에 대응하지 못했다고 가정하자. 정점을 눈으로 확인했기에 후회가 몰려온다. 하지만 아직 후회하긴 이르다. 본격적으로 하락추세에 돌입하면 무섭게 내려갈 것이기 때문이다.

M 신호에 대응하지 못했다면 늦었지만 바로 매도해야 할까? 아니다. 모든 일에는 마지막 기회가 주어지는 법. 주가의 추세 하락 전환 과정에도 마지막 기회가

있다. 즉 M 신호로 추세선을 붕괴하며 내려온 주가는 본격적인 하락파동 시작을 위해 마지막 과정이 진행된다. 이 과정에서 반등을 동반한 RN 패턴을 형성한다.

RN 패턴은 거꾸로 뒤집힌 N자형 패턴이다. 원리는 N 신호와 정반대로 생각하면 된다. 본격 하락을 위한 마지막 반등이므로 이를 이용하면 위험관리에 도움이 될 것이다. 예를 들어 보유 주식의 비중을 줄이거나 헤지 전략을 구사하면 좋다. RN 신호는 기본형과 몇 가지를 병합한 특수형 맘식스 패턴이 있다. 하나씩 살펴보자.

첫째로 기본형이다. 추세선을 기준으로 파동선이 거꾸로 된 N자형 패턴을 형성하며 하락파동의 시작을 알리는 신호를 RN(Reverse N) 신호라 한다. 가령 장기 추세선 240일선의 하락파동 시작은 파동선 60일선의 60RN 신호다. N 신호의 반

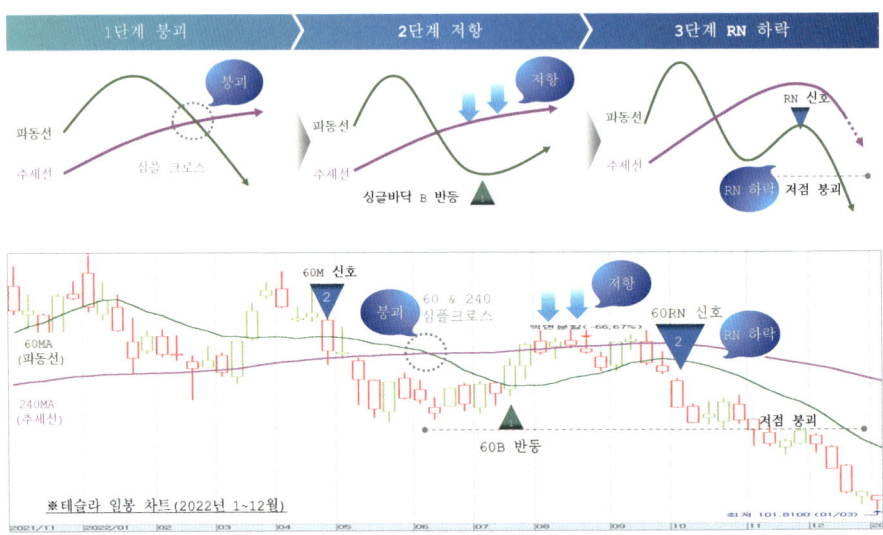

기본형 RN 신호 형성 과정

대 패턴으로 이해하면 된다. 이제 신호를 표현할 때 이동평균선 크기를 앞에 붙이는 것은 굳이 언급하지 않아도 잘 알 것이다.

RN 신호의 형성 과정을 살펴보자. 먼저 추세선 위에서 움직이던 파동선이 추세선 아래로 내려오는 붕괴 과정이 진행된다. 이는 심플크로스로 나타난다. 이동평균선이 아래로 내려오며 역배열을 만들기 때문에 투자자는 더욱 불안에 휩싸인다. 하지만 마지막으로 한 가지 확인이 필요하다. 바로 추세선의 저항을 확인해야 한다. 이를 위해 파동선이 반등한다. 만약 파동선의 강한 반등으로 추세선 위로 다시 올라간다면 1:1 무승부가 된다. 하지만 추세선이 이를 허락하지 않고 저항한다면 파동선은 힘이 빠지며 아래로 향하게 된다. 바로 RN 하락으로 진행되는 것이다.

물론 신호의 완성은 저점 붕괴다. 상승 전환의 N 신호 완성은 고점 돌파, 하락 전환의 RN 신호 완성은 저점 붕괴에 있다.

참고로 RN 신호는 추세별(5RN, 20RN, 60RN)로 구분할 수 있으며 '붕괴 → 반등 및 저항 → 재하락 → 저점 붕괴'의 과정을 거친다.

이번에는 맘식스(MOM 6) 패턴 신호에 대해 알아보자. 놀이공원에서 롤러코스터를 타면 "엄마야!" 하는 함성을 들어본 적 있을 것이다. 만약 주식 시세가 갑자

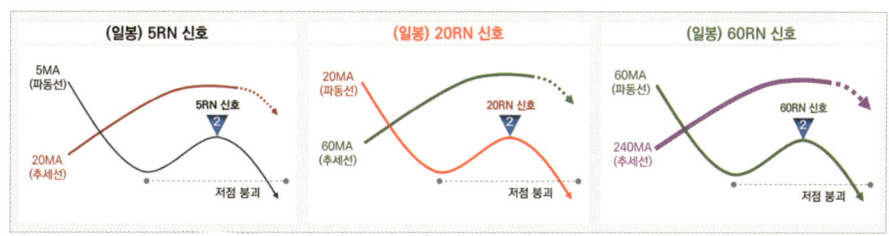

추세별 RN 신호

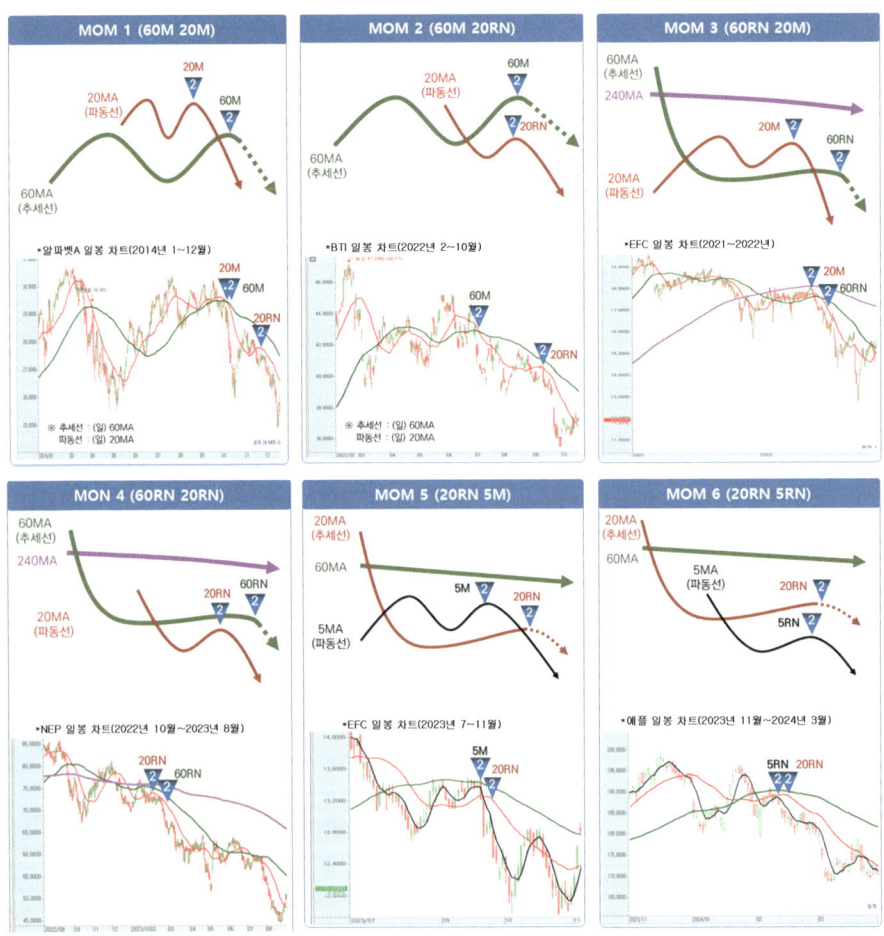

맘식스 패턴 6가지 유형

　　기 급락하면 어떤 기분이 들까? 롤러코스터를 연상하면서 주가 급락 신호를 포착할 수 있는 6가지 패턴 신호에 대해 알아보자.

　　주가 급락이 나타날 때 추세선과 파동선에서 M 신호와 RN 신호가 함께 형성되는 유형을 6가지로 분류한 이중패턴을 맘식스 신호라 한다. 그림으로 확인하면 이해하기 쉬울 것이다. 실제 시장에서 M 신호와 RN 신호는 연결되어 나타나기도 하고, 때론 추세선과 파동선이 제각각 신호를 형성하며 병합되기도 한다. 예를 들어 MOM 3 유형을 살펴보자. 추세선 60일선이 240일선 아래에서 싱글바닥 60B로 반등 중이었다. 이때 파동선 20일선에서 20M 신호가 나타났다. 그럼 20M 신호가 60일선을 붕괴하고 내려가면서 60RN 신호로 이어지는 트리거 역할을 하게 된다. 여기서 좀 더 자세히 살펴본다면 5일선은 20일선을 꺾기 위해 5M 신호 또는 5RN 신호를 만들고 있을 것이다. 마치 도미노처럼 연결고리가 이어진다.

맘식스 패턴이 무서운 이유는 무엇일까? 야외 공연장에서는 사회자 목소리가 아주 크게 들린다. 바로 앰프라고 부르는 신호 증폭기 덕분이다. 맘식스 패턴 신호도 M 신호와 RN 신호가 만나 서로 시너지를 일으키며 신호가 증폭된다. 때론 같은 신호가 서로 증폭하기도 하고, 서로 다른 신호가 영향을 미치기도 한다. 굳이 강도를 비교한다면 M 신호보다 RN 신호가 더 강한 힘을 지닌다. 왜냐하면 M 신호는 위에서 누르는 힘을 가졌지만, RN 신호는 아래에서 추세선을 끌고 내려가기 때문이다. 실제로는 시장의 공포심리가 매도를 강하게 유도한다. 즉 매도가 매도를 부르는 현상이다. 신호의 완성은 저점 붕괴다. 만약 저점을 지켜내면서 반등한다면 MW 스위치 신호로 전환될 수도 있다.

장기추세 하락에도 대처법이 있다. 투자 목적과 성향에 따라 다양한 전략이 있겠으나 일단 태풍은 피하고 봐야 한다. 간단히 2가지만 소개한다. 헤지 전략과 숏 전략이 있다. 공통점은 숏 상품을 포트폴리오에 담는 것이다. 대표적인 ETF 상품으로는 지수와 반대 방향의 1배수 PSQ, 2배수 QID, 3배수 SQQQ가 있다. 이

밖에 시가총액 대형주 대상 숏 ETF 상품들을 병행할 수 있다. 헤지는 보유한 주식과 같은 비중으로 숏 ETF를 보유하는 방법이고, 숏 전략은 보유 비중을 줄이고 숏 ETF를 메인 포지션으로 구축하는 방법이다. 상세한 내용은 전략 부문에서 다루도록 하겠다.

### 6단계: 하락추세 구간에서의 대응, 터보 신호

이제 추세는 하락으로 진입했다. 지금부터는 하락파동으로 진행된다. 특히 시장 전체가 하락추세 구간이면 기업의 실적이 좋은 주식도 힘이 없다. 투자 경험이 있는 투자자라면 선물옵션이나 숏 ETF를 대안으로 떠올릴 것이다. 맞는 선택일 수 있다. 반면 장기투자자라면 기다렸다가 좋은 기업의 주식을 저가 매수하는 기회로 활용하는 전략을 세울 것이다. 이 또한 맞는 이야기다. 투자 전략은 본인의 선택이기 때문이다. 하지만 주목할 점은 시세의 흐름을 알고 본인의 전략을 구사해야 실

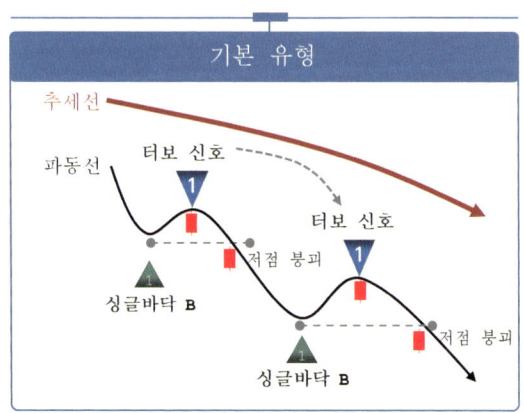

하락추세 터보 신호 기본 유형

패가 없다는 점이다.

여기서 말한 시세의 흐름을 기술적 용어로 표현하면 추세와 파동, 그리고 신호다. 그럼 하락추세 구간에서 파동과 신호는 무엇일까? 상승추세에서의 파동과 신호를 반대로 적용하면 된다. 하락추세에서는 고점과 저점이 낮아지는 속성이 있다. 그리고 싱글바닥 B는 추세선 방향을 전환할 수 없는 속성도 있다. 이 속성들을 이용한 신호가 터보 신호이며, 터보라는 이름은 강하고 빠르다는 의미를 내포하고 있다.

시장에서 나타나는 또 하나의 속성은 붕괴한 가격이 저항선이 되는 경우가 많다는 것이다. 즉 반등할 때 붕괴한 가격을 넘지 못하는 현상이 흔히 발생한다. 하락추세 구간의 터보 신호에 대응하는 숏 매매 시점은 파동선 BO캔들이며, 기다렸다가 저가 매수할 땐 W 신호를 활용하면 좋을 것이다. 싱글바닥 B에 속지 말라는 이야기를 다시 한번 강조하고 싶다. 파동선은 W 신호를 만날 때까지 터보 신호와 함께 하락추세를 만들어간다.

지금까지 추세 사이클 6단계를 순환하는 과정에서 형성되는 전환 신호를 살펴봤다. 바닥 신호부터 출발해서 상승추세를 지나 정점을 찍고 다시 하락추세까지 한 사이클을 움직였다. 실제 시장에서 큰 주목을 받은 엔비디아의 사례를 살펴보자. 장기추세 하락이 시작된 2022년부터 바닥을 확인하고 상승으로 전환되는 2023년을 거쳐 본격적인 상승파동이 시작된 2024년 초까지 살펴보겠다. 먼저 월봉을 보면 2022년 1월부터 4월까지 RN 캔들을 형성(①)하며 6개월 이동평균선의 추세를 하락시켰다. 같은 기간 일봉 차트의 60일선에서 M 신호(②)가 발생하며 추세 변화를 알리고 있다. 이후 저점 붕괴와 60RN 신호(③)로 하락을 이어갔다.

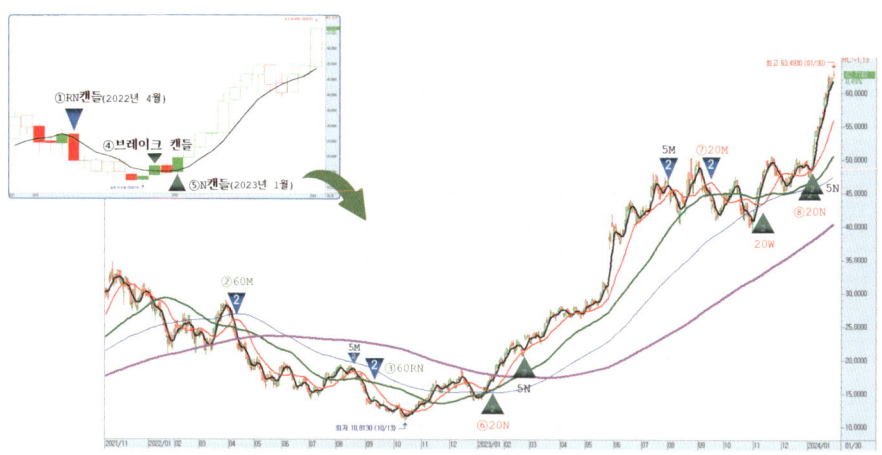

엔비디아(2021년 11월~2024년 1월) 추세 사이클 6단계 사례

2022년 11월 브레이크 캔들(④)이 나오면서 하락추세는 멈췄고, 2023년 1월까지 N캔들 신호(⑤)가 형성되면서 상승추세로의 출발을 보여준다. 같은 기간 일봉에서는 20일선에서 N 신호(⑥)가 형성되어 60일선을 끌고 올라간다. 2023년 8월까지 20일선 5 파동까지 힘찬 상승을 보여준 뒤 9월 20M 신호(⑦)를 기점으로 휴식기에 들어간다.

2023년 11월부터 다시 상승 시동을 걸며 2024년 1월까지 20N 신호와 5N 신호가 동시에 형성(⑧)되었다. 이로써 본격 상승파동이 시작되며 가장 강한 3 파동 구간으로 진입하는 흐름을 보여준다.

그럼 추세, 파동, 신호 중 가장 중요한 것은 무엇일까? 중요한 질문이다. 분석에도 우선순위가 있기 때문이다. 최우선은 추세다. 추세의 방향이 주가의 방향이다. 방향 전환의 시점을 찾기 위해 신호를 활용하는 것이며, 주가가 흘러가는 과정이 바로 파동이다. 그럼 상승추세의 3 파동 구간에서 M 신호가 발생했다면 무엇이 우선일까? 이때는 신호가 우선이다. 왜냐하면 추세선의 방향에 영향을 미치기 때문이다. 상승 5 파동이 끝나는 시점에 매도했는데, 조정 후 다시 고점을 돌파하며 상승하는 경우도 있다. 왜 그럴까? 이는 매도신호가 나오지 않았기 때문이다. M 신호 또는 RN 신호가 기준이다.

요약하면, '추세〉신호〉파동'의 우선순위로 분석하고 대응하면 매매 시 실수를 줄일 수 있다.

## 신호 이야기 3: 라인 스위칭

앞서 살펴본 신호들의 공통점이 있다. 바로 신호의 완성은 고점 돌파 또는 저점 붕괴라는 점이다.

만약 N 신호가 나왔는데 고점 돌파에 실패하면 어떻게 될까? 신호 취소다. 어떤 일이든 마무리가 중요하듯 N 신호에서도 신호의 완성은 고점 돌파다. 그런데 고점 돌파에 실패한다면 이후 변형된 패턴이 나타난다. W 또는 M 신호에서도 같은 변형이 발생한다.

주가 흐름은 누가 우위에 있느냐에 따라 결정된다. 매수가 많으면 상승하고 매도가 많으면 반대다. 그 힘겨루기 사이에서 많은 속임수가 나타난다. 누군가 의도했거나 아니면 자연스러운 현상일 수도 있다. 지금까지 살펴본 W, N, M 신호가 비정상적 흐름으로 변형될 때 나타나는 현상을 '라인 스위칭'이라 한다. 대표적 유형 3가지를 알아보자.

## 1. NM 스위칭

N 신호가 M 신호로 변형되는 현상을 NM 스위칭이라고 한다. 파동선이 N 신호를 형성하며 큰 상승을 기대하는 상황에서, 때때로 안타깝게도 직전 고점에서의 저항으로 다시 하락하면서 M 신호로 돌변할 때가 있다. 실제 시장에서 이러한 라인 스위칭을 만나면 당혹스럽다. 실제 사례를 살펴보자.

존슨앤드존슨은 2024년 2월 20N 신호(①)가 나타났다. 추세선 60일선은 이미 상승 방향이다. 이제 직전 고점 돌파만 남았는데 여기서 문제가 발생했다.

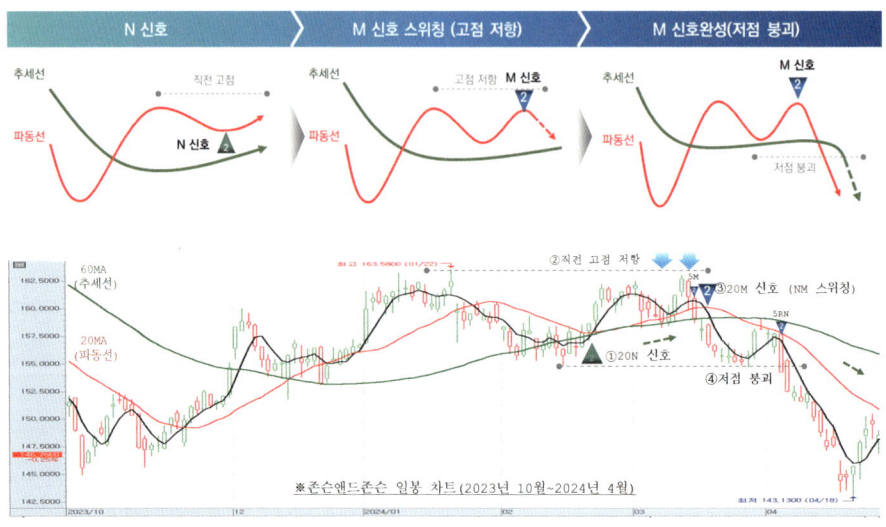

NM 스위칭 형성 과정과 사례

2024년 3월②고점 돌파에 실패하면서 5M 신호가 20M 신호③, 즉 NM 스위칭이 이어지며 도미노 현상이 발생한 것이다. 주가는 아래로 직행하며 직전 저점에서 잠시 반등을 주었으나 5RN 신호와 함께 저점을 붕괴④하며 M 신호 완성형으로 전환되어버린 사례다.

시장에서는 언제든 예상치 못한 변수가 날아올 수 있으므로 긴장의 끈을 놓지 말고 마지막 단계까지 예의주시해야 한다. 적어도 고점 돌파까지는 지켜봐야 한다.

## 2. MW 스위칭

M 신호가 W 신호로 변형되는 현상을 MW 스위칭이라고 한다. 이제 이름만 봐도 무슨 내용인지 직감할 수 있을 것이다. M 신호 발생으로 매도를 준비했으나 직전 저점에서 강한 매수가 들어오며 W 신호로 전환되고 이어서 고점을 다시 탈환하면서 매수신호로 바뀐 것이다. 실제 시장에서 이 과정을 겪으면 상당히 헷갈린다. 여기서 주가 변동의 배경은 배제하고 시세 흐름만 분석한다. 가령 뉴스나 이벤트 등에 대한 의견은 서로 엇갈리기 때문이다. 나는 호재라고 생각했으나 시장은 부정적으로 반응할 수도 있고, 그 반대의 경우도 비일비재하기 때문이다. 그래서 정답은 시장이 알려준다는 이야기가 설득력을 얻는다.

테슬라 일봉 차트를 보면 2024년 9월 파동선 20일선에서 20N 신호가 나타났다. 10월로 넘어가며 직전 고점 돌파만 남겨둔 상태에서 20M 신호①가 발생하고 말았다. 앞서 배웠던 NM 스위칭이다. 하지만 직전 저점에서 하락을 멈추고 다시 상승하며 M 신호는 취소되었다. 이어서 20일선까지 상승 전환하여 20W 신호

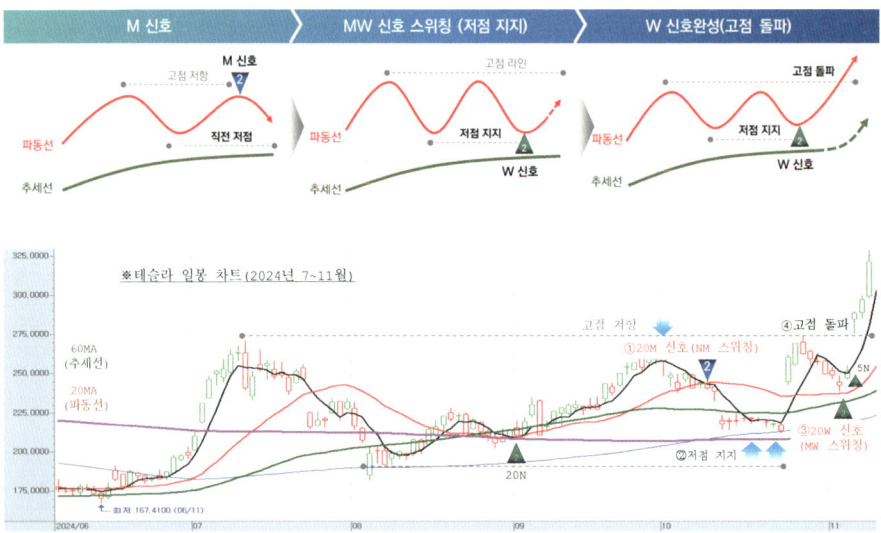

MW 스위칭 형성 과정과 사례

(③)로 바뀌었다. 여기서 MW 스위칭 신호를 발견할 수 있다. 이를 기점으로 단번에 고점을 돌파하면서 W 신호의 완성을 보여준다. 11월 해당 시점만 보면 20N 및 5N 신호로 해석해도 무방하다. 하지만 7월부터 11월까지 긴 시계열로 해석하면 MW 스위칭 현상으로 본다. 핵심은 상승추세 출발을 위한 고점 돌파다.

 M 신호를 보며 미리 거꾸로 투자하는 것은 지양하자. 가령 M 신호가 나왔을 때 긴 하락을 예측하며 인버스 상품 투자를 생각한다면 주의해야 한다. MW 스위칭에 당할 수 있기 때문이다. 단 계좌 수익률 헤지 수단으로 인버스 상품을 포트폴리오에 포함시키는 것은 예외다. 여기서 강조하는 거꾸로 투자란 M 신호만 보며 미리 하락 방향으로 강한 숏 포지션을 잡는 것을 지양하자는 의미다. 하락 방향의 숏 포지션 투자는 하락추세를 만들어가는 과정이 완료된 후 본격적인 하락파동을

시작할 때 진입해도 늦지 않다. 예측으로 빠르게 진입하면 그만큼 불확실성을 가지며 위험에 노출된다.

## 3. WM 스위칭

W 신호가 M 신호로 바뀌는 현상을 WM 스위칭이라고 한다. 앞서 살펴본 MW 스위칭과 정반대다. WM 스위칭의 핵심 원인은 직전 고점의 저항에 있다. 즉, 미완성 W 신호로 인해 실망 또는 위험회피 매물이 쏟아지며 M 신호로 이어지는 현상이다. 실제 사례를 살펴보자. 2022년 금리 인상으로 인한 시장 하락과 메타(META)의 실적 우려가 배경이지만 패턴의 유형으로만 분석해보자.

메타(META)의 일봉 차트를 보면 2021년 12월 저점을 지지하며 20W 신호

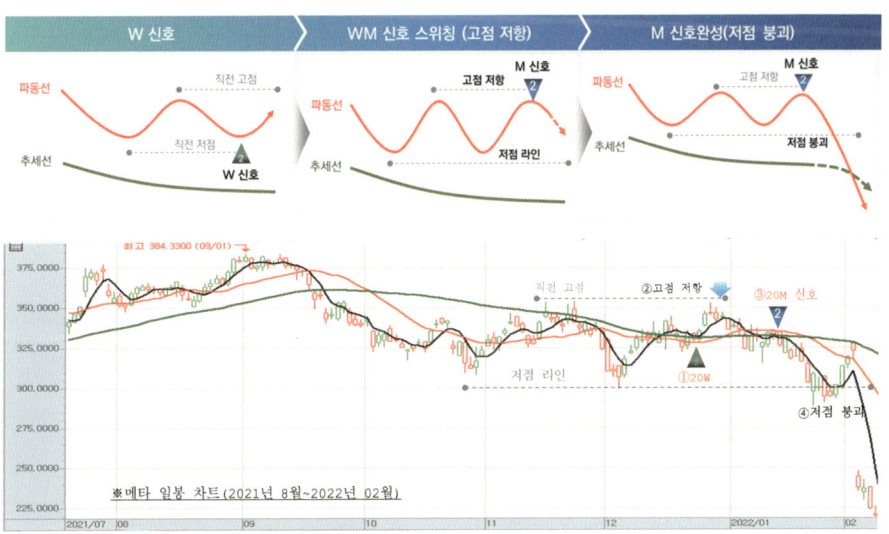

WM 스위칭 형성 과정과 사례

(①)가 발생했다. 앞서 2020~2021년까지 강한 상승을 이어왔으므로 여전히 기대가 큰 상태다. W 신호를 완성하기 위해서는 고점 돌파만 남았는데 여기서 저항이 생긴 것이다. 이로 인해 2022년 1월 5일선 5RN 신호와 함께 20M 신호(②)가 형성되었다. 이 포인트가 20W 신호에서 20M 신호로 바뀌는 순간이다(WM 스위칭). 이후 직전 저점 라인에서 살짝 반등이 있었지만, 상단의 20일선과 60일선의 저항으로 저점을 붕괴하며 M 신호가 완성되었다.

그럼 직전 고점에서 저항을 맞고, 이어서 직전 저점에서도 지지가 있다면 어떻게 될까? 좋은 질문이다. 상단과 하단이 모두 막힌 상황이다. 즉 특정 가격 범위에 갇혀버린 형국이다. 이것을 박스권 혼조 구간이라 부른다. 이때는 매매를 자제하고 추이를 관찰해야 한다.

### ○ 박스권 혼조 구간

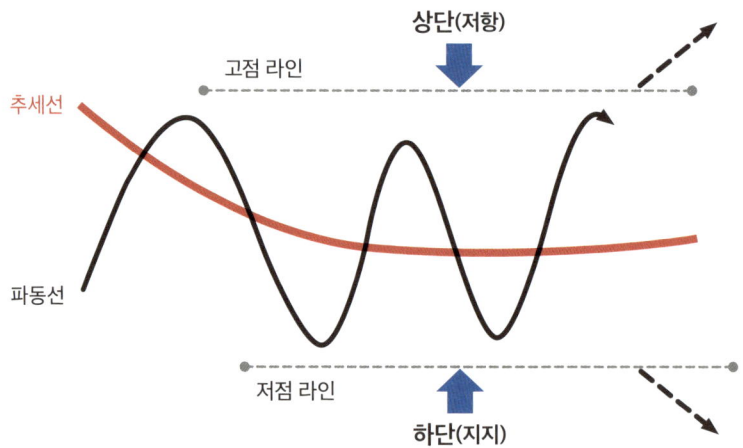

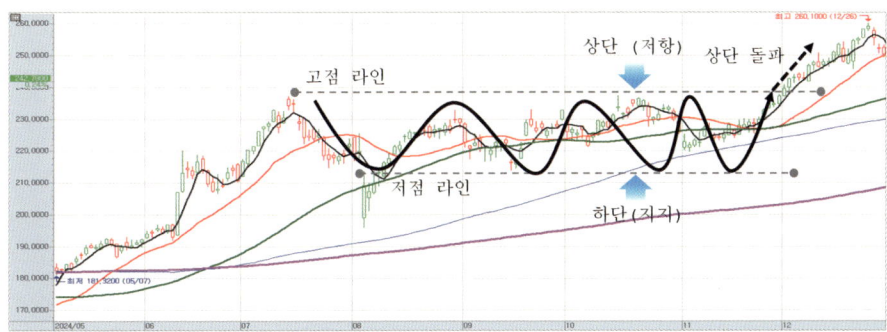

애플 일봉 차트(2024년 7~12월), 박스권 혼조 구간 사례

갇힌 가격 범위를 벗어날 때 그 방향으로 포지션을 구축해야 한다. 예를 들어 애플은 2024년 8~11월까지 박스권 혼조 구간에 갇힌 흐름이었다. 이때는 12월 상단을 돌파하는 순간이 확실한 매수 포인트가 된다.

추세 매매는 추세선의 시작 신호에서 매수하고, 마감 신호에서 매도한다.

# 3장

# 실전 매매 기술

# 매매를 잘하는 방법

지금까지 주식 투자를 위해 준비해야 할 사항과 분석 과정을 살펴봤다. 당연히 투자의 기초가 되는 경기, 산업, 기업 비즈니스 모델, 실적 분석, 투자지표 등 폭넓은 분석이 필요하다. 이러한 요소들이 시장에서 주가에 반영되어 고평가와 저평가를 오가며 적정가치를 찾아간다. 여기서 적정가치란 마치 수학 공식과 같이 정해져 있지 않다. 왜냐하면 주가는 미래 가치를 반영하기 때문이다.

미래를 확신할 수 없듯이 적정주가도 불확실하다. 그 불확실성 속에서 높은 가능성을 찾아 투자하는 것이다. 가령 투자지표 중 PER이라는 것이 있다. 기업의 실적(EPS) 대비 주가(Price)를 판단하는 배수(Ratio)다. 통상 시장 PER 또는 동종업계의 평균 PER을 평가 잣대로 많이 활용한다. 하지만 이 잣대가 적합한 기업이 있고 아닌 기업도 있다. PER 척도가 잘 맞는 기업은 성숙기에 접어든 업종이며, 아닌 기업은 새로운 산업을 개척해나가는 성장 기업이다.

예를 들어 2025년 기준 AI 산업의 경우 PER로 평가하기가 어렵다. 새로운 시장은 미래 가치를 정확히 예측하기 어렵기 때문이다. 예측하더라도 대부분 틀린다. 따라서 성장주의 PER은 예측이 어렵고 주가 변동성이 크다. 참고로 시장 대비 주가 변동성을 베타($\beta$)라고 하는데, 예를 들어 테슬라의 2025년 1월 베타는 2.35다. 즉 나스닥100지수가 1% 움직일 때 테슬라는 2~3%의 변동성을 가진다.

결국 모든 것은 시장이 판단해준다. 주가는 가치와 심리의 영향을 받아 끊임없이 변동한다. 투자자인 우리가 궁극적으로 지향해야 할 것은 이러한 변동 속에서 전략을 세워 계좌를 풍족하게 만드는 것이다. 이번 장에서는 앞서 살펴본 분석 도구를 바탕으로 실전에서 활용할 수 있는 매매의 기술을 소개하겠다. 그리고 이번에 익히는 실전 매매 기술은 다음 장에서 소개할 투자 전략에 적용될 것이다.

## 3가지 매매기법

'매매'라는 말은 매수·매도 또는 진입·청산을 통칭한다. 흔히 트레이딩이라고도 말한다. 주식 매매라고 하면 단기 매매를 연상하는 이유는 무엇일까? 본 장에서 소개하는 매매 기술은 단기 매매에만 국한되지 않는다. 활용할 전략의 주기에 따라 기간이 정해지므로 장단기투자에 모두 활용할 수 있다.

## ○ 매매를 잘하는 방법

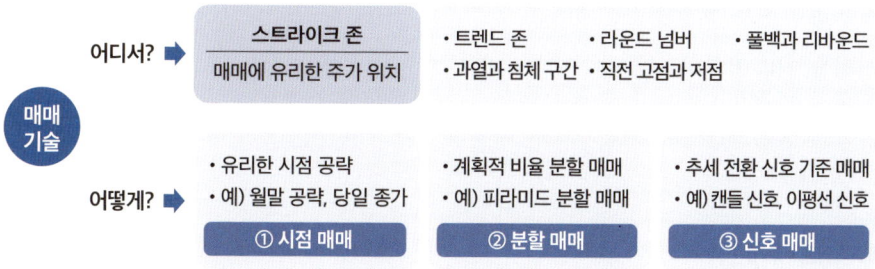

그럼 주식 매매를 잘하는 방법은 무엇일까? 타짜의 기질을 타고나야 할까? 물론 동물적 감각을 타고난 선수라면 감각적으로 매매가 가능하겠지만 보통은 그렇지 않다. 가령 특정 종목에 투자를 결정했다고 가정하자. 다음은 어떤 고민이 생길까? 아마 성격 급한 투자자라면 즉시 매수버튼을 누르고 있을지도 모른다. 특정 종목이 유망하다면 매수는 쉽다. 하지만 매도는 어떻게 할 것인가? 그냥 계좌 수익률이 만족할 만큼 오르면 팔 것인가? 팔고 나서 더 오른다면 어떻게 할 것인가?

주식 매매를 잘하는 방법은 유리한 주가 위치에서 체계적인 전략으로 투자하는 것이다. 즉 최적의 스트라이크 존에서 내가 운용할 전략에 적합한 매매 기술을 적용해야 한다.

먼저 투자자 자신의 성향을 파악해야 한다. 자신의 투자 성향과 목적 그리고 환경적 요소까지 다양하게 파악한 뒤 원하는 투자 전략을 세워야 한다. 그다음 그 전략에 적합한 매매 기술을 활용하는 것이다. 이 책을 읽으면서 계속 자문해보자. 자신에게 맞는 투자 전략과 매매 기술이 무엇인지 말이다.

책을 읽다 보면 어느 순간 느낌이 올 것이다. 투자 전략은 후술할 것이고, 이번 장에서는 그때 활용할 매매기법에 대해 알아보겠다. 크게 3가지로 나뉜다. 유리한 시점을 기다리거나(시점 매매), 여러 번 분할하거나(분할 매매), 콕 짚어서 한 번에 쏘는 방법(신호 매매)이다. 하나씩 살펴보자.

## 1. 시점 매매

내가 투자를 결정한 그 순간이 최적의 매수 시점일까? 최적의 시점이 아님에도 급한 마음에 매수버튼을 누르는 경우가 많다. 다양한 투자 전략 중 특정 시점을 골라 매매하는 방법이 있는데 이를 시점 매매라고 한다. 예를 들어 월봉의 장기추세선을 기준으로 투자하는 전략을 구사해 월봉 캔들을 공략할 경우 월말 마지막 거래일에 매매하는 방법이 있다. 주기를 변경한다면 주말, 당일 종가 등의 시점을 기준으로 매매할 수도 있다. 이처럼 시점을 기준으로 매매하는 방법을 시점 매매라고 한다.

## 2. 분할 매매

'오늘 매수하려는데 얼마를 투자해야 할까?' '화끈하게 한 방에 넣을까?' '더 하락할지도 모르니 조금만 살까?' 이처럼 투자자는 여러 고민에 빠진다. 분할 매매가 안전하다는 사실은 알고 있으나 구체적인 방법은 모호하다.

여기서 분산 투자와 분할 매매의 차이를 잠시만 짚어보고 가자. 분산 투자는 포트폴리오 운용을 의미한다. 내 포트폴리오에 업종별 유망 종목들을 분산하는 것이다. 예를 들어 반도체 20%, 에너지 10%, 금융 10%, AI 60% 비중으로 분류하고 해당 업종의 유망 종목을 담는 것이다. 이때 개인 투자자가 주의할 사항이 하나 있다. 내 계좌를 주식 편의점으로 만들지 말자. 너무 많은 종목을 담지 말라는 의미다.

전업 투자자를 제외한 단순 재테크 목적의 개인 투자자라면 보통 5~10개 정도로 포트폴리오를 구성하는 것이 유리하다. 왜냐하면 본업과 재테크 사이에서 균형을 맞추기 위해서다. 보유 종목이 너무 많으면 관리와 대응에 많은 시간이 소모된다. 그래서 나는 보통 5개 내외의 종목으로 포트폴리오를 운용한다. 퇴근 후 저녁시간만 활용하므로 그 정도 수준이 적합하다.

분할 매매는 한 종목을 나눠서 매매하는 것이다. 즉 가격과 비중의 분할을 뜻한다. 예를 들어 테슬라가 조정권에 진입했다면 일주일 동안 230달러 가격에 10% 비중, 220달러 가격에 20% 비중, 200달러 가격에 30% 비중으로 나눠서 매수하는 것이다. 뒤에서 분할 매매를 규칙화한 피라미드 매매법을 소개할 것이다. 피라미드 매매법은 다양한 스트라이크 존에서 활용할 수 있으며, 여러 투자 전략에 적용하면 아주 유용하다.

나는 5개 이하의 종목으로 포트폴리오를 구성하고, 피라미드 매매법을 활용해서 분할 매매하는 것을 선호한다.

### 3. 신호 매매

낚시를 해본 경험이 있는가? 첫 입질에선 일단 한 번 기다려야 한다. 미끼를 확실히 삼키는 두 번째 입질에서 '히트'를 외치며 휠을 감아야 대어를 낚을 수 있다. 이처럼 확실한 매매신호를 기다렸다가 계획된 비중만큼 매매하는 방법을 신호 매매라고 한다. 앞서 소개한 추세선 전환 신호를 활용한다.

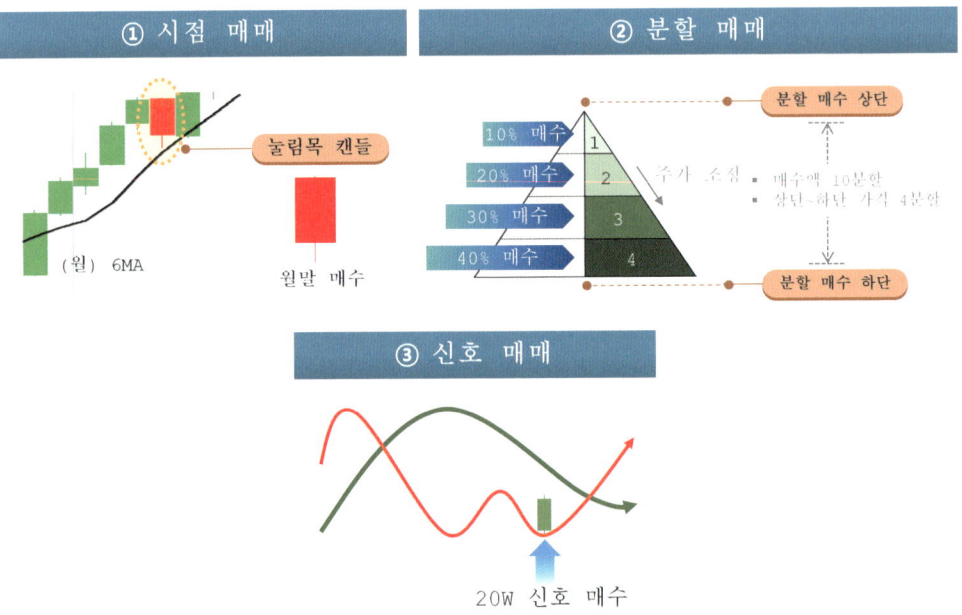

　예를 들어 테슬라 매수 시점을 기다리던 어느 날, 주가가 스트라이크 존(유리한 위치)에 진입했다고 가정하자. 이때부터는 내가 선택한 전략에 따라 매수신호를 기다린다. 가령 중기추세선 60일선을 기준으로 한다면 파동선 20일선의 '20W' 또는 '터보20' 신호를 노리는 것이다.

　이처럼 매매법은 시점 매매, 분할 매매, 신호 매매로 나뉜다. 여기서는 각 분류에 대한 개념만 이해하면 된다. 구체적인 내용은 차차 알아가겠다.

　반복해서 언급하고 있는 '스트라이크 존'은 어떤 의미일까? 어디서 매수하고, 어디서 매도해야 할지에 대한 고민은 많은 투자자의 공통된 고민이다. 가령 테슬라 투자를 결정했다고 가정하자. 주가의 어느 위치에서 매수할 것인가? 당연히 저렴한 가격에서 매수하면 유리하다. 만약 상승추세에 진입한 상태인데 52주 최저가 매수를 희망한다면 꽤 긴 시간을 기다려야 할 것이다. 그렇다고 당장 매수하기엔 부담스럽다. 반대로 하락추세에 막 진입한 위치라면 바닥권 가격까지 적어도 1년을 기다려야 할지도 모른다. 우리는 해답을 차트에서 찾을 것이다.

차트를 보면 복잡하다. 그 속에서 추세와 파동을 분석하고 매매신호를 포착하는 방법을 배웠다. 복잡하게 얽힌 차트에서 우리가 가진 다양한 투자의 도구를 적용해 최적의 타이밍을 찾아야 한다. 어디에서든 사용할 수 있는 만능 도구가 있으면 금상첨화겠지만, 문제는 아직 세상에 도깨비방망이와 같은 투자 도구는 없다는 것이다. 매매에 유리한 위치에서 도구를 활용해야만 큰 효과를 기대할 수 있다. 그 매매에 유리한 '위치'가 바로 스트라이크 존이다.

스트라이크 존은 야구에서 사용되는 용어인데, 전설적인 투자자 워런 버핏이 자주 인용하는 용어이기도 하다. 구체적인 내용은 바로 다음 장에서 이어서 소개하겠다.

**자신의 성향과 전략에 맞는 매매법을 선택할 수 있다.**

# 가장 유리한 위치: 스트라이크 존

워런 버핏은 "스트라이크 존을 벗어난 공에는 스윙하지 말라"고 조언한다. 그의 사무실에는 미국의 유명한 야구선수 테드 윌리엄스의 사진이 걸려 있다. 마치 타자가 자신에게 유리한 공만 골라 스윙하는 것처럼, 워런 버핏은 투자에 유리한 구간을 기다려야 성공률이 높다고 말한다.

우리는 앞서 매매신호에 대해 배웠다. 이를 투자에 유리한 구간, 즉 스트라이크 존에서 활용하면 신뢰성이 더욱 높아질 것이다. 추세도 베이스로 함께 가져간다. 이제부터 스트라이크 존으로 활용할 수 있는 몇 가지 신호와 구간을 살펴보자.

## 과열과 침체 구간, RSI 활용하기

'주가가 연속 10일 동안 30% 상승하며 과열되고 있습니다'라는 뉴스가 났다. 여기서 궁금증이 생긴다. 과열을 판단할 수 있는 지표는 무엇일까? 뉴스에서 과열을 판단하는 기준은 일반적으로 상승 기간과 상승폭이다.

여기서 보조지표를 활용할 수 있다. 상승 기간을 기준으로 과열(과매수) 또는 침체(과매도)를 판단하는 투자심리선과 상승폭을 기준으로 측정되는 RSI라는 보조지표가 있다. 투자심리선은 앞서 소개했으니 이번에는 RSI에 대해 잠시 살펴보자.

RSI란 주가 상승과 하락의 상대적 변화 폭을 나타내는 보조지표다.

$$RSI = 100 - \frac{100}{1+RS}$$

$$RS = \frac{(\text{특정 기간}) \text{ 평균 상승폭}}{(\text{특정 기간}) \text{ 평균 하락폭}}$$

계산식이 복잡해 보인다. 이 또한 프로그램에서 자동으로 계산되니 염려하지 말자. 설정만 나에게 맞춰 잘 사용하면 된다. 일반적으로 HTS·MTS에서는 14일로 설정되어 있다. 기본값이므로 우리 기준으로 바꿔보자. 앞서 투자심리선에서 기간을 월봉 주기는 12, 일봉 주기에서는 10으로 설정했다. RSI에서도 같은 기간으로 설정하자. 왜냐하면 월봉에서는 12개월을 기준으로, 일봉에서는 10일을 기준으로 RSI와 투자심리선을 함께 참조할 것이기 때문이다. 또 과열과 침체라인도 같은 값으로 변경하면 보기 편하다. 월봉 주기의 과열(75), 침체(25), 일봉 주기의 과열(70), 침체(30)로 설정하자. 혹시 이전부터 사용하던 자신만의 설정 기준이 있다면 유지해도 괜찮다. 다만 이 책에서 소개한 캔들과 이동평균선을 활용한 매매신호 포착은 지금 설명한 설정과 잘 맞물린다.

앞서 스트라이크 존은 매매에 유리한 구간이라고 했다. 그런데 과매수와 과매도가 왜 스트라이크 존인 것일까? 투자심리선과 RSI를 함께 보며 주가가 과열 또는 침체 구간에 진입했을 때 매매신호를 기다렸다가 방망이를 휘두르면 공을 맞힐 확률이 높기 때문이다.

가령 긴 하락이 이어지고 있다고 가정하자. 그때 투자심리선과 RSI를 확인하자. 분명 과매도(침체) 구간에 진입해 있을 것이다.

두 지표 모두 침체를 가르킨다면 신뢰도가 높으며, 둘 중 하나만 만족해도 준비하고 있어야 한다. 왜냐하면 매매신호가 기다리고 있기 때문이다. 만약 월봉에서 지표가 침체(과매도) 구간이라면 장기추세의 바닥권에 진입한 것으로 판단해도 무리가 없다. 아껴둔 현금을 주식으로 바꿀 준비를 해야 한다.

반대로 긴 상승으로 투자심리선, RSI 지표가 과열되었다면 조정 신호를 기다려야 한다. 재차 강조하지만 지표는 보조 역할이며 신호가 우선이다.

한 가지 더 중요한 사항은 과열·침체 구간에서 벗어나는 시점에 주목해야 한다. 왜냐하면 이때 매매신호 발생이 잦기 때문이다. 실제 사례를 살펴보면 과열 구간에서 벗어날 때 매도신호가, 침체 구간에서 벗어날 때 매수신호가 자주 나타난다. 그래서 해당 구간에서는 기다렸다가 대응해야 한다.

요약하면 과매수 구간에서는 추격 매수를, 과매도 구간에서는 손절매를 잠시

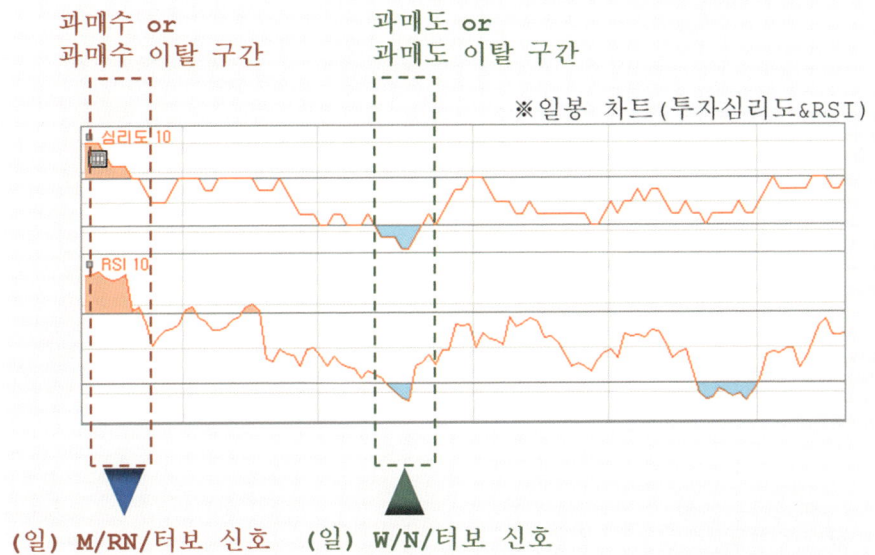

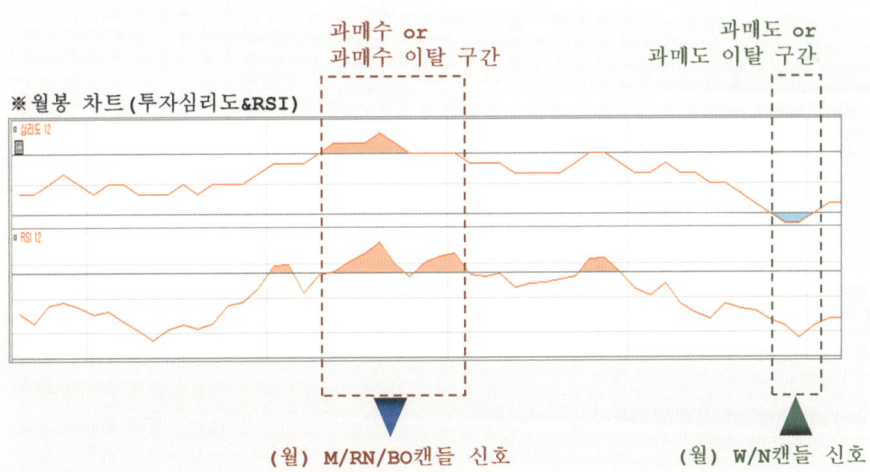

투자심리선과 RSI 활용법(과열과 침체)

보류했다가 매매신호를 기다린 후 대응한다. 투자심리선과 RSI를 함께 살펴보면 동시에 침체·과열 구간에 진입하면 더욱 신뢰가 높다는 사실을 확인할 수 있다. 이때 중요한 것은 어느 것이든 침체·과열 상태에서 매매신호의 발생률이 높다는 것이다.

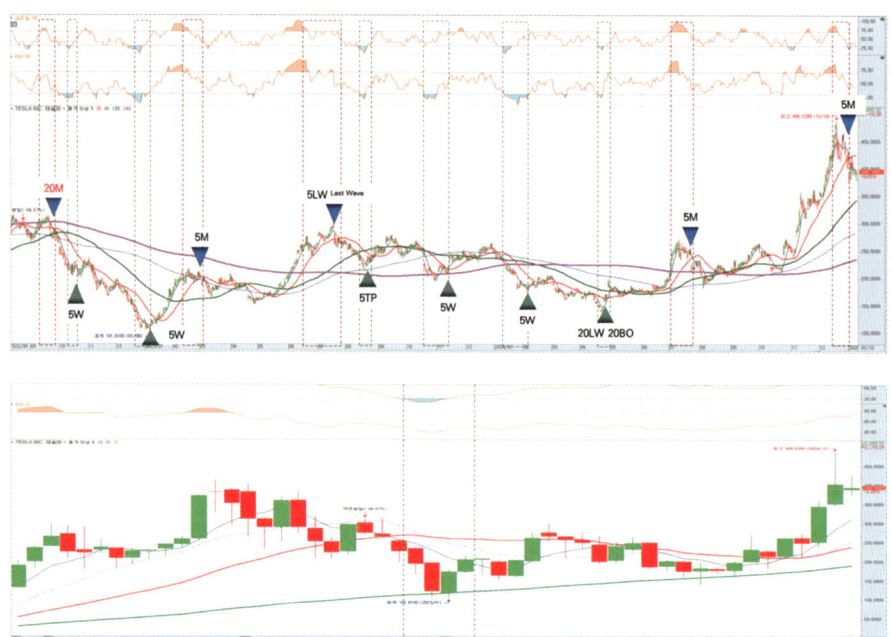

테슬라 일봉 차트(위, 2022년 9월~2024년 12월), 월봉 차트(아래, 2021~2024년), 과매수와 과매도 구간

## 트렌드 존
## 활용 방안

추세, 파동, 신호 중 최고는 추세라고 강조했다. 아무리 초보 투자자라도 추세만 잘 따르면 실패하지 않는다. 앞서 추세 분석에서 살펴본 트렌드 존을 더욱 세밀하게 정의하고 활용 방안을 살펴보자.

추세는 앞에서 배워 알겠는데 매매에 어떻게 활용할지 난감할 것이다. 트렌드 존을 활용하면 매매가 쉬워진다. 왜냐하면 트렌드 존은 추세를 기반으로 형성되기 때문이다. 트렌드 존이 무엇인지 자세히 알아보자.

추세선과 파동선의 관계를 3가지 기준으로 분석해보자. 기준은 첫째는 배열, 둘째는 기울기, 셋째는 이격이다. 즉 트렌드 존은 추세선과 파동선의 배열, 기울기, 이격을 바탕으로 매수와 매도를 판단할 수 있는 구간을 의미한다. 매수가 유리한 트렌드 존을 매수 존, 매도가 유리한 트렌드 존을 매도 존으로 해석하면 이해가 쉽다.

트렌드 존은 마치 추세의 강과 같다. 강물의 방향에 따라 중간 진입과 비중 축소의 기회로 활용할 수 있기 때문이다. 트렌드 존은 추세선 크기에 따라 장기·중기·단기 트렌드 존으로 나뉜다. 장기 트렌드 존은 장기추세선 240일선과 120일선 사이의 구간, 중기 트렌드 존은 중기추세선 60일선과 20일선 사이의 구간, 단기 트렌드 존은 20일선과 5일선 사이의 구간의 배열과 기울기 그리고 이격을 기준으로 매수 존과 매도 존으로 구분한다.

매수 존은 2개의 이동평균선이 정배열 관계이며 추세선이 우상향일 때 그 사

## ○ 트렌드 존 구분과 정의

| 구분 | 정의 |
|---|---|
| 장기 트렌드 존 | 120~240일선 사이 매매 구간 |
| 중기 트렌드 존 | 20~60일선 사이 매매 구간 |
| 단기 트렌드 존 | 5~20일선 사이 매매 구간 |

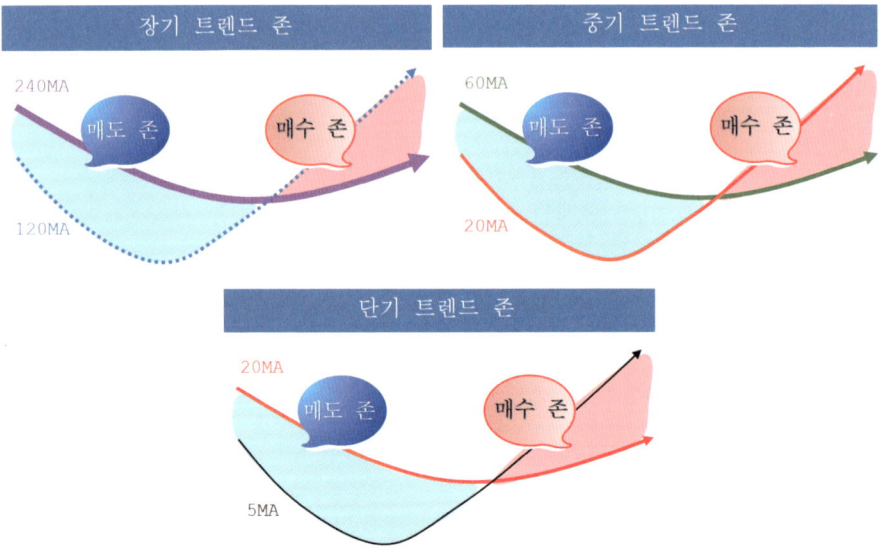

이 구간으로써 매수에 유리하다. 매도 존은 2개의 이동평균선이 역배열 관계이며 추세선이 우하향일 때 그 사이 구간으로써 매도에 유리하다. 여기서 이동평균선 간 이격은 트렌드 존의 강도를 의미한다. 강폭이 넓을수록, 물살이 강할수록 건너기 힘들 듯이 2개의 이동평균선의 간격이 넓을수록 트렌드 존의 신뢰도가 높고 매

매에 유리하다. 왜냐하면 강한 추세로 흘러왔기 때문에 대기하고 있던 매수 또는 매도가 많을 것이기 때문이다.

장기추세선 신호에서는 240일선과 60일선의 조합을 사용했었다. 하지만 트렌드 존에서는 60일선 대신 120일선을 조합한다. 왜냐하면 월봉의 장기추세선 6개월 이동평균선 때문이다. 가령 월봉 장기추세가 상승세를 유지하던 중 2개월간 연속 음봉 캔들을 형성하며 추세선 아래로 내려갔다고 가정해보자. 추세선 위에서 놀던 캔들이 갑자기 아래로 내려와 당황스럽다. '혹시 BO캔들 신호인가? 장기추세가 끝난 건가?'라는 고민과 걱정이 몰려온다.

이럴 때는 일봉을 살펴보자. 월봉 캔들이 6개월 이동평균선 아래로 급하게 내려왔으므로 일봉에서는 120일선 아래로 내려와 있을 것이다. 왜냐하면 주식 시장의 한 달 거래일은 약 20일이므로 6개월은 120일, 즉 6개월 이동평균선과 120일선은 동급이기 때문이다.

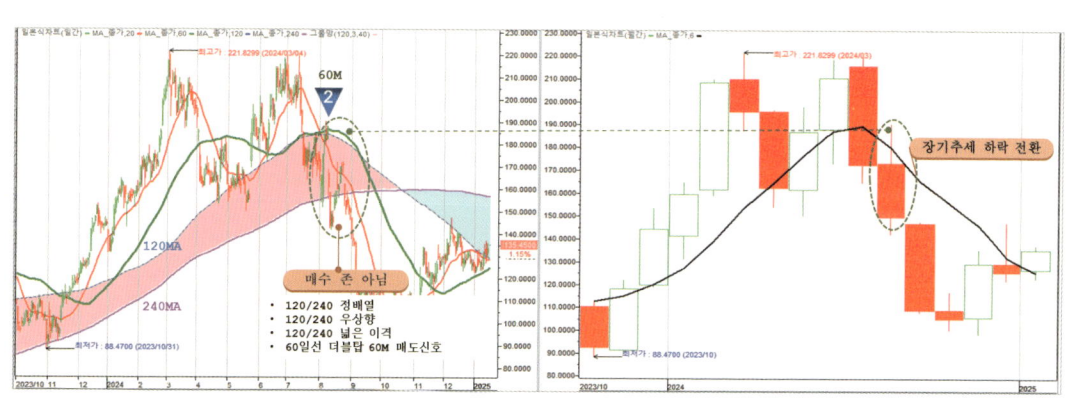

엘프 뷰티 일봉 차트(좌, 2024년), 월봉 차트(우, 2024년), 60M 매도신호를 확인해야 하는 이유

여기서 반드시 확인해야 할 사항은 60일선의 M 매도신호 여부다. 만약 60M 신호가 없다면 240일선의 추세는 상승세를 유지할 것이다. 따라서 월봉 캔들이 장기추세선 6개월 이동평균선 아래로 내려왔어도 일봉의 120일선과 240일선이 정배열 우상향이면 매수에 유리한 트렌드 존이 된다. 단 60M 신호는 없어야 한다.

실제 사례를 살펴보자. 2023년 10월, 나스닥 100지수를 추종하는 QQQ 일봉 차트와 월봉 차트를 보겠다. 월봉 6개월 이동평균선의 기울기는 강한데 10월 캔들이 아래로 내려온 상황이다. 같은 기간 일봉 차트를 보면 120일선을 깨며 내려왔다. 여기서 120일선과 240일선의 관계를 보면 정배열 우상향이며 이격 또한 넓다. 그리고 60일선은 싱글탑 60T 조정이다. 매수 존 요건을 모두 만족한다.

매수 존 요건 중 60M 신호를 반드시 확인해야 하는 이유는 추세 하락 신호이기 때문이다. 중기추세의 파동선 20M 신호, 단기추세의 파동선 5M 신호도 같은 원리가 적용된다.

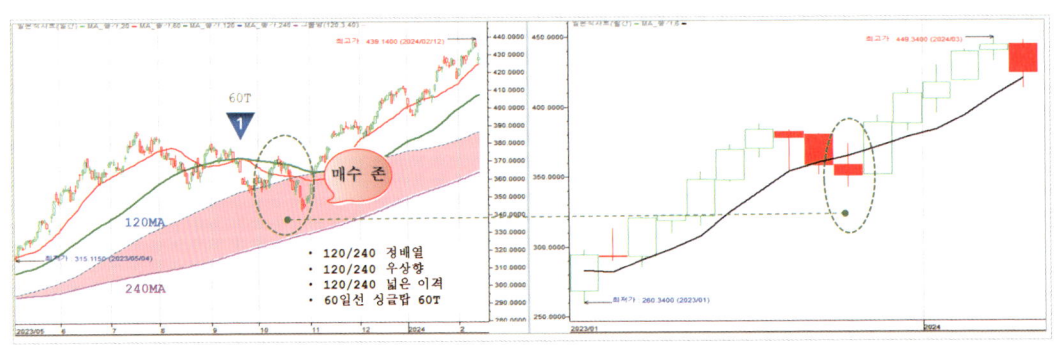

QQQ 일봉 차트(좌, 2023년 10월), 월봉 차트(우, 2023년 10월), 60일선 대신 120일선이 사용되는 이유

## 직전 고점과
## 직전 저점

경제 채널이나 전문가 방송 등을 보면 설명과 함께 목표가를 제시해준다. 애널리스트 각자 목표가 산정 근거는 다양하다. 어떤 이는 기업의 향후 실적 예상치를 바탕으로 PER을 대입해 적정주가를 산정하기도 하고, 기업의 성장률과 업황을 반영하기도 하고, 주가의 기술적 위치를 고려한 목표주가를 제시하기도 한다.

현재 주가 위치를 고려할 때 많이 활용하는 방법이 바로 직전 고점과 저점이다. 여기서 직전 고점과 저점이란 무엇을 말하는 걸까? 앞서 신호 분석에서 다뤘던 패턴 형성 과정에서 생성된 고점 또는 저점을 말한다. 직전 고점과 저점에 대해 좀 더 구체적으로 살펴보자.

의미를 부여할 수 있는 직전 고점과 저점은 2가지 유형으로 구분한다. 하나는 W, N, M 신호를 형성하는 과정에서 생성된 신호의 고점과 저점이며, 다른 하나는 심플크로스에서의 고점과 저점이다. 이 둘은 동시에 혼재되는 경우가 많다. 처음에는 복잡하고 헷갈릴 수도 있다. 그래서 익숙해질 때까지는 이렇게 해보자.

예를 들어 20W 신호를 분석할 때 차트 설정에서 20일선만 남기고 나머지는 제거한다. 엔비디아의 일봉 차트를 참고하자. 2023년 11월 20W 신호를 동반하며 반등이 이어졌으나 9월에 형성된 직전 고점에서 저항이 발생했다.

그러나 20일선과 60일선이 심플크로스를 형성한 이후의 조정이므로 N 신호에 대한 희망이 남아 있다. 12월 반등에서 20N 직전 고점 구간에 부딪혔다. 그리고 해가 바뀌면서 2024년 1월엔 이 고점을 돌파하며 20N 신호의 완성을 이뤘다.

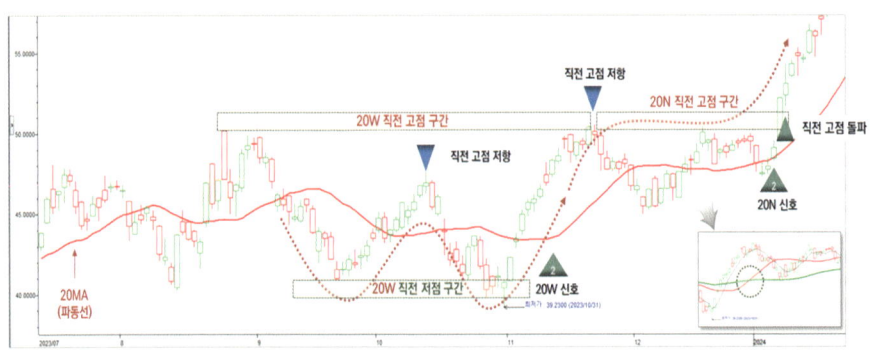

엔비디아 일봉 차트(2023년 7월~2024년 1월), 직전 고점과 저점 사례

이처럼 패턴 신호를 중심으로 해당 이동평균선의 직전 고점과 저점을 활용하는 방법이 신호의 고점과 저점 활용법이다.

조금 익숙해지면 차트에서 추세선도 추가해서 활용하면 더욱 편하다.

이번엔 심플크로스에서의 고점과 저점에 대해 알아보자. 심플크로스는 파동선이 추세선을 단순히 돌파 또는 붕괴하는 현상이라고 했다. 그런데 심플크로스에는 특이점이 있다. 파동선이 직전 저점에 닿으면 반등을 보여준다는 사실이다. 단 추세선이 M 또는 RN 신호면 직전 저점을 먼저 붕괴한 후 반등을 보여주는 사례가 많다. 따라서 여기서 추세선 M, RN 상황은 예외다. 그리고 한 가지 더 중요한 조건은 파동선이 싱글탑 조정이어야 한다는 점이다. 즉 파동선이 싱글탑 조정인데 추세선과의 심플크로스가 발생한다면 직전 저점에서 대부분 반등한다.

반대의 경우도 마찬가지다. 파동선이 싱글바닥 반등인데 추세선과의 심플크로스가 발생한다면 직전 고점 부근에서 대부분 저항을 받는다. 단 추세선의 W, N 상황은 예외다. 왜냐하면 추세선의 W 또는 N 신호는 그 힘이 강해서 직전 고점을

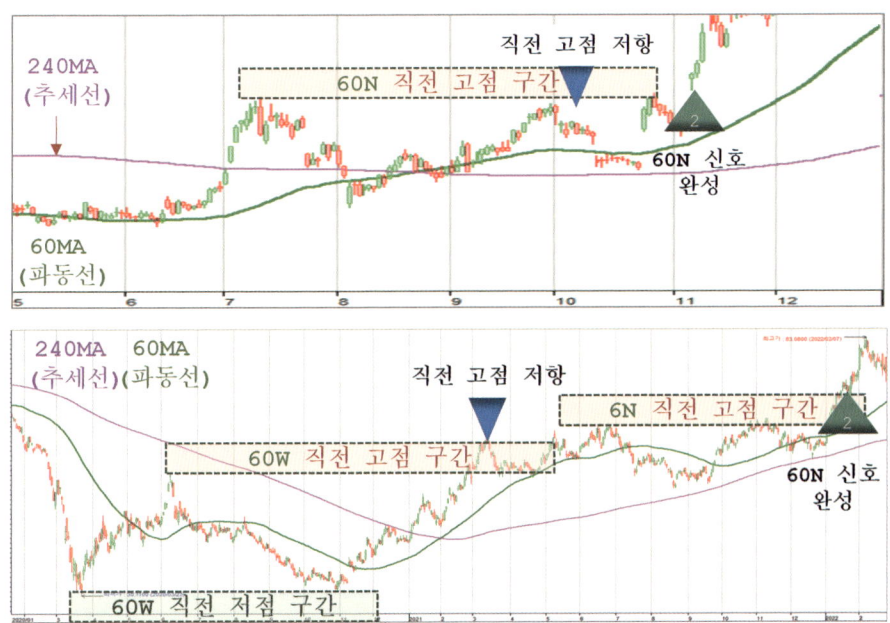

테슬라 일봉 차트(위, 2024년 5~12월), 엑슨모빌 일봉 차트(2020년 5월~2022년 2월), 직전 고점과 저점 사례

돌파한 후 조정받는 경우가 많기 때문이다.

심플크로스의 직전 고점과 저점에서는 왜 반등이나 조정을 보여줄까? 비밀은 파동선의 싱글탑 조정 또는 싱글바닥 반등 조건에 있다. 파동선의 싱글탑 조정이나 싱글바닥 반등은 추세선의 방향을 바꿀 만큼 힘이 강하진 않다. 그래서 보통 추세선과 만나면 그 방향으로 되돌아가는 현상이 나타나는 것이다. 그런데 지금 이를 무시하고 심플크로스를 만든 상황이다. 파동선의 움직임에 동참한 투자자는 그 과정에서 많은 에너지를 소진했을 것이다. 즉 단기적으로 강한 흐름으로 인해 시장에서는 직전 저점이나 고점에서 부담을 느끼게 된다.

직전 고점에서는 방향성의 불확실로 인해 매도하려는 투자자가 많을 것이며, 직전 저점에서는 단기적 급락에 따른 저가 매수를 노리는 투자자가 움직일 것이다. 어떤 이유든 시장은 그렇게 움직인다. 우리는 시장의 움직임을 따라가며 응용하는 투자자의 입장이다. 실제 사례를 살펴보면 더 쉽게 이해할 수 있을 것이다.

예를 들어 파동선 5일선이 싱글탑 5T 조정을 시작하며 단기추세선 20일선을 붕괴했다. 2023년 7월부터 2024년 1월까지의 엔비디아 흐름이다. 2023년 9월 5SC, 즉 5일선과 20일선 간 심플크로스가 발생했다. 이때 20일선 또한 싱글탑 상황이다. 하락하던 중 직전 8월 형성된 저점에 닿으며 반등하는 모습이다.

하지만 10월엔 5일선 싱글탑 5T 직전 고점 구간의 저항을 받으며 다시 내려간다. 11월엔 직전 저점에서 지지받고 또다시 상승한다. 11월 상승 중 다시 하락한 이유는 앞서 살펴본 신호의 직전 고점이 부딪혔기 때문이다. 20W 신호의 직전 고점 라인이다.

12월엔 5일선 반등과 저항이 이어졌으나, 추세선에서 20N 신호를 형성하며 2024년 1월에 신호의 완성을 이루며 강한 상승추세로 뻗어간다. 이런 과정은 수

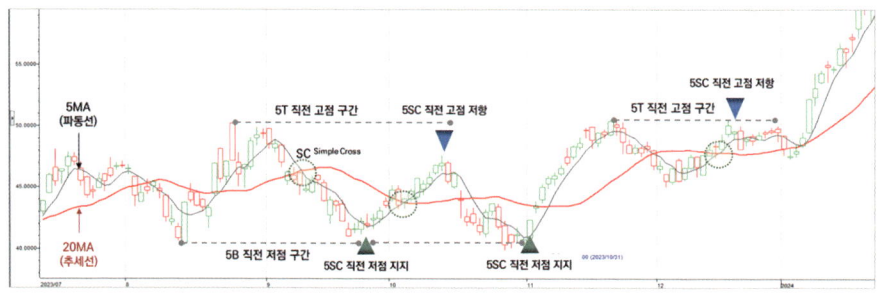

엔비디아 일봉 차트(2023년 7월~2024년 1월), 심플크로스 사례

일에서 수개월간 진행되므로 기업의 실적이나 경기지표로 포착하기엔 어려움이 있다. 그래서 지금 소개하는 도구들을 유용하게 활용할 수 있다.

## 라운드 넘버 활용하기

특정 가격에는 심리적 요인이 많이 작용한다. 가령 50달러 가격대에서 100달러 가격을 바라보면 2배수 상승과 함께 100단위라는 상징적인 의미가 있다. 따라서 일반적으로 시장에서는 주가 조정의 빌미를 제공한다. 이는 특정 숫자를 기준으로 가격 움직임을 해석하려는 경향인 앵커링 효과(Anchoring Effect)에 근거를 둔다.

라운드 넘버 또는 심리적 가격선이라고 한다. 가령 두 자릿수 주가가 세 자릿수로 바뀔 때 대부분 저항을 받는다. 990달러와 1천 달러는 불과 1% 차이밖에 없지만 그 벽을 넘기 위해서는 강한 모멘텀이 필요하다. 주가지수도 마찬가지다. 심리적 요인이지만 여기서 매매신호가 발생하면 즉각 대응해야 한다. 그래서 스트라이크 존이다.

실제 사례를 살펴보자. 엔비디아의 2023년 7월부터 2024년 12월까지 가격 흐름을 보면 50달러 가격선에 계속 부딪힌다. 2022년 말 10달러 가격대에서 5배 상승한 구간이기도 하다. 2024년 1월부터 이 가격대를 돌파하며 2배수 상승과 함께 100달러 저항선에 부딪힌다. 시장은 라운드 넘버를 너무 잘 알고 있기에 미리 움직이는 경향이 강하다. 그래서 장중 97달러 부근에서 매도물량이 출현하기 시

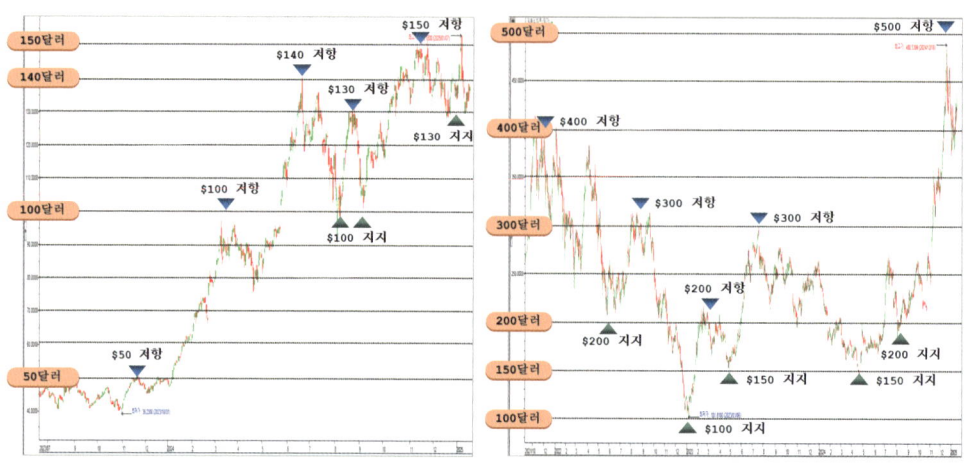

엔비디아 일봉 차트(좌, 2023년 7월~2024년 12월), 테슬라 일봉 차트(우, 2021년 10월~2025년 1월), 라운드 넘버 사례

작했다.

따라서 주가가 라운드 넘버에 근접하면 매도신호 여부를 잘 관찰해야 한다. 왜냐하면 라운드 넘버에 접근했다는 이유만으로 매도할 순 없기 때문이다. 때론 강하게 돌파하기도 한다. 2024년 5월 100달러 벽을 넘어서고 8월 조정에서는 지지받는 모습까지 나온다.

테슬라는 2021년 강한 상승 탄력으로 400달러 가격을 돌파했으나 심리적 가격 부담과 시장 하락으로 400달러가 저항으로 바뀌었다. 400달러의 -50% 구간인 200달러에서 지지받고 반등했으나 재차 하락하며 100달러까지 도달했다. 당시 여러 악재로 100달러 붕괴의 목소리가 컸으나 라운드 넘버 효과로 반등했다. 2024년 12월엔 2025년 기대감으로 상승하며 월가에선 목표주가 상향이 이어졌다. 하지만 이 또한 라운드 넘버 효과를 넘어서기엔 역부족이었다. 500달러 목전에서 5M 신호와 함께 20일선 조정에 진입했다.

엔비디아와 테슬라 사례를 살펴본 이유는 향후 얼마나 더 상승할 수 있을지 모르기 때문이다. 이들은 AI 산업혁명의 대표적인 선두기업이다. AI 시장의 규모는 예측만 할 뿐 얼마나 큰 시장이 될지, 선두기업의 성장이 어느 정도일지는 아무도 알 수 없다. 그래서 신성장 산업의 주가 흐름에서 라운드 넘버 효과는 무심코 지나칠 수 없는 숫자이며, 스트라이크 존으로 활용도가 아주 높다.

## 풀백과 리바운드

전문가들은 "이왕이면 주가 조정 시 매수하세요" 하는 말을 자주 한다. 주가가 추세의 반대 방향으로 움직였을 때 유리한 지점에서 매수하라는 의미다. 여기서 유리한 지점을 풀백 존이라고 한다. 흔히 눌림목 조정이라고도 표현한다. 일반적인 내용이지만 이 또한 중요한 스트라이크 존에 속한다.

대표적으로 2가지 유형으로 구분한다. 하나는 캔들 조정이며, 다른 하나는 싱글탑 조정이다. 캔들 조정은 일봉 또는 월봉 캔들의 마이너스(-) 가격 조정을 의미한다. 여기서 캔들의 색은 관계없다. 일봉에서 5일선이 우상향일 때 하루에서 수일간 마이너스 가격 조정이 나타나면 매수에 적합한 지점이고, 월봉에서는 6개월 이동평균선이 우상향일 때 마이너스 캔들 조정이 이에 속한다.

이동평균선 풀백 존은 싱글탑 조정 구간을 말한다. 앞서 자주 언급했던 내용

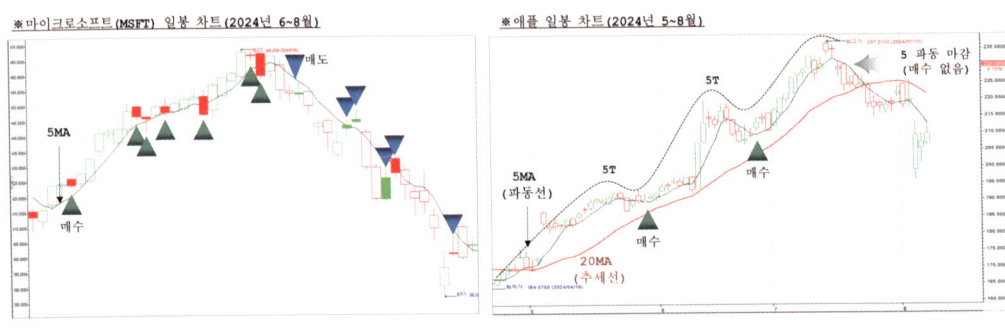

풀백 존(눌림목 조정) 사례

이므로 이제 익숙할 것이다. 추세선을 기준으로 파동선이 싱글탑 조정에 진입하면 매수에 유리하다. 당연히 더블탑 조정은 예외다. 왜냐하면 M 신호는 추세선의 방향을 바꾸는 매도신호이기 때문이다.

가령 추세 하락 전환에 미처 비중 조절을 못했다고 가정하자. '저때 팔아야 했는데 어쩌지?'라는 생각이 든다. 이때는 캔들 반등과 이동평균선 반등을 이용하는 것이다. 일봉에서는 5일선이 하락할 때 캔들이 플러스 가격으로 반등할 때를 이용하고, 월봉에서는 6개월 이동평균선이 하락할 때 당월 캔들이 플러스 가격으로 반등할 때를 이용한다.

이동평균선 반등은 파동선의 싱글바닥 반등을 이용해 비중을 조절하는 것이다. 왜냐하면 싱글바닥은 추세선의 저항이 존재하기 때문이다. 주의할 점은 반등에 속지 말자. 적어도 더블바닥이 있어야 추세선이 하락을 멈추기 때문이다. 따라서 이동평균선 싱글바닥 반등은 매도에 유리하다.

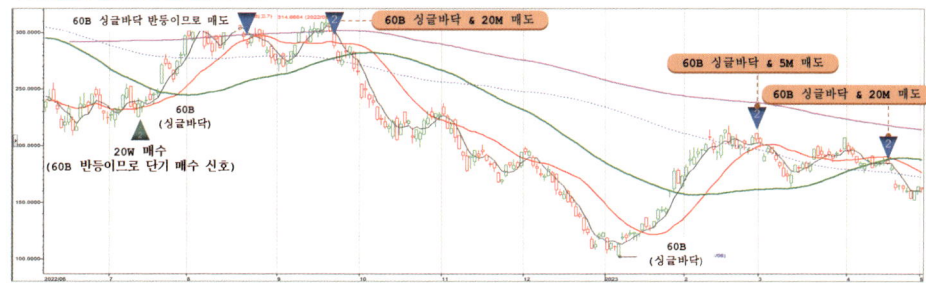

리바운드 존(반등) 사례

# 초장기 이동평균선

수개월 이상 장기추세 하락(월봉 6개월 이동평균선 하락)이 진행되면, 시장은 공포심으로 가득 차고 투자자들은 지쳐간다. 가깝게는 2022년, 좀 더 과거에는 2008년에 그러했다. 당시 성공한 투자자들은 극도의 공포를 기회로 활용했다. 시장엔 불확실성이 여전히 존재했으나 바닥 찾기에 나선 것이다.

이때 활용할 수 있는 이동평균선이 있다. 바로 월봉 72개월 이동평균선이나 연봉 10년 이동평균선이다. 단 이들 초장기 이동평균선은 상향이어야 한다. 그리고 10% 범위 내 근접할 때 바닥 찾기에 나서면 된다. 아울러 과매도·침체 지표인 월봉의 투자심리선과 RSI를 함께 분석하면 신뢰도를 더 높일 수 있다. 따라서 초장기 이동평균선에서 매매 포인트를 포착할 수 있으므로 이 또한 스트라이크 존에 해당한다. 실제 사례를 함께 살펴보자.

먼저 72개월 이동평균선에서 바닥을 찾은 사례다. 2022년 시장 전체가 장기 추세 하락으로 진행하며 수많은 종목이 함께 하락했다. 하지만 테슬라는 2022년 12월과 이듬해 1월 72개월 이동평균선의 10% 범위에 근접하며 바닥을 찾았다. 아울러 투자심리선에서도 침체를 나타내며 신뢰를 높였다. 2024년 3~6월에는

테슬라 월봉 차트(위, 2022~2024년), 애플 월봉 차트(아래, 2008~2016년)

테슬라 자체 이슈로 다시 한번 72개월 이동평균선에 근접했다. 하지만 여기서도 10% 이내 범위에서 지지받아 바닥을 형성했다.

2008년 글로벌 금융위기 당시 애플을 살펴보자. 연말까지도 사태 해결의 실마리가 보이지 않는 암흑 장세였다. 하지만 11월부터 이듬해 1월까지 72개월 이동평균선의 10% 범위에 근접하며 바닥을 찾았다.

이번에는 월봉보다 더 큰 주기인 연봉으로 확장해보자. 연봉 주기에서는 5년, 10년 이동평균선을 활용한다. 이 또한 10% 범위 내 근접하면 유심히 관찰해야 한다. 단 이동평균선의 기울기는 상향이어야 한다. 간혹 5년, 10년 이동평균선이 없을 수도 있다. 이는 상장 기간이 그리 오래되지 않았기 때문이므로 월봉을 기준으로 판단하면 좋다.

10년 이동평균선이 상향이면 초장기추세가 양호하다는 의미다. S&P500 등

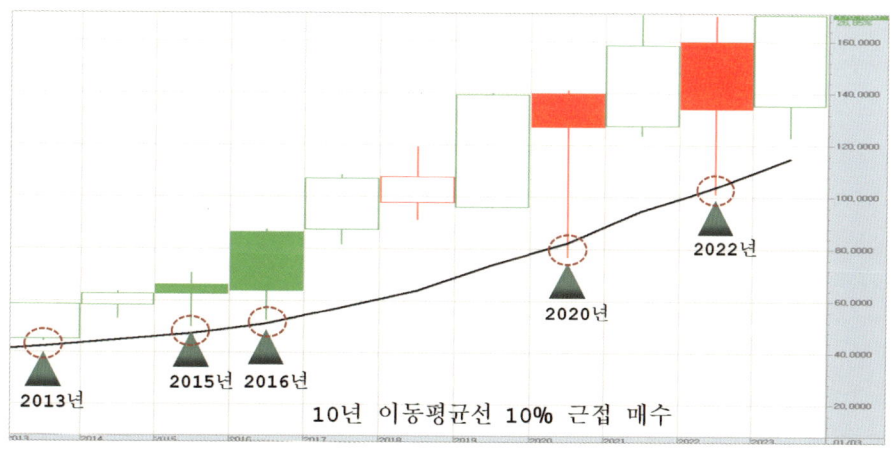

제이피모간체이스 연봉 차트(2013~2022년)

지수에서는 전체 경기와 금융 시장의 초장기추세를 확인할 수 있고, 개별 기업의 주가에서는 기업의 꾸준한 성장세를 가늠할 수 있다. 이는 경기순환 이론 중 '주글라 사이클(Juglar Cycle)'과도 연관성이 있다.

지금까지 스트라이크 존 6가지를 살펴봤다. 주식 매매를 위한 신호를 적용하기 유리한 구간이 바로 스트라이크 존이다. 어디로 튈지 모르는 흐름 속에서 적중률이 높은 신뢰 구간을 찾는 것이다. 주식 시장은 변수의 집합이다. 정해진 규칙이 없는 가운데 확률이 높은 지점을 찾는 것이 숙제다. 왜냐하면 아무리 유망한 기업이라도 고평가 구간의 정점에 매수한다면 장기간 스트레스를 피할 수 없기 때문이다. 이는 장기투자의 선순환을 망치기도 한다. 매매에 유리한 스트라이크 존에서 매매신호를 활용하는 방법을 안다면 충분히 피할 수 있는 리스크다.

## ○ 6가지 스트라이크 존

| 구분 | 스트라이크 존 | 설명 |
|---|---|---|
| 1 | 과열과 침체 구간 | 투자심리선, RSI |
| 2 | 트렌드 존 | 단기 트렌드 존(5일선과 20일선)<br>중기 트렌드 존(20일선과 60일선)<br>장기 트렌드 존(120일선과 240일선) |
| 3 | 직전 고점과 저점 | 2개의 이동평균선이 심플크로스를 형성했을 때<br>직전 고점의 저항과 저점에서의 지지 |
| 4 | 라운드 넘버 | 심리적 영향을 미치는 가격선 |
| 5 | 풀백과 리바운드<br>(눌림목 조정과 반등) | 상승추세 중 싱글탑 조정 → 매수 기회,<br>싱글바닥 반등 → 매도 기회 |
| 6 | 초장기 이동평균선 | 72개월 이동평균선, 5년, 10년 이동평균선 |

주식 매매를 위한 신호를 적용하기 유리한 구간이 바로 스트라이크 존이다.

# 불안할 땐 분할 매매:
# 피라미드 매매법

'오늘 매수했는데 혹시 내일 떨어지면 어쩌지?' '오늘 팔았는데 내일 더 오르면 아까워서 어쩌지?'

주식 투자자라면 누구나 가져본 불안감이다. 자연스러운 현상이다. 왜냐하면 내일 주가를 알 수 없기 때문이다. 스트레스를 받으며 투자하는 것은 건강에 해롭다. 좋은 방법이 없을까? 반대 상황을 생각해보자. 가령 오늘 일부 매수했다고 가정하면 내일은 더 낮은 가격에 더 많은 수량을 매수하고 싶을 것이다. 반대로 보유 주식을 수익 청산하려 한다. 오늘 일부분 매도했고 내일 주가가 오르면 더 좋은 가격에 더 많이 매도할 수 있다. 그러면 아마도 마음의 여유가 생길 것이다. 앞서 불안했던 상황은 한 번에 큰 비중으로 매매했기 때문이다. 따라서 반대로 행동하면 문제가 해결된다. 즉 분할 매매에 해법이 있다.

## 왜 피라미드 매매법인가?

지금부터 피라미드 매매법을 살펴보며 해답을 찾아보자. 먼저 한 가지 짚고 넘어가자. 피라미드 매수법과 소위 '물 타기'는 전혀 다르다. 물 타기는 출발부터 잘못된 방법이다. 속칭 물렸기 때문에 계좌의 평균 매수단가를 낮추려는 의도로 행해지지만 효과는 불난 집에 기름을 붓는 격이다. 계좌는 녹아내리게 된다. 손실률이 낮아지는 것은 착시 효과이며 손실액만 증가한다.

피라미드 매매법은 주가가 스트라이크 존에 진입할 경우를 가정해 매매할 가격 범위를 4등분하고, 비중을 10분할해서 1~4배수로 매매하는 방법이다. 매매법에는 피라미드 매수와 역피라미드 매도법이 있다. 지금부터 하나씩 살펴보자.

먼저 매매하기 전 매매의 이유부터 생각하자. 이유 있는 매매는 뇌동매매를 방지하는 효과가 있다. 흥분된 기대나 두려움은 계획되지 않은 매매를 일으키며 후회를 낳는다. 미리 매매계획을 세워야 하며 그 이유도 함께 적어놓으면 많은 도움이 된다. 계획을 세울 때는 항상 주가의 위치를 분석해야 한다. 스트라이크 존 진입을 확인하기 위해서다. 즉 피라미드 매매법은 스트라이크 존에서 분할 매매하는 것을 의미한다.

## ○ 피라미드 매수법

- 가격 분할: 매수가격 1~4단계 분할
- 비중 분할: 투자액 10분할
- 단계별 가격에서 10% 단위 매수

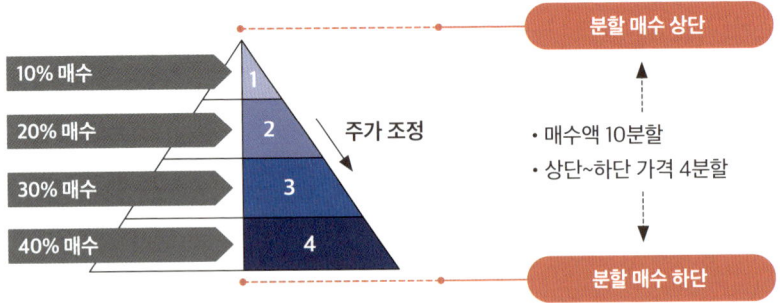

## ○ 역피라미드 매도법

- 가격 분할: 매도가격 1~4단계 분할
- 비중 분할: 매도물량 10분할 또는 숏 ETF 매수액 10분할
- 단계별 가격에서 10% 단위 주식 매도 또는 숏 ETF 매수

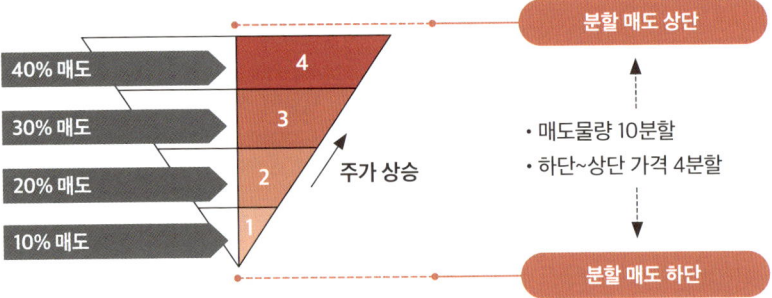

자연스러운 조정을 이용한 분할 매수 또는 목표가에서의 분할 매도 등 다양하게 활용할 수 있다. 주가가 스트라이크 존으로 진입하면 의미 있는 가격 범위를 나누고 설정된 가격이 되면 비중을 10% 단위로 나눠 배수로 분할 매매한다. '계획 수립 → 스트라이크 존 관찰 → 가격 분할 → 비중 분할 → 주문'의 순서로 진행하면 된다.

스트라이크 존에 진입하면 의미 있는 가격의 상단과 하단을 먼저 설정한다. 가령 장기 트렌드 존에 진입했다고 가정하면 120일선부터 240일선까지를 분할 구간으로 설정한다. 물론 60일선은 싱글탑 조정이거나 싱글바닥 반등이어야 한다. 만약 단기추세선 20일선을 추종했다면 5T 조정부터 20일선까지를, 중기추세선 60일선을 추종했다면 20T 조정부터 60일선까지를 분할 매수가격 범위로 본다. 반대로 파동선 싱글바닥 반등이면 추세선까지 위를 보며 가격을 나누면 된다. 분할은 4등분으로 나눈다. 예를 들어 20T 조정이 150달러부터 시작되었고, 아래에서 상승 중인 60일선 가격이 110달러라면 1단계는 140달러, 2단계는 130달러, 3단계는 120달러, 4단계는 110달러로 나누면 된다.

다음으로 매매할 비중과 수량을 결정한다. 그리고 10분할한다. 앞서 설정한 4단계 가격에 도달하면 10%씩 곱해서 주문하는 것이다. 1단계 가격에서는 10% 비중, 2단계는 20%, 3단계는 30%, 4단계는 40% 비중으로 주문한다. 총 4회에 걸쳐 주문하면 계획된 수량만큼 분할 매매가 진행되고 가장 편하게 매매할 수 있다. 예를 들어 A주식을 전체 10% 비중으로 매수할 계획이다. 1단계 가격에 도달하면 1%, 2단계는 2%, 3단계 3%, 4단계 4%로 나눠 매수하면 계획한 10% 매수가 마무리된다. 만약 수량 기준으로 100주 매수를 계획했다면 10주, 20주, 30주, 40주씩 단계별 가격에서 주문한다. 자신의 성향에 따라 편한 방법을 선택하면 된다.

참고로 나는 전체 비중을 기준으로 나눈다. 왜냐하면 비중 조절 전략을 주로 활용할 때 이 방법이 편리하기 때문이다. 매매 수량은 1% 비중에 해당하는 수량을 계산하면 된다. 간단히 엑셀을 이용해도 좋다.

주가 조정이 오면 이제 스트라이크 존에서 분할 매수한다. 인터넷에서 피라미드 매수법으로 검색하면 유사한 설명이 나오는데 여기서 설명하는 것과 내용이 다르다. 혼돈하지 않기를 바란다. 앞서 설명했듯이 주가가 스트라이크 존에서 4등분으로 나눈 가격대로 진입하면 계획대로 매수한다. 방법은 투자자의 성향에 따라 나뉜다. 간단히 3가지를 소개하겠다.

첫째, 단계별 설정한 가격에서 비중으로 나누거나 수량으로 나눠 매수한다. 조금 전 비중 분할법에서 설명한 방법이다.

둘째, 단계별 가격 사이에서 양봉 캔들에 매수 또는 음봉 캔들에 매도한다. 분할의 분할 매매라고 할 수 있다. 이 방법의 합리적 근거는 바닥 중 하나는 양봉, 정점 중 하나는 음봉이라는 사실이다. 미리 4단계로 가격을 나눴지만 혹시 도달하지 못할까 불안할 수 있다. 이때 유용하게 활용할 수 있는 방법이다.

앞서 2가지 방법도 불안할 경우 대안이 있다. 바로 셋째, 마지막 매매는 이동평균선 전환을 확인하고 진행한다. 가령 매수를 진행하고 있는데 더 내려갈까 불안하다면 마지막 매수는 이동평균선의 상승 전환에 매수한다. 반대로 매도를 진행하고 있는데 불안하다면 마지막 단계에서는 기다렸다가 이동평균선 하락 전환에 전량 매도하는 것이다. 분할 매매와 신호 매매를 조합한 방법이다. 내가 가장 선호하는 방법이기도 하다.

예를 들어 3단계까지 계획된 비중의 60%까지 매수했다면 잠시 기다렸다가 이동평균선의 BO캔들 신호가 나올 때 나머지 40%를 매수한다. 이 방법은 조금 비싸게 매수하더라도 확실한 신호를 선호할 때 유용하다.

역피라미드 매도법은 매수의 반대로만 생각하면 된다. 한 번에 전량 매도하기 어려운 상황에서 매도하는 방법이다. 매수와 같은 원리이며 실행법도 같다. 반대일 뿐이다. 각 단계의 지정가에서 매도하거나 가격 범위 내 음봉 매도, 4단계에서는 지정가격 매도 또는 기준 이동평균선 하락 전환 시 매도하는 방법이다.

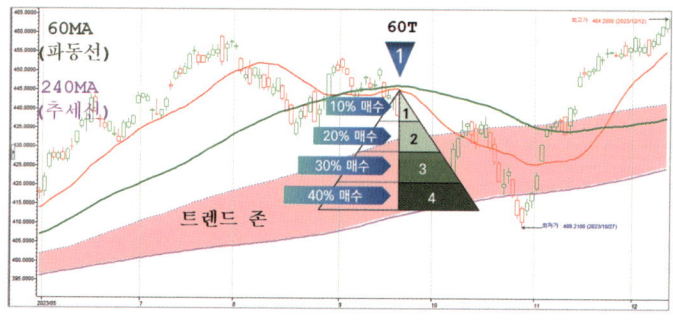

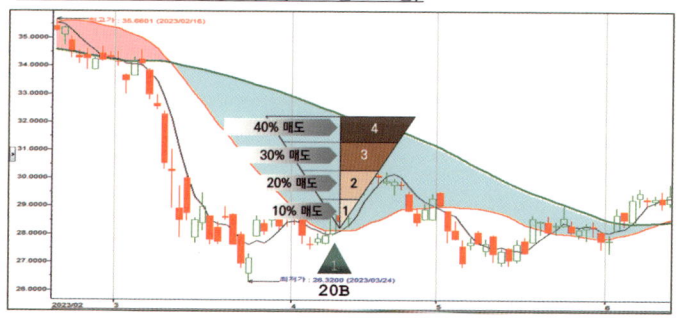

피라미드 매매법 사례

피라미드 매매법을 적용할 때 이런 생각이 들 수 있다.

'주가 조정이 2단계까지만 왔다가 상승해버리면 어떻게 하지?' '주가 반등이 3단계 직전에서 다시 내려가면 어떻게 하지?'

그렇다. 실제로 흔히 발생한다. 피라미드 매매법은 일종의 계획된 매매법이다. 반면 실전에선 변수가 많다. 따라서 유연한 대응이 필요하다.

투자 전략에 따라 대응도 다르다. 단순한 기준을 만들어보자. 단기투자와 중장기투자로 나눠보자. 만약 단기투자를 계획했고 2단계까지만 매수되었으면 그 물량으로만 대응하는 것이다. 무리한 따라잡기는 수익률에 악영향을 미친다. 그리고 반등 시 2단계까지만 매도했는데 기준 이동평균선이 다시 하락한다면 모두 청산하는 것이 유리하다. 왜냐하면 추가 하락에 손실이 커질 수 있기 때문이다.

반면 중장기투자 전략이라면 미처 매수하지 못한 물량을 기준 이동평균선 상승 신호에 모두 매수하면 된다. 앞서 소개했던 피라미드 매수법의 세 번째 방법과 유사하다. 왜냐하면 내 계획보다 시세가 더 강하기 때문이다. 수익률이 좋은 투자자는 유연한 성향인 경우가 많다. 따라서 이 경우는 분할 매매에서 신호 매매로 바꾸는 유연성이 힘을 발휘한다.

**피라미드 매매법을 통해 뇌동매매를 방지할 수 있다.**

# 조정과 반등에 대응하라: 싱글 신호 매매법

잘 오르던 주가가 갑자기 조정받는다. 무슨 일인지 뉴스를 제일 먼저 찾는다. 하지만 우리는 차트 상단을 먼저 살펴봐야 한다. 갑자기 찾아온 하락이면 분명 싱글탑 조정일 것이다. 반대로 한참 내려가던 주가가 갑자기 제법 큰 반등을 준다. 보통 '바닥인가?'라는 생각을 먼저 가진다. 하지만 우리는 차트 하단을 먼저 살펴야 한다. 첫 반등이면 분명 싱글바닥일 것이다. 여기까지 확인은 어렵지 않다.

그럼 어떻게 대응해야 할까? 주가 변동은 추세선을 중심으로 파동선에서 형성된다. 즉 추세선이 한 방향으로 흐를 때 파동선은 이를 중심으로 등락을 반복하며 움직인다. 이때 W 신호는 매수, M 신호는 매도로 대응한다. 그럼 미완성인 싱글 신호는 어떻게 대응해야 할까? 예를 들어 단기추세선 20일선이 하락추세다. 이를 중심으로 5일선이 더블바닥을 형성하며 5W 신호를 발생하면 매수로 대응한다. 만약 5일선이 싱글바닥 5B만 형성된 상황이라면 어떻게 대응해야 할까? 반대의 경우도 생각해볼 수 있다. 또한 상승 중인 20일선을 기준으로 5일선이 싱글탑 5T를 형성했다면 어떻게 대응해야 할까? 지금부터 해답을 찾아보자.

## 싱글탑 매수법

주가 조정이 시작되면 위를 먼저 확인해야 한다. 즉 파동선에서 발생한 조정 신호를 구분해야 한다. 만약 싱글탑 조정이면 매수 관점으로 접근하고, 더블탑 조정이면 매도 관점으로 접근한다. 원리는 싱글탑 조정은 추세선 방향을 돌릴 수 없다는 사실에 근거를 둔다. 만약 악재의 영향으로 급하게 추세선 아래로 내려온 상황일지라도 더블탑 형성을 위해 반등이 곧 따라온다. 따라서 싱글탑 조정은 상승추세 과정에서의 일시적 휴식기이므로 매수의 기회로 활용하는 것이다. 이 방법을 '싱글탑 매수법'이라 부른다.

앞서 얘기했던 매수법 3가지 중 분할 매수와 신호 매수를 적용하면 아주 유용하다. 현재 추세선은 상승을 유지하고 파동선은 싱글탑 조정에 진입한 상황이라 가정하고 구체적인 내용으로 들어가보자.

## ○ 싱글탑 분할 매수

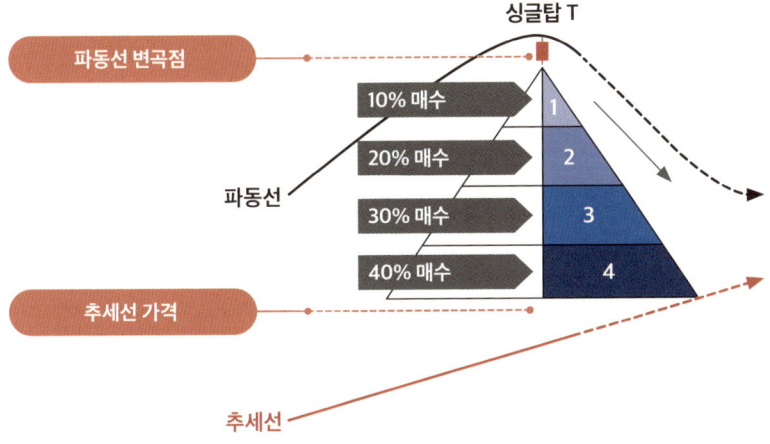

## ○ 싱글탑 신호 매수

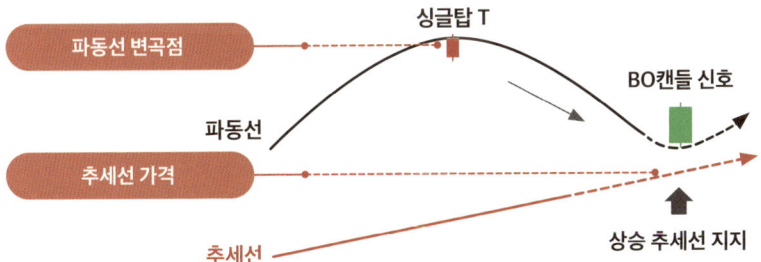

## 1. 싱글탑 분할 매수

파동선 싱글탑 조정이 시작되면 변곡점과 추세선을 기준으로 피라미드 매수법에 따라 매매한다. 가격 분할과 비중 분할을 설정하고 마이너스(-) 가격 조정에 분할 진입하면 유리하다. 단 파동선이 5 파동까지 진행된 상황이라면 주의가 필요하다. 왜냐하면 추세선을 하향 이탈할 수도 있기 때문이다. 이런 상황은 피라미드 매수계획에 불편한 변수가 된다. 따라서 5 파동 이후의 싱글탑 조정은 그냥 흘려보

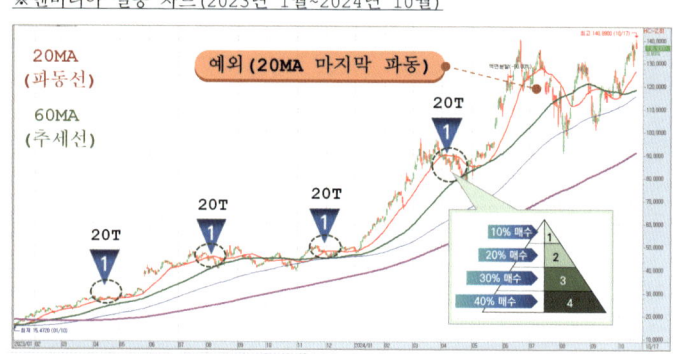

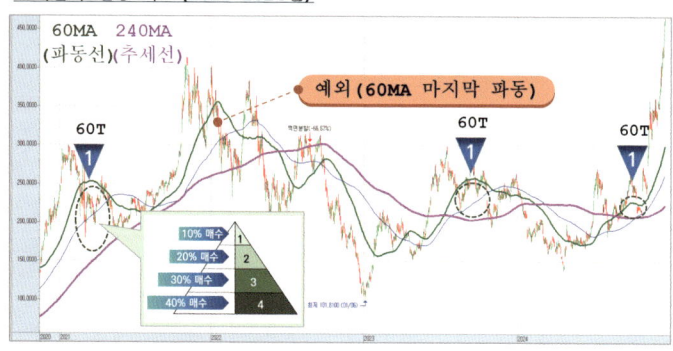

싱글탑 분할 매수 사례

내거나 투자 비중을 낮춰 보수적으로 접근하는 것이 좋다. 4단계 매수 구간에서는 선택 옵션이 있다고 했다. 불안하면 기다렸다가 파동선 상승 전환 신호에 매수하는 것이다. 즉 분할 매수와 신호 매수를 융합한 방법이다.

투자자 성향에 따라 유연하게 활용하면 된다. 단기추세선 20일선과 5일선 조합에서 가장 편안하게 활용할 수 있다. 물론 중기추세선과 20T, 장기추세선과 60T 조정에 활용해도 좋다. 투자자 본인의 성향을 먼저 파악하고 나에게 맞는 방법을 선택하는 것이 더욱 중요한 부분이다.

## 2. 싱글탑 신호 매수

싱글탑 조정이지만 파동선 크기에 따라 조정폭과 기간이 상이하며 기다리는 기회비용 또한 무시할 수 없다. 그래서 가격보단 정확한 타이밍을 더 선호하는 투자자에겐 신호 매수가 유리하다. 매매 시점은 파동선 상승 전환을 알리는 W 또는 N 신호를 이용하자.

가령 파동선이 5일선이면 캔들 신호를 활용하고, 20일선이나 60일선이면 W, N 이동평균선 신호와 BO캔들 신호를 조합해도 좋다. 좀 더 섬세한 신호를 원한다면 3개의 이동평균선을 조합한 복합형을 활용한다.

싱글탑 복합형 신호 매수에는 4가지 유형이 있다. 가령 20일선 싱글탑 20T 조정에서는 '5W' 이동평균선 신호와 20BO캔들 신호를 조합한 '5W20BO' 신호를 이용한다. 5W 신호는 좀 더 빠르지만, 신뢰도는 5W20BO 신호보다 상대적으로 낮다. 만약 강한 흐름이라면 5N 신호가 나타날 수 있다. 이땐 즉시 매수다. 60T 조정에서도 같은 방식을 적용하면 된다.

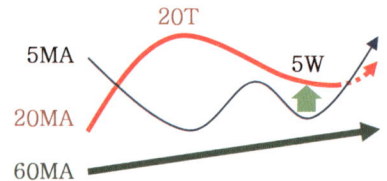
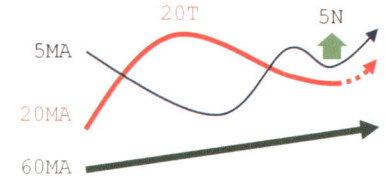
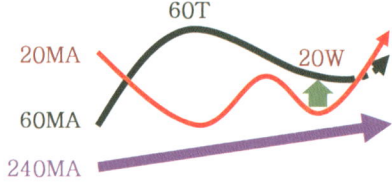
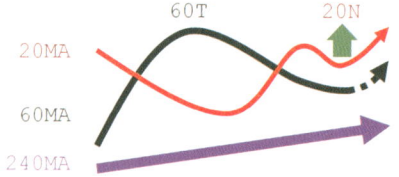

싱글탑 복합형 신호 매수 유형

# 싱글바닥 매도법

하락추세 중 오랜만에 반가운 반등이 찾아왔다. '이제 바닥이지 않을까?'라는 기대감이 생긴다. 안타깝지만 싱글바닥 B는 가짜 바닥이다. 진짜 바닥은 더블바닥 BB

가 형성되어야 한다. 왜냐하면 한 번의 충격으로는 추세선 방향을 돌릴 수 없기 때문이다. 그래서 싱글바닥의 파동선이 하락추세선을 만나면 재차 하락하는 것이다. 이 원리를 자주 언급하는 이유는 그만큼 중요하기 때문이다. 여기서 중요한 부분은 매물이 기다리는 위치, 즉 반등의 목표다. 앞서 배운 스트라이크 존을 대입하면 매물대를 가늠할 수 있다. 싱글바닥 매도법을 활용하면 미처 대응하지 못한 보유 주식 비중을 줄이거나, 숏 ETF 상품 등을 매수하는 기회로 활용할 수도 있다.

다만 파동선 5 파동 진행을 마무리한 상황은 조심해야 한다. 왜냐하면 추세선을 상향 돌파할 수도 있기 때문이다. 이 5 파동 요소는 변수이자 리스크로 싱글바

## ○ 싱글바닥 분할 매도

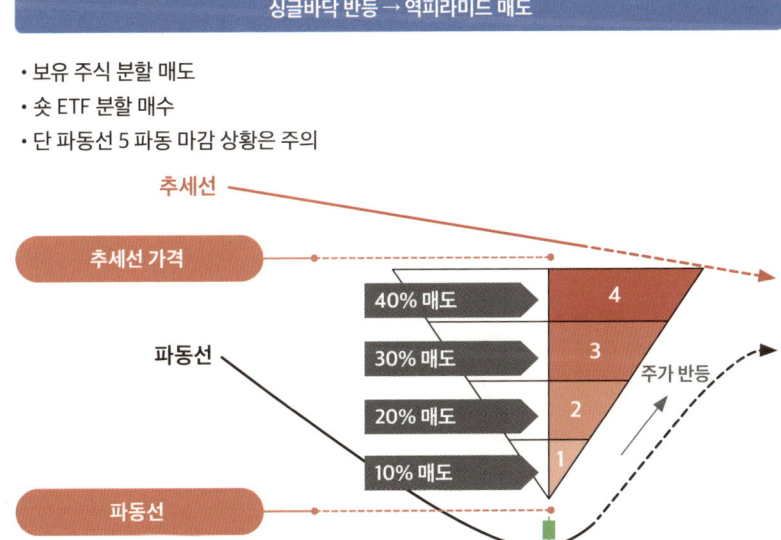

## ○ 싱글바닥 신호 매도

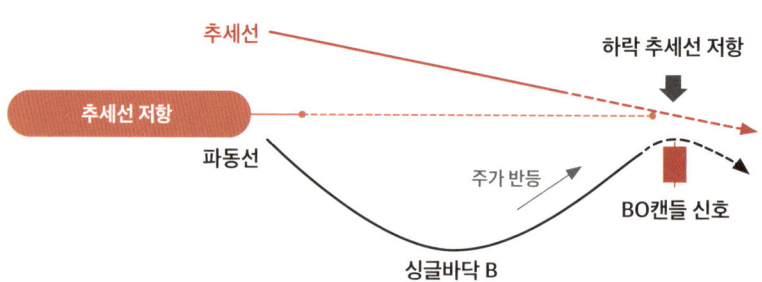

닥 매도법의 신뢰를 떨어뜨린다. 싱글바닥 매도법에는 역피라미드 매도법과 파동선 신호 매도가 있다. 앞서 살펴본 싱글탑 매수법과 정반대로 이해하면 된다.

### 1. 싱글바닥 분할 매도

하락하던 파동선이 싱글바닥을 형성하며 반등하기 시작했다. 어떻게 할까? 체크 포인트는 2가지다.

- 포인트 1, 파동선이 하락 5 파동을 마무리했는가? 마무리했다면 일단 대기하고, 그렇지 않다면 매도를 준비한다.
- 포인트 2, 어떤 목적으로 매매할 것인지 결정한다.

파동선이 하락 5 파동을 마무리했거나 W 신호를 형성한다면 하락추세를 마무리할 준비가 되었다는 의미다. 그래서 포인트 1을 먼저 확인하는 것이다. 만약 하락추세 마무리가 아니라 단순 반등이라면 매도를 준비해야 한다. 그땐 어떤 매매를 할지 결정해야 한다. 보유한 주식의 비중을 줄이는 매도를 할지, 아니면 주식은 그대로 보유한 채 평가손실 보전을 위해 헤지 포지션을 구축할지 결정한다.

비중 조절의 목적이라면 역피라미드 매도법을 활용해 보유 주식을 매도하고, 헤지를 원한다면 숏 ETF를 매수한다. 물론 풋옵션 매수, 콜옵션 매도, 선물 매도 등 헤지 방법은 다양하지만 보통은 숏 ETF를 권한다. 단 3배수 ETF는 주의해야 한다.

가령 싱글바닥이 확인되었고 보유 주식 일부를 매도하려 한다면 먼저 분할매도를 고려해볼 수 있다. 왜냐하면 언제 다시 하락할지 불안하기 때문이다. 이땐 싱글바닥을 시작으로 위에서 내려오고 있는 추세선까지 역피라미드를 그려본다. 매매가격은 바닥부터 추세선까지 4분할하고 매도할 비중 또는 주식 수량을 정한다. 그리고 매도할 수량을 10분할 후 아래 1단계부터 10%의 배수만큼 매도를 시작한다.

앞서 설명했던 역피라미드 매도법을 그대로 활용하면 된다. 기본은 아래 1단계부터 10%씩 늘려가며 매도하는 것이고, 불안하면 음봉 캔들이 출현할 때 매도해도 좋다. 그리고 마지막 40% 매도는 기다렸다가 파동선이 다시 하락하는 BO캔들 신호에 매도해도 괜찮다. 구체적인 매도방법은 자신의 성향에 따라 선택하면 된다.

역피라미드 매도법의 원리는 추세선의 저항에 있다. 따라서 추세선이 하락파

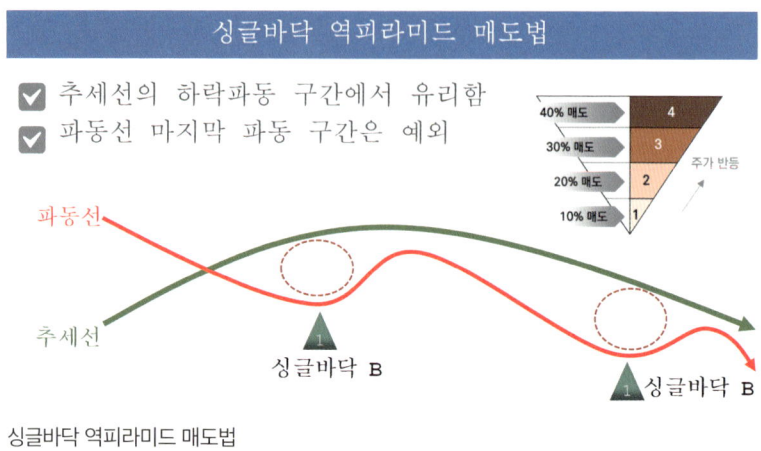

싱글바닥 역피라미드 매도법

동 구간이면 분할 매도에 더 유리하다. 참고로 파동선의 마지막 파동 구간은 예외 처리한다. 하락파동을 마무리할 가능성이 있기 때문이다. 마지막 파동을 표현할 땐 이동평균선 크기와 LW를 병합해서 20LW, 60LW와 같이 표현한다.

## 2. 싱글바닥 신호 매도

싱글바닥 반등이지만 얼마나 반등할지는 모르기에 미리 분할 매도하는 게 아깝게 느껴질 수 있다. 실제로 제법 강한 반등이 나올 수도 있다. 반등의 끝을 확인한 후 매도하고 싶은 투자자에겐 싱글바닥 신호 매도가 적합하다. 신호는 파동선의 반등이 멈추는 지점이다. 파동선이 다시 추세 방향으로 복귀하는 BO캔들 신호를 활용하면 좋다.

요약하면 하락추세선 아래에서 싱글바닥으로 반등하는 파동선을 지켜보다가 다시 추세 방향으로 하락 전환할 때 매도하는 방법을 싱글바닥 신호 매도라고 한다. 여기까지는 그리 어렵지 않은 내용이다. 하나의 추세선과 파동선만 관찰하며 대응하기 때문이다. 좀 더 고도화된 복합형 신호 매도법을 살펴보자.

이것은 앞서 배운 M 신호 복합형과 유사하다. 다만 2가지 다른 점이 있다. 하나는 파동선이 반드시 싱글바닥이라는 점이고, 다른 하나는 M 신호뿐만 아니라 RN 신호도 포함한다는 점이다. 어렵지 않다. 단지 신호를 활용하는 조건이 다를

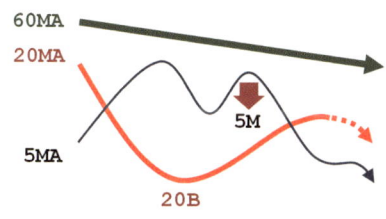
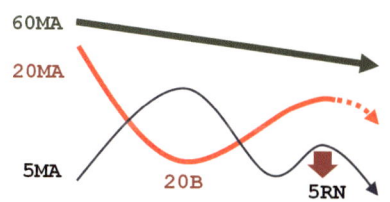
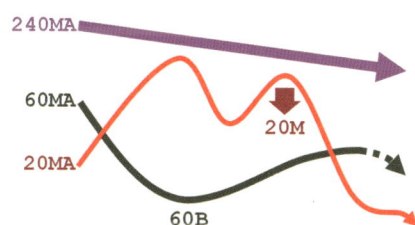
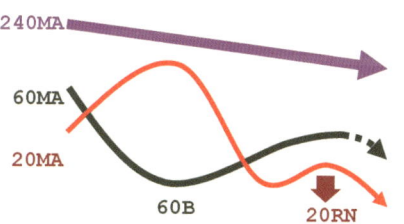

싱글바닥 복합형 신호 매도 유형

뿐이다.

복합형 신호 매도는 파동선의 방향이 전환하는 선행 신호를 활용한다. 예를 들어 하락추세선 60일선 아래에서 파동선 20일선이 싱글바닥으로 반등 중이다. 그런데 파동선 20일선이 언제 다시 하락으로 전환할지 불확실하다. 이때는 선행 신호로 확인할 수 있는데, 5일선의 5M 신호 또는 5RN 신호를 활용한다. 하락추세선 240일선에 대한 파동선 60일선의 싱글바닥 반등에서도 같은 원리를 활용할 수 있다.

- 중기추세선 60일선 하락 중 20일선 싱글바닥 반등 → 5M 또는 5RN 매도신호 활용
- 장기추세선 240일선 하락 중 60일선 싱글바닥 반등 → 20M 또는 20RN 매도신호 활용

실제 사례를 살펴보자. 테슬라 2024년 2월 일봉 차트를 살펴보면 중기추세선 60일선의 하락추세 구간에서 파동선 20일선의 싱글바닥 20B 반등이 이어졌다. 하지만 5M 신호를 기점으로 다시 하락추세로 복귀하는 모습을 볼 수 있다.

좀 더 과거로 돌아가 보자. 2022년 7월 테슬라의 60일선은 싱글바닥 60B 신호를 기점으로 제법 큰 반등이 나왔다. 약 2개월간 지속된 반등은 결국 파동선 20M 신호와 함께 하락추세로 돌아가버렸다. 이후 2023년 1월엔 큰 반등이 있었으나 역시 60일선 싱글바닥으로 추세선 240일선 부근에서는 거센 저항이 있었다. 4월 20M 신호로 다시 내려가는 모습이다. 물론 그 이후 하단에서 60W 신호로 이어지며 진짜 바닥이 확인되었다.

2024년 2월 애플에서는 20B 반등 이후 5RN 신호를 확인할 수 있으며, 아마

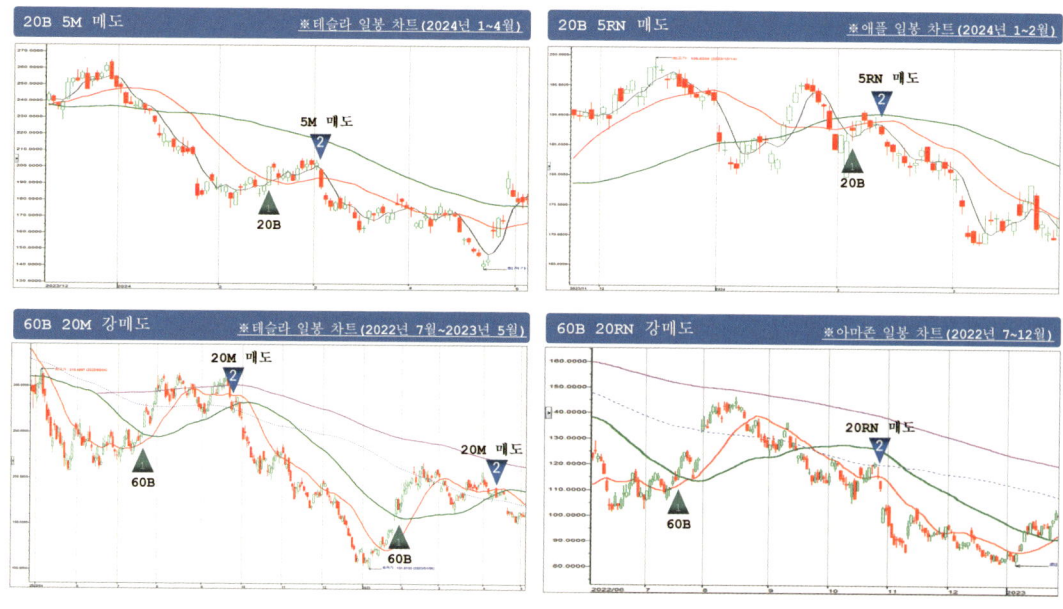

싱글바닥 복합형 신호 매도 사례

존은 2022년 7월 60B 반등을 보였으나 상단의 저항으로 빠르게 흘러내려 10월 20RN 신호와 함께 급락하는 모습을 보여준다. 이처럼 추세선 하락파동 구간에서 파동선의 싱글바닥 반등과 더 작은 이동평균선의 매도신호 M 또는 RN 신호를 활용하는 복합형 신호 매도는 활용도가 높다.

잘 오르던 주가가 갑자기 조정받고 반등한다면 싱글 신호 매매법을 활용한다.

# 갭 시작에 대응하라: 터닝포인트 갭 대응법

## 터닝포인트 갭에 대응하라

장 시작부터 큰 폭의 상승이나 하락으로 출발하면 당황스럽다. 장 전 어떤 이슈가 발생한 것이기 때문이다. 미국 기업은 대부분 정규시장 마감 후 실적 발표를 한다. 그래서 장 마감 후 시간외거래부터 주가 변동성이 커진다. 그리고 주요 경제지표는 정규 시장 시작 전 발표되는 경우가 많다. 일반적으로 한국 시간 기준으로 서머타임 적용 시기에는 21시~21시 30분, 그 외 시기에는 22시~22시 30분 정도에 발표된다. 결과에 따라 장전거래인 프리마켓부터 영향을 준다.

## ○ 상승 전환 갭

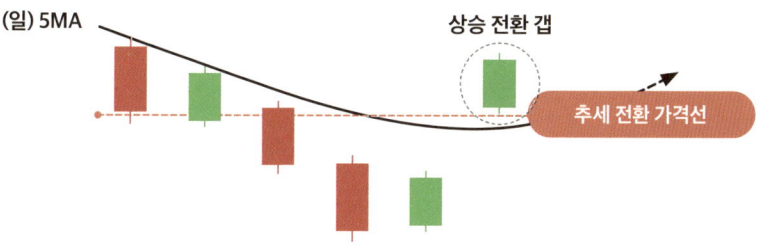

## ○ 하락 전환 갭

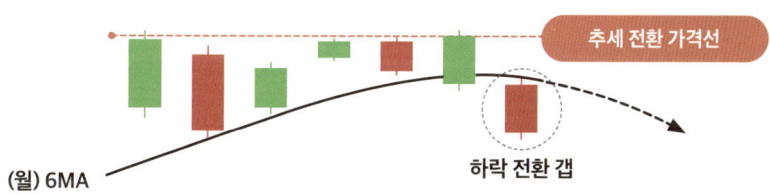

따라서 정규장이 열리면 큰 폭의 상승이나 하락으로 시작하는 경우가 많다. 이를 '갭 상승' 또는 '갭 하락'이라 부른다. 시작부터 큰 폭의 갭으로 시작하면 대응하기 참 곤란하다. 특히 갭 상승했을 때 매수하거나, 갭 하락했을 때 매도해야 하는

중요한 갭이 있다. 바로 '터닝포인트 갭'이다. 여기서 터닝포인트는 이동평균선의 추세 전환점을 말한다. 즉 이동평균선의 추세를 바꾸는 갭 출발을 터닝포인트 갭이라고 한다.

## 1. 상승 전환 갭

가령 하락추세의 20일선을 추종한다고 가정하자. 5일선이 상승으로 전환하면 5W 매수신호가 예상되는 상황이다. 다행히 장 전 호재성 뉴스로 상승 갭 출발을 예고하고 있다. 만약 오늘 이탈하는 이전 6번째 캔들의 종가보다 높은 가격에서 출발한다면 5일선은 즉시 상승으로 전환되며 5W 신호를 만들어낼 것이다. 시작부터 플러스(+) 상승가로 매수하기엔 부담스럽지만 5W 매수신호를 유발하는 터닝포인트 갭 상승이므로 매수로 대응해야 한다. 좀 더 확인하고 싶다면 갭 상승 출발 후 양봉으로 상승하는 모습을 확인한 후 매수해도 괜찮다.

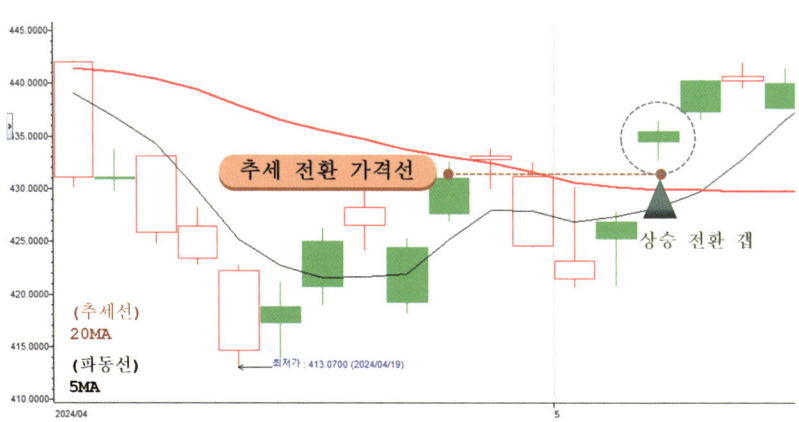

QQQ 일봉 차트(2024년 4~5월), 상승 전환 갭 사례

예를 들어 하락 중인 5일선의 상승 전환 가격이 123달러라고 가정하자. 어느 날 갭 상승으로 출발하며 5일선 기울기를 전환했다. 만약 10% 이상의 상승 출발이라면 매수주문을 망설이게 된다. 하지만 이후 흐름은 며칠간 짧은 조정 후 상승을 이어가는 경우가 많다. 이를 놓치지 말자. 만약 상승 전환 갭 당일 매수하지 못했더라도 다음날 마이너스(-) 조정을 주면 매수 기회로 활용해야 한다. 내 마음보다 시세의 흐름이 우선이다.

이뿐만 아니라 20일선의 전환도 같은 원리를 적용할 수 있다. 20개의 캔들 중 오늘 이탈하는 이전 21번째 캔들의 종가는 터닝포인트 가격, 즉 20일선 추세 전환 가격선이다. 만약 오늘 갭 상승으로 이 추세 전환 가격을 돌파한다면 20일선은 즉시 상승으로 전환된다. 당연히 매수로 대응해야 한다. 한 번에 매수하기 부담스럽다면 일부는 오늘, 나머지는 내일부터 눌림목 조정에 매수하면 된다.

HTS·MTS에는 캔들 개수를 파악할 수 있는 기능이 있다. 이를 이용하면 이탈하는 21번째 캔들의 종가를 편리하게 확인할 수 있다. 다만 60일선은 너무 멀기에 갭으로 분석하기엔 무리가 있다.

## 2. 하락 전환 갭

하락 전환의 상황도 같은 원리를 적용하면 된다. 가령 상승추세의 20일선을 기준으로 5RN 매도신호가 형성될 찰나에 있다고 가정하자. 불안한 흐름이다. 어느 날 갭 하락으로 출발했는데 5일선 하락 전환 가격보다 낮은 가격이라면 서둘러 매도로 대응해야 한다. 왜냐하면 갭 하락으로 인해 5일선이 하락 전환하고, 이로 인해 5RN 매도신호로 이어질 뿐만 아니라 추세선인 20일선까지 하락으로 끌고 내려가

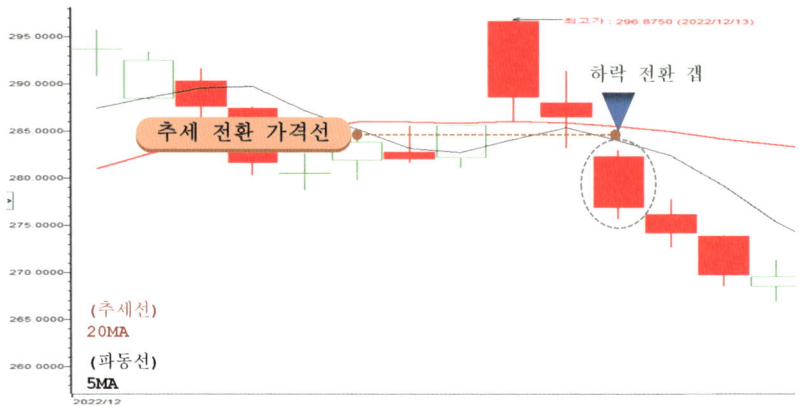

QQQ 일봉 차트(2022년 12월), 하락 전환 갭 사례

는 도미노 현상이 발생하기 때문이다.

20일선 단독으로 하락추세 전환하는 갭 하락도 있다. 오늘 이탈하는 이전 21번째 캔들 종가는 추세 전환 가격선이며 이보다 낮은 가격에서의 갭 하락 출발이라면 매도로 대응해야 한다. 일반적으로 20일선의 하락은 갭 하락의 영향뿐만 아니라 파동선 5일선의 매도신호도 동반되므로 함께 분석하면 실수가 적다.

W, N, M, RN 신호를 떠올려보자. 신호의 완성은 직전 고점 돌파 또는 직전 저점 붕괴다. 여기서 전환점 갭(터닝포인트 갭)으로 직전 고점을 돌파하거나, 직전 저점을 붕괴하는 경우도 있다. 이때 아쉬움은 뒤로 하고 적극적으로 대응해야 한다.

**시작부터 큰 폭의 갭으로 시작하면 터닝포인트 갭 대응법을 활용한다.**

# 주가 하락에 대응하라: 조정 등급별 대응법

이제 막 장기추세 상승으로 전환되어 신나게 올라가길 기다리고 있는데 갑자기 하락 조정이 찾아온다. '어? 아직 상승 전환이 아닌가?'라는 의심이 든다. 일단 지켜본다. 얼마간의 조정 후 다시 상승추세로 복귀하는 모습을 보며 안도의 한숨을 내쉰다. 이후 수개월간 힘차게 올라 제법 흐뭇한 수익률을 보이며 웃는 순간, 다시 하락 조정이 찾아온다. '꼭지인가? 좀 팔까?' 살짝 당황하고 있는 동안 주가는 제법 많이 내려간다. '더 사야 하나? 아냐 지금 수익 구간이니 지금이라도 이익 실현할까?' 갈등이 시작된다.

    매도버튼 앞에서 며칠을 망설이는 동안 주가는 다시 회복하며 상승하기 시작한다. '아~ 역시 장기투자지!' 그리고 다시 수개월간 상승하며 여러 매체에서 내 주식을 추천한다. 흐뭇하다. 이후 다시 하락 조정이 찾아왔다. '저러다 다시 올라갈 테니 걱정할 거 없지!' 하는 생각으로 조정을 무시한다. 시장은 가파른 조정 후 다시 급반등한다. '역시!'라며 안심한다. 하지만 주가는 그때부터 힘이 빠지며 하락추세로 진입하고 그동안 쌓은 수익 대부분을 반납한다.

주식 투자자라면 누구나 경험해봤을 법한 이야기다. 그만큼 매수보다 어려운 게 매도다. 적절한 타이밍에 매도하기 위해서는 먼저 주가 하락의 유형을 파악해야 한다. 그리고 어느 단계에 진입했는지를 확인한 후 비중 조절 전략을 활용해야 한다. 복잡할 것 같지만 그렇지 않다. 하나씩 살펴보자. 일반적으로 주가 조정을 3가지로 분류한다.

첫째, 풀백(Pullback)이다. 언제든 찾아오는 짧고 얕은 조정을 말한다. 하락폭은 약 -5~-10% 수준이다. 단기적 과열에 따른 매도물량의 출현으로 잠시 흔들리는 수준의 하락이다. 둘째, 조정(Correction)이다. 고점 대비 -10~-20% 수준의 하락을 말한다. 풀백보다 좀 더 길고 깊은 조정이다. 통상 1~3개월 정도 하락한다. 셋째, 베어마켓(Bear market)이다. 고점 대비 -20% 이상 깊은 조정이 10개월 이상 지속되는 하락을 말한다. 이 용어들은 상식선에서 알아두면 좋다.

1950년대 이후 통계 데이터에 따르면 미국주식 시장 사이클은 평균 67개월 상승, 10개월 하락했다. 참고할 만한 경제이론으로는 경기의 10년 주기를 설명한 주글라 사이클, 산업혁명 50년 주기를 설명하는 콘드라티예프 사이클이 있다. 그리고 저금리·고성장 환경이면 10년 슈퍼 사이클이 진행되기도 한다. 가까운 사례로는 지난 2022년 1월부터 연말까지 1년간 하락추세가 지속된 바 있으며, 2008년 글로벌 금융위기를 극복하고 2009년부터 10년간 슈퍼 사이클이 진행되기도 했다.

이러한 큰 흐름을 보면 유용하지만 아직도 석연치 않은 부분이 있다.

그래서 언제 팔아야 할까?

우리가 원하는 답을 얻지 못했기 때문이다. 이제부터 하락 조정의 2가지 유형을 알아본 후 장단기 추세별 조정을 구분하는 방법과 대응 전략을 살펴보자.

## 하락 조정의 2가지 유형

앞서 소개한 풀백, 조정, 베어마켓은 일반적으로 사용되는 용어다. 지금부터는 실전에서 활용할 조정에 관한 이야기를 하겠다. 지금부터 이야기할 조정은 하락폭을 기준으로 분류한 조정과는 다른 의미다. 그냥 주가 하락을 조정으로 통칭할 것이다.

하락 조정은 기간 조정과 가격 조정으로 나뉜다.

### 1. 기간 조정

주가의 상단부터 하단까지 일정 범위 내에서 박스권 횡보 흐름을 이어가며 쉬어가는 유형을 말한다. 주가 변동의 범위는 조정받는 추세선의 크기에 따라 상이하다. 일반적으로 단기추세선 20일선 중심이면 10% 내외, 60일선 중심이면 30% 내외

## ○ 기간 조정

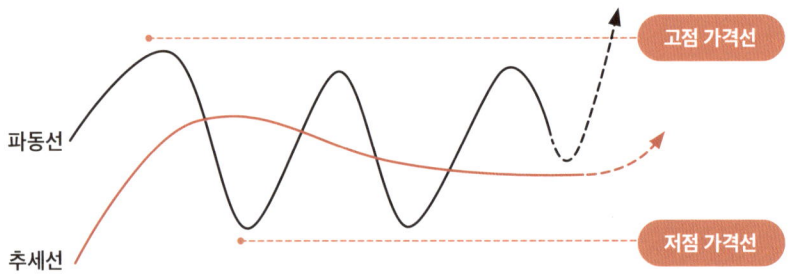

로 유추할 수 있으나 시장 상황에 따라 유동적이다.

가령 상승추세이던 20일선이 하락으로 전환되며 조정에 들어간다고 가정하자. 이후 반등이 나타나며 1차 바닥이 형성되었다. 반등 후 상단 가격에서 저항에 부딪혀 다시 내려왔다. 이때 1차 바닥에서 다시 반등으로 이어진다. 이쯤이면 1차 바닥이 박스권의 하단으로 인식된다. 그리고 다시 상단의 저항으로 이어지며 20일선의 기울기는 옆으로 횡보하는 모습을 보여준다. 주가 과열을 해소하고 이동평균선 이격을 줄이기 위해 자연스러운 조정이 이어진다. 이후 상단을 돌파하면 상승추세로 복귀하게 되고, 하단을 붕괴하면 가격 조정으로 전환된다.

## 2. 가격 조정

가격 조정은 단기간 빠른 속도로 급락하는 특성을 가진다. 왜일까? 예상치 못한 악

## ○ 가격 조정

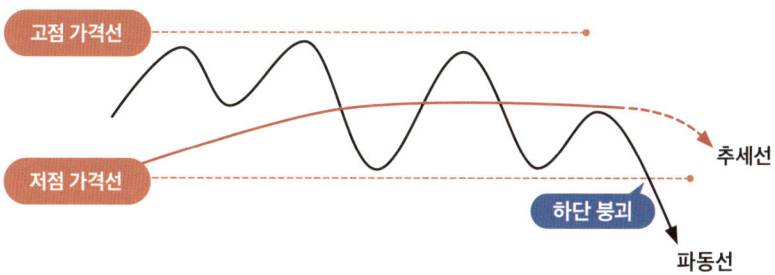

- 파동선 M 신호 또는 RN 신호 형성 후 저점 붕괴
- 추세선 기간 조정 후 저점 붕괴

재가 발생했거나 주가 과열에 따른 차익 매물, 금리 변화, 실적 악화 등 다양한 이유가 있다. 블랙스완급 돌발 악재를 제외하면 일반적으로 먼저 기간 조정 후 저점을 붕괴하는 과정을 거친다. 가령 파동의 마무리를 알리는 M 신호가 발생했다면, M 패턴을 형성하는 과정에서 저점을 형성한 뒤 작은 박스권의 기간 조정을 거친다. 그리고 저점 붕괴가 확인되면 시장 참여자들은 매도를 서두르게 된다. 이땐 조정의 중심에 있는 추세선의 크기에 따라 비중 축소와 헤지 전략으로 대응해야 한다.

그럼 기간 조정의 기간은 얼마나 될까? 교과서처럼 정해진 기간은 없으나 추세선 크기를 통해 유추할 수 있다. 가령 단기추세선 20일선을 중심으로 5일선이 작은 박스권 흐름이라고 가정하자. 20일선은 한 달 평균값이므로 기본 1개월 조정이라 예상하면 된다. 같은 원리를 적용해서 5일선 조정은 1주일, 60일선 조정 기간은 3개월이라 가늠할 수 있다. 그리고 추세선 크기와 조정의 진폭은 비례한다.

또 기간 조정과 가격 조정은 어떻게 구분해야 할까? 조정을 구분하는 잣대는 직전 저점의 붕괴다. 하지만 이를 확인하기까지는 시간이 필요하다. 미리 알 수는 없을까? 시세를 미리 알 수 있으면 좋겠지만 정확히는 불가능하다. 다만 이동평균선 신호의 속성을 이용하면 어느 정도 확률적인 예측은 가능하다. 핵심 원리는 싱글탑 조정의 속성에 있다.

예를 들어 20일선의 싱글탑 조정 20T 신호가 발생했다고 가정하자. 이땐 '기간 조정'이 시작되었다고 생각한다. 왜냐하면 상승추세는 더블탑 조정으로 마무리되므로 싱글탑 조정에는 반드시 반등이 뒤따르기 때문이다. 싱글탑 조정과 반등의 과정이 기간 조정의 흐름을 보여준다. 만약 여기서 싱글탑 신호가 더블탑 신호로 이어진다면 가격 조정으로 진행될 가능성이 크다. 왜냐하면 추세가 무너지기 때문이다.

가격 조정의 마지막 관문은 직전 저점 가격에 있다. 만약 이 가격을 붕괴하면 본격적인 가격 조정으로 깊이 내려갈 것이다. 반면 지지하며 다시 반등으로 이어진다면 기간 조정으로 횡보하는 흐름이 된다. 특히 RN 신호는 추세선을 끌고 내려가는 속성이 있어 직전 저점 가격을 붕괴할 가능성이 아주 크다.

실제 사례를 살펴보자. 일반적으로 처음부터 기간 조정과 가격 조정을 구분해서 발생하진 않는다. 서로 이어지는 경우가 더 많다. 여기서 핵심은 조정을 구분하는 방법과 그 속성, 그리고 대응 전략이다. 대응 전략 중 다음 2가지는 놓치지 말자.

첫째, 기간 조정에서 상승추세로 복귀할 때는 N 매수신호가 발생한다. 이를 놓치지 말자. 둘째, 가격 조정은 직전 저점 붕괴로부터 시작된다. 특히 RN 신호는

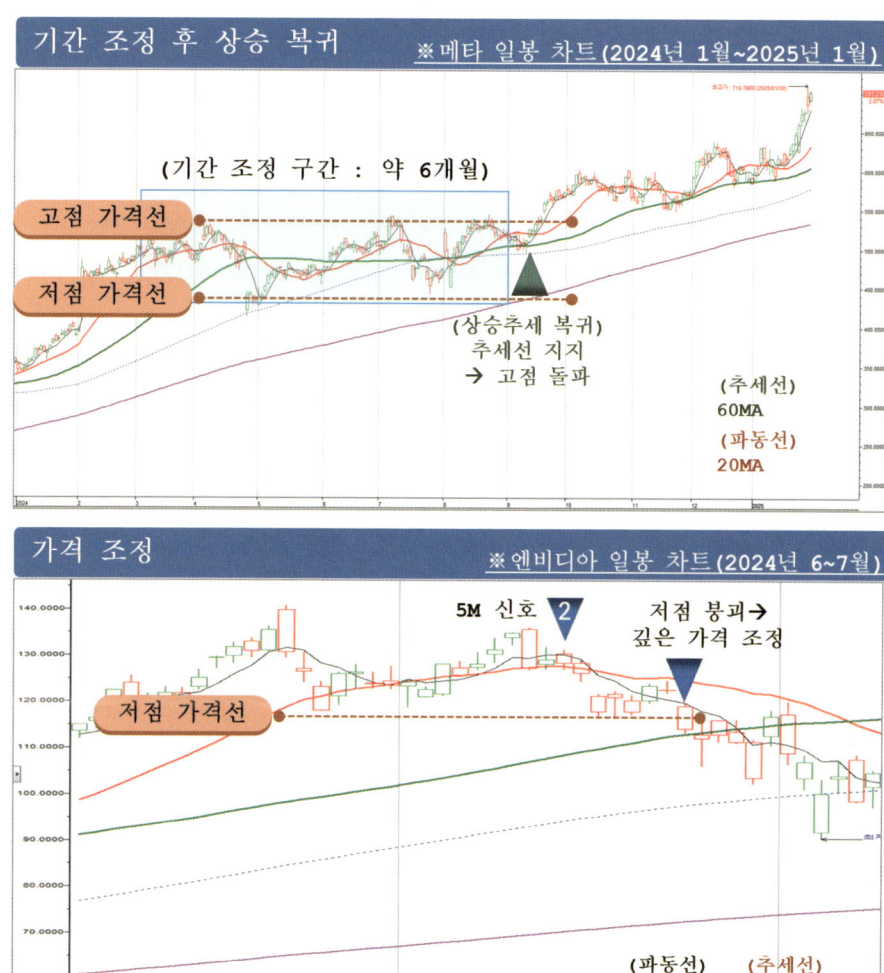

기간 조정과 가격 조정 사례

놓치지 말자. 보유 주식의 비중을 줄이거나 헤지 포지션을 구축해야 내 계좌가 안전하다.

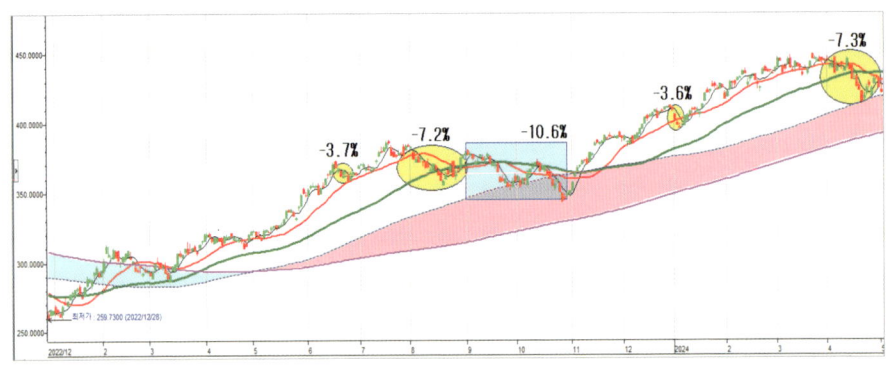

QQQ 일봉 차트(2023년 1월~2024년 4월)

　QQQ 일봉 차트를 살펴보자. 주가 하락을 표시했다. 어떤 구간에서는 -3%대 조정이고, 또 다른 구간에서는 -7%대 조정이고, 심한 곳은 -10%의 조정을 보여준다. 분명히 장기추세는 상승인데 구간마다 서로 다른 조정을 보여준다. 그냥 그때그때 다른 것일까, 아니면 어떤 규칙이 있는 것일까?

# 3단계
# 조정 레벨

상승추세 중 찾아오는 조정을 3단계 레벨로 나눌 수 있다. 현재 모든 이동평균선이 정배열 상승추세 구간이라 가정하고 조정의 레벨을 살펴보자.

**레벨 1: 5T 조정**

일봉 차트에서 가장 먼저 조정받는 이동평균선은 5일선 싱글탑 5T다. 가장 얕고 짧은 조정이다. 기간은 약 5일 이내이며, 조정 폭은 바로 아래에 있는 20일선까지 열어놓는다. 왜냐하면 5T 조정은 20일선을 이길 수 없기 때문이다. 단 5일선 마지막 5 파동 이후의 조정은 예외다.

5T 조정을 알리는 신호는 일봉 캔들이다. 선행 신호로 브레이크 캔들이 먼저 발생하고, 이어서 M캔들 또는 RN캔들 신호가 발생한다. 확인은 5일선 아래로 내려가는 5BO캔들 신호다.

5T 조정은 얕고 짧은 조정이다. 어떤 대응이 유리할까? 이는 투자 전략에 따라 다를 수 있다. 가령 단기추세선 20일선을 추종한다면 5T 조정은 매수 기회다.

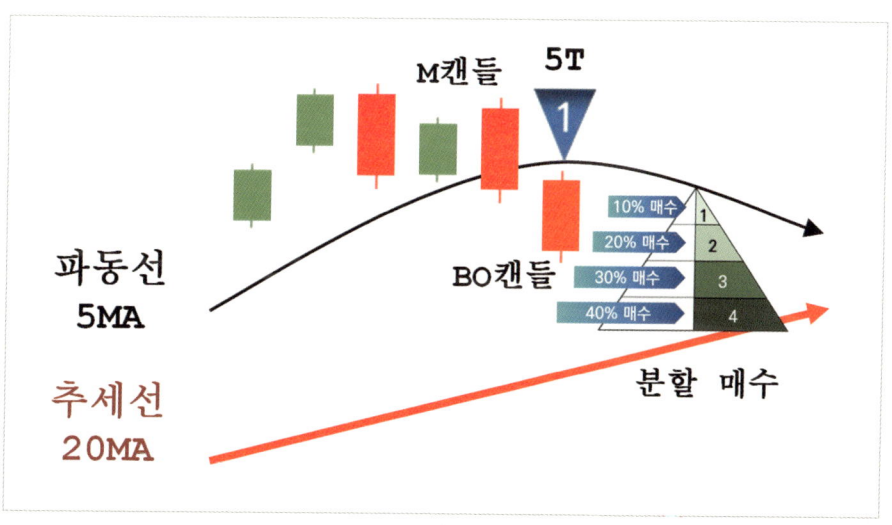

레벨 1: 5T 조정

3장. 실전 매매 기술 **335**

반면 단기 트레이딩을 구사한다면 5T 조정에도 민감할 것이다.

이땐 트레이딩 비중의 5~10% 범위 내 비중을 축소했다가 재매수하는 방법이 있다. 즉 캔들 신호에 비중 축소 후 5T 신호부터 20일선까지 피라미드 분할 매수법 또는 5일선 신호 매수법을 활용하면 된다. 5일선 신호 매수에는 W 또는 N캔들 신호를 활용한다. 하지만 중장기투자일 경우 5T 조정은 무시해도 된다.

만약 예상치 못한 악재로 인해 20일선을 붕괴하는 가격 조정이 왔다면 20일선과 60일선의 중간 위치부터는 분할 매수하는 것이 유리하다. 왜냐하면 단기 급락에 따른 저가 매수세가 들어오기 때문이다. 만약 추세를 멈출 악재라면 적어도 5M 또는 5RN 신호를 형성하기 위한 반등이다. 이후 추세 복귀 여부를 유심히 관찰해야 한다.

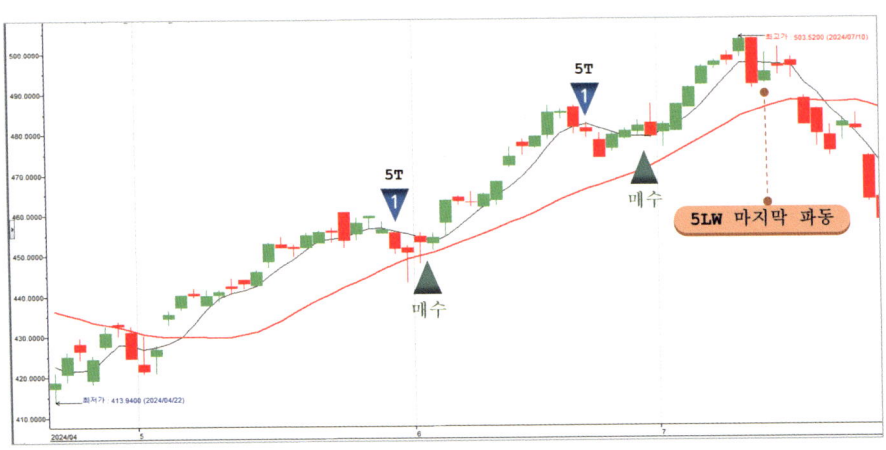

QQQ 일봉 차트(2024년 5~7월), 5T 조정 사례

**레벨 2: 20T 조정**

레벨 1보다 좀 더 길고 깊은 조정은 20일선의 싱글탑 20T 조정이다. 이는 중간 크기의 조정이며 약 1개월을 예상한다. 왜냐하면 20일선은 단기추세선이며, 한 달 평균 가격이기 때문이다. 조정 폭은 바로 아래에서 상승 중인 중기추세선 60일선까지 열어놓는다. 단 20일선 마지막 5 파동인 20LW 구간은 예외다.

　　20T를 알리는 신호는 5일선에서 형성된다. 먼저 5M 신호가 나타난 후 20일선 아래로 내려가는 20BO캔들 신호가 이어진다. 때론 20일선을 끌고 내려가는 5RN 신호가 나타나기도 한다. 특히 이 신호는 주의가 필요하다. 5RN 신호는 20M 신호와 같은 위력을 가져 아래에 있는 60일선까지 붕괴하는 경우도 종종 발생한다. 불난 집에 기름을 붓듯이 월봉 캔들까지 음봉이면 자신 있게 내려간다.

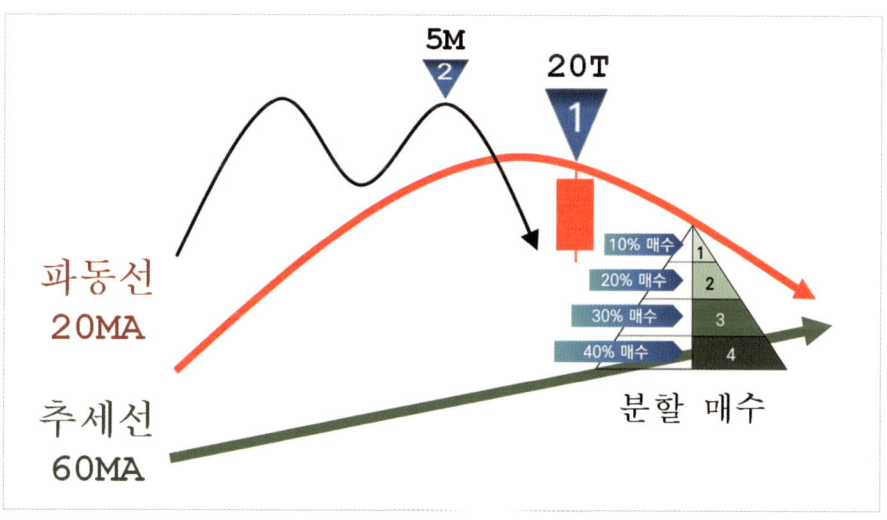

레벨 2: 20T 조정

대응은 간단하다. 비중 관리에 들어가면 된다. 왜냐하면 일반적으로 약 1개월 간 -10% 수준까지 조정 가능성이 있기 때문이다. 물론 투자 전략의 기준에 따라 대응하지 않아도 괜찮다. 만약 투자 전략 내용에 단기추세가 포함되어 있다면 보유 비중의 20%를 축소했다가 재매수하는 방법을 사용한다. 이 비중은 권장사항이며, 투자자의 성향과 운용 전략에 따라 가변적일 수 있다.

우선 파동선 5일선의 매도신호에 따라 비중을 축소한다. 이후 다시 저가 매수에 활용할 매매법을 선정한다. 분할 매수를 원하면 20T 발생 지점부터 추세선 60일선까지 범위에서 피라미드 매수법을 활용하면 편리하다. 만약 신호 매수를 원하면 5W 또는 5N 매수신호에 대응하면 된다.

20T 조정이지만 60일선을 붕괴하는 경우도 있다. 예를 들어 2024년 4월 QQQ는 5RN 신호로 20T 조정을 받고 60일선 붕괴로 이어졌다. 이 신호의 경우

QQQ 일봉 차트(2024년 3~8월), 20T 조정 사례

대응법이 다르다. 트렌드 존 대응 전략을 활용해야 한다. 즉 60일선 아래에서 기다리는 120일선부터 240일선 사이가 매수 구간이다. 보통 120일선에서 즉시 반등하거나 트렌드 존 진입 후 반등하기도 한다.

### 레벨 3: 60T 조정

중간 조정까지 거쳤으니 이제 큰 조정이 남았다. 바로 60일선 싱글탑 60T 조정이다. 큰 조정이니 주의를 기울여야 하며 기간은 약 3개월 전후를 본다. 그러나 시장 변수에 따라 유동적이다. 조정 폭은 바로 아래에 있는 120일선과 240일선 사이 장기 트렌드 존까지 예상하면 된다. 큰 조정이므로 잠자고 있던 곰(시장 비관론)이

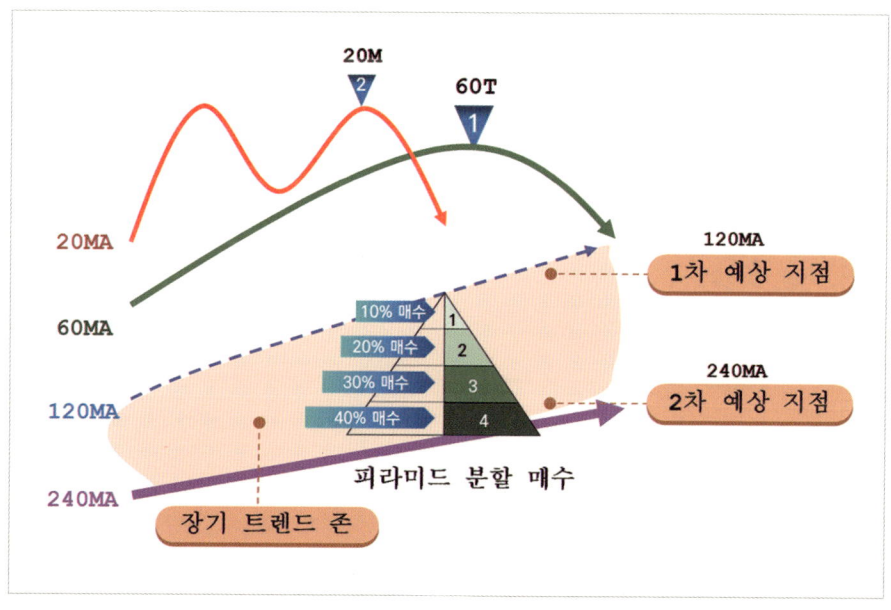

레벨 3: 60T 조정

잠시 깨어나 우려의 목소리를 높인다. 하지만 이 조정은 중간 매수를 기다리던 투자자에겐 절호의 기회가 될 수 있다.

60일선 조정을 알리는 신호는 20M 또는 20RN 신호와 20일선 마지막 파동 20LW다. 이때는 트레이딩 물량을 60%까지 줄인다. 왜냐하면 조정 기간이 길고 진폭이 크기 때문이다.

60일선의 마지막 5 파동 60LW를 제외한 60T 조정은 대부분 장기 트렌드 존에서 반등을 보여준다. 이를 활용하면 다시 저가 매수의 기회를 포착하는 것이다. 트렌드 존에서의 매수법은 피라미드 분할 매수법과 20TP 신호 매수법으로 대응하면 된다.

엔비디아 일봉 차트(2024년 6~10월), 60T 조정 사례

**상승추세 마감**

레벨 1~3 조정은 상승추세 진행 과정에서의 일시적 조정일 뿐이다. 즉 크고 작은 조정 과정을 거치며 시장은 과열을 해소하고 안정적인 상승세를 이어가도록 스스로 균형을 맞춘다. 하지만 상승추세의 긴 여정에도 끝이 있다. 마무리 단계에 닿으면 시장은 마감 신호를 보낸다. 월봉에서는 6개월 이동평균선의 하락 전환을 알리는 캔들 신호가 발생하며, 일봉에서는 60일선이 그 신호를 보낸다.

펀더멘털 측면에서는 경기 사이클이 후퇴기에 접어들며 여러 경기지표가 나빠지기 시작한다. 대표적으로 실업률 증가, GDP 성장률 하락, 카드 연체율 증가, M2 통화량 감소 외에도 많은 침체 신호가 나타난다. 기업은 실적 성장이 둔화한다. 일본의 애널리스트 우라가미 구니오는 이러한 현상을 역실적 장세로 정의한다. 이 변화를 시장의 스마트머니가 미리 포착하고 대응하면서 주식 시장이 경기보다 먼저 움직이게 된다. 우리는 이때 나타나는 시세 변화를 패턴 신호로 포착하고 대응하는 방법을 알아보고 있는 것이다.

조정이 마무리되면 다시 상승추세로 복귀하므로 싱글탑 조정은 매수 기회로 활용하자.

# 바닥을 찾아라: 추세 바닥 대응법

"주가의 바닥은 어떻게 알 수 있을까요?"

어느 날 회사 업무를 마치고 복귀하던 중 동행하던 한 분의 질문이었다. 나는 이렇게 자문해봤다. 첫째, 주가의 바닥이란 무엇일까? 둘째, 무엇을 기준으로 바닥을 판단해야 할까? 셋째, 주가 상승이 유지되려면 무엇이 필요할까? 지금부터 이 질문들을 함께 풀어보자.

먼저 주가의 바닥에 대해 생각해보자. 흔히 주가 바닥은 더 이상 하락하지 않는 마지노선으로 생각한다. 맞는 이야기다. 그런데 어떤 구간에서는 바닥을 확인한 후 얼마 지나지 않아 다시 하락할 때가 있고, 다른 구간에서는 아무리 기다려도 다시 돌아가지 않는 바닥도 있다. 무엇이 다를까?

　　주가의 바닥은 차트를 살펴보면 누구나 찾을 수 있다. 우리는 추세선을 활용해 바닥과 그 크기를 구분할 것이다. 가령 장기추세의 바닥은 월봉의 6개월 이동평균선 바닥이며 이는 꽤 오랜 기간 되돌아가지 않을 저점이다. 수개월에서 수년간 지켜질 바닥인 것이다. 3~6개월 이내 다져진 바닥은 중기추세선인 60일선의 바닥을 기준으로 판단하면 무리가 없을 것이다. 마지막으로 한 달 이내의 바닥은 단기추세선 20일선의 바닥일 것이다.

　　이제 앞선 3가지 질문 중 1~2번의 답을 찾은 것 같다. 장기·중기·단기추세선의 바닥신호를 찾으면 된다. 바닥신호는 앞서 신호 부분에서 이미 살펴본 W 신호 또는 N 신호다. 이렇게 구분해보니 지금까지 막연하게 생각했던 주가 바닥에 대한 개념이 정리된 것 같지 않은가? 좀 더 구체적으로 정리해보자.

## 3가지 추세 바닥 신호와 대응법

### 1. 단기추세 바닥

단기추세선 20일선을 기준으로 한다. 20일선은 1개월 평균값이므로 이번 달 바닥을 찾을 때 아주 유용하다. 물론 월봉 캔들이 양봉이면 더할 나위 없이 좋다.

　　신호로는 파동선인 5일선 신호를 활용한다. 바로 5W 또는 5N 신호다. 특히 5W 신호는 20BO캔들 신호와 함께 활용하면 신호의 신뢰가 아주 높다. 이뿐만 아

## ○ 단기추세 바닥

| 조건 | 바닥 매수신호 | 부가 조건 | 비중 |
|---|---|---|---|
| 20T 싱글탑 조정 | 5W20BO 또는 5N | (월봉) 양봉 캔들 | 20% |

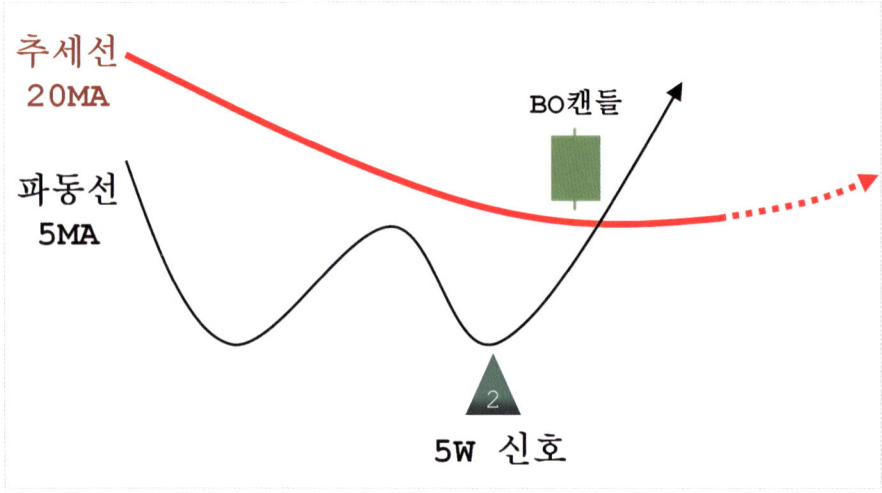

단기추세 바닥 유형

니라 월봉 캔들이 양봉이면 아주 좋다.

바닥에서의 대응은 당연히 매수이며, 비중은 트레이딩 물량의 20% 수준을 권장한다.

## 2. 중기추세 바닥

중기추세선 60일선을 기준으로 한다. 60T 조정 과정에서 형성된 바닥이므로 전

## ○ 중기추세 바닥

| 조건 | 바닥 매수신호 | 비중 |
|---|---|---|
| 60T 싱글탑 조정 | 20W 또는 20N | 60% |

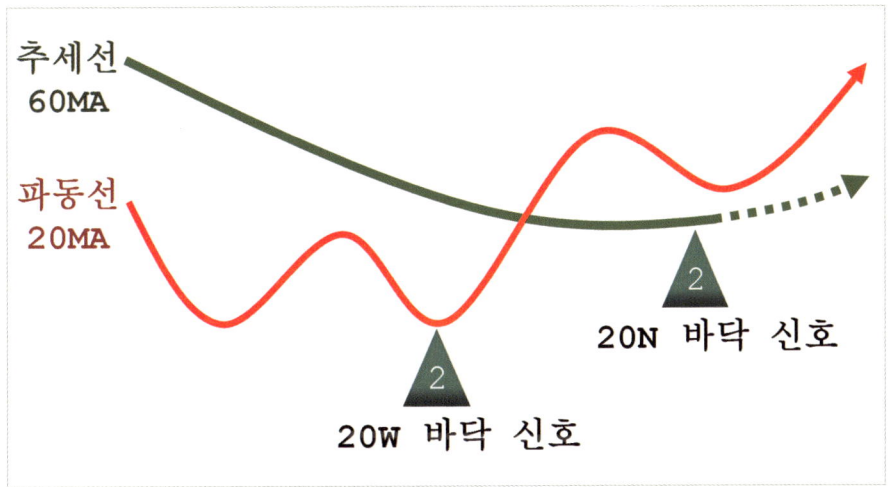

중기추세 바닥 유형

체 사이클 중 중간 진입에 아주 유리한 지점이다. 이는 투자자의 성향에 따라 다르겠지만 일반적으로 가장 선호하는 바닥점이다. 왜냐하면 약 2~3개월 조정 기간을 거쳐서 형성된 바닥이며, 향후 제법 큰 상승으로 좋은 성과를 안겨줄 것이기 때문이다.

신호로는 파동선의 매수신호인 20W 또는 20N 신호를 활용한다. 앞서 살펴본 조정 레벨 3 내용을 참조하자. 그리고 트레이딩 비중은 60% 매수다.

## 3. 장기추세 바닥

전체 사이클 중 가장 낮은 저점은 장기추세선의 바닥이다. 장기추세선은 월봉과 일봉을 함께 분석하면 더욱 정확도가 높아진다. 월봉의 장기추세선은 6개월 이동평균선이며, 일봉에서는 240일선을 활용한다. 장기추세선 바닥은 절대 놓치지 말아야 한다. 하지만 말처럼 쉽지 않다. 왜냐하면 긴 하락 끝에 찾아온 바닥이므로 여전히 불확실성이 남아 있기 때문이다. 즉 겁나서 못 들어가는 경우가 많다. 하지만 신호를 활용하면 얼마든지 바닥 진입이 가능하다.

매수신호는 2가지를 활용할 수 있다. 하나는 월봉의 6개월 이동평균선의 바닥신호인 W캔들 또는 N캔들 신호를 활용한다. 다른 하나는 일봉에서 240일선의 바닥신호인 60W 또는 60N 신호를 활용한다. 60일선 신호는 상대적으로 크고 느리게 움직인다. 따라서 좀 더 빠른 신호를 포착하기 위해서는 20일선, 5일선 신호도 함께 포착하면 더 유리한 위치를 포착할 수 있다.

대응은 100% 매수다. 장기추세 물량까지 포함해서 과감하게 진입한다. 여기서 불안심리에 흔들리지 말자. 모든 불확실성이 해소되었을 땐 이미 저 멀리 달려가고 있을 것이다.

### ○ 장기추세 바닥

| 주기 | 신호 | 비중(%) |
|---|---|---|
| 월봉 | W캔들 또는 N캔들 신호 | 100% |
| 일봉 | 60W 또는 60N 신호, (선행 신호) 20W 또는 20N 신호 | |

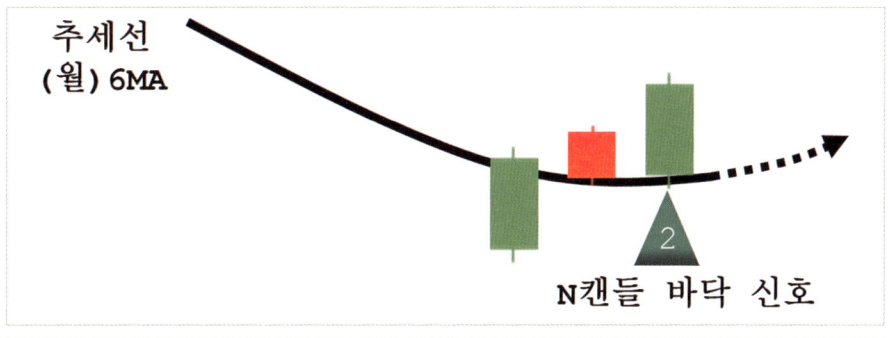

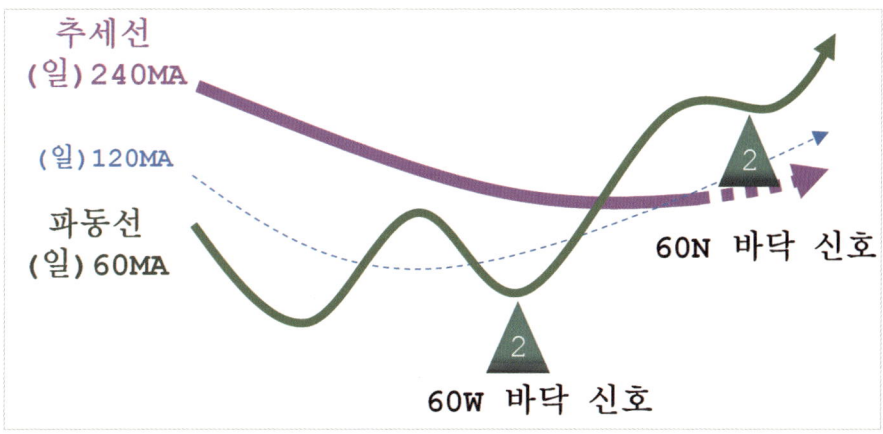

장기추세선 월봉 6개월 이동평균선 바닥(위), 일봉 240일선 바닥(아래)

추세 크기별 바닥신호와 대응법을 살펴봤다. 이제 마지막 3번 질문, 주가 상승의 유지 조건에 대해 생각해보자. 유형별 바닥신호에서 매수는 잘했다. 그다음은 뭘 봐야 할까? 크게 3가지 부분으로 나눠보자.

첫째, 시장과 기업의 주가에 영향을 미치는 펀더멘털 요소를 지속 관찰해야 한다. 주가의 장기추세는 결국 펀더멘털을 따라가기 때문이다. 일반적으로 시장의 추세는 경기와 금리가 이끈다고 해도 과언이 아니다. GDP 성장률과 함께 고용, 물가, 통화량, 금리, 경기선행지수 등 다양한 지표가 뒷받침되어야 한다. 시장의 돈은 수익률을 쫓는다. 위험자산이 유리한 여건이면 주식 시장으로 자금이 집중되고, 불확실한 경기 상황이 전개되면 안전자산으로 도망간다.

가령 저금리·고성장의 환경이 조성되면 투자금은 주식 시장으로 쏟아져 들어올 것이다. 채권이나 현금보다 기대수익이 더 크기 때문이다. 반면 고금리·저성장 시대로 접어들면 위험자산인 주식 시장을 떠날 것이다. 이처럼 투자 환경의 변화에 따라 시장은 다변한다.

둘째, 기업의 실적과 비즈니스 성장을 관찰해야 한다. 기업 실적은 매분기 발표되며 향후 실적의 가이던스에 따라 주가 변동이 심해진다. 즉 기업이 바라보는 향후 실적의 향방이 투자자의 기대를 흔든다. 그래서 실적발표 직후 AF(After Hour)에서 ±10% 등락을 보이는 경우가 많다. 여기서 중요한 것은 실적 추이를 잘 살펴봐야 한다는 것이다. 현재 추진 중인 비즈니스의 성과와 실적의 추이가 중요하다.

셋째, 시장과 개별 주가의 흐름을 잘 관찰한다. 즉 장기·중기·단기추세 변화를 관찰해야 한다. 왜냐하면 시장은 경기와 기업의 펀더멘털 변화를 포착하고 미리 움직이기 때문이다. 이 움직임이 주가에 반영되면서 추세 변화가 나타난다. 투자의 기본은 투자 대상에 대한 이해다. 그리고 시세의 변화다. 그래서 우리는 지속적으로 공부하고 고민해야 한다.

**장기·중기·단기추세선을 통해 바닥을 찾고 대응할 수 있다.**

# 무릎과 어깨의 진실: 헤드앤숄더 패턴

"무릎에서 사서 어깨에서 팔아라."

주식 시장의 오래된 격언이다. 그런데 어디가 무릎이고 어디가 어깨일까? 무릎과 어깨가 중요한 건 알겠는데 실전 투자에서 어떻게 해야 할지 알 수가 없다. 지금부터 무릎과 어깨를 찾아 어떻게 대응해야 하는지 알아보자. 3가지 관점에서 풀어보겠다.

첫째, 과유불급을 명심하자. 옛 선조의 명언은 현대 금융 시장에서도 유용하다. 과도한 욕심은 투자를 망치는 주요 원인이다. 누구나 최저점에 진입하고 최고점에 청산하길 원한다. 하지만 현실적으로 불가능에 가깝다. 왜냐하면 주가를 내가 결정하는 것이 아니기 때문이다. 가령 최저점 진입을 욕심내면 떨어지는 칼날을 잡는 우려를 범하게 된다. 특히 하락추세 마지막 단계에서는 절망 섞인 폭우가 기다린다. 문제는 너무 빠른 진입으로 자칫 최저점에서 손절매하는 실수가 있을 수 있다.

손절매한 주식을 다시 매수하려면 극심한 내적 갈등을 이겨내야 한다. 이를 예방하기 위해서는 바닥을 확인한 뒤 단계적으로 진입하는 전략을 구현하는 것이 유리하다. 이것이 무릎에 사는 방법이다. 또 최고점 매도를 욕심내면 정점에 도달하기 전에 미리 매도하는 경우가 있다. 조금 이른 시점에 청산해도 문제가 생기지는 않는다. 하지만 재상승 시 다시 매수하게 되고 이를 반복하면 최고점에 매수하는 실수를 범하게 된다. 한 번의 실수가 그간 쌓아온 수익을 망치기도 하므로 예방이 필요하다. 여기엔 2가지 대안이 있다.

하나는 '까치밥'이고, 다른 하나는 '어깨'다. 옛말에 '감나무에 까치밥은 남겨두자'라는 말이 있다. 이를 주식 투자에 대입한다면 '추세바닥에서 잘 매수했고, 상승파동에서 잘 운용했으면 파동의 마지막 끝자락은 욕심내지 말자'라고 할 수 있다. 추세와 파동을 이해하고 전략에 따라 운용했다면 구태여 마지막 단계까지 무리할 필요는 없다. 그리고 추세의 정점을 확인한 뒤 내려오는 '어깨'에서 매도한다면 속칭 꼭지에 물리는 '불상사'는 없을 것이다.

둘째, 신호와 파동을 활용하자. 추세의 파동과 매매신호를 활용해 무릎과 어깨를 찾아보자.

하락추세 중 최저점을 찍는 순간은 포착할 수는 없지만, 바닥권을 형성하는 과정은 알 수 있다. 앞서 함께 살펴본 W 또는 N 신호를 활용하면 된다. 즉 바닥을 확인한 후 상승추세의 시작점을 무릎으로 간주하는 것이다. 실제 매수신호의 위치는 발목에 더 가깝다.

가령 상승추세의 끝을 예견하고 170달러에 미리 매도했다고 가정하자. 이후 정점 190달러를 확인한 뒤 하락추세로 전환했다. 하락 과정에서 미리 매도했던 170달러를 스쳐지나간다. 잠시 사람의 형상을 떠올려보자. 왼쪽 어깨에서 머리를 지나 오른쪽 어깨로 이어지는 선을 그려보자. 올라가는 왼쪽 어깨가 170달러, 정점인 머리는 190달러, 내려가는 오른쪽 어깨는 170달러와 같다. 투자자는 170달러에 매도했다. 올라가는 어깨 170달러에서의 매도와 내려가는 어깨 170달러에서의 매도 중 어느 쪽이 마음 편할까?

일반적으로 내가 판 주식이 더 오르면 스트레스를 받는다. 다시 매수하기는 더 어렵다. 반대로 팔고나서 더 내려가면 안도의 한숨을 쉰다. 당신의 선택은 무엇인가?

매도신호에 대해 이제 잘 알 것이다. 추세의 끝자락을 알리는 M 신호와 하락추세의 출발을 알리는 RN 신호가 있다. 그리고 마지막 5 파동 구간은 주의 구간이다. 사람의 형상과 파동 그리고 신호를 조합하면 무릎과 어깨를 찾기 쉽다. 그리고 어떻게 대응해야 할지도 이미 다 알고 있다.

이뿐만 아니라 우리는 W 신호와 M 신호를 배웠다. 여기서 활용하면 좀 더 유리한 위치에서 매매가 가능할 것이다. 시세를 예측하지 말고 확인 후 대응하는 습관이 내 계좌를 지켜줄 것이다. 한 번 시작된 추세 사이클은 그냥 끝나지 않는다. 반드시 매도신호를 동반한다는 사실을 적극적으로 활용하자.

셋째, 헤드앤숄더 패턴을 활용하자. 다음 그림에서 머리와 어깨 부분을 응용

## ○ 무릎 매수, 어깨 매도의 진실

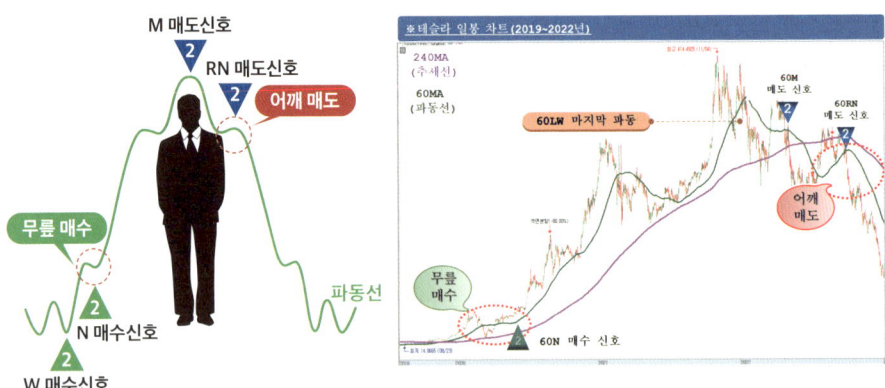

해서 만들어진 패턴 신호가 있다. 머리와 어깨를 의미하는 헤드앤숄더 패턴과 이를 거꾸로 뒤집어 놓은 역헤드앤숄더 패턴이다. 이 패턴 신호는 1948년 로버트 에드워즈(Robert Edwards)와 존 마기(John Magee)의 책(『Technical Analysis of Stock Trends』)에서 처음 소개되었다.

## 헤드앤숄더 패턴과
## 역헤드앤숄더 패턴

헤드앤숄더 패턴은 어깨에서 매도할 목적이며, 역헤드앤숄더 패턴은 매수를 위한 신호로 활용된다.

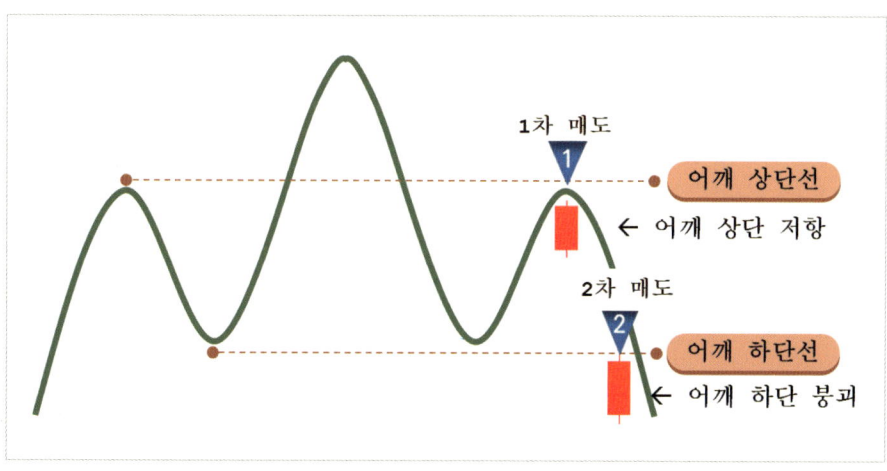

헤드앤숄더 패턴 유형

### 1. 헤드앤숄더 패턴

파동선이 정점(머리)을 중심으로 양쪽 어깨를 만든 패턴이다. 내려가는 어깨선(우측)과 반대편에서 올라오던 어깨선(좌측)의 고점라인과 저점라인을 비교하며 저항과 붕괴를 판단한다. 패턴 모양은 RN 신호와 비슷하지만 RN 신호에서는 올라오던 어깨(좌측)의 고점, 저점과 무관하다. 추세선의 저항이 영향을 줄 뿐이다.

    내려가는 어깨(우측)에서 상단 가격의 저항으로 파동선이 하락 전환할 때 1차 매도, 하단 가격을 붕괴하면 신호의 완성으로 2차 매도로 대응하는 것이 정석이다. RN 신호와 공통점은 저점 붕괴가 신호의 완성이라는 점이다.

### 2. 역헤드앤숄더 패턴

머리와 어깨가 뒤집힌 형상이다. 이 패턴 신호는 상승하려는 어깨선(우측)이 하락

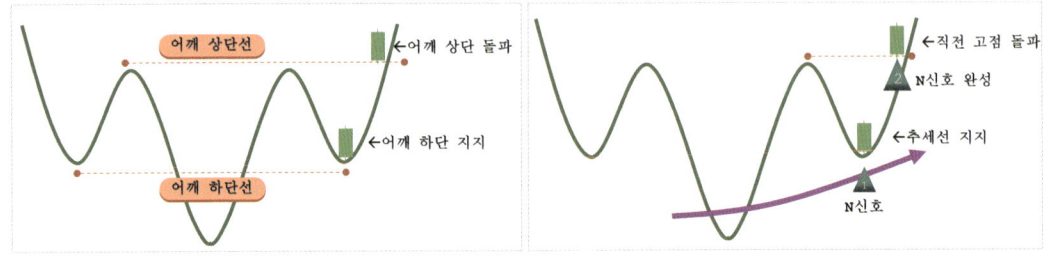

역헤드앤숄더 패턴(좌)과 N신호(우)

애플 일봉 차트(2022년 9월~2023년 5월) 역헤드앤숄더 패턴(위)과 N신호(아래)

하던 어깨선(좌측)의 저점을 지지한 후 고점을 돌파하는 흐름을 확인하며 매수로 대응하는 신호다. 어깨선 하단 가격을 지지하며 파동선이 상승 전환할 때 1차 매수, 어깨선 상단을 돌파하면 신호의 완성으로 2차 매수로 대응한다. 이 패턴도 우리가 자주 살펴본 N 신호와 흡사하다. 단 N 신호는 내려오던 어깨(좌측)의 고점, 저점과 무관하다. 신호의 완성은 고점 돌파라는 부분이 공통점이다. 간혹 판단하기 애매한 상황이라면 패턴을 만들고 있는 이동평균선 하나만 표시한 채 흐름을 보면 쉽게 보일 것이다.

**과한 욕심을 경계하고 안정적인 수익을 추구하는 것이 승자의 길이다.**

# 장기추세 끝자락에선 불꽃놀이를 조심하자

## 불꽃놀이에 대비하라

시장에서 올해의 주도 종목은 매년 나온다. 주도 종목 또는 업종의 장기추세는 적어도 1~2년 이상의 기간을 두고 진행된다. 산업혁명 시기엔 시장 환경과 실적 성장에 따라 10년 이상 지속되기도 한다. 이것을 주가 성장 사이클이라고 한다. 주가는 기업의 본질적 가치와 시장 가치를 함께 반영하며 시장에서 결정된다. 기업의 본질적 가치는 성장 가치와 자산 가치로 분류된다. 또한 시장 가치는 시장에서 부여하는 가치를 의미하며 투자자들의 심리도 함께 포함된다.

테슬라 일봉 차트(2019년 12월~2022년 2월), 마지막 불꽃놀이 사례

    장기 성장 사이클은 보수적인 투자자까지 긍정적으로 바꾼다. 왜냐하면 시장의 기대가 실적으로 증명되면서 장밋빛 전망이 쏟아지고, 보수적인 투자심리까지 자극하기 때문이다. 평소 주식에 관심 없던 사람들까지 고수익을 쫓는 현상이 전개된다. 이런 경우 주가는 단기간 폭발적인 상승세를 보인다. 마치 지금 사지 않으면 다시는 이 가격에 진입하지 못할 수 있다는 불안심리(FOMO 현상)가 매수를 부추긴다. 이러한 투자심리는 주가의 거품을 만드는 주요 원인 중 하나가 된다. 마지막 피날레를 장식하는 불꽃 쇼를 연상케 하듯이 결국 주가 급등을 보여준다.

    2021년 10월 테슬라의 주가 흐름을 살펴보자. 2019년 3분기부터 흑자 전환하면서 장기 상승추세를 시작했다. 2020년 시장의 본격적인 관심을 받으면서 전기차 시장을 주도하며 주가가 치솟고, 2021년도 3분기에는 마지막 피날레를 전개했다. 전기 자동차로의 패러다임 전환과 충전 플랫폼, 자율주행 로봇택시, ESS 에너지 저장, 스페이스 X의 스타링크 연계까지 다양한 비즈니스 모델을 내세우며 혁신 기업으로 주목받았다. 분기 실적 상승으로 성장성을 증명하며 주가 흐름은 2년 간 60일선 5 파동으로 전개되었다.

실적 성장과 주가 흐름을 보면 더할 나위 없이 좋은 상황이었다. 모두 다 환호했지만 아이러니하게도 주가의 정점은 이때 형성되었다. 마지막 피날레의 불꽃 쇼를 연출하듯이 주가 급등을 발휘한 후 장기추세를 마감했다. 흔히 고점에 물린다는 표현을 이때 사용할 것이다. 아무리 좋은 주식이어도 상승추세에 한계는 있으므로 무리한 따라 잡기는 주의해야 한다.

주가는 기대를 반영한다. 이를 나타내는 대표적인 지표 중 하나가 PER이다. 왜냐하면 PER은 실적뿐만 아니라 미래 성장성에 대한 기대심리도 내포하기 때문이다. 그래서 멀티플(Multiple)이라고도 한다. 테슬라는 2020년 12월 31일 기준 1,127을 기록한 뒤 2021년 12월 31일에는 216까지 내려왔다. 당시엔 실적으로 해석할 수 없어 PDR(Price Dream Ratio)이라는 표현까지 쓰며 꿈과 희망의 주식이었지만, 고속 성장성을 반영하더라도 과도한 상승이었고 결국 고점을 찍고 내려오게 된다. 주가는 실적에 수렴하는 방정식이다. 우리는 기술적 분석으로 시세 변화에 대응하는 방법을 알아보고 있다.

결론부터 말하면 60일선의 마지막 5 파동에서는 무리한 신규 매수는 자제하는 것이 좋다. 단 마지막 피날레의 화려한 상승은 부담 없는 비중으로 즐기되 마무리 신호에 대비해야 한다. 그래서 많이 오른 주식은 트레이딩 구간으로 지정하고 대응하는 것이 옳다. 그 위치가 바로 60일선의 마지막 5 파동 구간이다.

가까운 사례로는 2025년 1월 엔비디아의 흐름이다. AI 산업혁명의 선두주자 중 하나로 막강한 수요와 실적으로 2023년 1월부터 10배수 상승했다. 하지만 일부

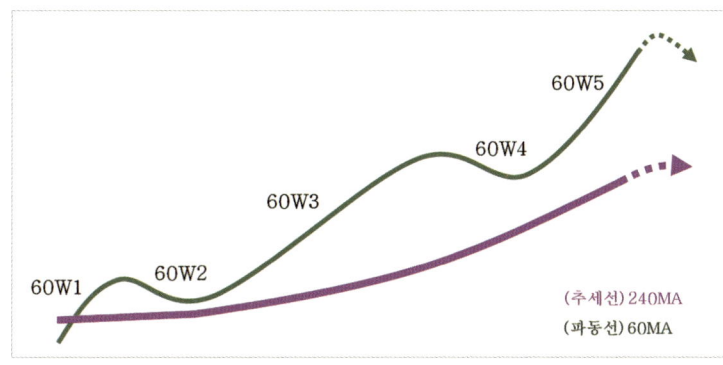

60일선 마지막 5 파동 구간(마지막 피날레)

전문가는 현 위치가 트레이딩 구간이므로 신규 매수는 자제하는 것이 좋다는 의견을 제시했다. 나도 이 의견에 공감하며 시세를 관찰해본 결과 60일선 마지막 5 파동 구간에서 흔들리는 흐름을 확인했다. 딥시크, 미국 정부의 관세 정책 등 시장의 트리거는 있었으나 이번 파동의 마무리가 언제 나타나도 이상하지 않은 위치였다.

절대적이진 않지만 60일선 마지막 5 파동 구간에서는 급등 현상이 자주 출현한다. 앞서 설명했듯이 주가의 큰 상승 외엔 불확실성이 없다는 생각으로 일반 관중도 참여하면서 거품이 생기기 때문이다. 과열된 시장 상황에서 처음으로 주식시장에 참가한다면, 이미 인기몰이에 빠져 있는 주식에 투자하는 것은 주의가 필요하다. 60일선 마지막 5 파동 구간으로 달리고 있으면 올라타지 말아야 한다.

**60일선 마지막 5 파동 구간은 트레이딩 구간이므로 신규 매수는 지양하자.**

# 4장

## 나만의 투자 전략 필살기

# MA6 전략:
# 6개월 이동평균선 전략

가령 집을 손수 짓는다고 가정해보자. 우선 어디에 어떤 집을 지을지 결정해야 한다. 우리는 미국주식 시장이라는 집터를 알아봤다. 또 집을 짓기 위해 차트라는 도구를 선택했고 사용법을 배웠다. 그리고 건축 재료로 사용할 추세와 파동, 신호에 대해 알아봤다. 차트라는 연장으로 추세, 파동, 신호라는 재료를 활용해서 땅을 파고 벽을 쌓는 매매의 기술을 배웠다. 이젠 멋진 집을 상상하며 설계하는 과정이 남았다.

그 설계도의 역할을 하는 것이 바로 투자 전략이다. 아무리 좋은 재료와 도구를 활용하는 기술을 가졌어도 정작 설계가 잘못되면 훌륭한 집을 기대하기 어렵다. 주식 투자에서 투자 전략은 설계도와 같다. 시작부터 마무리 단계까지 구체적인 운용 전략을 수립하고 위험관리 방안까지 마련해야 한다.

유튜브 채널 구독자가 내게 했던 이야기가 생각난다.

'미국주식, 그냥 무지성으로 사놓고 기다리기만 하면 됩니다.'

그 댓글을 보며 걱정이 앞섰다. 아무리 좋은 미국주식이라도 무조건적인 신뢰는 경계해야 한다. 지난 10년간 슈퍼사이클을 돌아보면 미국 시장이라고 해서 완전무결한 것은 아니었다. 언제 어디서 블랙스완이 나타날지 모르는 곳이 주식 시장이다.

우리가 꿈꾸는 멋진 집을 짓기 위해 치밀한 투자 전략을 함께 설계해보자. 앞으로 소개할 전략은 다음과 같다.

### 1. MA6 전략: 6개월 이동평균선 전략

장기투자를 위한 가장 단순하면서도 강력한 전략이다. 장기추세선 월봉의 6개월 이동평균선을 기준으로 상승 초기 진입, 중간 진입, 청산 단계까지 추세와 신호를 활용하는 방법이다.

### 2. 롬버스 전략

장기투자라고 무조건 사서 묻어놓는 것이 아니다. 초기 진입 단계부터 마지막 청산까지 계획된 분할 매매 과정과 중간 조정에서의 능동적 대응으로 위험을 회피하면서 장기투자를 이어가야 한다. 이때 쓰이는 전략이다.

### 3. MT 전략: 월간 트레이딩 전략

누구나 매월 꾸준한 수익을 희망한다. 정점에 매수하고 바닥에 매도하는 실수가 두렵다. 매일 시세를 확인할 시간도 부족하다. 월초에 매수하고, 월말에 매도하면 어떨까? 이런 투자자에게 유용한 전략이다.

### 4. 원웨이 전략

중단기 매매 성향인 투자자를 위한 전략이다. 투자 성향에 맞춰 기준 추세선을 선정하고, 한 방향으로만 공략하는 매매 전략이다.

### 5. W3 전략: 3 파동 공략법

주가 사이클 중 가장 강한 시세만 골라서 공략하고 싶다면, 월가의 전문가들이 활용한다는 W3 전략이 유용하다. 파동 중 가장 강한 3 파동만 공략하는 전략이다.

### 6. MACD 패턴 공략법

이동평균선은 뭉쳤다가 확산하면서 올라간다. 이를 보조지표와 함께 활용하는 전략이다.

### 7. 마인드셋

끝으로 바닥 확인법과 대응 전략 등 몇 가지 노하우와 성공적인 투자를 위한 마인드셋에 대해 알아볼 것이다.

## MA6 전략 활용하기

먼저 MA6 전략에 대해 알아보자. 장기투자 여행은 추세를 타고 떠나는 여행이다. 전문가들은 좋은 기업의 주식을 싼 가격에 매수해서 장기투자하라고 조언한다. 맞는 이야기다. 하지만 다음과 같은 궁금증이 생긴다.

> "싼 가격이 얼마인데?" "장기라면 기간은 언제까지인데?" "매매는 어떻게 해야 하는데?"

주가가 싸다는 의미는 시장에서 평가받는 가격이 기업의 본질적 가치 대비 저평가되어 있다는 의미다. 이를 판단하는 지표로는 기업의 이익 대비 주가를 판단하는 PER, 자산가치 대비 주가를 비교하는 PBR, 매출을 비교하는 PSR, 이익성장률을 비교하는 PEG 등 여러 측면의 투자지표가 있다.

이들 지표는 다양한 예측 데이터를 포함하며 시간에 따라 가변적이다. 특히 신생 산업의 경우 예측에 대한 오차 범위가 클 것이다. 따라서 투자에 참고할 만한 데이터임은 맞지만 절대적이진 않다.

그럼 2023년 엔비디아 주가는 왜 상승했을까? 주가는 미래 가치를 반영하는 속성이 강하다. 기대 또는 우려에 대한 투자심리 또한 주가 흐름에 영향을 미친다. 2023년 엔비디아 주가 흐름이 이를 방증한다. 일반적으로 1년 예상이익을 반영한 Forward PER을 많이 활용한다. 따라서 AI 산업혁명으로 대규모 데이터센터 투자 수요 증가에 대한 기대와 2024년 EPS 급성장 기대가 2023년 주가에 반영되었다고 봐야 한다.

그럼 우리는 무엇을 보고 의사결정을 내려야 할까? 가치 평가의 기준은 투자자에 따라 각양각색이므로 개인 투자자가 일반화해서 활용하기엔 어려움이 있다. 월가의 분석가가 제시하는 목표 주가 산정은 더 많은 파라미터가 반영되어 이해하기 어렵다. 월가 전문가의 컨센서스를 참고하면서 나만의 도구도 함께 활용해야 한다.

우리는 차트를 이용한 추세와 파동 그리고 신호라는 도구가 있다. 이제 이 도구를 사용할 때가 되었다. 가령 경기 침체 또는 업황 악화로 기업의 실적이 나빠지고 있다고 가정해보자. 주가는 연일 하락하며 바닥을 찾기 힘든 상황이다. 어느 날 실적 발표 내용이 긍정적으로 바뀌었다. 향후 비즈니스 전망도 긍정적으로 발표되었다. 주가는 이를 반영하며 급등을 보여준다.

이때 차트를 열어 장기추세를 확인하면 대부분 상승추세로 전환되어 있다. 앞서 우리가 배웠던 장기추세의 바닥 신호도 확인될 것이다. 향후 추세를 고려했을 때 지금이 가장 싼 주가다. 그다음 궁금증은 기간에 대한 문제다. 장기투자에서 '장기'란 게 언제까지를 말하는 것일까? 흔히 장기투자라면 10년을 생각한다. 그런데 너무 막연하지 않은가? 왜 하필 10년일까? 근거도 없다. 만약 10년 후 심각한 경기 침체가 온다면 주가는 어느 위치에 있을지 뻔하다.

투자 기간을 임의로 정하진 말자. 향후 주가가 언제까지 오를지 모르기 때문이다. 가장 싼 주가는 월봉 장기추세의 바닥이었으니 추세가 끝나는 시점이 곧 투자의 마무리 시점이다. 즉 장기추세 상승 기간이 장기투자 기간인 것이다.

## ○ MA6 전략

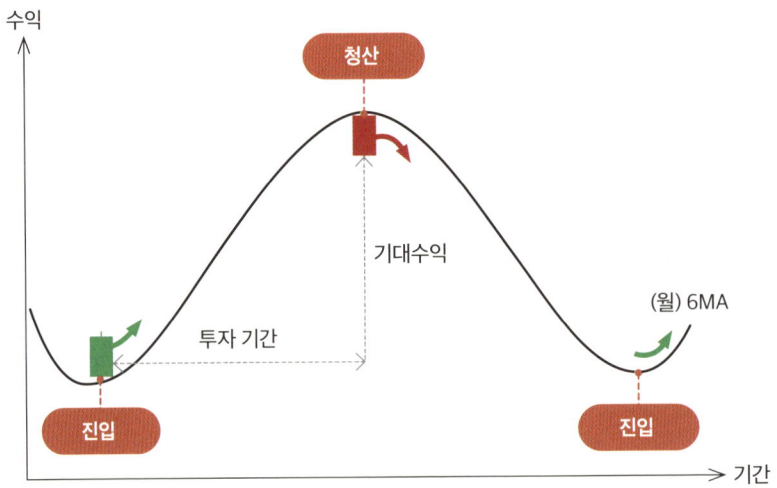

기간에 대한 답이 나왔으니 이제 어떻게 매매할지 고민해봐야 한다. 사실 답은 이미 짐작될 것이다. 앞서 살펴본 추세, 파동, 신호를 활용한 매매 기술을 접목하면 무리 없이 대응할 수 있기 때문이다. 이럴 때 사용하려고 그동안 준비한 것이다.

무엇보다 MA6 전략은 단순하면서도 효과적인 투자법이다. 만약 주식 시장에 첫발을 내딛는 투자자라면 꼭 이 전략부터 시작하길 권한다. 물론 경력이 오래된 투자자도 이 전략을 함께 활용하면 좋은 성과를 기대할 수 있다. 지금부터 장기투자 전략을 함께 설계해보자.

저평가된 주식이라고 해서 무조건 상승하지는 않는다. 상승추세 전환을 위해서는 시장의 거대한 자금이 해당 주식으로 옮겨가야 할 이유가 있어야 한다. 적자

기업이 흑자로 전환되거나, 영업이익이 확장될 때 주가의 장기추세가 움직이기 시작한다. 산업의 업황이 개선될 때는 해당 섹터의 기업들이 오르고, 경기가 회복기에 접어들 때는 지수가 상승추세로 전환되기 시작한다. 이때 움직이는 장기추세가 6개월 이동평균선이다.

펀더멘털 변화와 동행하는 주가의 장기추세선을 추종하는 전략을 6개월 이동평균선 전략이라고 한다. 기준 추세선이 6개월 이동평균선이므로 'MA6 전략(Monthly Moving Average 6)' 또는 '6개월 이동평균선 전략'으로 명명했다.

### ○ 초기 진입 타이밍: 월봉 캔들 신호 매수

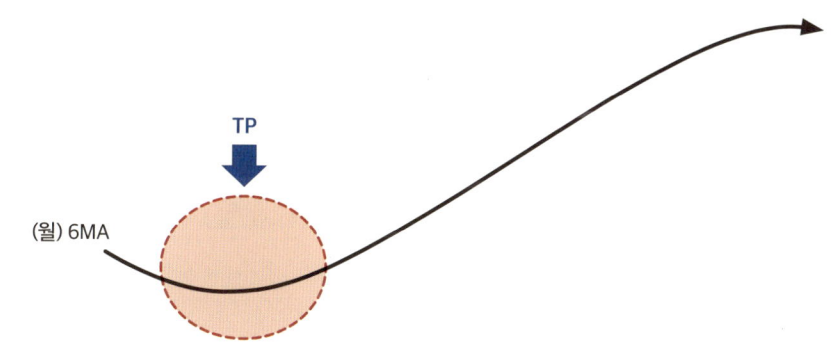

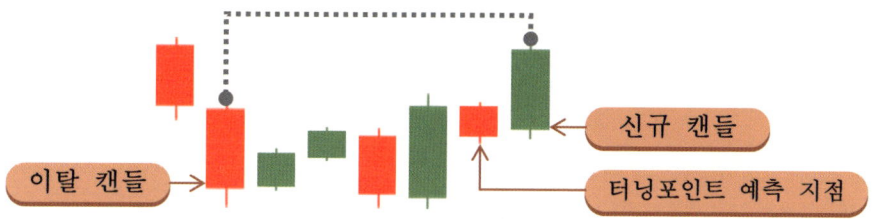

6개월 이동평균선의 상승 전환 신호는 월봉 N캔들 신호 또는 월봉 W캔들 신호를 활용한다. 실제 N캔들 신호가 W캔들 신호보다 더 자주 발생하는 경향이 있다. 특별한 이유는 없다. 그때그때 여건이 다르기 때문이다. 이제 월봉의 캔들 신호를 통해 긴 장기투자 여행을 위한 버스에 막 승차했다.

버스가 출발할 때 덜컹 흔들리듯이 상승추세 초기에도 변동성이 제법 강하다. 손잡이를 잘 잡아야 한다. 첫 승차를 잘하면 중간 조정에서도 흔들림 없이 편안한 여정을 즐길 수 있다. 앞서 기초 과정에서 살펴봤던 이동평균선의 상승 전환 터닝포인트를 예측하는 방법과 캔들 신호를 적극적으로 활용하면 된다.

실제 사례를 살펴보자. 이번에는 뉴스도 함께 검색해보길 바란다. 실적 발표

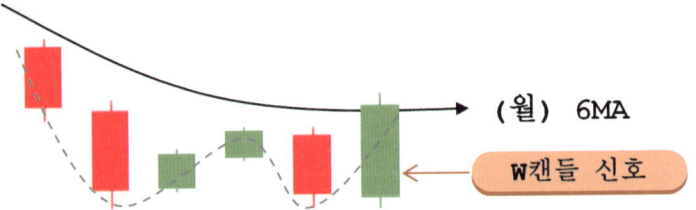

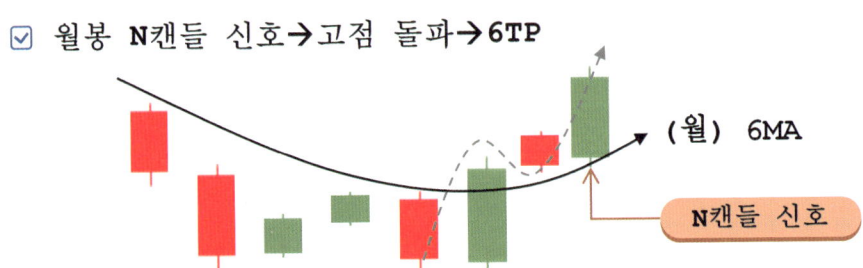

월봉 W캔들 신호(위), 월봉 N캔들 신호(아래)

에 대한 해석을 보면 향후 실적 개선 가이던스 양호, 흑자 전환, 영업이익 확대 등의 키워드를 확인할 수 있다. 특히 발표되는 실적은 과거인 반면 기업에서 제시하는 전망은 미래 청사진을 보여주는 것이므로 주가에 큰 영향을 미친다. 왜냐하면

엘프 뷰티 월봉 차트(위, 2021~2024년), 어플라이드 머티리얼즈 월봉 차트(아래, 2022~2025년)

4장. 나만의 투자 전략 필살기  **371**

앞으로 더 좋아질 것이므로 현재 투자해야 하는 근거가 되기 때문이다.

버스를 타고 장거리 여행을 하다가 휴게소에 잠시 들른다. 급한 볼일을 보거나 간단한 다과를 즐긴 후 다시 탑승하듯이, 장기투자의 긴 여정에서도 월봉 캔들이 음봉 조정으로 잠시 쉬어가는 구간이 있다. 이를 눌림목 캔들이라고 한다.

주식 투자 여행에서의 휴게소는 추가 매수의 기회를 제공한다. 물론 신규 탑승자의 매수도 허용된다. 친절한 버스이지 않은가? 추가 매수하는 방법은 2가지가 있다.

하나는 눌림목 캔들의 종가 매수, 즉 월말에 매수하는 것이다. 장기추세선 6개월 이동평균선의 기울기를 훼손하지 않는 범위에서 눌림목 캔들 조정에 진입하는 방법이다. 월초 3~5일 정도 흐름을 살펴보면 월봉 캔들이 음봉이며, 5일선 아래로의 데드크로스를 확인할 수 있다. 이때는 기다렸다가 월급날 또는 월말 종

## ○ 중간 진입 1: 월봉 눌림목 캔들

- 상승추세를 훼손하지 않는 범위에서 캔들 조정
- 마이너스 하락의 음봉 캔들

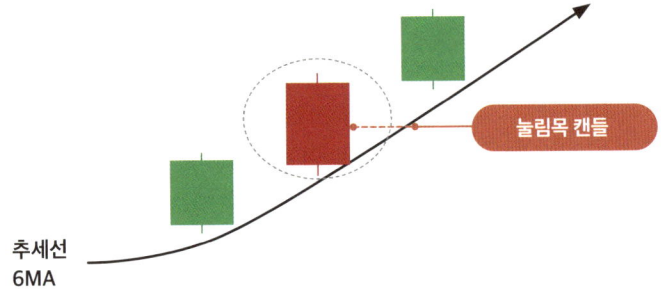

## ○ 중간 진입 2: 일봉 터보20 신호

- 터보20: 20T 조정 후 재상승 전환 신호
- 선행 신호: 5W20B(5W → 20B캔들) 신호

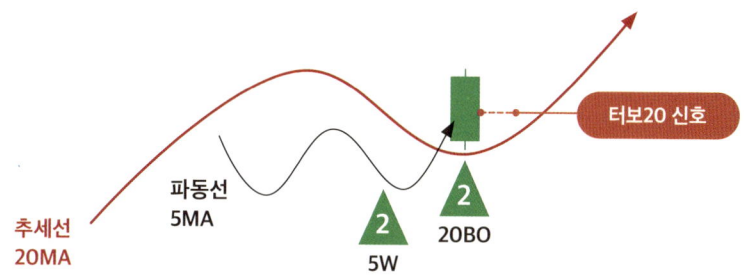

가에 매수하는 방법이다. 시점 매수에 해당한다.

다른 하나는 터보20 신호 매수, 즉 20일 이동평균선이 상승 전환하는 5W20BO 신호에 매수하는 방법이다. '기다리고 있었는데 휙 날아가면 어쩌지?' 하는 걱정이 든다면 이때는 터보20 신호를 활용한다. 좀 더 자세히 분해하면 5W 신호와 20BO캔들의 조합이면 어렵지 않게 포착할 수 있다. 여기서 주의할 점은 휴게소인지 종착역인지 확인하는 것이다. 6개월 이동평균선의 기울기와 캔들을 함께 살펴보며 신호 여부를 확인하면 된다. 여전히 상승추세 상태면 주식을 보유한 채 다음 여정을 즐기면 된다.

실제 사례를 살펴보자. 월봉의 눌림목 캔들 매수법과 일봉의 터보20 신호에 매수하는 방법이다. 버스가 속도를 줄이며 급정거한다. '무슨 일 있나?' 하는 걱정에 뉴스부터 찾아본다. 하지만 평소와 다른 흐름이 느껴지면 월봉의 종착역인지를 먼저 확인해야 한다. 장기투자 여행의 종착지를 구분하는 방법은 월봉의 캔들 신

에버크롬비 앤 피치 월봉 차트(위, 2022~2025년), 일봉 차트(아래, 2022~2024년)

호를 분석하는 것이다. 앞서 배웠던 캔들 신호를 떠올려보자.

브레이크 캔들 → M캔들 → 6BO캔들 → RN캔들

양봉 캔들을 완전히 감싸는 긴 음봉 캔들인 브레이크 캔들이 나타나면서 시장에 먹구름이 낀다. 이제 마음의 준비를 한다. 이어 반등과 하락을 반복하며 M캔들 신호가 형성된다면 본격적인 매도를 시작한다. M캔들 신호의 완성이 6BO(6개월 이동평균선 아래로 내려간 캔들)캔들로 이어지면 장기투자 버스에서 내려야 한다. 적어도 50% 비중은 줄여야 다음 여행을 준비할 수 있다.

6BO캔들이 끝은 아니다. 마지막 반등이 남아 있다. 바로 RN캔들 신호를 만들기 위한 반등이다. 아직 버스에서 하차하지 못했다면 이 반등을 이용해 보유물량을 줄여야 한다. RN캔들 신호로 이어지면 더 크고 빠른 하락이 진행될 것이기 때문이다. 오랜 기간 보유하면서 정든 주식이지만 헤어질 땐 냉정해야 한다. 왜냐하면 천사 같은 얼굴이 악마의 미소로 한순간에 바뀌는 것이 주식 시장이기 때문이다.

지금까지 장기추세선 월봉 6개월 이동평균선을 기준으로 장기투자 여행을

## ○ 매도 청산: 월봉 캔들 신호 매도

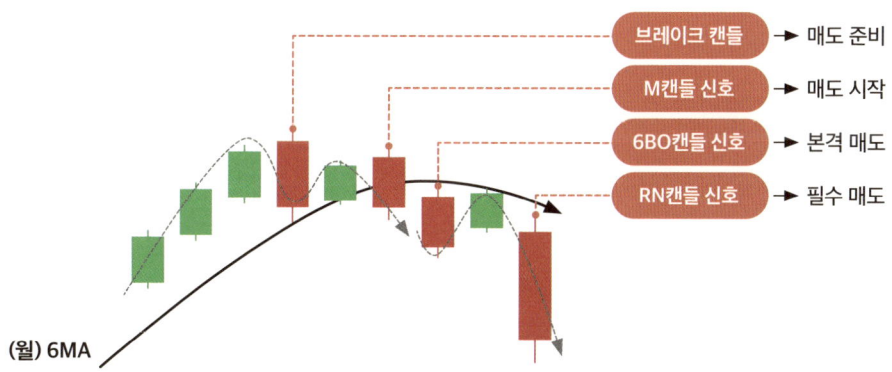

다녀왔다. 막연했던 장기투자에 대한 생각이 조금은 구체적으로 그려지게 되었을 것이다. 마지막으로 장기투자의 기간에 대해 좀 더 자세히 알아보자. 실제 10년을 가져가는 투자자는 그리 많지 않다. 많은 이유가 있겠지만 2가지만 뽑으라면 시장의 큰 변동성과 산업의 빠른 변화 때문이다.

경기가 침체기로 접어들면 시장은 평균 30% 이상 하락하고 개별 주가는 더 큰 변동성을 보이며 투자심리에 악영향을 준다. 또한 새로운 기술의 탄생과 가파른 성장으로 선두기업이 자주 바뀐다.

경기순환 측면에서 생각해보자. 금융 시장의 근간은 경기다. 경기는 '회복 → 확장 → 후퇴 → 수축'의 사이클을 반복한다. '언제까지 경기가 좋을까?'라는 궁금증이 생긴다. 경제학자나 금융 전문가들 사이에서도 견해가 엇갈리는 주제다. 각자 판단하는 관점이 다르기 때문이다. 우리 개인 투자자는 간단히 2가지만 참조해서 투자에 활용하면 된다.

하나는 경기 확장의 평균 기간을 활용하는 것이다. 앞서 살펴봤듯이 미국의 경기 확장 기간은 평균 67개월이었다. 물론 시기에 따라 통계 적용 시 오차가 발생할 수 있지만 아무튼 최소 5년 이상 경기 활황이 지속된다고 생각하고 장기투자하는 것이 유리하다.

또 다른 방법은 주가 추세의 전환을 포착하는 것이다. 월봉의 장기추세선 6개월 이동평균선을 기준으로 캔들 신호를 활용해서 진입과 청산 전략을 구사할 수 있다. 단순해 보이지만 아주 강력한 전략이다. 예를 들어 나스닥100 ETF QQQ의 2003년부터 2025년 2월까지의 월봉 차트를 보면 20년 이상 지속적으로 우상향했음을 알 수 있다. 이렇게 길게 보면 상승인데 왜 굳이 중간에 팔아야 할까? 전체 흐름을 보면 보유하는 것이 맞지만, 중간에 침체나 조정장에서는 큰 변동성으로 불안한 상황이 이어졌다.

길게 보면 얕은 조정으로 보이지만 가까이 2008년 글로벌 금융위기 당시만 해도 전 세계가 공포 그 자체였었다. 2020년 코로나19 팬데믹은 또 어떠한가? 2022년, 2025년과 같은 조정장은 반복된다. 이를 피하고자 매도 신호를 보며 비중 조절을 하는 것이다.

장마나 태풍이 지나가면 다시 맑은 하늘을 볼 수 있겠지만, 일단 폭우는 피할 수 있다면 피하는 게 좋지 않겠는가?

**MA6 전략은 장기투자를 위한 가장 단순하면서도 강력한 전략이다.**

# 롬버스
# 전략

## 롬버스 전략 활용하기

장기투자를 지향하더라도 누군가에겐 6개월 이동평균선 전략이 답답하게 느껴질 수 있다. 답답함을 느끼는 이유는 아마도 좀 더 섬세한 매매를 원하기 때문일 것이다. 월봉 차트만 바라보면 느리고 답답해 보이지만 일봉 차트를 보면 바쁜 움직임이 보인다. 그리고 장기추세 전체 사이클을 경험해 본 투자자라면 그 과정에서 얼마나 많은 변수와 이벤트가 있는지 공감할 것이다.

수많은 변수와 변동성이 불편하다면 대안을 찾아야 한다. 바로 롬버스 전략이다. 나는 2019년 테슬라 장기투자를 결심했다. 하지만 시장 대비 주가 변동성을 나타내는 베타($\beta$)계수가 2~3을 넘나들었다. 이 말은 나스닥지수 대비 약 2~3배 큰 주가 변동성을 가지고 있단 것이다. 테슬라가 추구하는 신생 산업은 불확실성이 아주 높았기 때문에 고민이 깊어졌다. 앞으로의 주가 변동을 어떻게 대응할지 그 해답을 찾기 위해 6개월 이동평균선 전략을 일봉으로 가져와 세분화시켰다.

장기추세 전환 과정에서의 큰 변동성 위험을 분할 매수법으로 분산했고, 중간 조정은 그 크기별 대응법을 구체적으로 정의했다. 그리고 마지막 청산은 매도신호 단계에 따라 분할 매도하는 방법으로 설계했다. 실제 계좌를 운용할 때 많은 고민 중 하나가 매매 비중이다. 큰 조정일 땐 비중을 많이 줄였다가 다시 상승 궤도로 복귀할 땐 주식 수량을 원상 복귀해야 한다.

그래서 계좌부터 나눴다. MA6 전략 계좌와 롬버스 전략 계좌로 구분하고 테슬라 주식을 3:7 비율로 나눴다. 테슬라 전체 수량 중 70%는 롬버스 전략으로 운용한 것이다. 이 비율은 내 성향에 맞춰 결정한 것이니 참고만 하고 각자 본인의 성향에 맞는 비율을 고민해보기 바란다.

롬버스 전략이란 쉽게 말해 일봉의 장기추세선 240일선을 중심으로 중단기 대응을 병행하는 장기투자 전략이다. 매매 과정은 롬버스 매수부터 추세 대응 과정을 거쳐 롬버스 매도까지 3단계로 이뤄진다.

기준 추세선 240일선을 중심으로 위아래 분할 매수하는 과정을 '롬버스 매수'라고 한다. 상승추세 구간에서 중간 조정의 레벨에 따라 대응하는 과정을 '추세 대응'이라 하며, 추세 마무리 구간에서 240일선을 중심으로 매도신호에 따라 분할 매도하는 과정을 '롬버스 매도'라 한다. 진입, 대응, 청산의 과정을 이동평균선 신

## ○ 롬버스 전략

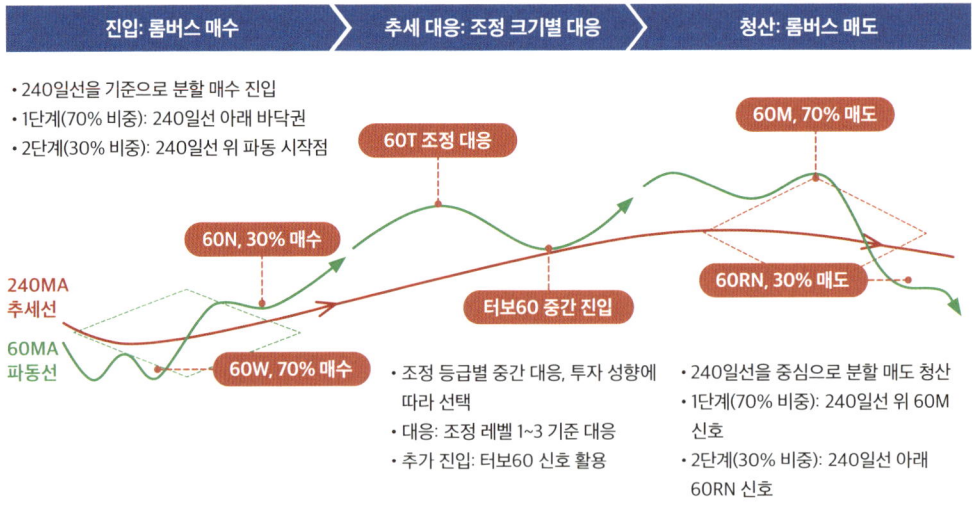

 호로 구분하고 비중 조절을 통해 위험을 분산할 수 있다. 여기서 파동선은 중기추세선 60일선이며, 단기추세선 20일선과 5일선도 함께 활용한다. 진입과 청산 과정을 도식화하면 마름모(Rhombus)와 유사해 롬버스 전략이라 명명했다.

 누구나 바닥에서 진입하길 원한다. 하지만 불안하다. 혹시 바닥 아래 지하실로 내려가면 큰 곤욕이기 때문이다. 반면 바닥을 확인한 후 상승추세로 전환되는 시점에서는 늦었다는 생각에 부담을 느낀다. '바닥에서 너무 많이 올라왔는데 들어가도 될까?' '다시 바닥이 오면 매수해야 하는 거 아닐까?' 이처럼 여러 갈등이 생긴다. 그래서 고안한 방법이 이제부터 배울 롬버스 매수법이다.

# 롬버스
# 매수법

롬버스 매수법은 바닥권 진입의 부담을 해소하기 위해 2단계로 분리해서 진행한다. 방법은 장기추세의 바닥 신호를 활용하는 것이다.

## ○ 롬버스 매수법

| 단계 | 위치 | 신호 | 비중(%) |
|---|---|---|---|
| 1 | 240일선 아래 | 60W 또는 20N | 70% |
| 2 | 240일선 위 | 60N | 30% |

1단계는 240일선 아래 60일선 바닥인 60W 신호를, 2단계는 240일선 위 60N 신호를 활용해 매수 진입한다. 그리고 1단계는 70% 비중을, 2단계는 30% 비중으로 진입한다. 이 방법을 롬버스 매수법이라고 한다. 이는 바닥부터 파동 시작 단계까지 주가 등락이 심한 구간에서 위험을 분산하기 위해 신호를 활용하고, 평균 매수가격을 240일선에 맞추기 위해 비중을 조절한다.

먼저 1단계 바닥은 240일선 아래에서 형성되는 추세 바닥을 말한다. 여기서도 2단계로 나눠 분할 매수한다.

### 1. 스트라이크 존에서 10% 비중을 매수

긴 하락추세를 지나다 보면 매력적인 가격대가 보인다. '혹시 바닥 근처인가?'라는

## ○ 3가지 스트라이크 존

| 구분 | 스트라이크 존 | 설명 |
|---|---|---|
| 1 | 침체(과매도) 구간 | 월봉 투자심리선 과매도 구간(25% 이하) 또는 RSI 과매도 구간(25% 이하) |
| 2 | 라운드 넘버 | 심리적 가격 의미선 |
| 3 | 초장기 이동평균선 | 월봉 72MA(6년 평균 주가) 10% 이내 또는 연봉 10년 이동평균선 10% 이내 |

생각에 자칫 실수가 있을 수 있다. 이를 방지하기 위해 스트라이크 존을 확인하고 10% 비중을 투입하는 것이다. 자주 나타나는 구간은 3가지(침체 구간, 라운드 넘버, 초장기 이동평균선)가 있다.

만약 시간이 지나 바닥이었음이 확인되었지만 내 계좌에 아무것도 없다면 어떻게 해야 할까? 또 반대로 무리한 비중으로 매수했는데 바닥이 아니라면 어떻게 될까? 그래서 1단계에서는 10% 비중만 진입하는 것이다. 물론 스트라이크 존이

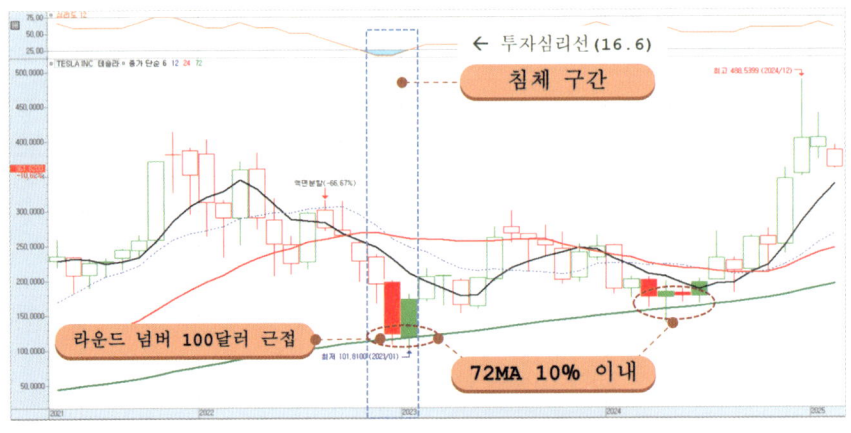

테슬라 월봉 차트(2022~2024년), 침체 구간 및 월봉 72개월선 근접 사례

없을 수도 있다. 만약 없다면 이 과정은 생략해도 된다.

## 2. 이동평균선 신호 70% 매수

본격적인 매수 진입이다. 장기추세선 240일선의 진짜 바닥신호인 60W 신호에 70% 비중을 채운다. 100%가 아니라 왜 70%일까? 왜냐하면 여전히 남아 있는 불확실성 때문이다. 이 불확실성을 시장이 극복한다면 주가는 240일선 위에서 60N 신호를 기점으로 상승파동을 시작한다. 하지만 그렇지 못한 경우 60일선은 고점을 돌파하지 못한 채 큰 박스권에 갇혀버린다. 실제 사례로는 테슬라의 2023~2024년 주가 흐름에서 볼 수 있다. 그래서 30%는 남겨두는 것이다.

### ○ 240일선 아래 롬버스 1단계 매수

| 구분 | 구간·신호 | 비중 | 설명 |
|---|---|---|---|
| 1 | 스트라이크 존 | 10% | 과매도 구간, 라운드 넘버 가격선, 초장기 이동평균선 근접(72MA, 10년) |
| 2 | 60W | 60% | 240일선 아래 60W 신호 |
| 3 | 20N | | 20N 신호 60일선 기준(20N60), 240일선 기준(20N240) |
| 4 | 월봉 6TP | | 이탈하는 캔들보다 높은 당월 캔들=6개월선 터닝포인트 |

60W 신호 외에도 20N 신호와 월봉 6TP 신호도 포함된다. 20N 신호는 2가지 유형이 자주 나타난다. 하나는 60일선에 대한 20N 신호고, 다른 하나는 240일선을 기준으로 20N 특수형 신호다. 어느 신호든 궁극적인 목표는 6개월 이동평균선을 상승추세로 전환하는 것이다. 그래서 일봉 신호가 없는 경우에도 월봉 6TP

신호라면 이를 우선해 매수 진입한다. 월봉 6TP 신호는 이탈하는 캔들보다 신규 캔들이 높은 위치에 있다면 자연스럽게 6개월 이동평균선이 전환되는 신호다. 그리고 스트라이크 존에서 10% 매수가 없었다면 1단계 신호에서 70%를 매수하면 된다.

다음 페이지에 나오는 사례 중 애버크롬비 앤드 피치는 2023년 1월 60B 싱글바닥인데 왜 진입해야 할까? 이 경우 2022년 11월 60일선 싱글바닥 형성 후 이듬해 1월부터 20N 신호를 동반하며 장기추세선 240일선을 상향 돌파했다. 20N 신호는 60W 신호와 동급의 위력을 가지기 때문에 중요한 지점이다. 여기서 월봉을 살펴보자. 월봉에선 N캔들 신호와 함께 6개월 이동평균선이 상승으로 전환하고 있다. 일봉 20N 신호를 보며 60W가 아니어서 고민이라면 월봉이 답을 알려주고 있다. 월봉이 큰 길잡이 역할이라면, 일봉은 그 속에서 디테일을 보여준다. 즉 월봉 흐름을 더 우선시해야 한다.

주가 시세가 바닥을 지나 240일선 위로 올라왔다. 이 과정에서 1단계 매수 과정이 진행되었다. 진검승부는 이때부터 시작된다. 본격 상승은 파동으로 진행된다. 즉 장기추세선 240일선을 기준으로 60일선의 60N 신호를 기점으로 시작된다. 60N 신호가 완성되어야만 오랫동안 행복할 수 있다. 만약 실패한다면 이번 상승은 일회성으로 마감되는 안타까운 상황이 된다.

가까운 사례로는 2023년 테슬라가 있다. 2023년 6월까지 1단계 바닥 매수 과정은 순조롭게 진행되었다. 이후 7월은 라운드 넘버 300달러의 저항과 60일선과 240일선 간 심플크로스 조건으로 레벨 3의 60T 조정이 시작되었다. 자연스러운 조정이었으나 60N 신호를 완성하지 못하고 실패로 돌아갔다. 원인은 펀더멘털

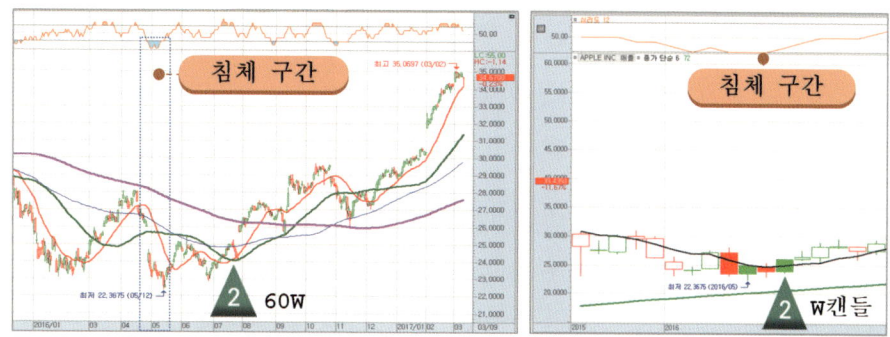

애플 일봉 차트(좌, 2016년 7월), 월봉 차트(우, 2016년 7월), 60W 신호 매수 사례

애버크롬비 앤드 피치 일봉 차트(좌, 2023년 1월), 월봉 차트(우, 2023년 1월), 20N 신호 매수 사례

엘프뷰티 일봉 차트(좌, 2022년 7월), 월봉 차트(우, 2022년 7월), 6TP 신호 매수 사례

에 있었다. 지속적인 차량 판매가격 인하의 영향으로 영업이익률이 하락했다. 중요한 사항이다. 차트 흐름이 아무리 좋아도 지속성을 유지하려면 기업의 실적 성장이 반드시 뒷받침되어야 한다.

기업의 미래 전망과 비즈니스 내용이 좋아도 향후 1년간 실적 향상이 보장되지 않는다면 주가는 힘을 받기 어렵다. 1년 이내 단기적인 주가의 힘은 돈이 결정하는데, 큰돈을 움직이는 사람들은 실적 전망을 최우선으로 여긴다. 따라서 진검 승부를 위한 60N 신호는 향후 실적 전망이 좋아야만 나타난다.

물론 향후 실적이 어떻게 될지 예측하기란 쉽지 않다. 다양한 정보를 수집하고 분석하기엔 우리 개인 투자자는 한계가 있을 수밖에 없다. 그렇다고 손 놓고 있을 순 없다. 거꾸로 한번 생각해보자. 시세 흐름에서 60N 신호가 형성될 때 실적 전망은 어떨까? 당연히 향후 성장성에 관한 긍정적 이야기가 많을 것이다. 기대가 충만하니 서둘러 투자하려는 움직임이 차트에서 신호로 나타나는 것이다. 이 점을 이용하는 것이다. 이제 답을 찾은 느낌이 오지 않는가?

## ○ 240일선 위 롬버스 2단계 매수

| 구분 | 매수법 | 설명 |
| --- | --- | --- |
| 1 | 피라미드 매수법 | 상단 60일선에서 하단 240일선까지 매수 범위 설정 후 분할 매수 |
| 2 | 20W 신호 매수 | 중기 트렌드 존(60일선과 240일선 사이)에서 20W 신호 매수 |
| 3 | 60N 신호 매수 | 60N 신호의 완성, 즉 60N 고점 돌파를 확인하며 매수 |

2단계 상승파동 매수는 60N 신호가 형성되는 과정에 주목한다. 위와 같이

3가지 방법이 있다. 투자자 성향에 따라 선택할 수 있다. 분할 매매를 선호한다면 피라미드 매수법을, 신호 매매를 선호한다면 20W 매수를, 안전하고 확실한 매매를 원한다면 60N 신호 매수가 유리하다. 60N 신호 매수의 완성 지점, 즉 직전 고점 돌파에 매수한다. 또한 20W 신호 매수는 2가지 변수가 있다.

첫째, 20W 신호를 형성할 때 두 번째 바닥인 20BB의 위치가 첫 번째 20B보다 낮을 수도 있다. 이때도 20W 신호로 인정한다. 왜냐하면 여기는 60일선의 기간 조정과 240일선에서의 지지를 확인하는 과정이기 때문이다. 따라서 20일선의 바닥 위치가 높고 낮음은 중요하지 않다.

둘째, 60~240MA 사이에서 20일선 싱글바닥만 형성한 뒤 바로 60일선 위로 올라가서 20N 신호를 만드는 때도 있다. 이때는 당연히 20N 신호를 따라야 한다. 그만큼 시세가 강하고 빠르다는 의미다.

매수 비중은 30%다. 240일선 아래 1단계에서 70% 매수했으므로 100% 매수가 완료되었다.

롬버스 매수법은 평균 매수가격을 240일선에 맞추도록 설계되었다. 그래서 240일선 아래와 위 각각 매수 비중이 다르다. 하지만 투자자마다 성향이 다르므로

2단계 상승파동 매수 유형(왼쪽부터 피라미드 분할 매수, 20W 신호 매수, 60N 신호 매수)

자신에게 유리한 방법을 선택하고 매수 비중을 조율해도 좋다.

1~2단계 매수 다음에는 이제 중간 대응 단계다. 지금부터는 행복한 고민만 남았다. 장거리 추세 여행을 즐기면 된다. 그렇다고 주식 시황을 전혀 들여다보지 않아도 되는 건 아니다. 하루 한 번이나 일주일에 한 번 정도는 추세를 확인하는 것이 좋다. 왜냐하면 중간 조정과 추세 마감 신호를 관찰하면서 대응 전략을 실행하기 위해서다. 반면 너무 자주 확인하면 나도 모르게 수익 실현의 욕구가 생길 수 있으므로 평정심을 가져야 한다.

급락할 때 공포를 이겨내는 것도 투자자의 몫이지만 급등할 때 욕심 또한 자제해야 한다. 투자심리는 감정에 영향을 많이 받으며, 감정은 순간의 판단 착오를 일으켜 자칫 실수를 유발할 가능성을 내포하고 있다. 인간의 감정 중 공포와 욕심은 행동에 큰 영향을 미친다. 그래서 늘 계획된 전략에 따라 행동해야 한다.

## ○ 중간 대응 전략

| 구분 | 대응 전략 | 설명 |
| --- | --- | --- |
| 1 | 비중 조절 전략 | 조정 레벨에 따라 보유 비중을 조절하며 대응하는 전략 |
| 2 | 헤지 전략 | 조정 레벨에 따라 숏 ETF를 활용한 헤지 전략 |
| 3 | 홀딩 전략 | 장기추세 마무리 신호가 나올 때까지 전량 보유하는 방법 |

중간 대응 전략은 투자자의 성향과 계획에 따라 자유롭게 선택할 수 있다.

먼저 비중 조절 전략부터 알아보자. 상승추세 과정에서 크고 작은 조정을 3가지 등급으로 분류했다. 레벨 1은 5T, 레벨 2는 20T, 레벨 3은 60T 조정인데 그 크기에 따라 보유한 주식의 비중을 조절하는 전략이다. 이 전략의 목적은 위험관리다. 주가 조정의 이유는 너무나 다양하다. 대부분의 조정은 상승추세 중 과열을 해소하기 위한 자연스러운 과정이지만, 그 속에 예측 불가한 위험이 숨어 있을 수 있다. 우리 개인 투자자가 이러한 위험을 미리 포착하기란 쉽지 않다. 하지만 높은 집단 지성을 가진 미스터 마켓(주식 시장의 비합리적이고 변덕스러운 모습을 의인화해 부른 용어)은 위험을 미리 주가에 반영한다. 그래서 우리는 블랙스완을 피하는 방법으로 비중 조절 전략을 활용할 것이다.

## ○ 비중 조절 전략

| 조정 레벨 | 조정 신호 | 비중(%) | 매수신호 | 설명 |
|---|---|---|---|---|
| 1 | 5T | -10% | 5TP | 5T 조정은 무시하거나 ±10% 비중 조절 |
| 2 | 20T | -20% | 터보20(5W, 5N) | 20T 조정에 -20% 비중 매도 후 재매수 |
| 3 | 60T | -60% | 터보60(20W, 20N) | 60T 조정에 -60% 비중 매도 후 재매수 |

대응법은 간단하다. 조정 레벨에 따라 계획된 비중만큼 매도했다가 상승추세로 복귀하는 신호에 다시 매수하는 것이다. 단기 조정인 5T 싱글탑 조정은 무시해도 된다.

주가 조정이 걱정되지만 보유한 주식을 팔고 싶지 않다면 다른 대안도 있다. 바로 지금부터 이야기할 헤지 전략을 활용하는 것이다. 단 현금이 있어야 한다.

헤지(Hedge)는 울타리 또는 방지책이라는 단어다. 즉 주가 조정으로 인한 계좌 수익률 하락을 방어하기 위해 숏(Short) 상품을 매수하는 것을 헤지 전략이라고 한다. 포트폴리오에 숏 상품을 추가해 보유한 주식의 손실을 보전하는 것이다. 가령 엔비디아를 전체 포트폴리오의 20% 비중으로 투자 중이라고 하자. 2024년 7월 16일, 20일선 마지막 5 파동 구간에서 5M 신호가 발생했다. 이는 곧 가까운 시일 내 60T 조정이 시작됨을 예고한다. 이때부터 일반적으로 3개월간 20%에서 30% 수준의 변동성을 감내해야 한다. 불안한 상황인데 주식을 매도하고 싶진 않다. 세금을 비롯한 부대비용도 신경 쓰이고, 엔비디아의 향후 전망에 대한 강한 믿음이 있다.

이때는 헤지를 위한 상품을 찾아본다. 미국주식 중 시가총액 상위 종목이라면 해당 종목을 기초자산으로 1배수 또는 2배수 인버스 ETF가 출시되어 있을 것이다. 이들을 잠시 포트폴리오에 편입하는 것이다.

보유한 종목이 시가총액 상위 종목이 아니라면 인버스 ETF가 없을 수도 있다. 이때는 2가지를 고려해보자.

첫째, S&P500과 나스닥지수가 조정을 받으면서 내가 투자한 종목도 함께 영향을 받기 마련이다. 이땐 이들 지수에 대한 인버스 ETF를 매수하면 된다. 단 3배수 인버스는 헤지 수단에서 제외한다. 왜냐하면 조정을 대비한 헤지 수단으로 3배수는 너무 부담스럽기 때문이다.

둘째, 지수는 상승하는데 내 종목만 조정을 받는다면 곤란한 상황이다. 이런 경우는 보유 비중을 줄이는 편이 낫다. 왜냐하면 내가 투자한 기업의 악재로 인한 조정이기 때문이다.

헤지 비중은 어떻게 산정해야 할까? 위험 노출도를 활용할 필요가 있다. 위험 노출도란 감내해야 할 손실 위험을 말한다. 여러 방법 중 가장 간단한 비중 관리법이다. 만일 엔비디아를 전체 포트폴리오에서 20% 비중으로 투자했고, 60T 조정으로 제법 큰 변동이 예상된다면 다음 2가지 헤지 비중을 고려해볼 수 있다.

첫째, 현재 수익률을 온전히 보전하는 방법이다. 이를 위해 NVDD(-1배수 ETF)를 20% 비중만큼 매수하거나, NVD(-2배수 ETF)를 10% 비중으로 매수한다. 즉 주식과 같은 비율로 숏 ETF를 매수한다. 조정의 마무리 신호엔 헤지 물량을 모두 매도한다.

둘째, 매수한 엔비디아의 60%에 해당하는 분량만큼만 숏 ETF를 매수한다. 전체 포트폴리오에서 엔비디아가 차지하는 비중이 20%라면, 거기에 60%인 12% 비중만큼 매수하는 것이다. 현금이 부족한 상황에서 효과적인 방법이다. 가령 엔비디아의 평가액이 10만 달러라면, 헤지 ETF(NVDD 또는 NVD)를 6만 달러만큼 매수하면 된다.

# 롬버스 매도법

롬버스 매수법으로 잘 심었고, 중간 대응으로 잘 키웠다면 이제 롬버스 매도법으로 결실을 볼 때다. 다들 매도가 복잡하고 어렵다고 말하는데 롬버스 매도법으로 단순화시켜보자. 매도의 반대는 매수다. 그럼 매수신호를 반대로 뒤집으면 매도신호가 되지 않을까? 앞서 매수의 이유가 소멸하면 매도한다고 언급한 바 있다. 같은 맥락으로 이해하면 된다.

## ○ 롬버스 매도법

| 단계 | 주가 위치 | 매도신호 | 비중(%) |
|---|---|---|---|
| 1 | 240일선 위 | 60M 또는 20RN 또는 월봉 M캔들 | -70% |
| 2 | 240일선 아래 | 60RN 또는 월봉 RN캔들 | -30% |

롬버스 매도에는 2단계 과정이 있다. 1단계는 추세의 정점에서 70% 비중을 매도하고, 그다음 2단계는 장기추세가 완전히 전환됨을 확인하고 나머지 30%를 매도하는 방법이다. 매도법은 매수와 정반대로 설계되었다. 240일선을 중심으로 평균 매도가격이 형성된다.

1단계 정점에서 100% 매도하면 편할 텐데 30%는 왜 남겨두는 걸까? 왜냐하면 매수할 때의 불안심리와 같은 이유에서다. 가령 정점에서 전량 매도했다고 가정하자. 조정 후 반등이 오면 '너무 일찍 청산했나?' 하는 의심이 든다. 깊은 조정에선 '혹시 여기가 저가 매수할 기회가 아닐까?'라는 생각과 함께 유혹의 손길이 다가온다. 어느 경우든 주식을 장기간 보유하다가 팔아서 현금화하면 이런 불안이 생기게 된다. 그래서 30%는 하락 추세 전환이 확인될 때까지 남겨두는 것이다.

지금부터 단계별 매도 과정을 구체적으로 살펴보자.

### 1단계: 정점 매도

장기간 상승추세 여정을 마무리할 때 변동성이 커지기 시작한다. 하지만 추세는 한 번에 무너지지 않는다. 왜냐하면 그동안 주가를 뒷받침했던 펀더멘털과 긍정적인 투자심리가 남아 있기 때문이다. 다만 이러한 요인들이 주가에 대부분 반영된 상태에서 경기지표나 기업 실적의 약화 전망에 변동성이 커지는 것이다.

이때 대표적으로 나타나는 신호가 60M 신호다. 경기와 기업의 성장 스토리는 사이클을 가진다. 상승이 있었으면 하락도 있다. 이 순환 과정에서 60일선은 5파동 흐름인 60LW 상태에 놓이기도 하고, 갑작스러운 이슈로 20일선이 60일선을 끌고 내려가는 20RN 신호가 나타나기도 한다. 앞서 언급했듯이 20RN 신호는 60M 신호의 위력을 가진다. 이 신호들 모두 240일선 위에서 형성되며 이를 정점 매도신호로 인지한다. 그리고 월봉에서는 6개월 이동평균선을 중심으로 M캔들 신호가 형성되기도 한다.

정점 신호는 당시 상황에 따라 다양하게 나타나므로 항상 일봉 신호와 월봉 캔들 신호를 함께 분석해야 오류가 없다. 여기서 오류란 변동성으로 인한 투자자의 판단 오류를 말한다. 잘 오르던 주가가 갑자기 급등락을 반복하는 변동성이 나타나면 잠시 매매를 멈추고 신호를 형성하는 과정을 지켜봐야 한다. 일시적 악재에 의한 변동으로 작은 박스권을 형성하는지, 큰 거래량을 동반한 하락과 반등이 반복되면서 매도신호를 형성하는지를 일봉과 월봉에서 관찰해야 한다.

결국 혼조 구간에서 고점을 돌파하면 다시 상승추세로의 복귀이고, 저점을 붕

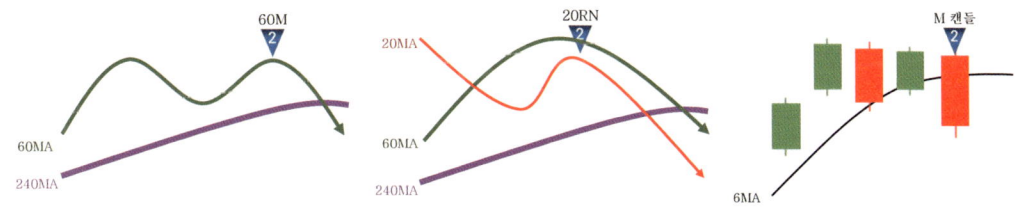

롬버스 1단계 매도신호(차례대로 60M 매도신호, 20RN 매도신호, 월봉 M캔들 신호)

괴하면 하락추세로 전환되는 것이다. 시장에서는 매도와 매수 간 충돌이 진행되지만, 투자자 개인적으로는 내적 갈등이 심해진다. 공포심과 갈등을 이겨내는 방법은 노트를 활용하면 좋다. 추세, 파동, 신호 분석 내용을 적어보자. 그리고 기업의 비즈니스와 업황, 경기지표의 변화 추이, 선행지표, 금리 변화도 함께 적어보자. 분석과 기록 과정에서 논리적 사고와 분석 내용을 바탕으로 대처 방안이 함께 나올 것이다. 내가 주로 사용하는 방법이며 효과적이다.

### 2단계: 확인 매도

롬버스 전략의 기준선은 240일선이다. 이 기준선이 상승추세로 전환될 때 매수 진입했듯이 하락 전환할 때 매도 청산하는 것은 당연하다. 이때 신호는 60일선이 240일선에 대해 역N자 패턴을 형성하는 60RN 신호를 활용한다. 이 신호는 절대 놓치지 말자. 과정을 보면 60일선이 240일선을 하락 방향으로 데드크로스를 먼저 형성한다. 단순한 심플크로스이므로 강한 반등으로 이어진다. 이때부터 마음의 준비를 한다. 마지막 반등이기에 매도 청산으로 대응한다. 대응법은 240일선까지 역피라미드 분할 매도법이나 5M, 20M, 20RN 등 신호 매도를 활용하면 효과적이다.

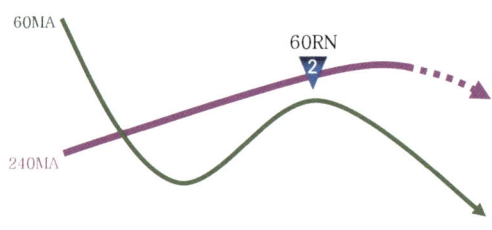

롬버스 2단계 매도신호(60RN 매도신호)

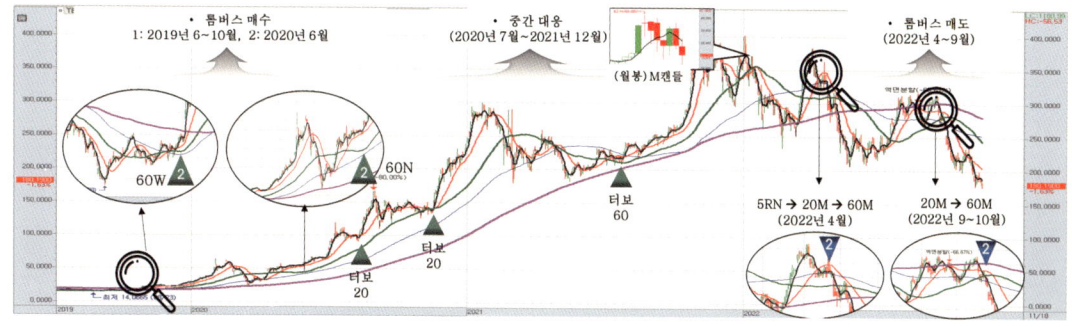

테슬라 일봉 차트(2019~2022년), 롬버스 전략 사례

비중은 남아 있는 30%를 모두 청산한다.

지금까지 롬버스 매수부터 매도까지 전 과정을 살펴봤다. 구체적인 매매신호와 비중까지 설계했다.

실제 사례를 살펴보자. 테슬라는 2019년부터 2022년까지 상승추세 사이클이었다. 롬버스 매수(2019년 6월~2020년 6월)로 대응한다. 2019년 3분기부터 영업이익이 흑자로 전환하며 10월엔 60일선의 W 신호가 발생했다. 바로 1단계 매수 구간이다. 이후 급등을 이어가며 장기추세가 상승으로 전환되었다. 코로나19 팬데믹 조정을 거치며 2020년 6월엔 60N 신호로 2단계까지 완료된다.

중간 대응(2020년 7월~2021년 12월) 단계에서는 본격적인 전기차 시장의 개시로 실적이 성장하고, 자율주행의 기대감까지 반영되며 길고 큰 상승추세가 진행되었다. 터보20과 터보60의 중간 진입 기회도 주어졌다.

그리고 롬버스 매도(2022년 4~9월) 기간에 접어든다. 2022년 초부터 성장 기대가 과도하게 반영되어 고평가 논란과 함께 인플레이션에 의한 금리 인상으로 변동성이 확대되기 시작했다. 2022년 1월 13일부터 60일선 마지막 5 파동 구간에서 20M 신호를 동반하며 큰 조정이 시작되었다. 2022년 4월엔 반등 후 5RN 신호가 발생했다. 이 신호는 20M 신호와 동급으로 60일선의 하락 전환을 예고했고 결국 60M 신호로 이어졌다. 여기까지 240일선 위에서 롬버스 매도 1단계가 진행되었다.

주가는 240일선 아래로 급락 후 다시 반등으로 이어졌다. 월봉에선 M캔들 신호가 형성되고 있었다. 이땐 반등을 기다려야 한다. 예상대로 2022년 7월부터 반등이 이어졌다. 하지만 월봉은 이미 하락추세로 전환된 상태이므로 매도를 준비해야 한다. 2022년 9월 240일선의 저항으로 인한 20M 신호는 절호의 매도 기회였으며, 롬버스 매도 2단계까지 완료되었다. 결국 주가 흐름은 60RN 신호와 함께 하락파동이 시작된다.

**롬버스 전략은 일봉 장기추세선 240일선을 중심으로 중단기 대응을 병행하는 전략이다.**

# MT 전략: 월간 트레이딩 전략

매월 꾸준한 수익을 만들고 싶은 욕구는 누구에게나 있다. 그렇지만 단기 트레이딩은 '내가 사면 꼭지가 아닐까?' 하는 불안 때문에 선뜻 손을 대기가 어렵다. 방법이 없을까? 해답을 찾기 위해 다음 2가지를 생각해보자.

1. 성공률이 높고 안전한 구간은 어디일까?
2. 내일이 불안하면 오늘 청산하고, 다음 주가 불안하면 이번 주 금요일에 청산한다. 그럼 다음 달이 불안하면 어떻게 해야 할까?

지금부터 월봉 차트에 집중해보자. 그리고 정점이 어디인지 한 번 확인해보

자. 기준 추세선은 6개월 이동평균선이다. 캔들을 유심히 보면 정점의 시작은 음봉이다. 우리가 알고 있는 브레이크 캔들이다. 또한 M캔들을 결정 짓는 것도 음봉이다. 따라서 정점에서 매수하는 실수를 피하려면 음봉 캔들만 피하면 된다.

이제 바닥을 살펴보자. 추세 하락을 멈추는 첫 단추는 양봉의 브레이크 캔들이다. 이후 W캔들 또는 N캔들을 형성하는 주체도 양봉이다. 그리고 상승추세 구간에서는 음봉보다 양봉 캔들이 훨씬 많고 길게 상승한다. 이는 추세의 속성에 해당한다. 따라서 성공률이 높은 구간은 양봉 캔들이다. 1번 질문에 대한 답을 찾았다.

월말이 되었다. 이번 달은 양봉 캔들이어서 수익을 달성했다. 하지만 다음 달은 양봉일지 음봉일지 확신할 수 없다. 고민에 빠진다. 이때 불안하면 주식을 청산하고 다음 달 캔들을 확인하면 된다. 2번 질문에 대한 답도 나왔다. 상승추세 구간에서 매월 수익을 달성하려면 월초 양봉 캔들에 진입하고 월말에는 청산하는 전략이 유효하다.

## 상승과 하락추세, 둘 다 강한 MT 전략

그럼 하락추세 구간에서는 손 놓고 있어야 할까? 우리는 지금 매월 꾸준한 수익을 안정적으로 달성하는 방법을 찾고 있다. 따라서 하락추세 구간에서도 성공률이 높은 전략을 찾아야 한다. 물론 쉬는 것도 투자다. 특히 지수의 하락추세 구간에서는 투자를 잠시 쉬는 것이 가장 안전하다. 미국의 장기추세가 하락으로 진입하면 평균 10개월은 쉬어야 한다. 하지만 쉬지 못하는 투자자도 있을 것이다. 그래서 탄생한 것이 MT 전략이다.

## ○ MT 전략의 규칙

| 추세 구분 | 캔들 위치 | 매매 기준 | 진입 | 청산 |
|---|---|---|---|---|
| 상승 | (6개월 이동평균선) 위 | (월봉) 양봉 | (월초) 양봉 | 월말 또는 청산 신호 |
| | 일반 주식, ETF, 기타 숏 상품을 제외한 모든 주식 | | | |
| 하락 | (6개월 이동평균선) 아래 | (월봉) 음봉 | (월초) 음봉 | 월말 또는 청산 신호 |
| | 숏 상품, 풋옵션, 선물 매도(단 선물옵션은 주의) | | | |

상승과 하락추세 전 구간에서 성공률은 높이고 불확실성은 낮추는 것을 목적으로 고안된 전략이 MT(Monthly Trading) 전략, 즉 월간 트레이딩 전략이다. 다만 매월이라고 해서 12개월 모두 해당하는 것은 아니다. 상승추세 구간에서 음봉 캔들은 쉬는 달이다.

이번에는 하락추세 구간을 살펴보자. 하락추세는 음봉의 브레이크 캔들부터 시작해 M캔들을 거쳐 RN캔들로 이어진다. 이후 하락추세 구간에서는 양봉보다 음봉 캔들이 훨씬 많고 길다. 추세의 속성이 그렇다. 그리고 하락추세를 멈추는 것은 양봉의 브레이크 캔들이다. 여기서 멈추면 된다. 즉 하락추세 구간에서는 월초 음봉 캔들을 확인한 후 진입하고 월말 청산하면 된다.

상승추세 구간은 인버스 상품을 제외한 대부분이 매매 대상이지만, 하락추세 구간에서는 인버스 상품만 매매하는 것이 유리하다. 왜냐하면 음봉 캔들에 갇혔어

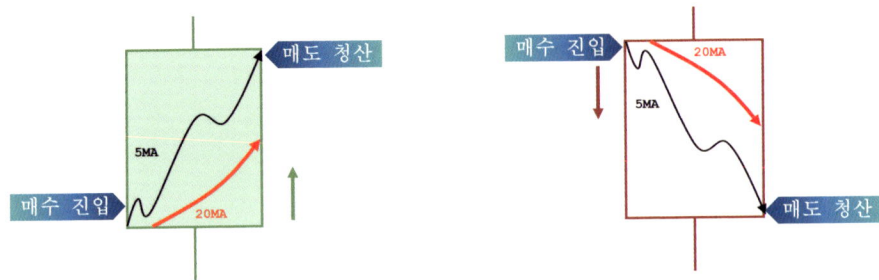

양봉 캔들 공략(좌), 음봉 캔들 공략(우)

도 손실을 회복할 기회가 있기 때문이다.

　추세의 속성을 떠올려보자. 상승추세는 상승 캔들이 길고 강하며, 하락추세는 하락 캔들이 그렇다. 아무리 상승추세 구간이어도 음봉의 조정은 늘 함께 한다. 하락추세 구간도 양봉의 반등이 있다. 투자자는 이를 피하고 싶다. 그리고 정점에서의 매수와 바닥에서의 매도는 반드시 피하고 싶다. 추세 구간의 일부 수익을 양보하더라도 승률이 높고 안전한 구간만 매매하길 원한다. 이 투자자에게 적합한 전략이 바로 MT 전략이다. 이 전략의 수익 목표는 월봉 캔들의 몸통이다.

　앞서 6개월 이동평균선 전략에서는 월말에 중간 진입한다고 했었다. 그런데 여기서는 매도하라고 권하는 이유는 무엇일까? 전략의 개념과 원리가 서로 다르기 때문에 그렇다. 6개월 이동평균선 전략은 추세의 끝을 향해 질주하는 말과 같다. 그래서 중간에 쉬어가는 조정인 눌림목 캔들을 월말에 매수하는 것이다. 반면 MT 전략은 이번 달 수익에 집중하는 전략이다. 즉 이번 달 캔들의 몸통만을 공략하는 전략이기 때문에 월말엔 매도하는 것이다.

두 전략의 차이점은 수익률과 성공률에 있다. MT 전략의 수익률은 MA6 전략보다 낮을 수밖에 없다. 반면 성공률은 MT 전략이 유리하다. 따라서 투자자 성향과 목적에 따라 전략을 선택할 수 있다.

## ○ 추세 방향에 따른 대응

| 월봉 추세선 방향 | 캔들 색 | 당월 향방 | 대응 |
|---|---|---|---|
| 상승 | 양봉 | 강한 상승 | 롱 포지션 |
|  | 음봉 | 제한적 조정 | - |
| 하락 | 음봉 | 강한 하락 | 숏 포지션 |
|  | 양봉 | 제한적 반등 | - |

먼저 이번 달 캔들의 방향을 파악해야 한다. 이번 달 주가가 올라갈지, 말지 알기 위해서는 차트를 띄워 월봉의 추세선 방향과 캔들의 색부터 살펴야 한다. 그럼 바로 답이 나온다. 이번 달 주가의 향방은 월봉의 추세와 캔들 색이 이야기해준다. 가령 장기추세선이 상향이면서 양봉 캔들이라면 상승이다.

그럼 상승추세 구간이어도 음봉 캔들에서는 숏 포지션을 공략해야 하는 걸까? MT 전략의 궁극적인 목적은 불확실성을 낮추고 안정적인 수익을 달성하는 것이다. 그런데 추세와 반대 방향의 캔들은 불확실성이 높고 기대수익은 낮다. 상승추세에서는 아랫꼬리가 길게, 하락추세에서는 윗꼬리가 길게 형성되는 현상이 자주 나타난다. 이때 물리면 손절매 외에는 대안이 없다. MT 전략은 12개월 모두 공략하는 것이 아니라고 이야기했다. 본 전략에서 무리한 매매는 지양해야 한다.

월초 캔들 색을 기준으로 매수 진입을 판단해야 한다. 캔들 색은 매월 첫 거래일부터 형성되지만 변동이 심하다. 가령 첫 거래일은 양봉이었지만 이후 음봉으로 전환되는 사례가 빈번하다. 그럼 무엇을 기준으로 판단해야 할까?

월봉 캔들을 확대하면 일봉의 이동평균선이 보인다. 즉 월봉 캔들이 한 달 동안 움직이면 그 속에서 일봉의 이동평균선이 추세와 신호를 형성하고 있는 것이다. 그중 20일선을 기준 추세로 선정한다. 왜냐하면 한 달 평균 주가이기 때문이다. 20일선의 추세와 월봉 캔들의 방향이 같으면 우리가 찾는 매수 진입 조건이 된다. 그런데 뭔가 허전하다. 그렇다 신호가 빠졌다. 20일선과 함께 움직이는 파동선 5일선 신호가 있을 것이다. 이를 매수신호로 활용하면 된다.

상승추세 구간에서 20일선 상승을 알리는 5W, 5N, 터보5 신호가 월봉 양봉 캔들과 만나면 당월은 상승 방향이 확실해진다. 하나 더 추가한다면 20W, 20N 신호다. 이는 60일선에 영향을 미치는 강한 신호이므로 월봉 양봉 캔들과 함께 판단해도 좋다.

하락추세 구간에서 20일선 하락을 알리는 5M, 5RN, 터보5 신호가 월봉 음봉 캔들과 만나면 당월은 하락 방향이 확실해진다. 그리고 5일선을 하락 방향으로 데드크로스만 형성해도 하락 방향으로 간주한다. 왜냐하면 기대심리보다 공포심리가 단기적 영향력이 더 크기 때문이다. 실제 시장에서 그렇게 나타난다. 그리고 20M, 20RN 신호가 월봉 음봉 캔들과 만나면 파괴력이 크다. 왜냐하면 60일선에 영향을 미치기 때문이다.

MT 전략에서 매수신호의 유효기한은 월초부터 2주 이내 발생한 신호만 활용한다. 왜냐하면 월초 1~3일간은 시장에서 방향을 정하는 힘겨루기가 진행되지만,

통상 일주일 이내에 결정되기 때문이다. 또한 2주를 넘겨 매수 진입하면 남은 기간이 짧아 기대수익률이 낮다. 그래서 매수신호의 최대 유효기간을 2주 이내로 제한하는 것이다. 매월 셋째 주 금요일은 미국의 옵션 만기일이어서 파생상품 포지션에 따라 변동성이 크다. 따라서 마지막 주간은 매도 청산의 기간으로 삼고 신규 매수는 자제한다.

이어서 매도 청산 단계다. MT 전략에서의 매도 청산은 부담이 적다. 기본적으로 월말 마지막 거래일에 청산하면 되기 때문이다. 하지만 여기서도 변수가 있다. 20일선의 추세를 훼손하는 신호가 발생하거나 월봉 캔들의 색이 바뀌면 즉시 청산해야 한다. 즉 매수의 조건이 훼손되면 매도해야 한다.

## ○ MT 전략 신호

| 추세 구분 | 주가 위치 | 월봉 캔들 색 | 진입 신호 | 청산 신호 |
|---|---|---|---|---|
| 상승 | (6개월 이동평균선) 위 | 양봉 | • (5일선) 5W 신호<br>• (5일선) 5N 신호<br>• (5일선) 터보5 신호<br>• (20일선) 20W 신호 | • 월말 매도 청산<br>• (5일선) 5M 신호<br>• (월봉) 캔들 음봉 전환<br>• 20일선 하락 전환 |
| 하락 | (6개월 이동평균선) 아래 | 음봉 | • (5일선) 5M 신호<br>• (5일선) 5RN 신호<br>• (5일선) 터보5 신호<br>• (5일선) 데드크로스<br>• (20일선) 20M 신호 | • 월말 매도 청산<br>• (5일선) 5W 신호<br>• (월봉) 캔들 양봉 전환<br>• 20일선 상승 전환 |

상승추세 구간에서 5M, 5RN 신호가 발생하면 월봉 캔들 색과 무관하게 즉시 청산한다. 그리고 월봉 캔들 색이 음봉으로 전환될 때도 즉시 청산한다. 하락추세

구간에서 5W, 5N 신호가 발생하면 즉시 청산한다. 이는 20일선의 방향을 바꾸기 때문이다. 그리고 월봉 캔들 색이 양봉으로 전환될 때도 즉시 청산한다.

이처럼 월중 추세를 바꾸는 변화가 나타나면 즉시 청산하고 추이를 지켜본다. 이 밖에는 월말에 편안하게 매도 청산하면 된다.

표기 방식을 정해보자. 월봉 캔들 색과 신호를 조합한다. 가령 월봉 양봉과 5일선 5W 신호의 조합을 표현할 땐 '월양 5W 매수'와 같이 표현하면 편리하다. 월봉 음봉 캔들과 5M 신호의 조합은 '월음 5M 매도'로 표현하겠다.

5일선 신호는 전월에 이어서 형성되기도 하고, 당월에 형성되기도 한다. 실제 시장에서 이 신호들을 어렵지 않게 확인할 수 있다. 상승추세 구간에서의 MT 전략 사례를 살펴보자. QQQ 일봉 차트에 월봉 캔들을 함께 표시했다.

2023년 12월은 11월에 이어서 터보5 매수신호가 발생했다. 2024년 5월은 전월에 이어 5W 신호를 발견할 수 있다. 2024년 10월엔 5N 신호도 보인다.

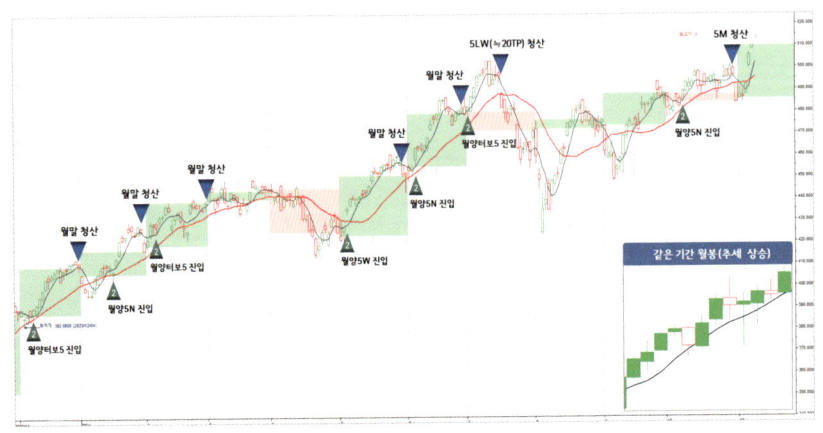

QQQ 일봉 차트(2023년 12월~2024년 11월), 상승추세 사례

2024년 7월은 월 중반까지 양봉을 유지했으나, 5일선 마지막 5 파동을 마무리하는 매도신호가 나왔다. 이 사례를 머릿속에 새겨둬야 한다. 왜냐하면 5일선 5 파동이 마무리되면 20일선 조정으로 이어질 수 있기 때문이다. 그리고 2024년 10월 말엔 5M 매도신호를 볼 수 있다. 나머지 상황에서는 대부분 월말 매도만 보인다. 2024년 9월은 월양 20W 매수신호가 발생했다. 분명히 매수신호인데 건너뛰었다. 왜냐하면 신호가 너무 늦게 발생했기 때문이다. 아쉽지만 규칙은 규칙이다.

반대로 하락추세 구간에서의 MT 전략 사례를 보자. 2022년 1월은 월음 20M 신호로 하락 방향의 진입 신호지만, 6개월 이동평균선 위에서 시작되는 상황으로 생략한다. 다음 달부터 월음 터보5 신호를 기점으로 하락 과정이 진행된다. 2022년 3월은 월중 20BO 신호가 돌발 변수로 등장하면서 조기 청산이었다. 이어 양봉 캔들로 전환되기도 했다. 2022년 4월은 20BO 신호와 함께 월음 터보20 신호로 진입한다. 아울러 월봉에서는 RN 캔들 신호가 하락에 힘을 보태고 있다. 이

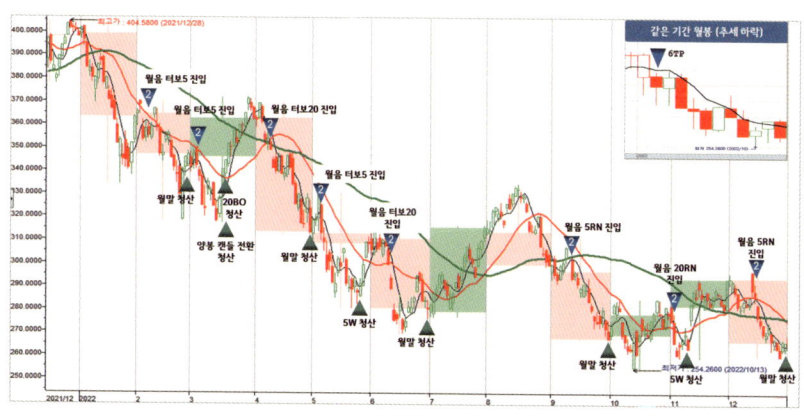

QQQ 일봉 차트(2021년 12월~2022년 12월), 하락추세 사례

처럼 일봉과 월봉의 신호를 함께 분석하면 신뢰성을 더욱 높일 수 있다.

2022년 10월 초에는 월음 터보5 신호로 진입 조건을 만족하지만 그리하지 않는다. 왜냐하면 5일선 마지막 5 파동 구간이기 때문이다. 또 20일선과 60일선 간 심플크로스 구간이므로 반등 여건도 형성되고 있어 주의해야 할 상황이다. 모호한 구간에서 무리한 진입은 지양한다.

이번엔 MT 전략의 장점 중 하나인 장기추세 정점에서의 위험 회피 사례다. 추세 상승 구간이어도 월봉 양봉 캔들만 공략한 결과, 정점에서의 변동을 피하고 신규 진입의 위험도 피할 수 있었다. 쉽게 말해 꼭지에서 물리지 않는다.

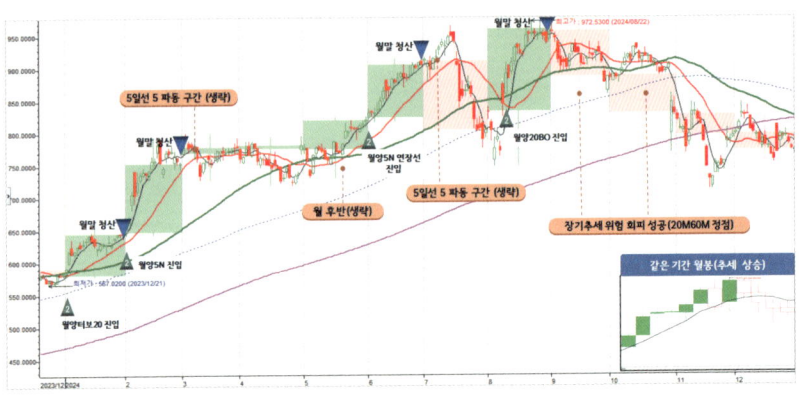

일라이 릴리 앤 코 일봉 차트(2024년 1~12월), 상승추세 사례

**상승과 하락추세 전 구간에서 적용되도록 고안된 전략이 MT 전략이다.**

# 원웨이 전략

MT 전략에 대해 소개하자 유튜브 채널에 이런 댓글이 달렸다.

'꼭 월말에 청산해야 하나요? 더 상승할 것 같은 상황에서도요?'

상승추세라면 추가 상승할 가능성이 크기 때문에 보유하는 것이 유리할 수 있다. 하지만 MT 전략의 목적을 떠올려보자. 불확실성을 최대한 제거하고 성공률 높은 구간만 공략하는 것이 목적이다. 특히 정점에서의 진입 실수를 예방할 수도 있다. 따라서 질문의 취지를 생각해보면 MT 전략보다 다른 전략이 더 적합한 성향으로 보인다. 예를 들어 6개월 이동평균선 전략이나 롬버스 전략을 권할 수 있다.

그렇지만 6개월 이동평균선 전략은 너무 지루하고, 롬버스 전략은 너무 복잡하다면 어떻게 해야 할까? 다른 전략은 없을까? 기준은 단순하되 매매 시 적절히 롤링하고 싶은 성향이라면 이제부터 소개할 원웨이 전략(Oneway Strategy)이 좋다. 지금부터 구체적으로 살펴보자.

## 단순하고 직관적인 원웨이 전략

"난 한 놈만 패!"

영화 〈주유소 습격사건〉의 명대사다. 이 대사를 소개하는 이유는 지금부터 소개할 원웨이 전략의 개념과 유사하기 때문이다. 여기서 이야기하는 한 놈(?)은 추세선을 말한다. 즉 추세선 하나만 추종하며 한 방향으로만 공략하는 것을 원웨이 전략이라고 한다.

이 전략은 일봉 주기에서 중기추세선 60일선 또는 단기추세선 20일선을 추종하는 전략이다. 추종할 추세선의 크기는 투자 성향에 따라 선택하면 된다. 다만 기대수익은 현재 주가의 위치에 따라 다를 수 있다. 표기법은 '원웨이+추세선 크기'로 표현하면 편리하다.

매수신호는 추세선 전환 신호를 활용한다. 가령 원웨이20의 매수 신호는 5W와 20BO캔들 신호의 결합인 5W20BO 신호다. 매도는 추세선 상승을 마무리하

## ○ 2가지 원웨이 전략

| 구분 | 수익 범위 | 매수신호 | 매도신호 |
| --- | --- | --- | --- |
| 원웨이 20 | 20일선 추세 몸통 | 20일선 상승 전환 신호<br>(5W20BO, 5N) | 20일선 상승 마무리 신호<br>(5M20BO, 5LW) |
| 원웨이 60 | 60일선 추세 몸통 | 60일선 상승 전환 신호<br>(20W, 20N) | 60일선 상승 마무리 신호<br>(20M, 5RN, 20LW) |

는 신호를 활용한다. 5M과 20BO캔들의 결합인 5M20BO 신호를 포착하면 된다. 물론 5일선 마지막 5 파동인 5LW도 포함된다.

## ○ 원웨이 전략

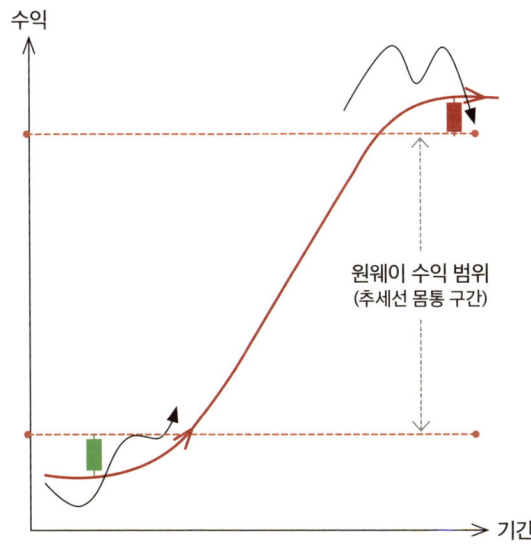

## 1. 단기추세선 20일선 상승 원웨이

단기추세선 20일선 상승추세를 추종한다. 매매신호는 파동선 5일선과 캔들 신호를 활용한다. 파동선 5일선 매수신호인 5W와 함께 20일선에 탑승하는 20BO 캔들 신호를 만족하는 5W20BO 신호를 활용한다. 만약 5일선이 싱글바닥인 상태에서 20BO 신호로 이어졌다면, 5N 신호를 기다렸다가 매수한다. 왜냐하면 어차피 5일선 조정이 기다리고 있으므로 서두를 이유가 없기 때문이다. 여기에 힘을 싣는 조건이 하나 더 있다. 바로 월봉의 양봉 캔들이다. 월봉 양봉 캔들과 일봉 5W20BO 신호는 절호의 매수 기회다.

매도 신호는 매수의 반대다. 5일선 5W 신호에 매수했으니 매도는 5M 신호다. 물론 20BO캔들 신호가 동반되어야 하며, 월봉 음봉 캔들이 함께 하면 신뢰는 더욱 높아진다. 또한 5일선이 20일선을 끌고 내려가는 5RN 신호는 강력한 매도 신호다. 그리고 5일선 마지막 5 파동이 마무리되면 이 또한 매도신호에 포함된다.

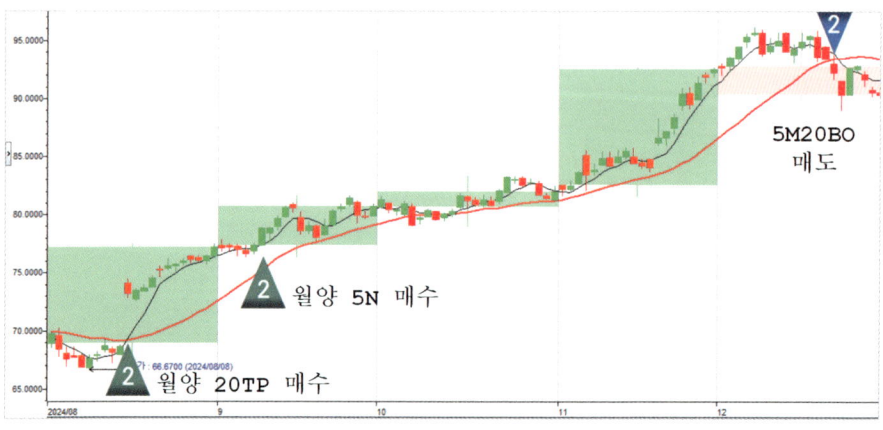

QQQ 일봉 차트(2024년 5~7월), 원웨이20 사례

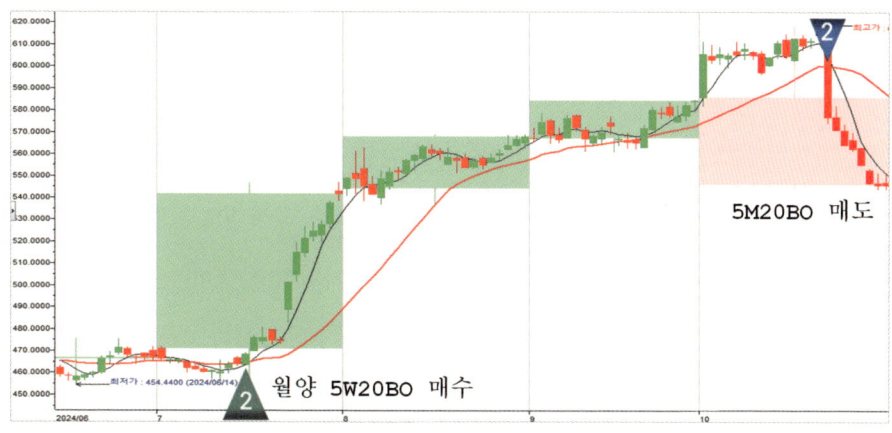

록히드 마틴 일봉 차트(2024년 7~10월), 원웨이20 사례

장기추세의 방향과 20일선 추세가 같은 구간에서만 이 전략을 운용한다. 즉 장기추세 상승 구간에서 20일선의 상향추세만을 공략하는 원웨이20 전략이 가장 유리하다.

## 2. 중기추세선 60일선 상승 원웨이

중기추세선 60일선 상승추세를 추종한다. 신호는 파동선 20일선을 활용한다. 여기서 60일선 캔들 신호는 선택이다. 왜냐하면 20일선 신호와 60BO캔들 신호까지는 이격이 크기 때문이다. 이는 상대적이므로 투자자의 선택이다. 물론 60BO캔들 신호를 포함하면 신뢰는 더욱 높아진다.

일반적으로 20W 신호에 매수하면 된다. 하지만 더 확신을 원하는 투자자는 60BO캔들 신호까지 확인해도 된다. 조금 늦어도 괜찮다. 어차피 원웨이는 추세선의 몸통을 공략하는 전략이기 때문이다. 따라서 조금 빠른 진입 신호는 20W 신호이며, 확인 후 진입은 60BO캔들 신호다. 때론 주가가 급한 상승을 보이며 20일선 싱글바닥만 형성할 때도 있다. 이땐 조정을 기다렸다가 20N 신호를 노린다.

매도신호는 20M 신호에 매도하는 것이 기본 규칙이다. 그리고 더 확실한 신호를 원하면 60BO캔들 신호까지 확인하면 된다. 물론 순서대로 진행되므로 조금 늦다는 단점이 있다. 그래서 60BO캔들 신호는 투자자의 선택이다. 다만 매도 청산은 신호의 신뢰도보다 타이밍에 더 집중하는 편이 유리하다. 왜냐하면 조정은 불안심리의 영향으로 진행속도가 빠르기 때문이다.

반면 매수는 타이밍보다 신뢰도에 무게중심이 있다. 여전히 남아 있는 불확실성 때문이다. 그리고 60일선 아래에서 20일선이 역N자를 형성하는 20RN 신호가 나타난다면 이는 강력한 매도신호다. 절대 놓치지 말자. 20일선 마지막 5 파동 구간에서 5M 또는 5RN 신호도 60일선에 영향을 미치므로 매도다.

또한 장기추세의 방향과 60일선 추세가 같은 구간에서만 운용하는 것이 더욱

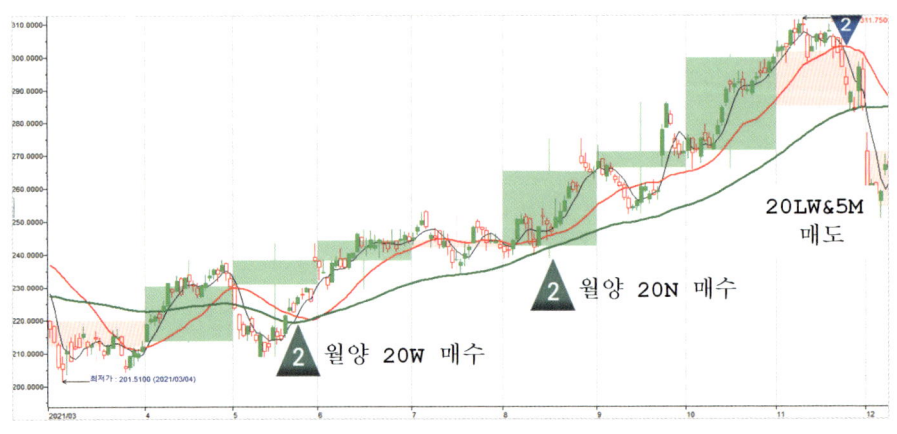

세일즈포스 일봉 차트(2021년 5~12월), 원웨이60 사례

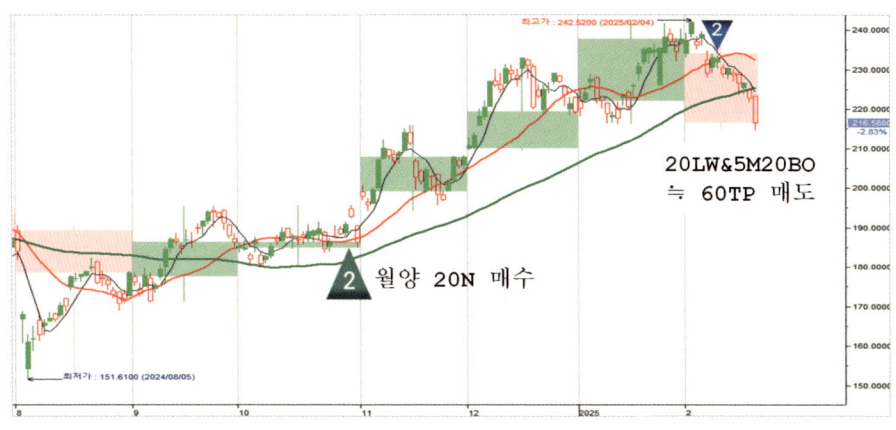

아마존 일봉 차트(2024년 10월~2025년 2월), 원웨이 60 사례

유리하다.

그럼 장기추세 하락 구간에는 원웨이 전략을 활용할 수 없을까? 당연히 가능하다. 원리는 같다. 다만 상승과 반대일 뿐이다. 그리고 장기추세 하락 구간에서의 전략이므로 매매 대상은 숏 포지션이다. 예를 들어 나스닥100지수를 공략한다면 인버스 ETF인 PSQ(-1배), QID(-2배), SQQQ(-3배)를 선택할 수 있다. 또 개별 주식의 인버스 ETF가 있다면 이를 활용해도 좋다. 예를 들어 테슬라의 장기추세가 하락이라면 TSLQ(-2배)를 활용할 수 있다.

그렇다면 장기추세 하락 구간에서 원웨이20 전략은 어떻게 적용될까? 20일선의 추세 전환 신호를 5일선에서 찾는다. 숏 포지션 진입은 5M, 5RN 신호와 20BO캔들 신호를 조합하면 된다. 아울러 5일선 마지막 5 파동 구간에서는 5일선 싱글탑 5T 조정이라도 20BO캔들 신호에 진입한다. 청산은 5W20BO, 5N, 5LW20BO 신호를 활용한다. 5LW20BO는 5일선 마지막 5 파동 구간(5LW)에서

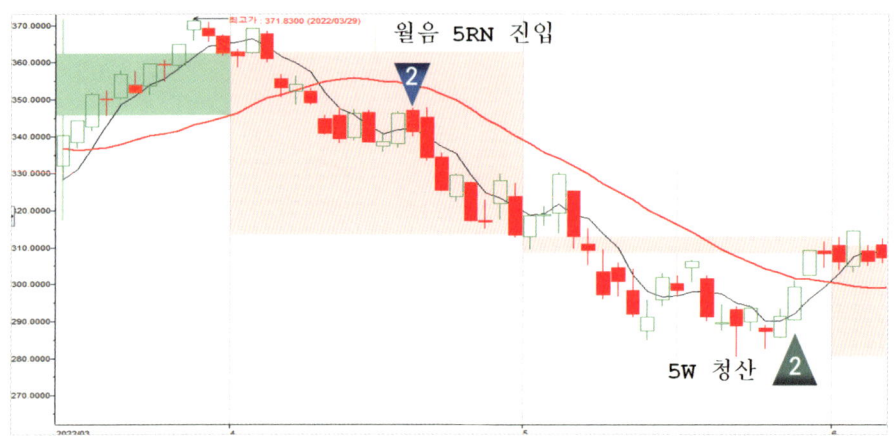

QQQ 일봉 차트(2022년 4~5월), 장기추세 하락 구간 원웨이20 사례

20BO캔들 신호를 말한다. 청산에서 5W는 메인 신호이며, 20BO는 확인 신호라 생각하면 된다. 투자자 성향에 따라 선택할 수 있다. 여기서 월봉 캔들이 음봉인 조건까지 병합하면 신호의 신뢰는 더욱 높아진다.

장기추세 하락 구간에서의 원웨이60 전략도 알아보자. 60일선의 추세 전환 신호를 20일선에서 찾는다. 앞서 설명한 바와 같이 순서만 반대라는 사실을 이해하면 어렵지 않다. 즉 장기추세 하락 구간에서 60일선이 아래 방향으로 전환될 때 진입하고, 하락을 멈추는 신호에 청산한다. 나스닥100지수 ETF QQQ 차트를 살펴보자. 2022년 4월 장기추세 하락 구간에서 240일선에 대해 20일선이 20RN 신호를 형성하고 있다. 진입 신호다. 7월엔 월봉의 양봉과 5N 신호가 함께 형성되었다. 5N 신호는 20W의 위력을 가져 60일선이 반등으로 이어질 수 있다. 즉 선행 신호이므로 청산하는 것이다.

추세선에서 월봉 6개월 이동평균선 또는 일봉 5일선은 왜 빠졌을까? 월봉은

테슬라 일봉 차트(2022년 9~12월), 장기추세 하락 구간 원웨이60 사례

6개월 이동평균선 전략으로 정의했다. 장기추세선의 몸통을 공략하므로 원웨이 전략과 같은 목적이지만, 월봉 캔들 신호를 활용하므로 별도 전략으로 분리했다. 일봉 5일선은 원웨이로 추종하기에는 적합하지 않다. 왜냐하면 주가 변동성에 따라 그 크기가 작고 기간이 짧기 때문이다.

기준은 단순하되 매매 시 적절히 롤링하고 싶은 성향이라면 원웨이 전략이 좋다.

# W3 전략: 3 파동 공략법

## 불확실성이 싫다면 3 파동 공략하기

등락을 반복하는 주가 변동이 불안하다면, 또 확실하고 강한 구간에서만 투자하고 싶다면 지금부터 소개할 3 파동 공략법에 주목하자.

주식 시장에는 항상 우려와 불확실한 이야기들이 떠돈다. 특히 시장이 하락할 때 그 목소리가 더 커진다. 시간이 지나 걱정이 누그러지면 주가는 반전을 시도한다. 하지만 여전히 남아 있는 불확실성이 주가를 흔들면서 변동성을 유발한다. 이 변동성을 파동으로 해석하면 1 파동의 돌파와 2 파동의 조정으로 나타난다. 이후 시장을 둘러싼 안개가 걷히며 햇살이 찾아오고, 투자심리는 안정을 찾으며 주가는 자신 있게 상승한다. 여기가 파동에서는 3 파동 구간이다. 전체 파동 구간 중 가장 강한 흐름을 보여준다.

이제 해법이 보인다. 불안한 변동성 구간은 피하고, 확실하고 강한 흐름에만 투자하고 싶다면 바로 3 파동 구간을 공략하면 된다. 이동평균선 크기별 원리와 매매신호를 정리하면 이렇다.

## ○ 이동평균선 크기별 원리와 신호

| 구분 | 원리 | 매수신호 | 매도신호 |
|---|---|---|---|
| 5W3 | 5일선 3 파동≒5N | 5일선 상승 캔들 신호<br>(N, 5BO) | 5일선 하락 캔들 신호<br>(M, 5BO) |
| 20W3 | 20일선 3 파동≒20N | 20일선 상승 전환 신호<br>(5W20BO, 5N) | 20일선 하락 전환 신호<br>(5M20BO, 5RN, 5LW20BO) |
| 60W3 | 60일선 3 파동≒60N | 60일선 상승 전환 신호<br>(20W, 20N) | 60일선 하락 전환 신호<br>(20M, 20RN, 20LW60BO) |

시세의 강도와 기간은 이동평균선의 크기에 비례한다. 가령 60일선 파동이 20일선 파동보다 더 길고 강하다. 따라서 투자 성향과 목적에 따라 이동평균선 크기를 선택한 후 3 파동 구간을 집중적으로 투자하는 것을 W3 전략(3 파동 공략법)이라고 한다. 이 전략은 엘리엇 파동이론을 재해석해 추세와 파동을 활용한 것이다.

이동평균선 크기와 W3를 조합해서 표기하면 편하다. 예를 들어 5일선 W3 전략은 5W3와 같이 표기한다. 5LW20BO 매도는 5일선 마지막 5 파동을 마무리한 후 5T 조정에서 20BO캔들 신호에 매도하는 것을 말한다. 20LW60BO 신호도

○ **W3 전략**

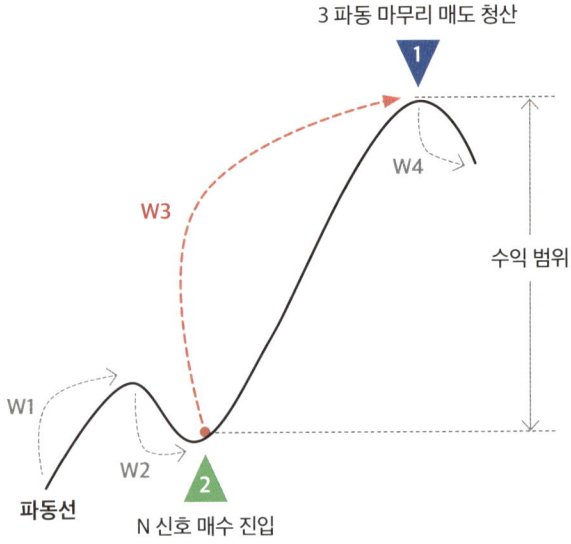

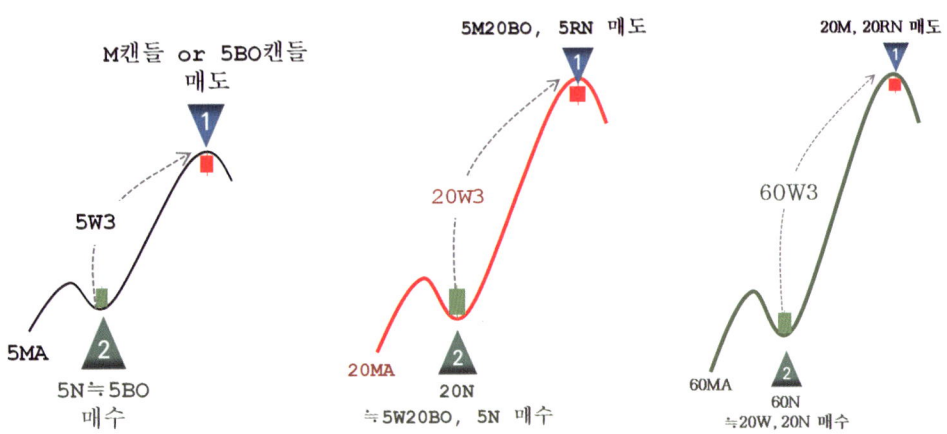

차례대로 5W3, 20W3, 60W3

마찬가지다. 20일선 마지막 파동 후 60BO이면 60일선 하락 전환 신호다.

여기서 하나 더 중요한 사항이 있다. 장기추세와 같은 방향이어야 한다. 즉, 장기추세 방향과 5일선, 20일선, 60일선의 방향이 같아야 강한 흐름의 효과를 기대할 수 있다. 강물의 흐름과 같은 방향이어야 배가 더 빠른 속도로 갈 수 있는 것과 같다.

실제 사례를 통해 장기추세 상승 구간에서 W3 전략이 어떻게 적용되는지 확인하기 바란다. 그럼 하락추세에서도 적용할 수 있을까? 당연히 가능하다. 상승의 반대로 적용하면 된다. 다만 반드시 장기추세 하락 구간에서 제한적으로 활용해야 한다. 왜냐하면 미국 시장의 장기추세는 하락추세가 상승추세보다 상대적으로 짧고 얕기 때문이다.

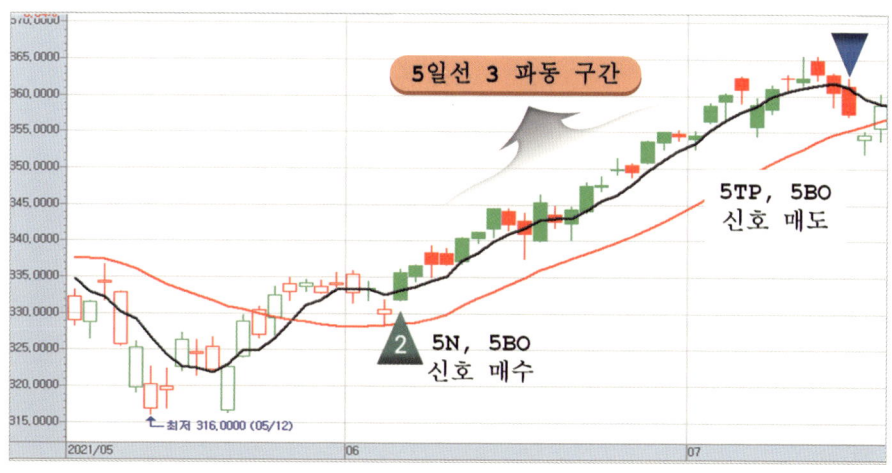

QQQ 일봉 차트(2021년 6~7월), 5W3 사례

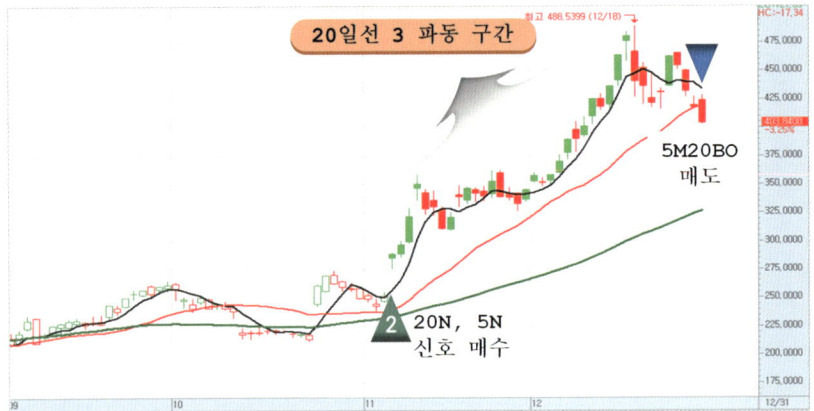

애플 일봉 차트(2023년 3~8월), 20W3 사례

코스트코 홀세일 일봉 차트(2023년 11월~2024년 3월), 60W3 사례

확실하고 강한 구간에서만 투자하고 싶다면 W3 전략을 활용한다.

# 뭉쳐야 뜬다:
# MACD 패턴 공략법

'개구리도 움쳐야 뛴다'는 속담이 있다. 멀리뛰기를 위한 준비를 일컫는 말인데, 주식 패턴에서도 같은 맥락의 공략법이 있다. 주가 그래프를 축소한 뒤 한 걸음 물러서서 바라보면 특이점을 발견할 수 있다. 주가 시세가 크게 움직이기 전 이동평균선들이 뭉치는 특성이 있다. 마치 개구리가 움츠리듯이 수렴 후 확산하는 이동평균선의 특성을 이용한다.

이 현상을 수치로 나타내는 보조지표가 있다. MACD다. 일반적으로 MACD 오실레이터를 많이 사용하며 단기 12일, 장기 26일, 시그널라인 9일로 설정한다. 아마 각자 사용하는 증권사 프로그램에서 기본값으로 설정되어 있을 것이다. 관련된 설명은 MACD 키워드로 검색하면 다양한 정보가 공개되어 있을 것이다. 각자

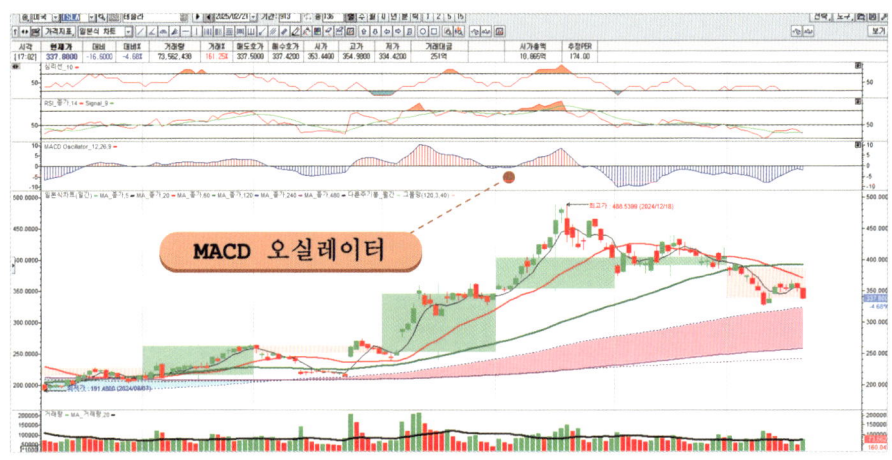

테슬라 일봉 차트에 MACD 오실레이터를 적용한 모습

사용하는 HTS·MTS를 열고, 지표 추가하기 기능에서 'MACD 오실레이터'를 선택해보자. 일봉과 월봉 주기 모두 추가한 뒤 특이점을 찾아보자.

처음 MACD를 적용하면 차트가 굉장히 복잡해 보인다. 나도 100% 공감하는 부분이다. 한때 나도 온갖 보조지표를 추가해서 활용한 적이 있다. 무언가 있어 보이긴 했지만 복잡하기만 했고 실전에선 눈에 잘 들어오지 않았다. 내가 추구하는 것은 단순하면서도 명확하고 실용적인 방법이다. 원점으로 돌아가서 다시 한번 생각해보자.

"이동평균선이 뭉친다면 어느 지점에서 몇 개나 모여야 할까?" "모여서 에너지를 응축한 뒤 확산하는 시점을 무엇으로 포착할 수 있을까?"

이 두 질문에 대한 답을 찾아보자. 축구에 비유하면 전체 흐름을 감독하는 역할은 장기추세선이다. 월봉의 6개월 이동평균선이나 일봉의 120일선과 240일선이다. 미드필드는 60일선과 20일선이다. 공을 차고 나가는 스트라이커는 5일선이다. 이들이 한데 뭉쳐 상승 또는 하락의 추세 경기를 이끌어가는 것이다. 선수들이 뭉쳤다가 흩어지는 과정을 이동평균선으로 풀어보자.

## 이동평균선
## 수렴과 확산

어떤 선수들이 모여야 할까? 이동평균선 3형제, 즉 60일선과 20일선과 5일선이 모두 뭉쳐야 한다. 멀리 흩어져 있던 녀석들이 주가 범위 10% 내외로 모여든다. 한 자리에 모인 이동평균선 3형제는 다음 추세를 위해 힘을 모은다. 이땐 방향성 없는 혼조세를 보인다. 즉 3개 이상의 이동평균선이 10% 내외의 주가 범위에 수렴해서 일정 기간 횡보하는 흐름을 '이동평균선 수렴(MA Convergence)'이라고 한다. 특히, 선수를 한곳에 모은 사람이 코치(120일선) 또는 감독(240일선)이면 이후 확산에서 더 큰 힘을 발휘한다.

이제 '이동평균선 확산(MA Divergence)'에 대해 알아보자. 충분히 쉬었으면 감독의 진두지휘 아래 스트라이커가 먼저 치고 나가야 한다. 감독역의 장기추세선은 방향성을 결정해주고, 스트라이커역의 5일선은 신호를 형성하며 치고 나간다. 때론 20일선이 신호를 형성하기도 한다. 경기가 정해진 대로만 흘러가지 않듯이 출

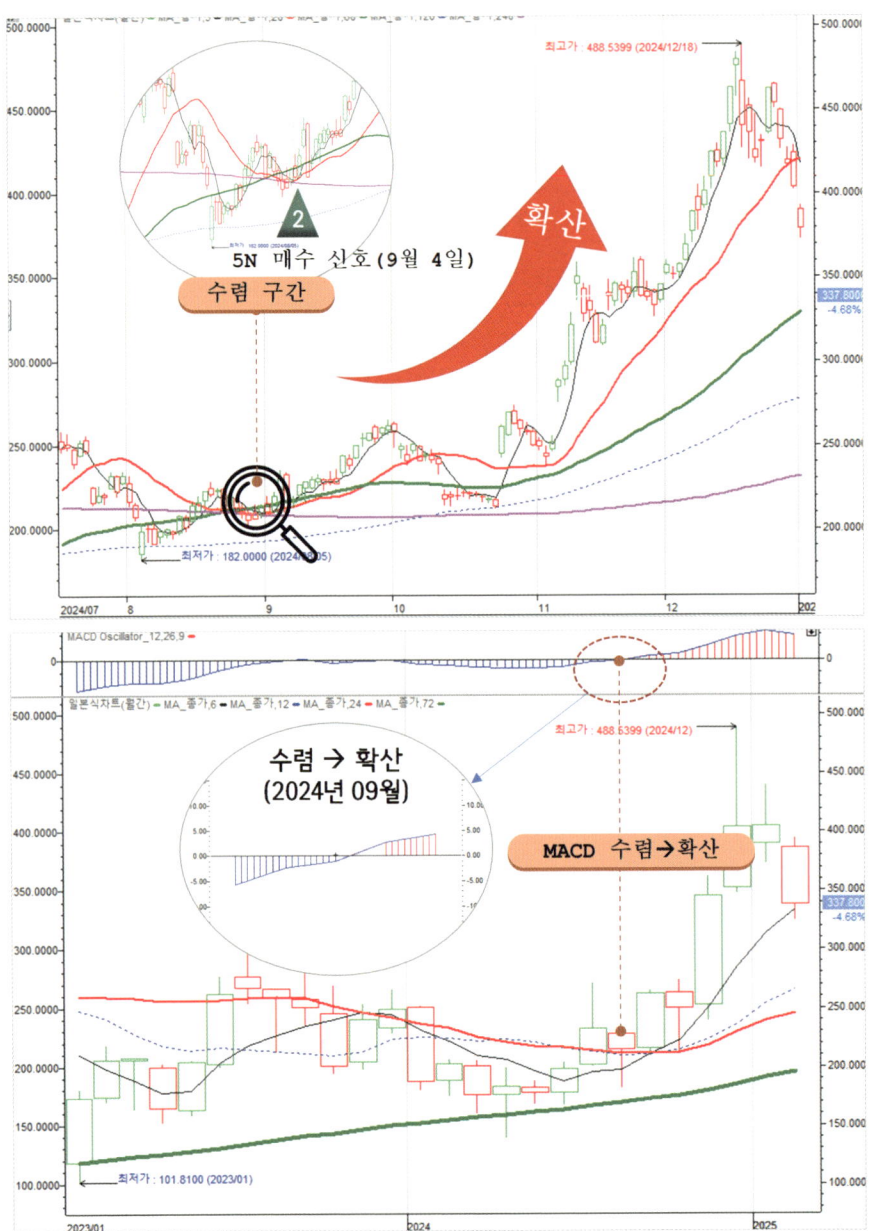

테슬라 일봉 차트(위, 2024년 9~12월), 월봉 차트(아래, 2024년 9~12월) 이동평균선 확산 사례

발 신호도 다양할 수 있다.

실제 사례를 통해 구체적으로 살펴보자. 먼저 테슬라 2024년 9월 일봉 차트를 보면 5일, 20일, 60일, 240일선이 한곳에 모였다. 또 월봉 MACD 오실레이터가 음에서 양으로 전환되었다. 즉 수렴에서 확산으로 전환되는 시점이다. 일봉에서는 이동평균선의 수렴과 확산 그리고 신호를 포착하고, 월봉에서는 MACD 오실레이터 전환을 포착하는 것이다.

이어서 에센셜 프로퍼티 리얼티(EPRT) 차트를 보자. 월봉의 MACD 오실레이터를 보면 2024년 2월부터 수렴에서 확산으로 전환되는 모습을 포착할 수 있다. 이후 일봉의 흐름을 보면 20N 신호를 거쳐 60N 신호까지 완벽하게 소화하는 모습을 보이며 힘차게 달린다. 240일선을 중심으로 5일선, 20일선, 60일선, 120일선이 한곳에 모였다. 아주 아름다운 모습이다.

이번 전략은 보조지표(MACD 오실레이터)와 주지표(이동평균선)를 조합한 특이한 방법이다. 원리는 이동평균선이 한곳에 모였을 때 확산하는 순간을 패턴 신호로 포착하고, 보조지표의 큰 변화를 함께 참조하는 것이다.

## ○ MACD와 이동평균선의 조합

| 주기 | MACD 오실레이터 | 이동평균선 | 매수신호 |
|---|---|---|---|
| 일봉 | - | (기본) 5일선, 20일선, 60일선,<br>(부가) 120일선, 240일선 | 5N, 20N, 60N 신호<br>5W, 20W |
| 월봉 | 수렴에서 확산 전개 | - | - |

에센셜 프로퍼티 리얼티 월봉 차트(위, 2024년 2~3월), 일봉 차트(아래, 2024년 2~3월)

MACD 패턴 공략법은 이동평균선이 한곳에 모였을 때 확산하는 순간을 포착하는 것이다.

# 하락장은 이렇게 시작된다

2025년 4월 주식 시장은 극도의 공포에 휩싸여 있었다. S&P500의 하루 변동폭이 -6%에서 +10%를 넘나들었다. 4월 8일 기준으로 공포탐욕지수는 4, VIX지수는 52를 가리키며 극도의 공포와 변동성을 보였다. 과거 2008년 글로벌 금융위기, 2020년 코로나19 팬데믹 시절과 유사한 수준이다. 이러한 변동성의 발단은 미국 트럼프 행정부의 강도 높은 관세정책 때문이었다. 시장의 예상 수준을 넘어서는 강경책으로 경제 불확실성이 커진 탓이다.

저명한 경제학자와 금융권 주요 인사들이 1930년대 대공황 수준의 경제위기를 초래할 수 있다는 경고의 목소리를 높였다. 미 정부는 재정 안정, 물가 안정, 금리 안정을 추구하지만 관세를 과도하게 높일 경우 공급 인플레이션과 소비자물가 상승, 유통업을 비롯한 다양한 산업군에서의 실업률 증가, 소비 감소 등으로 이어져 스태그플레이션이 발생할 우려가 있었다. 경기 침체, 고물가 영향으로 금리 인하를 할 수 없는 상황에서, 캐나다를 비롯한 유럽과 중국의 강경 대응이 불확실성에 기름을 부었다. 특히 중국의 보복관세 등 정치적 힘겨루기가 이어졌다.

2025년 5월을 지나며 긴장이 완화되는 분위기 속, 시장은 V자형 반등을 보여주고 있으나 불확실성은 여전히 남아 있다. 여기서 강조하고 싶은 키워드는 'V자형 반등'이다. 90일간의 상호관세 유예 조치로 한숨 돌린 것이지 불확실성이 완전히 사라지지 않았다. 실물 경기지표 둔화에 대한 걱정도 여전하다. 그런데 시장은 왜 반등하는 걸까? 실제로 나스닥은 6월 25일 전고점을 돌파하며 불과 두 달 만에 회복했다. 악재가 해소되지 않았음에도 선제적으로 반등한 것이다.

잠시 과거 사례를 되돌아보자. 2009년 3월, 서브프라임 모기지 사태로 인한 금융 시스템 충격과 기업 파산의 여파가 가시지 않았음에도 주식 시장은 바닥을 형성한 후 상승 전환했다. 2020년 4월, 코로나19 확산세가 커지는 상황에서도 주식 시장은 금리 인하와 양적완화 조치를 더 크게 반영하며 상승장으로 전환했다. 2022년 높은 물가 상승에 따른 경기 침체를 막고자 미 연준이 금리를 강하게 인상하면서 주식 시장은 큰 하락을 경험했지만, 금리 인상 종료보다 10개월 앞서 하락을 멈췄다. 즉 하락의 배경이 완전히 해소되기 전부터 시장은 먼저 바닥을 찍고 상승 전환하곤 했다.

이처럼 경기보다 주식 시장이 먼저 움직인다면 주식 투자는 무엇을 보면서 해야 할까요? 나의 대답은 '주가 시세'다. 이 질문에 정해진 정답은 없다. 여러 선택지가 있을 뿐이다. 그중 주가 시세를 우선시하는 이유는 하나다. 시장은 수많은 불확실한 요소를 미리 반영하며 움직이기 때문이다.

　이제부터 소위 '공포에 사라'는 주제를 놓고 하락 장세를 역이용해서 좋은 기회를 포착하는 방법에 관해 이야기하려 한다. 2018년, 2022년, 2025년과 같은 급락장에서의 대응법을 찾는 것이 이번 챕터의 목적이다.

## 경기 침체의 3가지 유형

주식 투자를 시작하면 경제 뉴스에 더 많은 관심을 가지게 된다. 그중 가장 귀 기울이는 뉴스가 경기 침체와 관련된 소식이다. 그리고 금리 이슈로 자연스럽게 넘어간다. 이 2가지는 늘 붙어 다닌다. 경기와 금리가 함께 주식 시장에 영향을 미치면 변동성이 커지면서 투자심리가 크게 흔들린다. 그래서 주식 시장을 움직이는 3대 요소를 경기, 금리, 심리라고 이야기한다. 앞서 여러 번 강조한 내용이다.

　경기 침체란 교과서적으로 2분기 연속 GDP가 역성장하는 경우를 말한다. 소비 둔화, 기업의 투자 감소, 실업률 상승이 동반된다. 경기는 분명히 주식 시장에 큰 영향을 미친다. 하지만 기간과 시점은 서로 다르다. 즉 경기의 정점보다 주식 시장의 정점이 먼저 찾아오고, 경기 바닥보다 주가 바닥이 먼저 형성된다. 이는 거의 불문율이라 말해도 과언이 아니다. 수많은 과거 사례가 이를 증명한다.

　경기 침체는 일반적으로 3가지 유형으로 분류한다.

## 1. 경기순환적 침체

앞서 경기순환에 대해 살펴봤다. 경기순환 사이클에 따라 자연스럽게 후퇴기를 지나 침체기를 겪는다. 이러한 경기 침체는 주로 수요와 공급의 불균형, 과잉 투자, 소비 둔화 등의 원인으로 유발되는 경우가 많다. 가까운 사례로는 2001년 닷컴버블 붕괴 이후의 경기 침체가 있다.

## 2. 이벤트성 침체

외부 충격이나 특정 사건으로 발생한 인위적인 침체를 말한다. 예를 들어 전쟁, 전염병, 오일쇼크와 같이 예상하지 못한 일명 블랙스완에 의한 침체다. 과거 사례로는 1970년대 발생한 제1·2차 오일쇼크, 1991년 걸프전, 2020년 코로나19 팬데믹이 대표적다. 예상치 못한 이슈로 인해 불확실성이 큰 상황에 놓이게 된다. 주식시장은 단기적 충격에 빠지며 일명 패닉셀 장세가 연출되기도 한다. 2025년에는 미국 행정부의 관세전쟁으로 4월 패닉셀 장세가 나타났었다.

## 3. 구조적 침체

경제 구조에 심각한 문제가 발생해 장기적으로 침체 국면으로 진입하는 상황을 말한다. 주요 산업의 쇠퇴, 인구 고령화 등 경제의 바탕을 이루는 체계와 체질의 약화가 원인으로 해석된다. 대표적인 사례로는 1990년대부터 시작된 일본의 장기 침체다.

그럼 2008년 글로벌 금융위기는 어떨까? 구조적 침체에 해당할까? 학계에서는 복합형으로 분류하고 있다. 즉 2000년대 초반부터 시작된 부동산 호황이 과열되면서 자연스러운 경기순환적 침체 구간에 진입하는 시점에 서브프라임 모기지론 기반 파생상품 문제가 불거지며 구조적 충격이 더해졌다. 이처럼 경기순환, 금융 시스템 붕괴, 구조적 침체가 복합적으로 발생했기에 복합형이라 부른다.

경기 침체에 대한 보다 깊은 이해는 관련 자료나 서적을 활용하자. 이 책에서 다룰 핵심은 이벤트성 침체에 대한 것이다. 예상하지 못한 사건, 충격으로 인한 시장의 변동성 확대와 패닉셀은 주식 투자자에겐 공포로 다가오지만 누군가에게는 기회의 장이기도 하다. 지금부터 이벤트성 하락장의 시작부터 바닥 신호를 포착하는 과정까지 살펴보자.

## 침체 구간을 포착하는 방법

먼저 시장이 과열·과매수에서 이탈하는 시점을 관찰하자. 장기적으로 주식 시장이 상승한다는 사실은 대부분 알고 있지만 시장이 등락없이 영원히 오르기만 하는 것은 아니다. 과열되면 식혀줘야 하고, 침체하면 다시 회복시켜야 한다. 이를 위해 정부에서는 재정정책을, 중앙은행에서는 금리정책을 활용한다. 물론 주식 시장만을 위한 조치는 아니다. 경기와 금융 시장은 밀접한 관계에 있으므로 함께 영향을 받는다.

그럼 주식 시장이 언제 과열권에서 이탈하며 조정에 들어갈까? 주식 시장의 장기추세 조정 과정을 살펴보기 위해서는 S&P500 또는 나스닥100지수의 월봉 차트를 확인해야 한다. 여기서 보조지표를 활용해 과열권에서 벗어나는 구간을 먼저 찾는다. 그리고 일봉의 이동평균선 신호를 활용해서 명확한 시점을 포착할 것이다.

우선 보조지표를 활용하는 방법부터 알아보자. 3가지 보조지표를 활용할 것이다. 셋 다 월봉 기준이다.

1. 투자심리선: 기간의 과매수·과열 구간 보조지표, 75 이상이면 과열 구간
2. RSI: 가격의 과매수·과열 구간 보조지표, 75 이상이면 과열 구간
3. 이격도 24개월: 24개월 평균 가격의 과다 이격, 125 이상이면 과열 구간

새롭게 추가된 보조지표인 이격도 24개월은 월봉에서 현재 주가와 24개월 이동평균선과의 이격을 수치로 나타낸 것이다. 설정 기준은 100%를 기준으로 125% 이상이면 과열·과매수, 80% 이하면 침체·과매도로 한다. 가령 이격도 24개월의 값이 120%라면, 현재 주가의 위치는 24개월 평균값 대비 20% 이상 높다는 의미다. 즉 주가는 수년간 가파르게 상승해서 과매수·과열 구간에 진입했다고 보는 것이다. 일반적으로 2년 정도 꾸준히 상승하면 2년 평균값과 멀어지게 된다.

주가는 평균값에 수렴하는 속성이 있으므로 다시 2년 평균으로 회귀할 것이다. 그래서 2년 평균과 비교하기 위해 24개월 이동평균선을 활용한다. 특이점은 과열·과매수 구간에서 이탈하는 시점부터 본격 조정이 시작된다는 것이다. 물론 하락 배경에는 그때마다 이유가 있다. 여러 이유로 주식 시장의 추세 하락이 시작될 때 상기 3가지 보조지표 중 하나 이상이 과열권에서 벗어나곤 했다. 이것이 첫

## ○ 하락장 시작을 포착하는 지표

| 구분 | 주기 | 보조지표 | 신호 |
|---|---|---|---|
| 과열권 이탈 | 월봉 | 투자심리선 | • 75 이상 (상승 기간) 과열·과매수 이탈 |
| | | RSI | • 75 이상 (가격 상승) 과열·과매수 이탈 |
| | | 이격도 24개월 | • 125% 이상 (2년 평균값) 과열·과매수 이탈 |
| 조정 신호 | 일봉 | - | • 20M 신호→직전 저점 붕괴<br>• 60일선 마지막 5 파동 마감 |

번째 관찰 포인트다.

그다음 관찰 포인트는 지수의 20M 신호다. 20M 신호는 하락장을 예고하는 신호등 역할을 한다. S&P500 또는 나스닥100지수의 일봉 차트에서 20M 신호는 시장 전체에 영향을 미친다. 그리고 60일선의 마지막 5 파동 마무리 신호도 같은 영향력을 가진다. 가령 실적 성장과 함께 시장 주도주로 추세상승 구간에 놓인 종목을 보유하고 있더라도, 지수의 20M 신호가 발생한다면 일단 소나기를 피해야 한다. 왜냐하면 소나기가 폭우로 변할 수도 있기 때문이다. 시장에 폭우가 쏟아진다면 피할 재간이 없다.

2025년 상반기의 상황을 짚어보자. 지난 2년간 S&P500지수가 고점을 돌파하며 상승했다. 긴 상승으로 60일선은 5 파동까지 진행됐다. 보조지표인 투자심리선과 RSI는 과매수·과열 구간에 진입한 상황이며, 이격도 24개월은 125% 이상을 나타내며 가파르게 상승한 위치다. S&P500 PER는 5년 평균값을 넘어서며 고평가 상태고, 그간 시장을 이끈 주도 종목들은 너무 많이 상승한 탓에 매수하기 부담스러운 위치에 있다. 2월 21일 일봉 차트에서 20일선이 고점을 탈환하지 못하

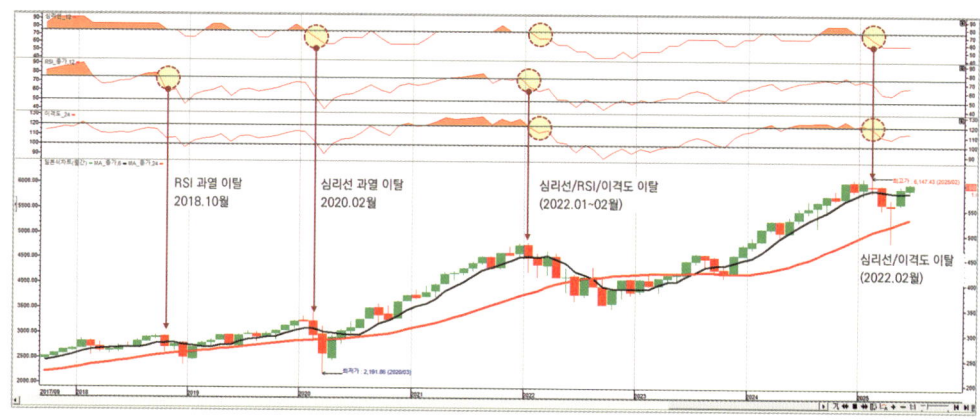

S&P500 월봉 차트(2018~2025년, 고점 돌파 상승 후 과열 이탈 시 하락 사례)

고 20M 신호가 발생했다. 이후에 연일 하락하며 20일선 직전 저점도 붕괴했다. 240일선에서 잠시 반등을 보였으나, 다시 붕괴하면서 급락 장세가 연출되었다.

시장의 불확실성은 높아졌고, 시장 심리를 나타내는 공포탐욕지수는 4까지 내려가며 극도의 공포심리를 나타냈다. VIX지수는 50을 넘어서며 시장의 불안함을 수치로 보여줬다. 4월 초 S&P500지수는 하루 -6%에서 +10%의 변동성을 보이기도 했다.

2022년 1월은 60일선 마지막 5파동 구간에서 20M 신호가 발생하며 10개월간 길고 지루한 하락장이 시작되엇다. 배경은 강한 금리 인상에 있었다.

2018년은 지난 2년간 호경기를 기반으로 강한 상승세를 이어왔다. 경기 확장이 금리 인상을 이겨내며 상승하는 장세였다. 2017년은 트럼프 행정부 1기 출범과 함께 펼쳐진 경기부양책으로 상승을 이어갔으나, 2018년부터 본격적인 미중 무역갈등으로 시장이 흔들렸다. 2018년 3월의 20M 신호에서는 직전 저점을

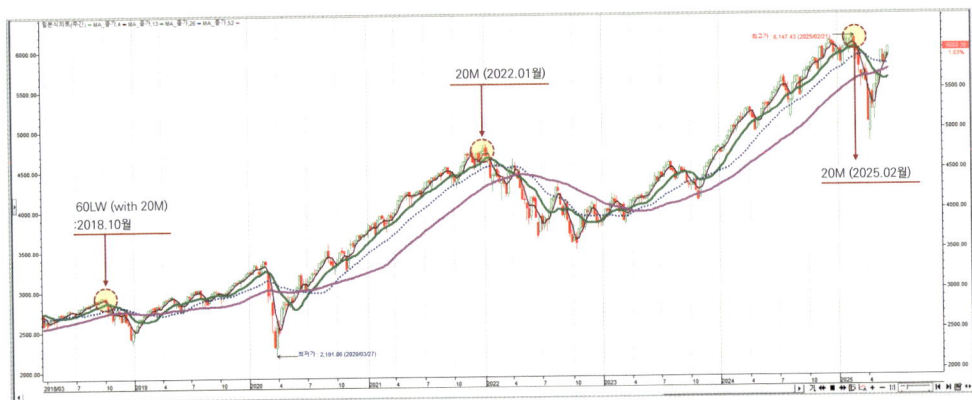

S&P500 주봉 차트(2018~2025년, 20M 매도신호 하락 사례)

지지하며 빠른 회복을 보였다. 이후 10월까지 상승파동을 이어갔으나, 60일선 마지막 파동 구간에서 브레이크가 걸렸다. 모든 보조지표도 과열 구간에서 벗어나는 모습을 보였다.

과매수·과열 구간에서 과열지표 이탈과 일봉에서의 20M 신호는 조정장의 시작을 알린다.

# 이벤트성 하락장의 바닥은 어디일까?

지난 2년간 잘 오르던 시장이 20M 신호를 형성하면서 브레이크가 걸렸다. '갑자기 왜 이러지?'라는 의문이 든다. 이내 '곧 반등하겠지'라는 희망회로가 동작한다. 왜냐하면 그동안 조정받아도 얼마 지나지 않아 회복하는 흐름이 반복되었기 때문이다. 하지만 시장은 기대와 달리 연일 하락을 이어간다. 계좌의 포트폴리오는 아직 수익 구간이므로 안심한다. 시장의 주도 종목 중심으로 모아놨기 때문에 매도하기엔 아깝다. 시장은 직전 저점까지 붕괴하며 하락에 가속이 붙는다. 경제 뉴스에서는 불안한 이슈를 자주 언급한다. 점점 걱정되기 시작할 무렵 반가운 반등이 찾아와 안도의 한숨을 내쉰다. 하지만 반등은 짧게 끝나고 다시 하락하기 시작한다. 이전 하락보다 더 빠르고 강하게 하강한다. 하락 배경이 된 이슈는 점점 더 확대되고, 경기 침체 우려의 목소리가 짙어지며 공포를 자아낸다.

계좌는 지난 1년간 수익률을 모두 반납한 수준으로 되돌아갔다. 모두 최악의 경기 침체를 걱정하며 겁에 질린다. 결국 더 이상 견디지 못하고 주식을 매도한다. 이때쯤 공포탐욕지수는 20 이하로 내려가고, VIX지수는 40을 넘긴다. 공교롭게도 시장은 여기서 바닥을 형성한다. 오래 머물지도 않는다. 하지만 겁나서 매도한 주식을 다시 매수하지 못한 채 바라만 보게 된다.

'아직 매수할 때가 아니야. 다시 떨어질지도 몰라. 불안한 이슈가 해결되려면 아직 멀었어.'

## 급락장에서 바닥은 어디인가?

조금 전 이야기 속에 힌트가 있다. 지난 2년간 상승했지만 1년간 수익률을 모두 반납한 사례다. 2년 상승 중 1년을 반납했다면 전체 상승분의 절반 수준이다. 즉 장기 상승추세에서 고점을 돌파하며 1~2년간 상승한 뒤 이벤트성 하락장을 맞이하면, 가격 상승분의 절반 수준에서 바닥을 형성한다. HTS의 피보나치수열 툴을 활용하면 50으로 나타난다. 이를 '피보나치 50'이라 부르기도 한다. 정말 그럴까? 실제 사례를 살펴보자.

가장 가까운 2025년 급락장 사례부터 살펴보자. S&P500 일봉 차트다.

S&P500 주봉 차트(2025년 4월, 피보나치 50 바닥 찾기 사례)

2022년 10월부터 2025년 2월까지 2년 넘는 기간 동안 큰 상승을 보였다. 본 상승의 출발점은 2022년 하락 구간의 바닥인 10월 12일 종가부터 계산한다. 정점은 2025년 2월 19일 종가다. 2월 21일 20M 신호를 기점으로 상승추세가 종료되었고, 이때 그간 상승폭의 절반 지점을 계산하면 4,860p라는 예상 바닥 지점이 산출된다.

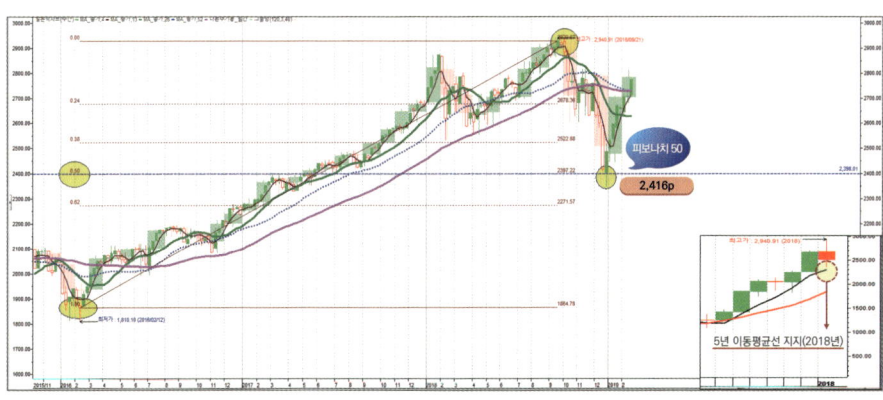

S&P500 주봉 차트(2018년 12월, 피보나치 50 바닥 찾기 사례)

이는 4월 7일 확인되었다. 추후 이런 흐름이 재현된다면 이 방법을 꼭 활용해보자.

2018년 사례를 살펴보자. 급락을 유발한 원인과 주가 흐름이 2025년과 아주 유사하다. 즉 이벤트성 하락장이었다. 2년간 2016년 2월 바닥부터 2018년 9월까지 고점을 돌파하는 흐름이 전개되었다. 이번 하락의 신호는 60일선 마지막 5 파동 마감에 있었다. 5일선의 5M 신호가 파동의 종료를 알렸다. 여기서도 전체 상승폭의 절반을 계산해 예상 바닥 지점을 찾는다. 3개월간 급락장의 바닥은 예상 바닥 지점과 겨우 28p 차이로 단 하루 만에 확인되는 흐름이 나타났다.

과거의 급락장을 돌아보면 급락장의 원인이 해소되지 않은 상황임에도 주가는 바닥을 형성하고 회복하는 모습을 보인다. 그 이유는 무엇일까? 주식 투자는 미래에 투자하는 것이다. 미래는 불확실하다. 그런데도 시장은 불확실성을 가장 싫어한다. 그래서 예민하고 빠르게 움직이는 속성이 있다. 즉 기대가 크면 미래 성장성을 현재 주가에 반영하며 과열되기도 하고, 침체 가능성이 커지면 공포를 선반영하며 과매도 상태에 빠지기도 한다.

가령 어떤 이슈로 인해 경기 침체 가능성이 커졌다면, 최악의 시나리오를 예상하며 주가에 반영하기 시작한다. 또 과도한 레버리지 상품의 청산이나, 자동 트레이딩 시스템의 쏠림이 시장 변동성을 키우기도 한다. 아직 실현되지 않은 침체 상황을 미리 반영하면서 시장은 빠질 만큼 빠져버린다. 이 상태에 이르면 악재에는 둔감해지고 호재에는 민감하게 반응하는 현상이 나타나기 시작한다. 즉 추가 악재에도 시장이 더 이상 하락하지 않고, 아주 약간의 희망적인 호재에도 급반등할 때 시장이 바닥 근처에 닿아 있다고 봐도 무방하다. 이것을 아날로그적인 바닥 신호로 본다.

과거 2022년 하락장의 원인인 물가 상승과 금리 인상은 2023년까지 이어졌으나, 2022년 10월 주식 시장은 먼저 바닥을 확인하고 상승으로 전환했다. 2020년 코로나19 시기에도 마찬가지였다. 2018년 7월부터 시작된 미중 무역갈등의 1차 합의는 2020년 1월에 체결되었다. 그러나 시장의 바닥은 2018년 12월에 형성되었다. 2025년 현재도 미국이 촉발한 관세전쟁이 진행형이지만 시장은 4월 가격 바닥을 형성했다. 시장이 악재에는 무뎌지고, 호재에는 민감하게 반응하며 V자형 반등을 보여주는 흐름이 바닥임을 증명한다.

하락장에서 바닥 구간을 찾는 다른 방법도 있다. 일반적으로 연봉 차트를 자주 확인하지는 않는다. 하지만 장기추세 하락 구간에서는 확인할 필요가 있다. 왜냐하면 강력한 지지라인을 찾기 위해서다. 연봉 캔들은 연초부터 시작한 올해의 방향을 알려준다. 하락장이면 연중 음봉 캔들이었을 것이다.

실제로 S&P500지수의 연봉 차트를 살펴보면 2008년 글로벌 금융위기 이후 2012년부터 5년, 10년 이동평균선이 모두 상승 전환되었다. 2025년까지 13년간

## ○ S&P500 연도별 연봉 차트의 지지 이동평균선

| 연도 | 지지 이동평균선 (연봉) | 이격 |
| --- | --- | --- |
| 2015년 | 5MA(5년 이동평균선) | 7.5% |
| 2016년 | 5MA(5년 이동평균선) | 6.2% |
| 2018년 | 5MA(5년 이동평균선) | 1.8% |
| 2020년 | 10MA(10년 이동평균선) | 5.1% |
| 2022년 | 5MA(5년 이동평균선) | 3.7% |
| 2025년 | 5MA(5년 이동평균선) | 4.3% |

6번의 하락장이 연출되었다. 공통점은 무엇일까? S&P500 연도별 연봉 차트에서 지지받은 이동평균선과 저점 간 이격을 보면 알 수 있다.

5년 이동평균선은 상승추세다. 어떤 이슈로 급락장이 전개되었더라도 상승추세인 5년 이동평균선과 ±10% 범위에서 바닥이 확인되었다. 즉 10% 이상 급락하는 조정장이 오더라도 5년 이동평균선과 ±10%에 범위 내 근접했다면 매수를 고려해야 할 구간이다. 단 2020년 코로나19 팬데믹은 알다시피 구조적 경기 침체 가능성으로 10년 이동평균선 가격까지 순간 급락하며 5.1% 근접 구간에서 바닥을 확인했다. 즉 연봉 차트의 캔들은 올해의 주가 방향을 나타내며, 더불어 급락장에서 이동평균선 추세를 기준으로 바닥 구간을 확인할 목적으로 활용할 수 있다.

S&P500 연봉 차트(2012~2025년)에서 직접 확인해보자. 2020년 10년 이동평균선 5.1% 이격을 제외한 나머지는 모두 상승 중인 5년 이동평균선과 10% 이내 지점에서 바닥을 확인했다.

바닥을 확인해도 막상 매수하려고 하면 더 하락할까 겁이 나서 망설여진다.

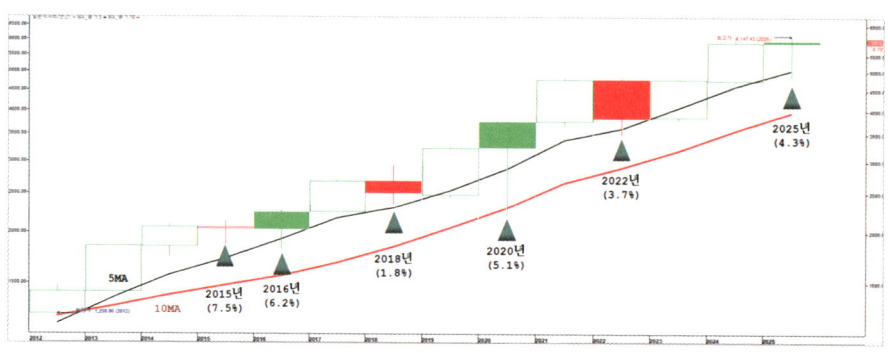

S&P500 연봉 차트(2012~2025년)

나 또한 급락장에선 겁이 난다. 그럴 때마다 이렇게 자문해본다.

'만약 지금 현금만 있다면 어떻게 할 것인가?'

그리고 매수신호를 기다린다. 매수신호를 알려면 가짜와 진짜 바닥을 구분할 줄 알아야 한다. 바닥은 가격 바닥과 기간 바닥으로 구분할 수 있다.

- 가격 바닥: 바닥 구간에서 확인된 가격의 바닥. 바닥은 확인되었으나 불확실성 잔존
- 기간 바닥: 가격 바닥을 확인하고 반등 후 일정 기간 조정을 거치며 형성되는 두 번째 진짜 바닥

바닥 부근에서는 오래 머물지 않는다고 말했다. 그만큼 시장은 민첩하게 움직인다. 가격 바닥을 포착하는 신호는 2가지다. 하나는 브레이크 캔들이고, 다른 하나는 5W 신호다. 어느 구간이든 바닥 중 하나는 긴 양봉 캔들이 등장한다. 우리는 이 캔들을 하락추세를 멈추는 브레이크 캔들이라고 불렀다.

그런데 브레이크 캔들은 일봉에서 작은 5일선을 멈출 뿐인데, 규모가 큰 하락장을 어떻게 멈춰 세우는 걸까? 브레이크 캔들만 보면 믿음직스럽지 못할 수 있다. 하지만 중요한 것은 브레이크 캔들의 '위치'에 있다. 즉 가격 바닥이 형성될 가능성이 큰 구간에서의 브레이크 캔들 신호는 그 영향력이 크다. 그리고 이를 뒷받침하는 5W 신호가 뒤따른다. 5일선 더블바닥이면 20일선이 상승으로 전환한다. 그래서 가격 바닥이라 부르는 것이다.

## ○ 가격 바닥 신호와 기간 바닥 신호

| 구분 | 신호 | 설명 |
|---|---|---|
| 가격 바닥 신호 | 브레이크 캔들 | 바닥 구간에서 하락을 멈추는 양봉 캔들 신호<br>(직전 음봉 캔들의 몸통을 장악하는 형태) |
| | (일봉) 5W 신호 | 5일선 더블바닥 신호(20일선 상승 전환 유도) |
| 기간 바닥 신호 | (일봉) 20W 또는 20N 신호 | 일정 기간 경과 후 상승추세 전환을 위한 바닥<br>(가격 바닥 대비 같거나 높은 위치에서 형성) |

이로써 바닥 구간 진입 이후 첫 가격 바닥신호까지 확인되었다. 이제 기간 바닥을 확인해야 한다.

기간 바닥 확인이 중요한 이유는 가격 바닥이 진짜인지 시장의 검증이 필요하기 때문이다. 시장을 하락시킨 이슈가 완전히 해소되기까지 긴 시간이 필요하겠지만, 최악의 상황은 벗어났다는 안도감이 필요하다. 시장은 이를 기간 바닥을 통해 알려준다. 가격 바닥 확인 후 1차 상승이 진행되고, 일정 기간 조정을 거친 후 다시 상승하는 흐름이 나와야 한다. 이를 기간 바닥이라 부른다. 신호는 20일선에서 더블바닥으로 형성된다. 즉 20W 또는 20N 신호를 기간 바닥 신호로 본다.

시장이 기간 조정으로 진입할 때 일각에서는 저점을 다시 확인하러 간다는 우려의 목소리가 커진다. 그럴 수도 있다. 그러나 바닥 구간에서 가격 바닥이 확인되면 그 지점이 바닥이라는 사실을 많은 투자자가 알고 있을 것이다. 많은 사람이 알고 있는 바닥이라면 다시 그 가격까지 돌아가지 않을 가능성이 크다. 왜냐하면 그 가격에 매도할 사람이 드물기 때문이다.

지금 우리는 하락장, 즉 주식 시장 전체를 대변하는 S&P500 또는 나스닥100

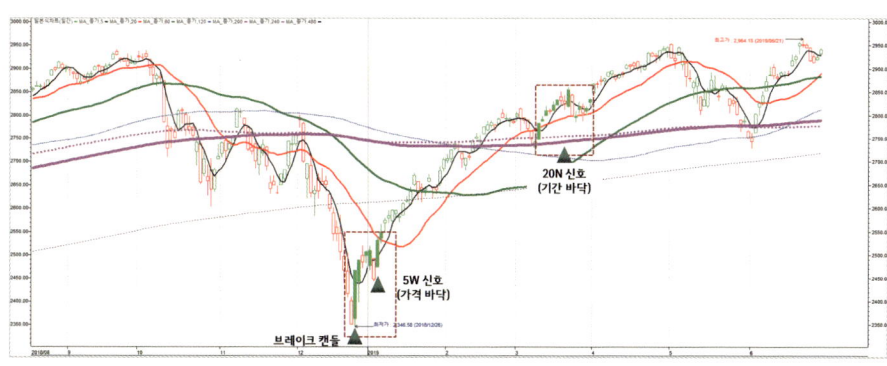

S&P500 일봉 차트(2018년 12월~2019년 6월)

지수를 중심으로 살펴보고 있다. 왜냐하면 지수 하락은 많은 종목의 하락을 동반하기 때문이다. 당연한 이야기지만 자칫 간과할 수 있다. S&P500지수가 상승추세 구간이라면 중간 눌림목 조정은 주도 종목의 추세를 훼손하지 않지만, 지수가 하락추세로 전환되는 것은 이야기가 다르다. 그래서 시장의 바닥 구간과 신호를 먼저 살펴보는 것이다. 앞서 이야기한 방법을 S&P500지수에 적용하면 적중률이 높다. 실제 2018~2025년까지 바닥을 형성한 사례들을 살펴보자.

트럼프 행정부 1기 시절이었던 2018년은 2025년 관세 전쟁의 서막이었다. 2018년 12월은 2016년부터 시작된 상승장의 절반 지점(피보나치 50)과 5년 이동평균선 부근에서 브레이크 캔들이 가장 먼저 하락에 제동을 걸었다. 긴 양봉의 브레이크 캔들이 먼저 나타났고, 이어서 5W 신호가 가격 바닥을 알린다. 이 과정은 그리 오래 걸리지 않았다. V자형 반등을 보여준 뒤 잠시 조정을 보이며 20N 신호에서 기간 바닥을 확인하는 흐름을 보였다.

코로나19 팬데믹 공포가 확산된 2020년에도 같은 맥락으로 바닥 구간을 통

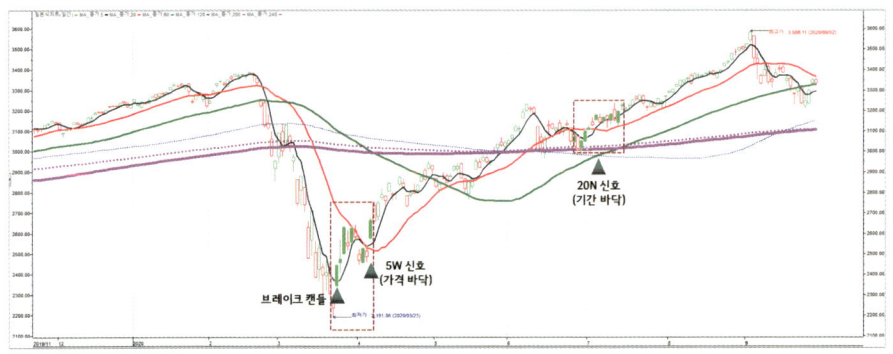

S&P500 일봉 차트(2020년 3~7월)

과하면서 신호를 보내왔다. 다만 인위적인 이벤트가 아닌 상황이었기에 충격과 불확실한 공포의 정도가 더 강했다. 그런데도 10년 이동평균선 부근에서 브레이크 캔들과 5W 신호로 가격 바닥이 나왔다. 기간 바닥이 형성된 위치를 자세히 보면 240일선 위에서의 20N 신호다. 앞서 2019년 3월의 20N 신호도 마찬가지다. 240일선 위에서의 20N 신호의 대표적인 유형이다.

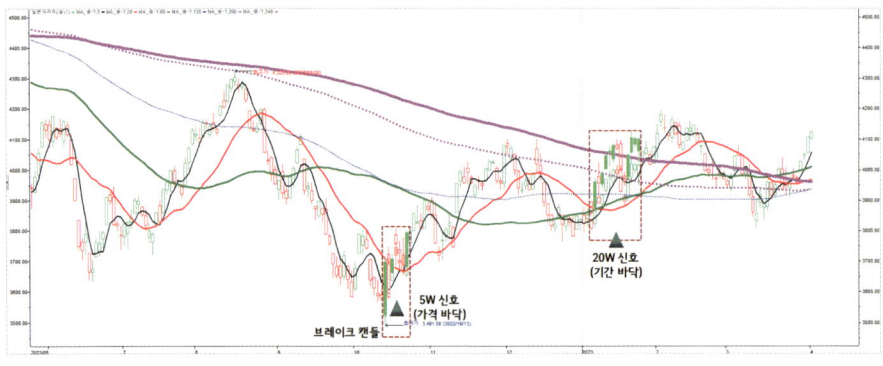

S&P500 일봉 차트(2022년 10월~2023년 1월)

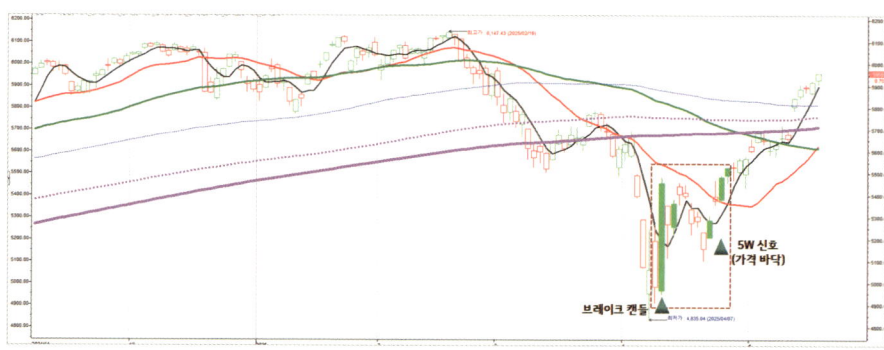

S&P500 일봉 차트(2025년 4~5월)

길고 지루한 하락장이었던 2022년은 조금 다른 흐름을 보였다. 단순 급락장이 아닌 하락파동이 진행된 사례다. 그래서 바닥을 형성하는 기간이 좀 더 길었지만 신호는 같다. 2020년부터 시작된 상승폭의 절반(피보나치 50) 지점, 즉 바닥 구간에서의 브레이크 캔들과 5W 신호가 가격 바닥을 만들었다. 이후 반등과 기간 조정을 거치며 20W 신호, 즉 기간 바닥을 형성했다. 하락장의 배경과 기간은 서로 상이하더라도 바닥을 찾아가는 과정은 유사하다는 사실을 알 수 있다.

2025년 4월에도 큰 변동성이 나타났다. 하지만 이 또한 바닥 구간에서 정확히 5W 신호로 가격 바닥을 확인해주었다.

**이벤트성 하락장은 상승분의 절반(피보나치 50)에서 바닥을 찾는다.**

# 모두가 두려워할 때 탐욕스러워라

"모두가 탐욕스러울 때 두려워하고, 모두가 두려워할 때 탐욕스러워라."

워런 버핏이 2004년 버크셔 해서웨이 주주 서한을 통해 전한 메시지다. 지금 우리가 이야기하고 있는 '공포에 사라'는 주제는 여기서 출발했다. 말처럼 쉽지 않은 게 사실이다. 그래서 주식 투자에서 성공하기 쉽지 않은 것이다. 하지만 우리는 공포에 사는 것이 충분히 근거 있는 결단이란 사실을 객관적 근거를 토대로 살펴보는 중이다.

이번에는 심리적 요소를 짚어보자. 심리는 나 자신의 투자심리와 시장의 심리로 구분할 수 있다. 내 마음은 내가 다스려야만 한다. 공포감에 휩쓸리지 않아야 한다. 그렇다고 무작정 하락장에서 떨어지는 칼날을 잡을 순 없는 노릇이다. 그래서 객관적 지표를 살펴보며 이성적으로 판단하는 훈련을 지속해야만 한다.

주식 투자자란 직업은 피곤한 직업이다. 피곤하고 힘들어도 투자에 성공하려면 극복해야 한다. 세상에 공짜는 없다. 이 책에서 소개하는 그 어떤 분석과 전략보다 어렵고 중요한 것이 심리를 다스리는 일이다. 나는 심리적 영향을 최소화하기 위해 객관적 지표를 분석하는 방법을 활용한다. 그리고 노트에 적는다. 시장 흐름과 이슈, 매매 이력과 포트폴리오 관리, 내일의 대응 방안도 미리 계획한다.

## 예측은 어렵지만 대응은 가능하다

내일의 주가를 예측하는 것은 의미 없는 일이지만, 미리 대응책은 세울 수 있다. 특히 추세의 변곡점에 놓여 있다면 더욱 고민된다. 가령 내일 실적 발표 예정이라고 가정하자. 만약 상승한다면 박스권 상단 돌파, 하락한다면 추세 하락으로 전환될 수 있는 모호한 위치에서 오늘 마감하는 경우가 많다. 이때는 이렇게 자문한 뒤 유리한 방향으로 계획할 수 있다.

1. 만약 '상승'한다면 추세 전환인가? 더블 신호인가? 추세의 크기는 어떤가? 상단은 막혀 있는가?
2. 만약 '하락'한다면 추세 전환인가? 신호의 강도는 어떤가? 하단은 어디까지 열리는가?

하락장에서의 공포심을 다루고 있지만, 상승장에서의 욕심도 마찬가지다. 욕심은 과한 기대를 만들며 이성적 판단을 흐린다. 과도한 기대는 정점 신호도 무시하게 만드는 자기합리화를 유도한다. 즉 욕심은 정점 신호에 매도할 수 없도록 만든다. 공포심이 바닥 신호에 매수할 수 없게 하는 것과 같은 원리다. 이를 극복하는 방법은 객관적이며 합리적 이유를 짚어보는 것이다. 매수와 매도의 이유를 매 순간 짚어보는 습관이 도움이 된다. 이는 바둑에서도 강조하는 대목이다.

"돌 하나에도 이유가 있어야 한다."

두 전설적인 바둑 기사 조훈현과 이창호의 대국을 다룬 영화 〈승부〉의 명대사다. 먼저 VIX에서 바닥 구간을 찾아보자. 앞서 시장 변동성 지수 VIX에 대해 간략히 살펴봤었다. 이번에는 급락장에서 바닥 구간을 판단하는 지표로 활용해보려 한다.

## ○ 급락장에서 바닥 구간과 신호 포착을 위한 점검 포인트

| 점검 포인트 | 데이터 확인법 |
| --- | --- |
| 상승분의 절반 지점(바닥) | • (주봉) 추세 상승 전 저점에서 추세 정점의 고점까지 상승폭의 절반<br>• HTS의 피보나치 도구를 활용하면 편리(피보나치 50) |
| VIX 과열 확인(과매도) | • 임계치: 40 이상 |
| 공포탐욕지수(과매도) | • 임계치: 20 이하 |
| 바닥 신호 | • 이벤트성 급락장에서 가격 바닥은 5W 신호<br>• 기간 바닥은 20W 또는 20N 신호 |

VIX는 시장 변동성 지수라 불린다. S&P500 30일 이내 만기 옵션의 내재 변동성을 바탕으로 예상되는 연간 변동성을 산정한 수치다. 가령 VIX지수가 20이라면 S&P500 지수가 연간 ±20%의 변동 가능성을 가진다고 해석한다. 지수가 상승할 땐 VIX가 낮아지고, 하락할 땐 높아진다. 일반적으로 VIX는 10~25 범위에서 움직이는 경우가 많다. 그러나 급락장에서는 40을 넘어가는 경우가 생긴다. 특히 경기 침체 위험이 커지거나 이미 침체에 빠져 지수가 -20%를 넘나드는 충격이 있을 땐 50을 넘기기도 한다.

- VIX 10~15 수준: S&P500 지수의 안정적이며 강한 상승 흐름
- VIX 15~25 수준: 보통 수준의 S&P500 등락 흐름
- VIX 40 이상: 공포의 급락 흐름

쉽게 말해 S&P500지수가 하락할수록 VIX 수치는 높아진다. 극단의 공포 구간이면 50을 넘긴다.

2008년 글로벌 금융위기 시절, 리먼 브러더스 파산에 의한 시장 충격으로 VIX는 50을 넘어 80까지 상승했다. 이후 2009년 3월 6일, VIX 50을 마지막으로 시장은 기나긴 하락파동을 마무리했다. 2020년에는 코로나19 팬데믹 충격으로 VIX가 50~82까지 상승했다. 기간은 약 1개월로 짧았다. 정부의 빠른 대응으로 시장은 하락파동을 시작하지도 않고 바로 회복으로 돌아섰다. 2025년 4월 7일에는 관세정책 불확실성으로 VIX 52를 짧게 터치하기도 했다. 그 어느 때보다 짧고 강한 흐름이었다.

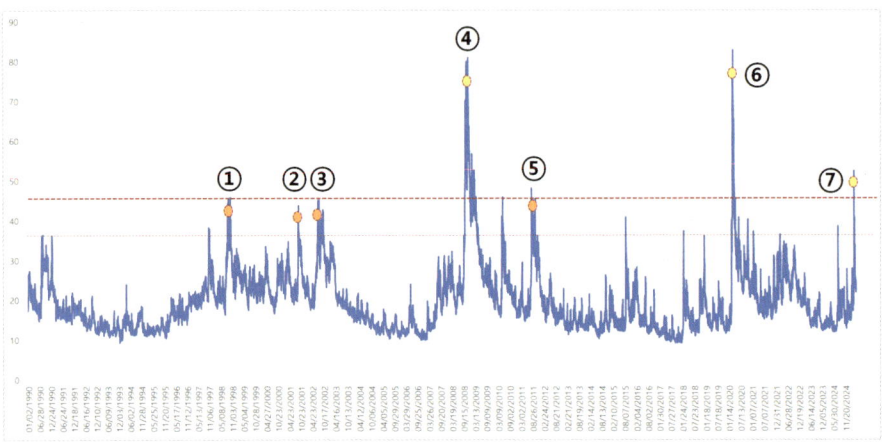

1990~2025년 VIX지수 추이

## ○ VIX 40 이상일 때 하락 배경과 분류

| 분류 | 구분 | 하락 배경 | VIX | 바닥 신호 | 장기추세 상승 전환 |
|---|---|---|---|---|---|
| 단순 급락 | ① | 1998년 8~10월 LTCM 파산 여파 | 40~45 | 20W(1998년 10월) | 1998년 11월 |
| | ⑤ | 2011년 8~10월 미국 신용등급 강등 및 유럽 재정 위기 | 40~45 | 20W(2011년 10월) 20N(2011년 12월) | 2012년 1월 |
| | ⑥ | 2020년 3~4월 코로나19 팬데믹 | 50~82 | 5W(2020년 4월) 20N(2020년 6월) | 2020년 6월 |
| | ⑦ | 2025년 4월 관세정책 불확실성 | 52 | 5W(2025년 4월) | - |
| 하락파동 | ② | 2001년 9월 17일 9·11테러 | 41 | - | - |
| | ③ | 2002년 9~10월 닷컴버블 붕괴 여파 | 40~42 | 20W(2002년 10월) 60W(2003년 4월) | 2003년 9월 |
| | ④ | 2008년 10~12월 리먼 브라더스 파산 | 52~80 | 20LW(2009년 3월) 20N(2009년 7월) | 2009년 7월 |

이번엔 조금 낮춰 VIX 40을 넘긴 사례를 살펴보자. 1998년 LTCM 파산 여파로 2~3개월간 변동성을 보이며 VIX 40~45에 달했고, 2001년엔 9·11테러에 의한 급락으로 VIX가 41에 달했다. 2002년 9~10월엔 닷컴버블 붕괴 후 경기 침체 여파로 2개월간 VIX 40을 넘겼다. 2011년에는 미국 신용등급 강등과 유럽 재정위기가 겹치며 약 2개월간 시장이 급락했고 VIX는 40~45까지 상승했다.

경기순환적 침체와 함께 진행된 하락장은 하락파동으로 길게 진행되었다. 따라서 회복에도 6개월 이상 소요되며 느린 회복을 보였다. 반면 블랙스완 이벤트성 하락은 1~3개월간 급락 후 V자형으로 급반등하는 모습을 보여줬다. 즉 회복에는 차이가 있으나 VIX 40 이상에서 바닥을 찾았다는 점은 기억에 담아둬야 한다.

공포감이 팽배한 불안정한 시장에서 VIX의 과도한 상승은 바닥 구간에 근접했다는 증거이기도 하다. 그래서 VIX지수가 40을 넘어가면 시장에서 탈출하기보다 매수를 고려해야 한다. 향후 시장이 회복할 때 탄력성이 좋은 종목이 무엇일지를 생각하며 바닥 신호를 기다리는 것이 현명한 대응법이다.

아울러 공포탐욕지수도 함께 확인하면 좋다. VIX지수가 치솟을 땐 공포탐욕지수는 25 이하로 급락한다. 2025년 1~3월엔 25~47 수준이었으나, 4월 8일엔 3까지 내려가며 52에 달한 VIX지수와 함께 극도의 공포심리를 수치로 보여줬다. 그때가 가격 바닥이었다.

**부정적 전망으로 공포에 휩싸여 있을 땐 뉴스 대신 VIX, 공포탐욕지수를 살피자.**

## 에필로그

# 이 글을
# 마치며

"언제 어디서 매매해야 할지 잘 모르겠어요."

주변 지인들의 공통된 고민이다. 나 또한 100% 공감하는 부분이다. 주식 투자의 이유는 각양각색이다. 특정 기업의 모멘텀을 보며 투자 의사결정을 하거나, 실적 전망을 기준으로 매매하거나, 경기 상황의 변화를 보며 매매하거나, 시장에서 주목받는 인기주를 추종하는 등 정말 다양한 이유가 있다. 투자자는 각자의 이유를 근거로 투자 대상과 시점을 결정할 것이다.

하지만 매매 시점에 대한 고민이 늘 발목을 잡는다. 투자자는 자신이 제어할 수 없는 부분과 제어 가능한 영역을 분리해서 생각해야 한다. 경기 상황이나 기업의 비즈니스 상황, 시장에서 평가받는 기업의 가치, 즉 주가는 투자자가 결정할 수 없는 부분이다. 반면 투자 의사결정은 스스로 제어할 수 있다. 당연한 이야기지만 말처럼 쉽지는 않다.

나는 주식 투자에서 중요한 요소 중 하나가 심리라고 생각한다. 일반적으로 주식 차트를 분석할 때 '기술적 분석'이라는 말을 사용한다. 차트는 다양한 정보를 담고 있지만 가장 중요한 것은 시장의 심리를 보여주는 보조지표나 패턴 신호다.

벤저민 그레이엄(Benjamin Graham)은 『현명한 투자자』에서 처음으로 '미스터 마켓'이라는 개념을 소개한 바 있다. 사람들의 투자심리가 주가의 변동성을 유발하며, 그 변화 속에서 우리는 대응할 방법을 찾아야 한다. 그래서 차트라는 도구를 선택했고, 활용하는 몇 가지 방법을 알아봤다. 기대할 수 있는 효과는 2가지다.

> 첫째, 매매의 기준을 세우고 계획된 투자를 지속할 수 있다.
> 둘째, 기준과 계획을 바탕으로 시장의 변동성에 심리적으로 흔들리지 않는다.

세상에는 수많은 매매법과 투자 전략이 존재한다. 세상에 100% 적중하는 전략은 존재하지 않는다. 하지만 그 속에서 나만의 도구를 하나만이라도 연마해서 잘 쓸 수 있다면 그것이 곧 당신의 필살기가 될 것이다. 효과적인 전략을 구사하고 스스로 진화하며 지속 가능한 성공 투자의 길을 걷게 될 것이다.

투자 규모나 시장 참여 기간은 전혀 중요하지 않다. 누구든 시장에서 살아남기 위한 자신만의 필살기가 필요하다면 이 책이 조금이나마 도움이 되었으면 한다.

## 나만의 미국주식 투자 필살기

초판 1쇄 발행 2025년 9월 25일

지은이 | 김영종
펴낸곳 | 원앤원북스
펴낸이 | 오운영
경영총괄 | 박종명
기획편집 | 이광민 김형욱 최윤정
디자인 | 윤지예 이영재
기획마케팅 | 문준영 박미애
디지털콘텐츠 | 안태정
등록번호 | 제2018-000146호(2018년 1월 23일)
주소 | 04091 서울시 마포구 토정로 222 한국출판콘텐츠센터 319호 (신수동)
전화 | (02)719-7735    팩스 | (02)719-7736
이메일 | onobooks2018@naver.com    블로그 | blog.naver.com/onobooks2018
값 | 28,000원
ISBN 979-11-7043-678-2 03320

* 잘못된 책은 구입하신 곳에서 바꿔 드립니다.
* 이 책은 저작권법에 따라 보호받는 저작물이므로 무단 전재와 무단 복제를 금지합니다.
* 원앤원북스는 독자 여러분의 소중한 아이디어와 원고 투고를 기다리고 있습니다.
  원고가 있으신 분은 onobooks2018@naver.com으로 간단한 기획의도와 개요, 연락처를 보내주세요.